普通高等教育“十二五”规划教材

保 险 学

于明霞　刘　静　主　编
于晶波　田艳芬　副主编

化学工业出版社
·北京·

本书以保险基本理论、保险险种、保险业务经营、保险监督管理为主线，针对保险基础理论详细加以论述，内容翔实、全面。本书包括十一章，分别是：风险与风险管理、保险概述、保险合同、保险的基本原则、财产保险、人身保险、保险经营、保险费率的厘定、保险市场、保险监管、社会保险。这使学生在掌握基本理论的前提下，能够尽快熟悉保险业务，掌握保险基本理论知识，为将来从事保险实务工作打下坚实的专业基础。

本教材是一部专门阐述保险基本原理的教学用书。主要面向普通高等院校，是保险专业、金融专业、理财专业和投资专业等专业课和专业基础课教材，也是其他各类院校经济类专业和非经济类专业的选修课教材。

图书在版编目（CIP）数据

保险学/于明霞，刘静主编．—北京：化学工业出版社，2014.1

普通高等教育“十二五”规划教材

ISBN 978-7-122-19211-0

Ⅰ.①保…　Ⅱ.①于…②刘…　Ⅲ.①保全学-高等学校-教材　Ⅳ.①F840

中国版本图书馆 CIP 数据核字（2013）第 290606 号

责任编辑：蔡洪伟　　装帧设计：王晓宇

责任校对：边　涛

出版发行：化学工业出版社（北京市东城区青年湖南街 13 号　邮政编码 100011）

印　　刷：北京云浩印刷有限责任公司

装　　订：三河市宇新装订厂

787mm×1092mm　1/16　印张 16　字数 413 千字　　2014 年 2 月北京第 1 版第 1 次印刷

购书咨询：010-64518888（传真：010-64519686）　售后服务：010-64518899

网　　址：http://www.cip.com.cn

凡购买本书，如有缺损质量问题，本社销售中心负责调换。

定　　价：33.00 元

前　言

随着我国经济的快速发展，逐渐富裕起来的中国人更加重视人身、资产、财富的安全和保障，保险业的发展空间越来越大。培养满足保险业发展需要的专业人才，进一步提高保险从业人员的保险理论水平，是金融教育工作者一项重要和长期的任务。

本教材是一部专门阐述保险基本原理的教学用书。主要面向普通高等院校，是保险专业、金融专业、理财专业和投资专业等专业课和专业基础课教材，也是其他各类院校经济类专业和非经济类专业的选修课教材。

本教材以保险基本理论、保险险种、保险业务经营、保险监督管理为主线，针对保险主要险种详细加以论述，内容翔实、全面。这使学生在掌握基本理论的前提下，能够尽快熟悉保险业务，掌握保险基本理论知识，为将来从事保险实务工作打下坚实的专业基础。

在本教材编写过程中，遵循保险学教学规律，尽力把本书编写成为适应现代保险岗位需要，满足培养保险、金融、投资与理财专业学生的保险综合业务能力要求的教材。

本教材共分十一章，于明霞、刘静主编。具体分工如下：于晶波（第一章、第二章），于明霞（第三章），李晶（第四章）刘静（第五章和第七章），吴迪（第六章），田艳芬（第八章和第九章），柳明花（第十章），胡茵（第十一章）。全书由于明霞总纂定稿。

本教材在编写过程中，作者参考借鉴了一些有关的著作、教材、论文等，在此一并表示诚挚的谢意。

由于保险业务发展迅速，加之编者水平所限，书中难免会有不足之处，热诚欢迎读者批评指正。

编　者

2013 年 9 月

目　录

第一章　风险与风险管理

第二章　保险概述

第三章　保险合同

第四章　保险的基本原则

第五章　财产保险

第六章　人身保险

第七章 保险经营

第八章 保险费率的厘定

第九章 保险市场

第十章　保险监管

第十一章　社会保险

附录

参考文献

第一章　风险与风险管理

人类进入 21 世纪以后，科学技术成为人类社会发展的主导力量，人类生产和生存能力有了极大提高，但无论人类社会如何发展，都不能完全避免自然灾害、意外事故的威胁，这些威胁都是由客观存在的风险引起的。人类长期以来一直在努力寻找回避风险、处理风险的方法，探索有效的途径来降低风险带来的损害，但是风险的客观存在是不以人的主观意志为转移的。人类面临的各种风险并没有随着科技水平的进步而减少，反而日益增加和复杂化。因此，增强对风险的认识、对其进行有效管理的迫切性日益显现。没有风险就没有保险，保险自从诞生之日起，就是与风险联系在一起的，风险是保险产生和发展的基础，保险经营的就是各种"可保风险"。因此，风险是研究保险的逻辑起点。

第一节　风　险

一、风险的基本概念

(一)"风险"一词的源出

风险（risk）一词是舶来品，有人认为来自阿拉伯语，有人认为来源于西班牙语或拉丁语，但比较权威的说法是来源于意大利语的"RISQUE"一词。在早期的运用中，风险被理解为客观的危险，体现为自然现象或者航海遇到礁石、风暴等事件。打鱼捕捞为生的渔民们，每次出海前都要祈祷，祈求神灵保佑自己在出海时能够风平浪静、满载而归。他们认识到，在出海捕捞打鱼的生活中，"风"即意味着"险"，因此有了"风险"一词的由来。

经过几百年的演义，风险一词越来越被概念化，并随着人类活动的复杂性和深刻性而逐步深化，被赋予了哲学、经济学、社会学、统计学甚至文化艺术领域中的更广泛、更深层次的含义，并且与人类的决策和行为后果联系越来越紧密。大约到了 19 世纪，在英文的使用中，主要是用于与保险有关的问题上。

(二) 风险的定义

大千世界，风险无所不在。你能想到的风险是什么呢？日常生活中的风险是指难以预料并能造成物质和精神损失的不幸事件；概率统计和财务管理中的风险是指实际结果相对于预期结果的变动程度；保险学中的风险是指引致损失的事件发生的一种可能性，即在一定条件下，某种自然现象、社会现象、经济现象、生理现象是否发生及其对人类的社会财富和生命安全是否造成损失及损失程度的可能性。

风险的定义首先强调的是"损失的事件"的存在。其次，定义中的"事件"并非特指"不幸事件"，但保险中的事件指不幸事件。再次，定义中的"可能性"与不确定性在含义上有一定的区别。就具体单位或个人而言，事故或损失发生的可能性及可能性大小无法确定，则是风险所在。若事故或损失发生的可能性为 0 或 1 时，表明事故或损失必定发生或必定不发生，没有不确定性，也无所谓风险。若事故或损失的可能性不等于 0 或 1 时，表明事故或损失是否发生或不发生无法确定，这时便存在风险。

二、风险的基本特征

风险的特征是风险本质的外在表现，只有正确认识风险的特征，才能准确理解风险的概念，建立和完善风险管理机制。

(一) 普遍性

人类的历史就是与各种风险相伴的历史。自从人类出现后，就面临着各种各样的风险，如自然灾害、疾病、伤害、战争等。随着科学技术的发展、生产力的提高、社会的进步、人类的进化，又产生了新的风险，且风险事故造成的损失也越来越大。风险渗入到社会、企业、家庭及个人生活的方方面面，风险无处不在，无时不有。正是由于这些普遍存在的对人类社会生产和人们生活构成威胁的风险，才有了保险存在的必要和发展的可能。

(二) 客观性

风险独立于人的主观意识之外。各种自然灾害属于按照自然规律运行的客观现象，是人类不可抗拒的风险。各种人为事故虽然可以通过加强风险管理得以减轻，但无论如何也不可能完全消灭它。人们的主观努力只能在一定的时间和空间内改变风险存在和发生的条件，降低风险发生的频率和损失幅度而已，但从根本上说，风险是不可能彻底消除的，各种风险都是不以人的意志为转移的客观存在。

(三) 损害性

凡是风险都可能会给人们的利益造成损害。实际上，风险与人类社会的利益密切相关，即风险必须是相对于人身及其财产的损害而言的。就自然现象本身而言无所谓风险，如地震、海啸、飓风、台风等是自然界自身运动的表现形式，也是自然界自我平衡的必要条件。只是由于地震、海啸、飓风等发生会给人类的生命和财产造成一定程度的直接经济损失或特殊的经济需要。特殊的经济需要主要是指人们因疾病、伤残、失业等原因暂时或永久丧失劳动能力后所需要的医疗、生活费用，以及死亡所需善后费用和遗属的赡养费用等。这些损失是可以用货币计量的，因为保险并不能够保证风险不发生，而是保证风险发生后对损失进行经济补偿。

(四) 不确定性

风险虽然是客观存在的普遍的社会现象，但就某一具体风险事故而言，它的发生却是偶然的，不可预知的，具有不确定性，人们难以准确对其进行预期。这种不确定性主要表现为损失是否发生的不确定性、空间上的不确定性、时间上的不确定性和结果上的不确定性等几个方面。例如火灾，就总体来说，所有的房屋都存在发生火灾的可能性，而且在一定时间内必然会发生火灾，并且必然造成一定数量的经济损失，这种必然就是我们前面提到的风险的客观性，但是具体到某一幢房屋来说，是否发生火灾、什么时间发生、损失程度如何都是不确定的。

1. 损失是否发生的不确定

导致损失的随机事件是否发生不确定。就个体风险而言，其是否发生是偶然的，是一种随机现象，具有不确定性。

2. 空间的不确定性

损失发生的地点不确定。

3. 时间的不确定性

损失发生时间是不确定的。从总体上看，有些风险是必然要发生的，但何时发生却是不确定性的。例如，生命风险中，死亡是必然发生的，这是人生的必然现象，但是具体到某一个人何时死亡，在其健康时却是不可能确定的。

4. 结果的不确定性

结果的不确定性，即损失发生后造成的损失程度和范围不确定，即不可预见和不可控制。例如，沿海地区每年都会遭受或大或小的台风袭击，有时是安然无恙，有时却损失惨重。但是人们对未来年份发生的台风是否会造成财产损失或人身伤亡以及损失程度如何却无法预知。

（五）可测性

虽然个别风险的发生是偶然的，不可预知的，但通过对大量风险事故的观察会发现，其往往呈现出明显的规律性。运用统计方法去处理大量相互独立的偶发风险事故，其结果可以比较准确地反映出风险的规律性。因此，根据以往大量资料，利用概率论和数理统计的方法可测算出风险事故的发生概率及其损失幅度，并且可构造出损失分布的模型，作为风险估测的基础。

（六）发展性

人们在创造和发展物质资料生产的同时，也创造和发展了风险，风险具有可变性。风险是特定的时间和空间条件下的概念，在一定条件下是不断发展变化的，具体表现为以下几项。

1. 风险的性质是可变的

风险会发生质的变化，例如车祸，在汽车面世的初期是特定风险，在汽车成为主要交通工具后则成为基本风险；又如环境风险会转变为信任风险和政治风险。

2. 风险发生的概率和损失幅度是可变的

风险会发生量的变化，即现存风险随客观环境的变化而变动，预期结果与实际结果之间产生差异。对某些风险在一定程度上的控制，可以降低其发生频率和损失幅度。

3. 新风险的不断产生

社会、科技发展过程中又会产生一些新的风险，例如近年来发生的“非典”、“甲流”等传染病风险。某些风险只能在一定的空间和时间范围内被消除，新的风险随时会产生，如果不能及时加以控制，这些风险叠加起来，就会带来一系列连锁效应。一是大面积，跨地区传播，迅速蔓延，甚至会造成世界性的恐慌；二是“一视同仁”，现代风险的危害波及全社会所有成员；三是突发性，人们对某些隐蔽的风险知之甚少或者全然不知，现有的保险手段无法覆盖它们，有些避险措施本身也可能蕴涵着新的风险。

三、风险的构成要素

风险是由多种要素构成的，这些要素的共同作用决定了风险的存在、发生和发展。一般认为，风险由风险因素、风险事故和损失三要素构成。

（一）风险因素

风险因素也称风险条件，是指引发风险事故或潜在风险事故发生时致使损失增加的条件。因此，风险因素是就促成损失发生或增加损失频率、幅度的情况而言的。风险因素是风险事故发生的潜在原因，某一风险因素的存在可能但不一定必然导致风险事故的发生。但是，风险事故的出现肯定是由某一风险因素导致的；例如，粗心大意是失窃的风险因素。

风险因素根据性质通常分为实质风险因素、道德风险因素和心理风险因素三种类型。

1. 实质风险因素

实质风险因素又称物理风险因素，属于有形的物质风险因素，是指引起或增加风险事故发生的物质性条件，即某一标的物本身所具有的足以引起损失发生或增加损失频率、幅度的客观原因和条件，包括各种无法抗拒的自然力量或客观物质条件；例如地震、山洪、暴风雨等自然原因或设备陈旧、交通拥挤、管理混乱等社会原因。当对火灾风险事故进行分析时，建筑物本身的结构、材料、占用性质等可以成为引发火灾风险事故的重要实质风险因素。

2. 道德风险因素

道德风险因素属于无形的人为风险因素，是指出于恶意行为或不良企图，故意制造风险事故，以致形成损失结果或扩大损失程度的因素；例如，因人的不良道德品质、报复、受经济或社会利益驱使等故意制造的事故等。当对火灾风险事故进行分析时，故意纵火是引发火灾风险事故的道德风险因素。

3. 心理风险因素

心理风险因素同样属于无形的人为风险因素，是指由于人们麻痹大意、漠不关心等心理，以致引起风险事故发生和增加损失频率、幅度的因素。心理风险因素是由于人的心理、精神疾病、习惯、工作责任心、工作方法引起的，一般不具有恶意蓄谋或故意性质，表现为疏忽、过失、无意、拖延、士气低落等，例如购买保险后疏于防灾防损等心理可以成为引发风险事故发生的心理风险因素。这里的过失是指应当预见到自己的行为可能发生危害结果，但因疏忽大意或过于自信而没有预见的一种主观心理状态。

上述三种风险因素中，实质风险因素属于有形的物质风险因素，道德风险因素和心理风险因素均是与人的行为有关的风险因素。故后二者合并可称为无形风险因素或人为风险因素。道德风险因素和心理风险因素的区别在于前者表现为主观故意或恶意，而后者表现为主观的疏忽大意等过失。例如：高温干燥引发森林火灾，属于实质风险因素；人为纵火引发火灾，属于道德风险因素；随手丢烟蒂引发火灾，属于心理风险因素。

道德风险因素和心理风险因素在保险中的意义较为重要，涉及到是否予以承保和赔偿的问题。道德风险因素属于人的故意或恶意行为，由此造成的事故损失属于保险责任中的除外责任，保险公司一般不予赔偿；心理风险因素属于人的无意或潜意识、疏忽等过失行为，保险公司可以附加条件承保，属于保险责任范围，予以赔偿。

（二）风险事故

风险事故也称风险事件，是指损失的直接原因或外在原因，也即指风险由可能变为现实以至引起损失的结果。风险事故是给社会造成人身伤亡和财产损失的原因，如火灾、地震、洪水、龙卷风、雷电、爆炸、盗窃、抢劫、疾病、死亡、金融危机等。风险事故意味着风险因素即风险的可能性转化成了现实的结果，即风险通过风险事故的发生才能导致损失。所以，风险事故是可能引起损失的偶然性事件。

风险事故和风险因素的区别有时并不是绝对的，判定的标准就是看是否直接引起了损失。风险因素是损失的间接原因，因为风险因素要通过风险事故的发生才能导致损失。风险事故是损失的媒介物，是造成损失的直接原因或外在原因。风险因素与风险事故的区别：例如，车祸属于风险事故，而风险因素可能有天气、路况、车况及车闸、司机的道德水平、责任心、性别、年龄及驾龄等因素。风险因素与风险事故有时可能互相转化。例如，暴风雨一般是造成生命财产损失的风险事故；而 2010 年 8 月发生在甘肃舟曲的山洪、泥石流灾害中，暴风雨则是风险因素。

区分风险因素和风险事故对确定保险责任有着重要意义。只有当风险事故为保险责任时，所造成的损失才能获得保险赔偿或给付。例如，一位心脏病患者投保了意外伤害保险，某日被突如其来的汽车紧急刹车惊吓发病死亡。对于他的死亡，保险公司不能给付意外伤害保险金。理由是，汽车紧急刹车只是风险因素，而不是风险事故。引起被保险人死亡的直接原因是疾病，并不属于意外伤害保险的保险责任，因此不予给付。但如果是被汽车撞伤或死亡，则可获得意外伤害保险金。

（三）损失

损失作为风险管理和保险经营的一个重要概念，是指非故意的、非计划的和非预期的经济价值的减少。这一定义包含两个重要的要素：一是“非故意的、非计划的、非预期的”，经济价值意外的减少或者灭失，既不包括正常的财产折旧、磨损和货物在运输途中的合理损耗等，也不包括财产所有人对自己财产的有意损坏；二是“经济价值的减少”，损失是经济上的，可以用货币来加以衡量和计算。非经济损失，例如感情上的损失，道义上的损失，一般是不包括在内的。这两个要素缺一不可，否则就不构成损失。

损失通常分为两种形态，即直接损失与间接损失。

1. 直接损失

直接损失是指风险事故直接造成的有形损失，即实质损失，是各种物质财产因遭受自然灾害和意外事故而引起部分或全部的经济损失。这种损失是最常见的，是所保风险的第一结果，例如房屋发生火灾、汽车发生碰撞、家庭财产被盗等原因引起的财产损失等。

2. 间接损失

间接损失是由直接损失进一步引发或带来的无形损失，包括额外费用损失、经济收入损失和赔偿责任损失，是所保风险的第二结果。间接损失就是可得利益的减少，具有三个特征：是一种未来的可得利益的丧失；这种丧失的未来利益是具有实际意义的，而不是抽象的或者假设的；这种可得利益必须是损害该财物的直接影响所及的范围。

（1）额外费用损失。该项损失是指由于风险事故的发生而额外支付的费用，例如因疾病或意外伤害而必须支付的医疗费用，遭受事故后的清理、调查、处理、诉讼和维修等一系列费用。

（2）经济收入损失。该项损失是指人们由于疾病、意外伤害、衰老和其他原因引起丧失部分或全部工作能力或死亡所造成的经济收入的损失。对于劳动者来说，丧失了工作能力，即丧失了收入的来源，这种损失比财产损失更为严重。另外，对于各经济单位来说，因自然灾害、意外事故、市场变化、预测错误、决策失误等因素也会引起经济收入的损失。

（3）赔偿责任损失。该项损失是指由于人们的疏忽或过失，引起他人的人身伤害或财产损失，按照法律规定应当承担的经济赔偿责任。例如开车撞伤他人、医生做手术发生医疗责任事故等，都要对受害人的经济损失负有赔偿责任。

（四）风险因素、风险事故和损失之间的关系

风险是由风险因素、风险事故和损失三者构成的统一体，三者之间既密切联系又相互区别（如图 1-1 所示）。风险因素是指引起或增加风险事故发生的机会或扩大损失幅度的条件，是风险事故发生的潜在原因；风险事故是造成生命、财产损失的偶发事件，是造成损失的直

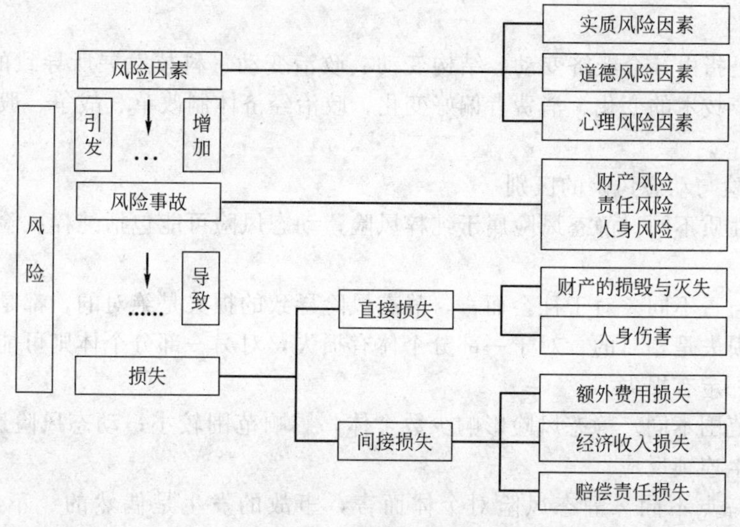

图 1-1 风险图示

接的或外在的原因，是损失的媒介物；损失是指非故意的、非计划、非预期的经济价值的减少。

风险因素是引发风险事故的隐患，是发生事故的可能性。而风险事故则是风险的可能性转化成了现实结果。风险事故与损失之间的关系也很密切，风险事故是造成损失的直接原因，损失则是事故造成的直接后果。例如汽车碰撞是风险事故，车毁人伤则是损失。从逻辑上讲，风险因素、风险事故、损失三者之间存在因果关系，即风险因素引发风险事故，而风险事故导致损失。风险因素⟶风险事故⟶损失。例如：雨天路滑、车速快是风险因素；车祸是风险事故；行人受伤，车辆毁损是损失。

四、风险的分类

人们在日常生产与生活中，面临着各种各样风险的威胁，为了便于对风险进行经营和管理，通常都要按照一定的标准对风险进行分类。

（一）按风险的性质分类

按照风险的性质分类，风险可以分为纯粹风险和投机风险。

1. 纯粹风险

纯粹风险是指只有损失机会而没有获利机会的风险。其后果有两种，即有损失和无损失。如果风险事故发生则会出现损失；如果风险事故不发生则不会出现损失。火灾、雷电、暴风雨、碰撞、盗窃等自然灾害和各种意外事故属于典型的纯粹风险。

2. 投机风险

投机风险是指那些既有损失机会，又有获利机会的风险。其后果有三种：有损失、无损失和获利。例如赌博、买卖股票、企业经营等都属于投机风险。

纯粹风险与投机风险相比，前者因只有净损失的可能性，人们必然避而远之。而后者却有获利的可能，甚至获利颇丰，人们必为求其利甘冒风险而为之。

（二）按风险发生的环境分类

按照风险发生的环境分类，风险可以分为静态风险和动态风险。

1. 静态风险

静态风险是指在社会经济正常情况下存在的风险，是由于自然力的不规则变动或人们行为的过失或错误判断所导致的风险。静态风险一般与社会的经济、政治变动无关，在任何社会经济条件下都是不可避免的。

2. 动态风险

动态风险是指由社会经济变动、结构变动、政治变动、科技发展所导致的风险。例如，生产方式和生产技术的变化、消费者偏好变化、政治经济体制改革、战争、股市波动等风险属于动态风险。

3. 静态风险与动态风险的区别

（1）根本性质不同。静态风险属于纯粹风险；动态风险可能包括纯粹风险，也包括投机风险。

（2）损失与否不同。对于社会而言，静态风险导致的损失是绝对的，都是纯粹损失；动态风险导致的损失是相对的，对于一部分个体有损失，对另一部分个体则可能获利，从社会总体上看也不一定有损失。

（3）影响范围不同。静态风险影响少数个体，影响范围较小；动态风险影响十分广泛，甚至有可能发生连锁反应。

（4）发生特点不同。静态风险对个体而言，事故的发生是偶然的、不规则的，但就社会整体而言，其具有一定的规律性，服从概率分布；相反，动态风险很难找到其规律性。

（三）按风险的损害对象分类

按照风险的损害对象分类，风险可以分为财产风险、人身风险、责任风险和信用风险等。

1. 财产风险

财产风险是指导致一切有形财产毁损、灭失或贬值的风险。例如，汽车相撞导致的车辆毁损和人员伤亡；火灾带来的房屋毁损等属于财产风险。

2. 人身风险

人身风险是指可能导致人的伤残死亡或损失劳力的风险。人面临着生老病死等自然规律和意外事件等所引起的诸如失业、年老、退休、残疾、疾病、死亡等各种风险，这些风险的出现会导致人们暂时或永久性的丧失劳动能力，会引起个人或家庭的经济收入的减少或生活困难。

3. 责任风险

责任风险是指个人或团体因行为上的疏忽或过失，造成他人的财产损失或人身伤亡，依照法律规定、合同或道义应负承担的经济赔偿责任的风险。例如产品责任风险、汽车第三者责任风险等。

4. 信用风险

信用风险是指在经济交往中，权利人与义务人之间，由于一方违约或违法行为给对方造成经济损失的风险。例如银行面临的贷款风险就是典型的信用风险。

（四）按风险产生的原因分类

按照风险产生的原因分类，风险可以分为自然风险、社会风险、经济风险和政治风险。

1. 自然风险

自然风险是指各种自然现象给人类造成的财产损失和人身伤亡等实质性风险，例如洪水、火灾、地震、飓风、海啸、雷电等均属此类。自然风险具有如下特征：第一，自然风险形成的不可控性；第二，自然风险形成的周期性；第三，自然风险事故引起后果的广泛性。自然风险事故所造成的损害往往较大，影响范围较广，具有极强的波及性。

2. 社会风险

社会风险是指由于个人或团体在社会上的行为所导致的风险，包括过失行为、不当行为及故意行为对社会生产及人们生活造成损失的可能性。例如盗窃、抢劫、罢工、暴动、恐怖活动以及其他各种意外事故所造成的风险均属于此类。

3. 经济风险

经济风险是指在生产和销售等经营活动中由于受到市场供求关系、经济贸易条件、经营者决策失误、对前景预期出现偏差等因素变化的影响，导致经济上遭受损失的风险。例如，由于市场价格波动、消费需求变化、汇率变动、通货膨胀等各种市场因素和经济因素的变动给企业或个人带来的收入减少、支出增加、企业产品积压以及破产倒闭等各种风险均属于经济风险。

4. 政治风险

政治风险又称为国家风险，是指由于政局变化、政策变动、战争、罢工、种族冲突、国家元首更换等政治性因素而引起社会动荡、企业或个人财产损失及人员伤亡的风险。例如在对外投资和贸易过程中，取消配额、外汇管制等政治原因或订约双方所不能控制的原因，使债权人可能遭受损失的风险则属政治风险。

第二节 风险管理

随着社会的发展和科技的进步，现实生活中的风险因素越来越多。例如现代企业面临一系列风险，从企业的内部管理来看，存在的风险包括生产风险、环境风险、技术风险、人员风险、财务风险、经营风险、信用风险、销售风险、品牌风险等。从企业所处的外部环境来看，存在的风险包括民族矛盾、局部战争、政治对抗、民族争端、行业不正当竞争、行业相关的法律法规不健全等。任何项目的重要风险处理失当都可能导致企业经营的失败，造成巨大的经济损失。

无论企业还是家庭，都日益认识到进行风险管理的必要性和迫切性。而风险管理正是个人、家庭、企业和其他组织在处理其所面临纯粹风险时，所采用的一种科学方法。

一、风险管理的基本概念

（一）风险管理的含义

风险管理也叫危险管理，是指专门研究对风险的认识、控制和处理对策的科学。是经济单位通过对风险的认识、衡量和分析，以期用最小的成本代价，获得最大安全保障的管理方法。

风险管理含义的具体内容包括以下几项。

（1）风险管理的对象是风险。

（2）风险管理的主体可以是任何组织和个人，包括个人、家庭、各种营利性组织、非营利性组织等。

（3）风险管理的过程包括风险识别、风险估测、风险评价、选择风险管理技术、评估风险管理效果。

（4）风险管理的基本目标是以最小的成本获得最大的安全保障。

（5）风险管理成为一个独立的管理系统，并成为一门新兴的学科。

（二）风险管理的意义

风险管理是现代社会经济健康运行的必要保障。企业和家庭通过风险管理，可以减少生命财产损失，减轻对风险的恐惧和忧虑，从而提高利润水平和工作效率；政府通过风险管理，可以减少社会资源的浪费，改进社会资源的分配和利用，稳定社会经济生活和政治局面，具体的风险管理措施如金融风险管理、社会保障制度、重大事件应急处理机制等。

1. 风险管理的宏观意义

第一，实施风险管理有利于资源分配最佳组合的实现。

第二，风险管理有助于消除风险给整个社会经济带来的灾难损失以及连锁反应，从而有利于社会经济的稳定和发展。

第三，风险管理有助于创造一个有利于经济发展和保障人民生活的良好的社会经济环境。

2. 风险管理的微观意义

风险管理对单个企业的作用主要体现在力图以最小的耗费将风险损失减少到最低程度，保障企业经营目标的实现。其主要表现在：

第一，通过系统地处置与控制风险，保障企业经营目标的顺利实现；

第二，风险管理有助于企业各项决策科学化和合理化，减少决策的风险性；

第三，风险管理以最小的成本获得最大风险管理效果，有助于提高企业经营效益；

第四，风险管理措施能够为企业提供一个安全稳定的生产经营环境。

（三）风险管理的目标

对任何经济单位而言，以最少的费用支出实现最大的安全保障绩效是风险管理的基本目标。风险管理目标由两个部分组成：损失发生前的风险管理目标和损失发生后的风险管理目标。二者有效结合，构成完整而系统的风险管理目标。

1. 损失发生前的风险管理目标

损失发生前的风险管理目标主要是避免或减少风险事故形成的机会，消除和降低风险发生的可能性，为人们提供较安全的生产、生活环境。

（1）风险事故是造成损失发生的直接原因，减少风险事故的发生机会，直接有助于人们获得安全保障。

（2）以经济、合理的方法预防潜在损失的发生，对风险管理各项技术的运用进行成本和效益分析，力求以最少费用支出获得最大安全保障效果。

（3）减轻企业、家庭和个人对风险及潜在损失的烦恼和忧愁，为企业提供良好的生产经营环境，为家庭提供良好的生活环境。

（4）遵守和履行社会赋予家庭和企业的社会责任和行为规范。例如交通管制、噪声限制、环境污染控制、公共安全等，都是政府规定的各种社会责任，企业、家庭和个人都要认真遵守和履行社会责任和行为规范。

2. 损失发生后的风险管理目标

损失发生后的风险管理目标是努力使损失的标的恢复到损失前的状态。

（1）及时提供经济补偿，使企业和家庭恢复正常的生产和生活秩序，实现良性循环。及时向受灾企业提供经济补偿，可以维持企业的生存和发展，实现持续经营，稳定企业收入，为企业的成长与发展奠定基础；及时向受灾家庭提供经济补偿，使其能尽早获得资金，重建家园，从而保障社会生活的稳定。

（2）减轻损失的危害程度。损失一旦出现，风险管理者及时采取有效措施予以抢救和补救，防止损失的扩大和蔓延，将已出现的损失后果降到最低限度。保持企业生产与服务能力和利润计划的实现，稳定收益，实现持续增长。

（3）履行对顾客、供货人、债权人、税务部门等的社会责任和外部义务。

对于某一企业的特定时期来讲，风险管理要全部同时实现所有这些目标可能是不现实的。首先，风险管理目标与企业经营目标、企业内外部环境、企业的特有属性等因素有密切关系，这些不同的因素要求不同的风险管理目标；其次，这些目标本身的矛盾性也可能迫使企业放弃某些目标，或者降低某些目标的标准。因此，确定风险管理目标实际上是针对企业的实际情况，在比较择优和可行性分析的基础上，确定这些目标的最佳组合。

二、风险管理的产生与发展

作为人类社会对客观存在的风险的主观能动行为和经验总结，古已有之。风险管理思想源于安全管理。法国科学管理大师法约尔在 1916 年提出企业经营有六大职能，即技术职能、营业职能、财务职能、安全职能、会计职能、管理职能。传统的风险管理方式主要包括事先预防、灾时施救和灾后补偿。

（一）风险管理的产生

风险管理是研究风险发生规律和风险控制技术的一门新兴管理学科，最早起源于美国。风险管理的概念是美国宾夕法尼亚大学所罗门·许布纳博士于 1930 年在美国管理协会的一次保险研讨会上首次提出的。1931 年，美国管理协会保险部率先倡导风险管理，并通过举办学术会议和研讨班的形式集中研究风险管理和保险问题。1938 年以后，美国企业对风险管理开始采用科学的方法，并逐步积累了丰富的经验。

现代风险管理理论是在保险与企业管理运动相结合的基础上产生的。20 世纪早期，风险管理以保险为主进行；后来，在实际处理风险过程中，企业意识到不问具体情况都用保险方式来处理风险有时是很不经济的。因此，在使用保险方式处理风险的同时，避免、转嫁、自留等非保险方式逐渐被各企业采用，初步形成了现代风险管理的理论体系。

（二）风险管理在 20 世纪 50 年代至 70 年代的发展

20 世纪 50 年代以来，风险管理逐步发展为保险与非保险方式相结合的全面风险管理，诞生了现代的学术性的和职业化的风险管理。

这一时期美国大公司发生了一些重大损失。1948 年，美国钢铁工人因为与厂方在养老退休金和团体人寿保险等问题谈判未果而罢工达半年之久，给美国经济造成了严重的影响。1953 年 8 月 12 日，美国通用汽车公司自动变速装置厂发生大火，火灾致使房屋、机器设备及其原材料损毁所造成的直接经济损失达 300 万美元，由于该厂是唯一一家供应通用汽车公司所有汽车及卡车的自动变速装置零件的厂家，因此，导致通用公司汽车及卡车制造停顿 36 个月；除此之外，这次火灾还造成该公司卫星工厂、玻璃厂、钢铁厂以及其他股份公司生产业务停顿，导致间接经济损失高达 5000 万美元。这还只是美国当时 15 起重大火灾之一。这些事故大大强化了人们对风险管理重要性的认识。20 世纪 70 年代以后逐渐掀起了全球性的风险管理运动。

（三）风险管理在 20 世纪 80 年代的发展

20 世纪 80 年代风险管理发展的显著特点：风险管理思维方式的进一步提升；风险管理在全球范围的推进。

(1) “101 条风险管理准则” 诞生。1983 年 5 月，在美国召开的风险与保险管理协会年会上，世界各国专家云集美国纽约，共同讨论并通过了 “101 条风险管理准则”，对风险管理的一般准则、技术与方法、管理等达成了基本共识，以用于指导各国风险管理的实践，它使风险管理体系规范化，成为指导各国从事风险管理的指南。

(2) 1986 年，英国风险管理学会在伦敦成立。该协会设立了一套风险管理学会会员的国际资格认证考试，这是一个着眼于风险管理全方位的长期性教育计划。

(3) 1986 年，在新加坡召开的风险管理国际研讨会。风险管理已由大西洋区域向太平洋区域发展，成为由北美到欧洲再到亚太地区的全球性风险管理运动。

（四）20 世纪 90 年代以来风险管理的发展

1. 出现了财务风险管理和金融风险管理

20 世纪 90 年代以前，风险管理的理论、方法和实践基本上是围绕纯粹风险展开的。这一时期大多数现代风险管理形式是从保险购买实践中发展而来的，保险一直作为传统风险管理的主要手段。

1996 年，美国金融大师彼得·伯恩斯坦在其具有广泛世界影响的著作《与天为敌——风险探索传奇》中强调：“一个社会理解、衡量和管理风险的能力是现代社会与古代社会的分水岭。”“风险管理有助于我们在非常广阔的领域里进行决策，从分配财富到保护公共健康，从战争到家庭计划安排，从支付保费到系好安全带，从种植玉米到玉米片的市场营销。”

20 世纪 70 年代后，布雷顿森林体系崩溃带来了汇率风险；因原油价格攀升出现了产品价格风险；金融自由化浪潮下衍生性金融商品的滥用及金融服务一体化进程形成了金融风险和金融危机。所有这些变化均促进了财务风险管理和金融风险管理的发展。

2. 整合性风险管理成为 21 世纪最具前景的发展领域

企业整合性风险管理的理念和方法是 20 世纪 90 年代以来风险管理领域发展的最新成果之一。整合性风险管理是指对影响企业价值的众多风险因素进行识别和衡量，并将企业面临的所有风险都纳入到一个有机的、具有内在一致性的管理框架中去，通过整合多种风险管理方法，实现以最小的风险成本获得最大的企业价值的风险管理总体目标。整合性风险管理的内容包括以下几项。

(1) 强调风险是一个整体的概念。

(2) 强调组织内部不同风险管理者之间的合作。

(3) 整合性风险管理往往以资本市场、保险市场的创新及相互融合为基础。

(4) 以最小的风险成本实现企业价值的最大化是企业整合性风险管理的总体目标。

整合性风险管理具有以下特征：从以风险损失为分析基础转变为以企业价值为分析基础；化分离式的风险管理为整合式的风险管理；变单一的损失控制为综合性的价值创造。

进入21世纪，巨灾风险事故频发，使许多国家政府介入了风险管理领域；而近年来区域性甚至国际性的巨灾风险事故频发又促使很多国际性机构、组织、保险公司之间更加紧密地合作，共同建立巨灾信息的支持体系和重大危机、公共突发事件的预警和应急处理机制。

三、风险管理的程序

风险管理是一种有计划、有组织的活动，必须遵循科学的程序和方法。在制订风险管理计划的基础上，风险管理按照以下程序依次进行。

(一) 风险识别

风险识别是风险管理的第一步，它是指对企业面临现实的以及潜在的风险加以判断、归类、整理和鉴定的过程，主要包括感知风险和分析风险两方面。感知风险即了解客观存在的各种风险；分析风险，即分析引起风险事故的各种因素。风险识别的方法具体包括如下几种。

(1) 风险清单分析。将企业面临的各种风险逐一列出一个清单，分析它们的变化方向、程度以及相互间的联系。

(2) 保单汇编分析。保险标的种类不同，险种不同，承保的风险责任有别。通过保单汇编了解企业发生的各种风险及其严重程度。

(3) 生产流程分析。将企业从投入到产出或供产销整个生产经营流程绘制出来，对各个阶段、各个环节进行调查分析，识别各种风险因素和损失，包括价值形态和实物形态的损失。价值形态易于发现损失的严重性；实物形态易于分析损失发生的可能性。

(4) 财务报表分析。根据企业的资产负债表、利润表、财产目录和其他营业报表等，对企业的固定资产和流动资产的分布及经营活动进行分析研究，确定企业的潜在损失。

(5) 环境分析。环境分析包括对物质环境、社会环境、政治环境、法律环境、操作环境、经济环境、认知环境的分析。

(6) 现场调查法。直接观察企业的生产环境、工人的操作过程和工艺流程等，找出可能存在的风险及潜在的风险因素。

(7) 调查询问法。通过对企业内外有关人员的调查询问，发现潜在的风险因素。

(二) 风险估测

风险估测是指在风险识别的基础上，通过对所收集的大量详细损失资料加以分析，运用概率论和数理统计，估计和预测风险发生的概率和损失程度。通过风险估测，计算出较为准确的损失概率，可以使风险管理者事先安排，降低损失的不确定性。对损失程度的预测，可以使风险管理者了解风险所带来的损失后果，进而集中力量处理损失后果严重的风险，对企业影响小的风险则不必过多投入，如可以采用自留的方法处理。

风险估测所要解决的两个问题是损失概率和损失程度，其最终目的是为风险决策提供信息。损失频率和损失幅度是估算风险，进行风险度量的一般方法。

损失频率也称损失机会，是指在一定时期内某种风险事故可能发生的次数，用公式表示如下：

$$损失频率=损失次数/危险单位数$$

损失频率实际上是指损失的发生的概率。该指标可用来衡量风险大小，且损失频率介于0～1之间。当损失频率为0或1时，风险不存在。损失程度是指每次风险事故发生可能造成的最大损失金额。用公式表示如下：

$$损失程度=实际损失额/发生事故件数$$

损失频率与损失程度呈反方向变化。损失频率很高，但损失程度不大；损失频率很低，但损失程度较大。我们可以借用一般常用的工业意外伤害事故的研究实例来说明损失频率与损失程度之间的关系，二者可以用“汉立区三角”图示（图1-2）。该图说明：损失频率高的事件，损失程度小；损失频率低的事件，损失程度大。

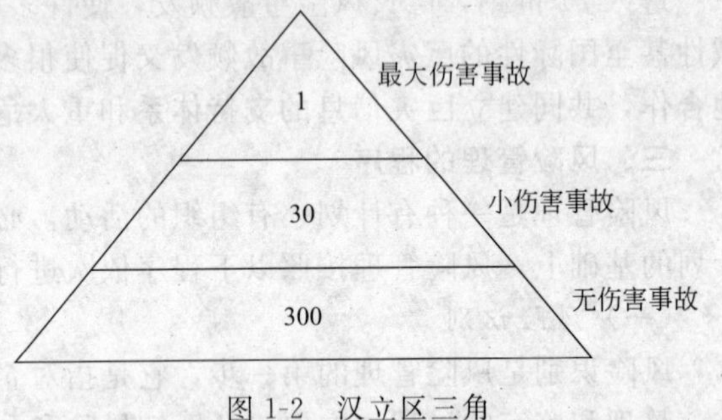

图1-2 汉立区三角

（三）风险评价

风险评价又称安全评价，是指在风险识别和风险估测的基础上，把风险发生的概率和损失严重程度，结合其他因素综合考虑，得出系统发生风险的可能性及其危害程度，并与社会或行业公认的安全指标比较，确定系统的危险等级，决定是否需要采取的控制措施，比较处理风险所支出的费用，决定风险是否需要处理和处理的程度。

风险评价是基于这样的理论基础，即降低风险事故概率与所需要的风险管理成本之间呈反比变化，要使风险的发生概率降低一定比率，将会支出较多的成本。因此，风险管理的目标不是完全消灭风险，而是要在风险管理的成本、收益及社会心理、道德或法律接受的范围内寻求一个平衡点。安全指标是通过对大量损失资料的分析，承认损失事故是不可能完全避免的前提下，从经济、心理等因素出发，确定一个社会所能接受的界限，作为衡量系统风险严重程度的标准。运用安全指标对系统进行衡量是风险评价的关键。

风险评价包括生态风险评价、环境风险评价和财务风险评价。不同的风险评价有不同的评价方法体系。

风险评价的步骤包括确定安全指标，确定评价时的风险水平，进行对应比较，从而得出结论。具体包括以下内容。

（1）安全指标是指经济单位针对不同的风险，确定的可以接受的风险损失。

（2）正常损失期望是指经济单位在正常的风险防范措施下，遭受损失的期望值。

（3）可能的最大损失是指经济单位在某些风险防范措施出现故障情况下，可能遭受的最大损失。

（4）最大可能损失是指经济单位在最不利的条件下，估计可能遭受的最大损失额。

（5）风险水平包括单个风险水平和整体风险水平。

（四）选择风险管理技术

根据风险评价结果，为实现风险管理目标，选择最佳风险管理技术是风险管理最重要的环节。风险管理技术可以分为控制型和财务型两大类。

控制型风险管理技术的目的是降低损失频率和减少损失程度，重点在于改变引起意外事故和扩大损失的各种条件。通过避免、预防、抑制等措施，设法消除、减少风险因素，降低损失频率和减少损失程度。

财务型风险管理技术的目的是通过风险发生前所作的财务安排，来解除风险发生后给人们造成的经济困难和精神忧虑，为生产自救、恢复企业生产与经营，维护正常生活等提供财务基础，减轻风险事故造成的后果。

各种风险管理技术有其自身的优势和局限性，企业为了达到其风险管理目标，在选择风险管理技术时一般不是单一的，而是多种方式的组合运用。

（五）风险管理效果评价

风险管理效果评价是指对风险管理技术适用性及其收益性情况的分析、检查、修正和评估。风险管理效益的大小取决于是否能以最小风险成本取得最大安全保障；同时，在实务中还要考虑与整体管理目标是否一致，具体实施的可行性、可操作性和有效性。

风险管理效果评价是分析、比较已实施的风险管理方法的结果与预期目标的契合程度，以此来评判风险管理方案的科学性、适应性和收益性。包括以下四个方面内容。

（1）风险管理方案实施的效果。

（2）风险管理决策的科学性。

（3）风险管理者的管理水平。

（4）风险管理的执行情况，总结风险管理实施过程中的经验和教训。

四、风险管理的方式

风险管理是指通过采用不同措施和手段，用最小的成本达到最大安全保障的经济运行过程。风险是客观存在的，不以人的意志为转移，但人类可以发挥主观能动性，采用避免、自留、预防、抑制、转移等方式减少风险带来的损失。

（一）避免

避免是指设法回避损失发生的可能性，即从根本上消除特定的风险单位和中途放弃某些既存的风险单位，意味着将某种事故发生的可能性降低到零，完全避免参加某项活动。它是处理风险的一种消极技术，例如改变航线、放弃某项经营活动等。

避免方式通常在两种情况下采用：①某特定风险所致损失频率和损失程度相当高时或损失频率虽然不大，但损失后果严重到无法补偿；②应用其他风险管理技术处理风险的成本超过其产生的收益。

风险避免存在以下问题：①避免的采用通常会受到限制，有许多风险是无法避免的；②风险避免可能导致新的风险产生，例如不坐船，但坐汽车、火车、飞机同样存在风险；③风险避免可能损失的经济效益，如放弃新产品研制意味着利润的丧失。因此，避免风险虽简单易行，但有很大的局限性。

（二）自留

自留风险是指对风险的自我承担，即企业或单位自我承受风险损害后果的方法。一般通过使用企业或个人储备、积累的风险补偿基金对自身的风险损失进行补偿和保障，以维护生产生活正常秩序的方式，例如物质储备、企业的损失储备金、个人的储蓄等。当一个机构对某种可保风险采取了高度正式化的自留方法时，有时我们说这个机构已对风险“自保”了，有些大公司还建立了专业自保公司。

自留风险有主动自留和被动自留之分。主动自留是对于自身有能力承担的风险，在分析权衡的基础上主动承担，如家庭储蓄以备养老与医疗等，企业留有后备可以自担一定的风险；被动自留是对于那些保险除外责任风险以及按合同规定由被保险人承担的风险损失，例如车辆保险免赔额以内的损失，医疗保险规定的免赔额及一定成数的医疗费用，必须由被保险人承担。

自留往往适用以下三种情况。

(1) 对潜在损失估计不足。

(2) 损失金额相对较低，经济上微不足道。

(3) 通过对风险和风险管理方法的认真分析，决定全部或部分承担某些风险。

通常自留风险在风险所致损失频率和程度低、损失短期内可预测以及最大损失对企业或单位不影响其财务稳定时采用。对那些损失频率较高但损失程度较低的风险即经常发生的小灾小损也可以采用自留方式。自留风险在特定情形下可能是必要的，但其能够解决的损失补偿程度一般是十分有限的。

(三) 预防

损失预防是指在风险损失发生前为了消除或减少可能引发损失的各种因素而采取的处理风险的具体措施，其目的在于通过消除或减少风险因素而达到降低损失发生频率的目的。在认识利用客观规律基础上，通过采取有效措施改变风险产生的环境条件，来消除或减少事故，控制风险程度的方式，如植林固沙、防风除暴、修筑水库、防患洪涝等。

预防方法包括工程物理法和人类行为法：前者侧重于风险单位的物质因素防范，如各种建筑物的防火、防盗、防洪、防震结构设置与改进；后者侧重于对人们行为的教育，如职业、交通、消防、防震安全教育与演练等。

损失预防通常在损失频率高且损失程度低时采用。预防是一种事先预防的积极、科学的途径，但其作用也有限，特别是对于自然灾害而言，有些是人类无法抗拒和控制的。

(四) 抑制

损失抑制是指在损失发生时或之后为缩小损失程度而采取的各项措施。分离是抑制的特殊形式，是将经济单位面临损失的风险单位分离，而不是将它们集中在都可能遭受损失的同一地点。

损失抑制常在损失程度高且风险又无法避免和转移的情况下采用。例如，在建筑物中安装火灾警报器和自动喷淋设备，可以减轻火灾损失的程度。损失抑制的一种特殊形态是割离，它是指将风险单位割离成许多独立的小单位而达到减轻损失程度的一种方法。

(五) 转移

转移风险是指一些单位或个人为避免承担风险损失，有意识地将损失或与损失有关的财务后果转移给另一单位或个人去承担的一种风险管理方式。

转移风险的方式主要有两种，即保险转移和非保险转移。

1. 保险转移

保险转移是指向保险公司投保，以缴纳保险费为代价，将风险转移给保险人承担。当发生风险损失时，保险人按照合同约定责任给予经济补偿。保险购买者向保险公司缴纳保费，保险公司接受保费，建立基金以赔付特定损失，实际上等于为这些损失进行融资，保险是一种风险转移措施。

2. 非保险转移

非保险转移又具体分为两种方式，出让转移和合同转移。

出让转移，一般适用于投机风险。

合同转移，适用于企业将具有风险的生产经营活动承包给对方，并在合同中明确规定由对方承担风险损失的赔偿责任。销售合同中的保证条款、保修条款及租赁合同等就是合同转移的形式。一种是通过销售合同中的保证条款来转移风险。目前许多家用电器的销售都有保修承诺，在一定时期内如果产品使用中出现质量问题，厂家负责免费维修，这就是将承担修理费用的风险从买方转移给了制造商。另一种是通过担保合同转移风险。根据这种合同，如果义务人不履行合同规定的义务，作为第三方的担保人必须代为赔偿权利人，这是将信用风险转移给担保人。

（六）风险管理方式的综合运用

各种风险管理方式各有优、缺点和适用性。如果把风险按照损失频率与损失幅度分类，则不同的风险类型较适宜的风险管理方式见表1-1。

表 1-1 风险管理方式选择表

损失频率	损失程度	风险估测	风险管理方式选择
高	高	不能承担	避免
高	低	能承担	自留、预防、抑制
低	低	相对不重要	自留
低	高	不能承担	转移(保险)

第三节 风险管理与保险的关系

风险管理理论起源于保险，保险一直是风险管理的主要工具，二者有着密切的关系，并且相互影响。正确认识和处理风险管理与保险的关系，并在实践中配合使用，充分发挥其效力，这对风险管理和保险都是重要的。

一、风险管理与保险的联系

（一）风险是风险管理和保险产生和存在的前提

从对象上看，风险既是风险管理研究的对象，也是保险研究的对象，风险是保险和风险管理的共同研究对象。

风险是风险管理产生和存在的前提。风险越大，越需要风险管理。风险管理是针对风险负面影响而采取的应对措施。风险管理做得越好，风险越小。

客观存在的风险是保险的自然基础。可以说，无风险的存在、无损失的发生、无经济补偿的需要，就不会产生以处理风险为对象、以承担经济损失补偿为职能的保险业。但是，保险只是风险处理的方法之一，并不是所有风险都一定为保险所接纳，因为，客观存在的风险形态、性质和内容复杂而广泛。

（二）保险是风险管理的传统的有效措施之一

风险管理的主要方法有避免、预防、抑制、分散、自留、转移等。其中，避免具有很大局限性，况且面对风险时不是积极地去处理，而带有很大的消极性；预防可以防止损失于事发之先，借以减少损失发生的机会，抑制可以遏止损失于事发之中，借以减轻损失程度，但风险不可能全然消除。因而必须设法在事发之后谋求一些补救之策，挽回已毁损的物质财富，恢复中断的经济活动。然而若单靠个人力量解决，需要提留与自身财产价值等量的后备基金，这样既造成资金浪费，又难以解决巨灾损失的补偿问题。保险是风险管理的方法之一，除了避免的方法以外，几乎包括了所有各种方法的性能，因而长期以来被人们视为处理风险的有效手段。

保险属于风险管理基本方法之风险融资中的风险转移方法。就被保险人而言，是风险的转移，他们把不能自行承担的集中风险转移给保险人，以小额的固定支出换取对巨额风险的经济保障；而就保险人而言，则是风险的承担，同时保险经营运用的就是风险分散的原理，通过再保险还可以将其承担的风险进一步分散，而且在保险经营中直接或间接地贯彻着预防与抑制的功能，从而减免损失发生的机会，减轻损失的程度。因而保险是风险管理的最有效措施之一。

（三）风险管理的技术影响保险的经营效益

风险管理技术作为非常重要的因素，对保险经营效益产生很大的影响，甚至制约着保险经营效益。例如，对风险识别是否全面，对风险损失的频率和造成损失的幅度估测是否准确，哪些风险可以接受承保，哪些风险不可以承保，保险的范围应有多大，程度应如何，保险的成本与效益的比较等。所有这些因素都制约着保险的经营效益。

（四）风险管理为保险的科学性奠定了基础

从方法论上看，风险管理与保险都以概率论和大数法则为基础，数学、统计学原理是分析基础和方法。风险管理使保险理论基础更加牢固和科学，同时也给保险业提出了更高的要求，促使保险业提高服务质量，进而促进了保险业的发展。风险管理的一系列风险因素分析法都为保险所利用，这为保险的科学性奠定了更加牢固的基础。如，哪些风险可以纳入保险承保的范围，哪些风险是不可保风险等，这为保险正确划定承保风险范围提供了基本的技术支持。

二、风险管理与保险的区别

尽管风险与保险有密切联系，但二者还是有一些区别的。最主要的区别在于，从所管理的风险的范围来看，风险管理面对的是包括投机风险在内的所有风险，而保险则主要是承保纯粹风险中的可保风险。因此，无论从性质上还是从形态上看，风险管理都远比保险复杂、广泛。

（一）管理范围不同

保险是对特定风险的风险管理。保险仅以其在技术条件下可以承保的风险为管理对象，虽然这种可保风险的限制将随着保险技术手段的提高而日益减少，但商业行为的保险必有除外责任。

风险管理的范围比保险广。对风险管理而言，只要是风险就得面对，并拿出管理的计划与方法。风险管理面向个人、家庭、企业团体，甚至于全社会、全人类的所有物质财富、人的生命、有形利益、无形的与长远的利润将可能遭遇到的所有风险。

（二）补救措施不同

风险管理则对管理标的进行全过程的控制管理，含预防保护、控制救助等各种形式的补救。保险是灾害事故发生后对受损标的予以补偿，而且是经济上的补救。保险在风险管理中占有极其重要的地位。对风险进行有效的管理，尽管可以在一定程度和范围内缓解风险、化解风险，降低风险损失等，但不可能根除风险，消灭风险。它还必须借助包括保险在内的一切风险处理方法，来实现其降低风险成本的目标。保险使风险管理方法更加完善和科学。

（三）着重点不同

从保险和风险管理的历史发展来看，风险管理源于保险业的发展。但直接源于保险的风险管理自始就没有局限于保险所研究的风险范畴，而是开辟了自己研究的空间，只把保险作为风险的处理方法之一来对待。风险管理更加着力于从总体上把握风险，研究处理风险的一切技术性方法和经济方法，从管理学高度来认识风险，分析风险。而保险则仅着眼于风险的分散与转移。

三、可保风险

风险的类型多种多样，但并不是所有的风险都适合或可以采用保险方法来处理，商业保险公司可以承保的风险是有条件、有范围的，能够通过保险转移的风险就是可保风险。

（一）可保风险的概念

可保风险即可保危险，是指可被保险公司接受的风险，或可以向保险公司转嫁的风险，是保险人可接受承保的风险，即符合保险人承保条件的风险。可保风险是一个相对的概念，它是对一定时期的保险市场而言的。可保风险必须是纯粹风险，即危险。但也并非任何危险均可向保险公司转移，也就是说保险公司所承保的危险是有条件的。

（二）可保风险的要件

保险公司并不能做到有险必保，有损必赔，从社会效益、企业效益和经营技术角度考虑，保险公司只能有选择地承保风险，即承保特定的灾害事故或意外事件。因此，任何保险产品的责任范围都是有限的，而且都有除外责任的规定。可保风险是风险的一种形式，必须具备下列条件。

1. 可保风险是纯粹风险而非投机风险

对纯粹风险损失进行补偿符合保险的宗旨。但投机风险不能成为可保风险，原因在于：其一，若承保这类风险，则无论损失是否发生，被保险人都将可能因此而获利，这违背保险的损失补偿原则；其二，投机风险多为人们有意识行为所致，不具有意外事故性质，而且其影响因素复杂，难于适用大数法则。

2. 可保风险必须具有偶然性

风险的偶然性是指对于个体标的而言，风险的发生具有不确定性。偶然性包含两层意思：一是发生的可能性，不可能发生的风险是不存在的；二是发生的不确定性，即发生的对象、时间、地点、原因和损失程度等，都是不确定的。

3. 可保风险必须是意外的

风险的意外性是指风险的发生或损害后果的扩展都不是投保方的故意行为所致，而是具有意外事故的性质。风险的意外性包含两层意思。一是风险的发生或风险损害后果的扩展都不是投保人的故意行为。投保人故意行为引发的风险事件或扩大损害后果均为道德风险，为法律所禁止，与社会道德相矛盾，保险人是不予赔偿的。二是风险的发生是不可预知的，因为可预知的风险往往带有必然性。因此，故意行为引起风险及必然发生的风险，都不可能通过保险来转移，非意外风险属于不保风险，例如赌博、自然损耗、机器磨损等为不可保风险，赌博为法律所禁止，自然损耗、折旧为必然，保险人无法承保。

4. 风险必须是大量标的均有遭受损失的可能性

该要件是指拥有大量、同质且相互独立的风险单位，并只有少数风险单位受损。保险经营的数理基础是大数法则，而大数法则的运用，须以风险单位或保险标的大量、同质且相互独立为前提。“大量”是指保险标的的数量要足够多；“同质”是指保险标的在种类、品质、性能、金额等方面相近，这也是保险产品分门别类的依据；“相互独立”要求各个保险标的之间的风险损失无相关性或相关性足够低。

要满足保险经营的大数法则要求，也就是说，某一风险必须是大量标的均有遭受损失的可能性（不确定性），但实际出险的标的仅为少数（确定性），才能计算出合理的保险费率，让投保人付得起保费，保险人也能建立起相应的赔付基金，从而实现保险的“千家万户帮一家”的宗旨。

5. 风险应有发生重大损失的可能性

该要件是指可保风险损失的幅度和频率比较适当。从保险经营角度讲，损失幅度过大，频率过高，将超过保险公司财务承受能力，影响保险经营的稳定性，而且投保人也缺乏保费负担能力；反之，损失幅度和频率过小的风险也缺乏保险意义。

以上五个条件是相互联系、相互制约的。可保风险主要包括纯粹风险、自然风险、社会风险、财产风险、人身风险、责任风险、信用风险。不可保风险主要包括投机风险、政治风险、经济风险。但可保风险与不可保风险的区别并不是绝对的，可保风险的条件是相对而言的，也是不断发展变化的。例如地震，在家庭财产保险中它是可保风险，而在车辆损失险中它却是除外责任。再如政治风险，一般属于不可保风险，但经过特别约定或有政策扶持也可成为可保风险。例如，海洋运输船舶险、货物运输保险等可将战争、罢工作为附加险承保；出口信用保险、投资保险均可承保政治风险。随着保险市场需求的不断扩大，保险技术的不断成熟，经济市场化程度的深化以及社会法律制度的健全，可保风险的条件会随之调整，以前不可保的风险会变为可保风险。可保风险和不保风险的区别如表 1-2 所示。

表 1-2　可保风险和不保风险的区别

可保风险	不保风险	例证
纯粹风险	投机风险	买卖股票、赌博不保
偶然性或不确定性	必然发生或必然不发生	带病投保不保、不乘飞机就不必买航空意外险
意外风险	故意行为	能够预期的损失不保
大量标的均有遭受损失可能	不能满足大数定律	保证保险经营的科学性、持续性
标的有发生重大损失可能、可货币计量	损失足以影响财务稳定性	巨灾风险如地震、火山爆发、战争等超出保险人承担能力的不保

本章小结

（1）明确了风险的定义和基本特征。风险是引致损失的事件发生的一种可能性。风险具有普遍性、客观性、损害性、不确定性、可测性和发展性六个特征。

（2）介绍了风险因素、风险事故、损失的含义及其三者之间的关系。风险因素引发风险事故或在风险事故发生时致使损失增加的条件；风险事故是损失的直接原因或外在原因，即风险由可能变为现实，以至引起损失的结果；损失是非故意的、非计划的和非预期的经济价值的减少。三者之间的关系是风险因素引发风险事故，而风险事故导致损失。

（3）介绍了风险的主要分类。按性质分类，分为纯粹风险和投机风险；按环境分类，分为静态风险和动态风险；按风险的对象分类，分为财产风险、责任风险、信用风险和人身风险；按风险产生的原因分类，分为自然风险、社会风险、政治风险和经济风险。

（4）介绍了风险管理的含义和基本程序。风险管理是人们对各种风险的认识，控制和处理的主动行为。风险管理的基本程序是风险识别、风险估测、风险评价、风险管理技术的选择和风险管理效果的评价。

（5）介绍了风险管理的几种主要方式。风险处理最常用的方式有避免、自留、预防、抑制和转嫁。

（6）阐明了保险与风险管理的关系。二者既有紧密的联系，又有着重要的区别。

（7）阐明了保险人可保风险应具备的条件。可保风险是可以被保险公司接受的风险，或可以向保险公司转嫁的风险。其要件包括：是纯粹风险而非投机风险、必须具有偶然性、必须是意外的、必须是大量标的均有遭受损失的可能性、应有发生重大损失的可能性。

重要概念

风险　纯粹风险　投机风险　静态风险　动态风险　风险事故　实质风险因素　道德风险因素　心理风险因素　风险管理　损失频率　损失程度　可保风险

复习思考题

一、单项选择题

1. 按风险损害的性质分类，风险可分为（　　）。
   A. 人身风险与财产风险　　B. 纯粹风险与投机风险
   C. 经济风险与技术风险　　D. 自然风险与社会风险
2. 属于控制型风险管理技术的有（　　）。
   A. 减少与避免　B. 抑制与自留　C. 转移与分散　D. 保险与自留
3. 风险管理中最为重要的环节是（　　）。
   A. 风险识别　B. 风险评价　C. 风险估测　D. 选择风险管理技术
4. 权利人因义务人违约而遭受经济损失的风险是（　　）。
   A. 财产风险　B. 人身风险　C. 责任风险　D. 信用风险
5. 某房东外出时忘记锁门，结果小偷进屋、家具被偷，则风险因素属于（　　）。
   A. 物质风险因素　B. 心理风险因素　C. 道德风险因素　D. 思想风险因素
6. 股市的波动属于（　　）性质的风险。
   A. 自然风险　B. 投机风险　C. 社会风险　D. 纯粹风险
7. （　　）风险因素是有形因素。
   A. 道德　B. 实质　C. 风纪　D. 心理
8. 对于损失概率高、损失程度大的风险应该采用（　　）的风险管理方法。
   A. 保险　B. 自留风险　C. 避免风险　D. 减少风险
9. 适用于保险的风险处理方法有（　　）。
   A. 损失频率高损失程度大　　B. 损失频率低损失程度大
   C. 损失频率高损失程度小　　D. 损失频率低损失程度小
10. 对于损失概率高、损失程度小的风险应该采用（　　）的风险管理方法。
    A. 保险　B. 自留风险　C. 避免风险　D. 减少风险
11. 风险估测是建立在（　　）基础之上的。
    A. 风险评价　B. 风险选择　C. 风险识别　D. 风险效果评价
12. 由于汽车刹车系统失灵导致车祸发生的风险因素属于（　　）。
    A. 心理风险因素　B. 物质风险因素　C. 道德风险因素　D. 人为风险因素
13. 以下风险中属于投机风险的是（　　）。
    A. 地震　B. 火灾　C. 操作失误　D. 汇率风险
14. 以下风险中属于纯粹风险的是（　　）。
    A. 汇率风险　B. 价格风险　C. 交通事故　D. 利率风险
15. 纯粹风险所导致的结果是（　　）。
    A. 无损失　　B. 损失、无损失和赢利
    C. 损失和无损失　　D. 损失
16. 严禁在车间内吸烟属于下列哪种风险管理方法？（　　）
    A. 风险分散　B. 风险抑制　C. 风险预防　D. 风险自留
17. 风险管理最早起源于（　　）。
    A. 英国　B. 意大利　C. 法国　D. 美国
18. 按风险损害的对象分类，飞机有坠毁的风险属于（　　）。
    A. 人身风险　B. 责任风险　C. 财产风险　D. 信用风险
19. 按风险损害的对象分类，生、老、病、死是人生的必然现象，属于（　　）。
    A. 责任风险　B. 人身风险　C. 信用风险　D. 财产风险
20. 甲借乙钱，日后赖账不还，按风险损害的对象分类，该事件属于（　　）。

A. 信用风险　B. 人身风险　C. 责任风险　D. 财产风险

二、多项选择题

1. 下列构成可保风险的条件有（　）。

A. 风险须有可预测性　B. 风险发生具有不确定性

C. 风险须具有大量性　D. 风险须具有变异性

E. 风险不能使大量同类标的同时遭受损失

2. 风险识别的方法包括（　）。

A. 财务报表分析法　B. 问卷调查法　C. 风险列举法

D. 生产流程图法　E. 现场检查法

3. 按风险的损害对象分类，风险分为（　）。

A. 财产风险　B. 人身风险

C. 责任风险　D. 信用风险

4. 下列现象中不以人的主观意志为转移，并且是独立于人的意志之外的客观存在的是（　）。

A. 地震　B. 台风　C. 洪水

D. 冰雹　E. 火山喷发

5. 在风险管理中，损失控制包括（　）。

A. 风险中和　B. 风险预防　C. 风险抑制

D. 风险自留　E. 风险转移

三、判断题

1. 权利人因义务人而遭受经济损失的风险是财产风险。（　）
2. 风险管理中最为重要的环节是风险识别。（　）
3. 纯粹风险所导致的结果有三种，即损失、无损失和赢利。（　）
4. 静态风险一般都是纯粹风险。（　）
5. 有风险因素必有风险事故。（　）
6. 偷窃、抢劫属于经济风险。（　）
7. 各种风险的存在都是不以人的意志为转移的，这表明风险具有普遍性特征。（　）
8. 在风险管理的方法中，保险属于控制法。（　）

四、简答题

1. 风险的构成要素有哪些？它们之间的关系是怎样的？
2. 风险可分为哪些种类？
3. 简述可保风险应具备的条件。
4. 风险管理的基本措施有哪些？
5. 简述保险与风险管理的关系。

第二章　保险概述

中国自古就有“天有不测风云，人有旦夕祸福”和“未雨绸缪”、“积谷防饥”的说法。现代经济和社会生活中，同样存在着各种各样的风险，它们给个人、家庭、企业和社会带来各种各样的危险和损失。无风险无保险，无损失无保险，风险是保险产生和发展的基础。保险是一种典型的风险管理制度，是处理风险，实现损失补偿和经济保障的一种重要社会方式。

第一节　保险的内涵

一、保险的基本概念

日常生活中，人们一般把保险（insurance）解释为对某种事情结果的稳妥把握性；保险学中“保险”一词有其特定的含义，它由英语单词 insurance 或 assurance 翻译而来，其含义是分担危险，即少数人受损，多数人分担。对风险受损人来说，则是以一定的支出，保障不定损失的补偿。中文的“保险”起源于英文“insurance”一词，清代魏源在《海国图志》中翻译这一词为“担保”。日本翻译其为“保险”，后传入我国，沿用至今。

关于保险的定义，众说纷纭，国内外尚无一致的定论。保险最初的含义是“以交付一定的费用为代价，来换取在遭受损失时获得补偿”。“无危险，无保险”，危险即损失的可能性，那么也就是“无损失的可能性就无保险”。按照这个逻辑，我们对保险下定义时倾向于“损失说”。保险是集合具有同类危险的众多单位或个人，以合理计算分担金的形式，实现对少数成员因该危险事故所致经济损失的补偿行为。这一定义具有普遍的适用性，但是，财政救灾后备和经济单位或个人自保不能被认为是保险。该定义坚持了“损失说”的一元论，并且它适用于人身保险。

2009 年 10 月 1 日实施的第二次修订的《中华人民共和国保险法》（以下简称《保险法》）第二条对保险的定义是：“本法所称保险，是指投保人根据合同约定，向保险人支付保险费，保险人对于合同约定的可能发生的事故因其发生所造成的财产损失承担赔偿保险金责任，或者当被保险人死亡、伤残、疾病或者达到合同约定的年龄、期限等条件时承担给付保险金责任的商业保险行为。”可见，保险法中的保险指的是商业保险。

二、保险的特征

我们一般从两个方面来阐释保险的内涵：从经济角度来说，保险是分摊意外损失的一种财务安排；从法律角度来看，保险是一种合同行为，是一方同意补偿另一方损失的合同安排。保险制度具有以下几个基本特征。

（一）经济性

保险是对灾害损失进行的经济补偿。从经济角度看，保险是分摊意外事故损失的一种财务安排，以事先收取保费为条件，向投保人做事后的风险损失补偿。

保险具有可经营性质。在市场经济条件下，商业保险机构以商品经营者的身份，按照市场需求开发保险品种，实施经营活动，获取正当的营业利润。客户按照等价交换原则购买保单，享受风险损失保障。保险成为金融服务贸易领域中的重要行业。

（二）互助性

一人为众，众人为一。保险是多数经济单位的结合，通过向所有成员收取保险费来补偿少数成员遭受的意外损失，少数人的损失由所有的成员分担。在保险条件下，风险事故及损失仍然是存在的，而保险仅仅是实现风险转移和分散的社会化方式，通过保险人组织集合起相当数量的可能发生同类风险的单位，缴收保费向实际发生风险损失的单位赔付，实现风险分散，增强个体抗御不确定的巨额风险的能力。对于风险事故发生后所造成的经济损失，如果由单个经济单位自行补偿，或由政府救济，均不属于保险制度。保险是同舟共济、互相扶助的行为，通过分散风险、分摊损失的方式，以代替自身单独承受的一种经济保障制度，具有社会互助共济的特性。这种互助共济关系通过保险人用多数投保人缴纳的保险费所建立的保险基金，对少数遭受损失的被保险人提供经济补偿或给付得以实现。

（三）契约性

保险经济关系是一种商品交换关系，交易双方均有各自的利益。为维护双方权益，交易双方须以经济合同形式建立保险关系，以明确各自的权利和义务。所以说保险是以合同为基础的经济制度。从法律角度来看，保险单就是保险合同，是被保险人通过购买保险单把损失风险转移给保险人的合同安排，具有法律约束力。保险是以风险损失为对象的经济交易，是风险的出售和购买，承保方是风险购买者，而投保人是风险销售方，双方要按市场交易对等原则，体现权利和义务的对等。保险人有根据合同收取保险费的权利，也有建立保险基金，进行经济补偿的义务。被保险人有缴付保费的义务，也有在遭受保险责任范围内的损失时，要求补偿经济损失的权利。双方各自的权利、义务均以保险合同为准，形成稳定有序的经济关系。

（四）科学性

保险运用科学的计算方法，以数理统计为依据来收取保险费。保险的目的是补偿被保险人的经济损失，这种补偿须以建立保险基金为前提。保险基金是保险公司履行赔付义务的经济基础，它来源于全体投保人缴纳的保险费。至于每个投保人负担多少保险费，保险公司所集中的保险基金是否足够应付对被保险人的赔付责任，要经过科学而合理的精算。现代保险经营以概率论和大数法则等科学的数理理论为基础。保险费率的厘定，保险准备金的提存等都是以精密的数理计算为依据的。这就最大限度地保障了被保险人和保险人双方的利益。

三、保险与类似活动的比较

保险与储蓄、救济、保证、自保、赌博都存在共同点，但区别也是明显的，对它们加以比较的目的是为了更好地理解保险的本质。

（一）保险与储蓄

保险和储蓄同为金融活动，都是以现在的剩余，为将来做准备，都是为了保障经济生活的安定。特别是人寿保险中的长期生存保险和两全保险等，具有保障和储蓄双重性质。但这两者毕竟是不同的经济行为，有着重要区别。

第一，保障性质不同。储蓄是一种备用款项，具有一定的保障性，可用作购买准备、支付准备和预防准备，包括补偿意外灾害损失。但是，储蓄是自助行为，它只能提供自我保障，保障程度受制于存款规模；保险属于社会化经济保障制度，是多数人的互助合作行为，体现一种再分配关系和社会互助共济性质，投保人以较少的保险费支出可以换取比较充分的经济保障。

第二，权利主张不同。储蓄不论时间长短，仍归存款人所有，随时可以动用。储蓄是以存款自愿、取款自由为原则，储蓄之本利归储户所有，存款人可以任意处分，到（随）时提取，而且必然要提取；而保险受合同的限制，保险所形成的保险基金，是为将来做补偿准备的，是全体被保险人的共同财产，一般情况下不能动用，除部分寿险、年金保险外，一般只有发生保险事故或人身事件时，被保险人才可以向保险公司索赔，否则不能获得赔偿。

第三，体现的经济关系不同。储蓄对于个人而言，支付与反支付具有对等的关系，储蓄所得利息的多少则要受本金数量和存款时间长短的限制；保险对于个人则不具备这种关系，保险事故发生后，被保险人或受益人即可得到保险补偿，而不论其缴纳保险费的多少和时间的长短。

第四，遵循的原则不同。保险人在经营保险业务时收取的保险费，目的在于分散风险、补偿损失，并且以合理的计算方法为基础；而人们到银行储蓄则不需要使用这一特殊的计算方法和技术。

当然，在保险与储蓄的区别中，最重要的是保险可以真正起到分散风险、补偿损失的作用，而储蓄虽然在一定程度上也可以补偿损失，但却无法起到分散风险的作用。

（二）保险与救济

保险与救济都是对灾害事故进行补偿的行为，都能减轻灾害事故给人们造成的损失，其目标均为努力使社会生活正常和稳定。而且在现代保险制度出现之前，对因偶然事件所造成的损失，主要是通过救济来进行补偿。我国国内保险业停止中断期间，企业和群众的重大灾害损失就是采取财政核销或提供救济的方式来进行补偿的。但两者毕竟是不同的制度或行为，有着许多区别。

第一，保险是一种合同行为，而救济行为则不是合同行为。保险关系是根据法律或合同而产生的，有对应的权利义务关系，这种关系受法律保护，对保险双方都有约束力；救济是一种单方面的施舍，没有对应的权利义务关系，一方对另一方并不产生约束力。救济主要是一种人道主义义务而非法定义务，建立在自愿基础之上。而且救济多少由救助者量力而行，形式多种多样，金钱、实物均可。

第二，保险是双方的有偿行为，而救济是单方面的无偿行为。保险是以投保人缴纳保费为前提，是对价交易，是双方行为。保险赔偿基金来自投保人交的保险费，实行的是有偿的经济保障；救济是单方行为，没有对价作为基础。所以，保险实质上是一种以自助的跨期融资行为，救济是纯粹的他助。救济实行的是无偿的经济帮助，不要求被救济方偿还。

第三，支付金额的计算依据不同。保险的补偿或给付，有一定的计算方法，而且补偿金额与保险费数额、损失数额等有一定的对等关系；而救济中救济金的多少，则没有任何的附加条件。

第四，保障程度不同。保险的补偿一般是比较充分的，只要是足额投保，在发生损失后一般补偿额与损失额是相当的；而救济一般数额都比较少，无法足额补偿受害人所遭受的损失。

第五，保障的对象不同。救济的对象广泛，国内、国外任何单位与个人遭灾，都可能得到救济，而保险保障的对象是特定的被保险人。

（三）保险与保证

《中华人民共和国担保法》规定，保证“是指保证人和债权人约定，当债务人不履行债务时，保证人按照约定履行债务或者承担责任的行为”。由此可见，保证与保险都是根据法律的规定而产生的合同行为，两者都是对未来偶然事件所致损失进行补偿的方法，保险人和保证人均在一定情况下承担补偿义务，但两者也不是同一种行为，还有着许多区别。

第一，从合同角度看，保险合同是独立契约，而保证合同则为从属契约。保险合同是一种独立的合同，其生效和履行不依附于当事人之外的其他人的行为；而保证合同是依附于主合同的从属合同，主合同无效，则保证合同无效，而且要涉及到第三方的行为。

第二，在保证关系中，保证人代替债务人履行债务，从而可以享受代位权，即他可以要求债务人进行反保证；而保险人依法赔偿损失或给付保险金，是自己应尽的义务，除非保险事故的发生可归责于第三者时，保险人一般不享有代位权（指当损失由第三方造成时，保险人在履行赔偿义务后，有权以被保险人的名义向第三方进行追偿，投保人或被保险人相应地让渡出这一权利）。

第三，保险的运作在于双方相互的行为，保险是多数人的经济互助关系；而保证是一种担保行为，是第三者向债务人提供的担保，是债务人借用第三者的信用关系。

第四，保险的基础在于对危险事故发生概率的精确计算，有保险基金积累；保证则没有这种基础。

（四）保险与自保

在第一章里我们讲过，自保（自留）是各个单位或个人预测在未来的某个时期，将会发生某种风险事故形成损失，自己提留一定数量的货币或实物，以备将来补偿损失的一种方法。作为一种补偿损失的方法，自保与保险在计算方法、目的等方面是相同的，但这两者之间也有着许多不同之处。

第一，保险是多数单位和个人的集合，投保人参加了保险，即将风险转嫁给了保险人，通过保险人的补偿实际上是把风险分散由全部投保人承担，而自己只需缴纳一定比例的保险费即可，真正起到了分散风险的作用；而自保完全是各单位或个人自己的行为，风险的分摊和补偿完全在本单位内部进行，如果想得到足额的补偿，那就必须根据对风险损失的预测，提留足额的准备金，所以无法真正起到分散风险的作用。

第二，保险标的在发生事故形成损失后，被保险人可以根据保险合同的规定及时向保险人提出索赔，保险人应及时给予赔偿，因此这种补偿是及时的、充分的，并能得到法律的保护；而自保的补偿是否及时充分，则完全取决于自留的准备金是否充足，如果充足就可以及时充分地补偿，若准备金不足，则无法及时、充分地补偿。而如果每一种风险都要提留充足的准备金，则必然会影响单位生产经营活动的正常进行。

第三，投保人在缴纳了保险费后，不论是否发生风险事故，是否形成损失，资金都不能收回，归保险人所有；而自保的准备金提留后，如果不发生风险事故、没有损失的话，则资金仍归各单位自己所有。

（五）保险与赌博

保险与赌博都与风险打交道，都是不确定的随机事件，都依赖于偶然因素的出现，当事人所付代价与所得报酬也都没有对等关系。从这方面来看，两者都带有一定侥幸成分，都具有偶然性。

从投保人个体看，缴付保险费是确定的义务，而能否获得赔偿或给付却是不确定的，取决于保险事故或人身事件是否发生，即多数人购买保险，少数人获得赔偿或给付；而且获得赔偿或给付的数额与所缴纳的保费差别很大。这种特点容易使人产生误解，认为保险无异于赌博。在我国保险业发展的初期，由于人们对保险缺乏足够的了解，确实有不少人把保险等同于赌博，而拒绝参加保险，即使现在一些偏远的地区也有一部分人存在这样的看法。其实，这两者有着本质区别。

第一，对象不同。保险必须以保险利益为前提。保险利益是指投保人或被保险人对保险标的具有法律上承认的利益。赌博的对象则可以是与己无利害关系的任何财物或事件。这是两者的根本区别所在。

第二，目的不同。保险的目的在于应用分散风险的方法，通过损失补偿和经济给付，发扬人类互助共济的精神，谋求经济生活的安定，利己利人，利国利民。而赌博的目的在于变一定（赌本）为无定（输或赢），是一种参加者创造风险的活动，鼓励利己主义、不劳而获，侥幸图利，贪婪，损人利己，害国害民。

第三，风险不同。保险中的危险是客观存在的，保险的功能就是分散风险，将损失化整为零，意在为人们雪中送炭，排忧解难。保险承保的是纯粹风险，无获利可能。赌博中的危险，是由赌博行为本身引起的，会产生原本不存在的风险。赌博是典型的投机风险，难有规律性可循。

第四，社会后果不同。保险是国家法律保护的一种经济形式，在许多方面都有着科学的计算方法。它符合社会经济发展规律和道德规范，是利国利民的事业。赌博完全依靠偶然机会，冒险获利，危害社会；它不符合社会道德规范，可能成为社会不安定的因素，甚至引发刑事犯罪。因此，赌博行为一般不受法律保护。

四、保险的分类

分类是人们认识事物和进行科学研究的基本方法。保险产品多种多样，保险分类是从不同角度、按不同标准对保险这一事物所作的不同划分。

（一）按保险性质分类

按照保险性质的不同，保险可以分为商业保险和社会保险。广义的保险包括社会保险和商业保险；狭义的保险仅指商业保险。

1. 商业保险

商业保险是以自愿为前提，以赢利为目的，以市场方式经营的保险，保险范围由市场需求和可能确定，由商业保险公司经营。投保人根据合同约定向保险人支付保费，保险人对于合同约定的可能发生的事故因其发生所造成的损失承担赔偿或给付保险金责任的商业性行为。

2. 社会保险

社会保险是指国家通过立法征集保险基金，为劳动者提供基本经济保障的一类保险，是对社会成员在年老、疾病、残废、伤亡、生育、失业情况下的基本生活需要给予物质帮助的一种社会保险保障制度，即国家通过法律途径保障社会成员基本生存的强制性保险。其主要包括劳动者养老、失业、医疗、工伤保险，通常由政府所属保险机构或政府指定的保险机构运作。社会保险和商业保险在性质及经营手段上有本质区别。

（1）性质不同。商业保险是一种经营行为；社会保险是社会政策，是国家社会保障制度的一种。

（2）实施方式不同。商业保险是依照平等自愿原则，通过协商订立保险合同实施的；社会保险具有强制性，其参加与否、缴纳的费用、接受的保障都是由国家立法直接规定的。

（3）保费来源及保费负担原则不同。商业保险的保费由参加保险的单位或个人按照保险合同的约定缴纳，强调等价交换和权利义务对等原则；社会保险的保费由国家、企业、个人三方面负担，不特别强调权利义务对等，具有一定的转移分配性质。

（4）保障对象不同。商业保险的保障对象是符合保险条件并缴纳了保险费的被保险人；社会保险保障的对象是社会劳动者，有的国家甚至扩大到全体国民。

（5）保障程度不同。商业保险的保障程度完全取决于投保人、被保险人与保险公司协商确定，可高可低，一般不受限制；社会保险的保障程度由国家事先规定，只能满足劳动者最基本的生活需求。

（6）保险范围不同。商业保险包括财产保险、人身保险、责任保险和信用保证保险；社会保险包括劳动保险（医疗保险、工伤保险、生育保险）、养老保险和失业保险。

（二）按实施方式分类

按照实施方式的不同，保险可以分为自愿保险和强制保险。

1. 自愿保险

自愿保险又称任意保险，是指投保人和保险人在平等自愿的基础上，通过订立保险合同建立起保险关系。通常商业性保险均属于自愿保险。自愿保险的特点集中表现为保险双方互有选择权，自主决定是否建立保险关系。

2. 强制保险

强制保险又称法定保险，是指国家或政府根据法律、法令或行政命令，在投保人和保险人之间强制建立起保险关系。强制保险可以减少营销费用，最大限度地扩大承保面，避免业务逆选择，使大数法则充分发挥作用。因此，国家对影响全局利益的生命与财产一般实施强制保险。例如：社会保险一般属于强制保险；我国依据《中华人民共和国道路交通安全法》实施的机动车交通事故责任强制保险（简称“交强险”）等。强制保险具有以下特点：①具有强制性和全面性；②保险金额、保险期限及费率由法律规定统一标准；③保险责任自动产生，以投保人已履行投保手续为前提条件。

自愿保险和强制保险两者之间存在以下几项区别。

（1）实施目的不同。强制保险是配合国家政策需要，为解决某类社会问题而开办的，例如我国的交强险是参照国际惯例，为保障交通事故受害人利益而开办；自愿保险是为满足各方面对经济保障的不同需要开办的，它是商业保险的主要方式。

（2）建立依据不同。强制保险依法建立保险关系，也有一些强制保险，如我国的交强险，在法律规定必须投保的基础上，还需签订保险合同；自愿保险则通过订立保险合同建立保险关系。

（3）保障水平不同。强制保险只能提供基本保障，保障水平不高而且平均，如我国现行的交强险赔偿限额为12.2万元，需要商业车险提供补充保障；自愿保险保障水平取决于投保人的保费负担能力。

（4）范围和约束力不同。在法律规定的保险范围内，强制保险不论被保险人是否愿意，都须投保；而自愿保险无保险范围和投保与否的强制性。

（5）保费和保险金额的规定标准不同。强制保险的保费和保险金额由国家规定统一标准；自愿保险保险费和保险金额由投保人自行选择。

（6）责任产生的条件不同。强制保险在法定范围内的保险对象，不论是否履行投保手续，其保险责任自动产生；而自愿保险的保险责任在保险合同生效时产生。

（7）支付保险费和赔款的时间限制不同。强制保险对赔款和保险费支付的时间均有严格限定；而自愿保险只在赔款上有一定的限制。

（三）按保险标的分类

按照保险标的的不同，保险可以分为财产保险和人身保险。

1. 财产保险

广义的财产保险，是以财产及其相关利益作为保险标的，在保险期间保险人对于因保险合同约定的保险事故发生所造成的保险标的的损失承担经济赔偿责任的一种保险。

（1）财产损失保险。财产损失保险即狭义的财产保险，是以各类物质财产作为保险标的，在保险期间因保险事故的发生致使保险标的所遭受的损失由保险人承担经济赔偿责任。财产损失保险包括海上保险、火灾保险、货物运输保险、工程保险、农业保险等。

（2）责任保险。责任保险是以被保险人依法应负的民事损害赔偿责任或经过特别约定的合同责任为保险标的的一种保险。其保险标的是被保险人对第三者依法应负的民事损害赔偿责任或经过特别约定的合同责任。责任保险包括公众责任保险、产品责任保险、职业责任保险和雇主责任保险。

① 公众责任保险又称普通责任保险或综合责任保险，它是责任保险中独立的、适用范围极为广泛的保险类别，主要承保企业、机关、团体、家庭、个人以及各种组织，在固定的场所因其疏忽、过失行为而造成他人的人身伤害或财产损失，依法应承担的经济赔偿责任的一种保险。公众责任保险包括场所责任保险、个人责任保险等。

② 产品责任保险是承保产品制造者、销售者，因产品缺陷致使他人的人身伤害或财产损失而依法应由其承担的经济赔偿责任的一种保险。

③ 职业责任保险是承保各种专业技术人员，因工作上的疏忽或过失造成合同对方或他人的人身伤害或财产损失而依法应承担经济赔偿责任的一种保险。现今国际保险市场上主要有医疗责任保险、律师责任保险、会计师责任保险、建筑工程技术人员责任保险及其他职业责任保险等。

④ 雇主责任保险是承保被保险人（雇主）的雇员在受雇期间从事业务时，因遭受意外事故导致伤、残、死亡，或患有与职业有关的职业性疾病而依法或根据雇佣合同应由被保险人承担的经济赔偿责任。

(3) 信用保证保险。信用保证保险是一种以经济合同所规定的有形财产或预期应得的经济利益为保险标的的一种保险。信用保证保险是一种担保性质的保险。按担保对象的不同，信用保证保险可分为信用保险和保证保险两种。

① 信用保险是权利人要求保险人担保对方（被保证人）的信用的一种保险。信用保险的投保人为信用关系中的权利人，由其投保他人的信用，例如卖方（权利人）担心买方不付款或不能如期付款而要求保险人保险，保证其在遇到上述情况而受到损失时，由保险人给予赔偿，如出口信用保险等。

② 保证保险是被保证人根据权利人的要求，请求保险人担保自己的信用的一种保险。保证保险的保险人代被保证人向权利人提供担保，如果由于被保证人不履行合同义务或者有犯罪行为，致使权利人受到经济损失，由其负赔偿责任。保证保险主要有两种形式：一是履约保证保险；二是忠诚保证保险。

2. 人身保险

人身保险的保险标的是人的身体或生命，以生存、年老、伤残、疾病、死亡等人身危险为保险事故，被保险人在保险期间因保险事故的发生或生存到保险期满，保险人依照合同对被保险人给付约定保险金。人身保险包括人寿保险、健康保险和意外伤害保险等。

我国《保险法》将保险业务分为财产保险与人身保险，这是我国《保险法》对保险所作的总体划分。这种划分，主要因为这两类保险在保险标的、合同性质上的差别，以及在保险金额确定依据，费率厘定依据，责任准备金提存方式、赔付方式、保险期限、保险利益、业务管理等方面存在一系列差异。

（四）按承保方式分类

按承保方式不同，保险可以分为原保险、再保险、重复保险和共同保险。

1. 原保险

原保险指投保人与保险人之间直接签订保险合同确立保险关系，投保人将危险损失转移给保险人。原保险是投保人对原始风险的纵向转移，即风险的第一次转移。日常大量的保险属于原保险。

2. 再保险

再保险又称分保，是指保险人将其所承保的业务的一部分或全部，分给另一个或几个保险人承担，即对保险人的保险。分出保险业务的人称为分出人，接受保险业务的人称为分入人。再保险是原始保险人对原保险业务的纵向第二次风险转移。再保险与原保险的目的和实质相同，都是为了分散风险和实现经济补偿。但是二者存在着以下区别。

（1）保险合同性质不同。原保险合同中的财产保险合同具有经济补偿性质，人身保险合同具有经济给付性质；再保险合同均为经济补偿性质。

（2）保险标的不同。原保险标的既可以是财产、责任、利益，也可以是人的生命与身体；再保险标的只是原保险人对被保险人应负的赔偿责任。

（3）保险主体不同。原保险一方是保险人，另一方是投保人、被保险人以及受益人；再保险双方当事人均为保险人，是保险同业之间的业务关系。

3. 重复保险

重复保险是指投保人对同一保险标的、同一保险利益和同一保险事故分别向两个以上保险人订立保险合同，其保险金额之和超过保险标的价值的保险。例如海上货物运输保险，投保人与发货方、收货方两方所在地的保险公司同时签保，保险金额之和超过保险价值，即为重复保险。

重复保险需要具备以下基本条件。

（1）保险标的相同。若标的不同，则是不同的保险合同，不属于重复保险。

（2）保险利益相同。对于同一保险标的的相同保险利益投保，属于重复保险，如对同一保险标的的不同保险利益投保，则不属于重复保险。

（3）保险事故相同。

（4）与两个或两个以上的保险人签订数个保险合同。投保人是同一个人，但要与两个或两个以上不同的保险人签订数个保险合同。

（5）保险期间相同。如不完全重合，则两个合同的交叉重叠部分属于重复保险。

（6）保险金额之和超过保险价值。如果数个保险合同的保险金额不超过保险价值，构成共同保险，而不是重复保险。

4. 共同保险

共同保险又称共保，指由两个或两个以上的保险人同时承保同一保险标的、同一保险利益和同一保险事故而保险金额之和不超过保险价值的保险。共同保险风险转嫁方式是保险人对原始风险的首次横向转移。当发生损失赔偿时，赔偿款按保险人各自承保的保额比例分摊。

共同保险和重复保险存在共同点，两者均存在数个保险人，有同一的保险标的、保险利益和保险事故。共同保险和重复保险的区别在于，共同保险中，投保人和保险人之间签订的是一个保险合同，其保险金额之和不超过保险价值。重复保险中，各保险人之间没有互相沟通，投保人与每个保险人均签订了一个合同，存在数个保险合同，重复保险的保险金额之和超过保险价值，很可能使被保险人获得超额利益。

（五）按承保的风险不同分类

按照承保的风险不同，保险可以分为单一风险保险和综合风险保险。

1. 单一风险保险

单一风险保险是指保险合同仅对某种风险的损失承担保险责任。例如人身伤残保险。

2. 综合风险保险

综合风险保险是指在同一个保险合同中对数种风险的损失均承担保险责任。例如财产保险综合险。

（六）按保障的主体不同分类

按照保障的主体不同，保险可以分为团体保险和个人保险。

1. 团体保险

团体保险指以团体名义签保向其内部成员提供的保险。通常由集体统一办理，签一份保险合同，其成员平等享有保险利益。

2. 个人保险

个人保险指以个人名义签约办理的保险。

（七）按国外保险法规定分类

国外保险法一般将保险分为寿险和非寿险。这种划分的依据主要是因为这两类保险的精算技术不同，寿险厘定纯费率和计提责任准备金的基础是经验生命表和预定利率；而非寿险厘定纯费率的基础为保额损失率。此外，二者在保险期限，投资管理、税收政策等方面也有一定差异。

1. 寿险

寿险包括死亡保险、年金保险、生死合险等。

2. 非寿险

非寿险指除寿险以外的所有保险，包括六类财产保险以及人身保险中的意外伤害保险和健康保险。

第二节　保险的职能和作用

保险的职能是保险本身所具有的内在功能，它由保险的特征和内容决定，是保险本质的客观反映。保险的作用是保险发挥职能而产生的影响和效果。

我们这里所说的保险的职能是指保险的社会功能。保险对于社会的稳定、生产的发展、人民生活的安定具有非常重要的意义。保险的职能是由保险的本质决定的，具体可分为两类：基本职能和派生职能。

一、保险的职能

保险的基本职能就是保险的原始职能与固有职能，不因时间的推移和社会形态的不同而改变。保险的职能包括基本职能和派生职能两个方面。

（一）基本职能

1. 分散风险职能

为了确保经济生活的安定、分散风险，保险把集中在某一单位或个人身上的因偶发的灾害事故或人身事件所致的经济损失，通过收取保险费的形式建立保险基金，当被保险人遭受损失时，用保险基金进行补偿，实质是将风险分担给全体被保险人。

分散风险职能包括分散风险与分摊损失。投保人通过购买保险将风险转嫁给保险人，同时也将风险分散给全体被保险人；保险人将全体投保人缴纳的纯保险费汇集成为保险基金，用于对其中遭灾受损者给予经济赔付，实际上是在全体被保险人之间分摊损失，体现一种再分配关系或经济互助共济关系。

2. 补偿损失职能

保险把集中起来的保险费用于补偿被保险人合同约定的保险事故或人身事件所致经济损失，保险所具有的这种补偿能力就是保险的补偿损失职能。

保险的补偿职能是在特定风险损害发生时，在保险的有效期和保险合同约定的责任范围以及保险金额内，按其实际损失数额给予赔偿。其实质是对实际损失在价值上给予补偿，使其使用价值得以恢复。社会上存在这几种经济补偿方式，如国家后备基金和单位自保基金。前者主要针对的是影响国计民生的重大灾害事故，如洪水、地震等；对后者而言，由于规模有限，不足以应付较大的损失。所以对全社会各经济单位和个人的灾害事故而言，保险基金的经济补偿是最有效的。补偿损失职能适用于财产保险，只有用货币能够衡量的损失，才可以用货币进行补偿，使之恢复到原来的程度。

3. 给付保险金职能

人身保险的被保险人发生死亡、疾病、伤残、年老等人身事件时，可能造成被保险方收入减少、丧失或支出增加，从而给被保险人或受益人或其家属带来一定的经济损失。但是，由于人的生命价值很难用金钱来衡量，故其损失难于确定，保险人只能按约定的保额对被保险人或受益人定额给付，却不能准确体现经济补偿的意义。因此，人身保险总体上表现为经济给付职能。但是，人身保险中的医疗保险含有经济补偿意义，当被保险人因为疾病或意外伤害花费了一定的医疗费用时，其损失是可以确定的，保险人应该在保额限度内按其实际损失给予经济补偿。由于人的价值是不能用货币来计算的，所以，人身保险是保险人在风险事故发生后按和投保人双方签订合同的约定金额给付。

分散风险与分摊损失是经济保障的内在机制，经济补偿与经济给付是经济保障的外在表现，这两方面紧密联系和结合，共同体现保险的经济保障职能。分散风险和补偿损失是手段和目的的统一，是保险本质特征的最基本反映，最能表现和说明保险分配关系的内涵。因此，它们是保险的基本功能。

（二）派生职能

1. 融通资金职能

保险的融资职能就是保险融通资金的职能或保险资金运用的职能。保险公司通过收取保险费聚集起规模庞大的保险基金，保险基金从原理上说是为了赔偿被保险人的经济损失，但保险收入与保险支出之间存在时间滞差和数量滞差。时间滞差是指保险公司收取保险费与赔偿或给付之间存在着时间间隔，形成一部分暂时闲置的资金。数量滞差是指保险公司收取的保险费与赔偿或给付之间有时存在数量上的不同，即保费收入大于保险金支出，形成一部分闲置资金。这两种滞差形成的闲置资金，为保险公司的资金运用提供了可能。融通资金职能包括筹资和投资两个方面。

（1）筹资。保险公司通过开展保险业务，吸引积聚社会闲散资金。保险分散风险包含了两层意思：空间上分散；时间上分散。从时间上分散来看，分摊经济损失就带有预提分担金的因素，预提而尚未赔偿或给付出去的分摊金则必然形成积蓄。保险这种以保险费的形式预提分摊金并把它积蓄下来，实现时间上分散危险的功能，就是保险的融通资金功能。从概念的内涵上可以看出融通资金是为了达到时间上分散风险，可见，该功能是由保险的基本功能中的分散风险功能派生而来的。

（2）投资。保险人收取保费、建立保险基金是为了应对未来的风险损失，保费的收取和使用在时间上是不一致的，必然有一部分资金闲置，而资金是有时间价值的，保险人为追求自身利益最大化，要使其保值增值，必然要进行投资。保险公司通过资金运用提高保险资金的收益率，确保未来偿付能力和经营的稳定性。随着保险基金规模的增大，保险公司成为资本市场的重要机构投资者和资金供给方。

截至2012年底，我国保险资金的运用余额达6.85万亿元，其中银行存款2.34万亿元，占比34.16%，投资4.51万亿元，占比65.84%。现代发达的金融市场为保险投资提供了广阔的场所和空间，使保险投资的可行性变为现实性。保险经营讲求负债业务与资产业务并举，并使二者协调发展，将是现代保险经营的发展趋势。建立市场化的资金运用机制，是中国保险监督管理委员会（简称中国保监会）明确未来保险行业市场化改革创新中要建立的三大市场化机制之一。随着我国保险业市场化改革进程的不断加快，转变监管方式，简政放权，将给予保险机构更多产品创新和投资的自主权，保险创新能力也会得到更大的释放空间。

2. 监督危险职能

分散风险的经济性质表现为保险费的分担，参加保险者必然要求尽可能减轻保费负担而获得同样的保险保障。因此，他们之间必然要发生相互间的危险监督，以期尽量消除导致危险发生的不利因素，达到减少损失和减轻负担的目的。保险的这种功能就是监督危险功能。

监督危险在行会合作保险和相互保险中是在其会员之间进行的，商业保险则是在保险人与被保险人之间进行的。监督危险是为了减少损失补偿，所以该功能是保险基本功能之中的补偿损失功能的派生功能，也是使保险分配关系处于良性循环的客观要求。保险是经营风险的专门活动，出于追求自身利益最大化的目的，它有防灾防损的利益驱动，除了搞好自身的风险管理，它还会帮助、鼓励和督促被保险人做好防灾防损工作，把这项工作由企业内部推广到全社会，就成为一种社会职能。例如世界上第一家消防队就是由英国最早的火灾保险公司创办的。1935 年“英国火险公司委员会”兴建了“火险实验所”，研究防火技术，制定防火器材的标准。在美国，财产和意外险公司资助成立了“全国安全委员会”，寿险公司资助医药、保健项目研究等。

3. 社会管理职能

（1）完善社会保障制度。指保险实际上参与了对国民收入的再分配。保险通过向多数投保人收取保费建立保险基金，并在危险事故发生后向少数被保险人进行经济补偿，像财政中的转移支付一样，这一部分资金实现了再分配。

（2）提供损失管理服务。按照风险管理理论，风险控制即损失管理，包括为预防风险和抑制风险所采取的防灾减损措施。保险人承担了被保险人的各种风险，则对保户负有经济赔付和损失管理的责任。虽然损失管理会有一定的成本代价，但其产生的良好的社会效益和企业效益应该大大超过所付出的代价。在保险业发达的国家，保险公司十分重视向投保企业提供损失管理服务。例如，美国北美洲保险公司下属的损失管理服务公司的经营项目涉及职业健康、防火技术、产品责任、航空安全、海洋运输、机动车辆驾驶人员训练及车辆检修与保养、建筑工程安全等多个与保险标的安全服务相关领域，其良好的专业服务也赢得了客户。

二、保险的作用

保险的作用是指保险在国民经济中发挥其职能而产生的社会效应，它反映的是保险与社会经济方方面面的联系和影响。在我国社会主义市场经济条件下，保险的作用主要表现在微观经济和宏观经济两个层面。

（一）保险在微观经济中的作用

保险在微观经济中的作用主要是指保险作为经济单位或个人风险管理的财务手段所产生的对微观主体的经济效应。

1. 有利于受灾企业及时恢复生产

通过对受灾损失单位的赔偿有利于其迅速恢复正常的经营生产活动，减少以至消除对关联企业的影响，保证整个国民经济全局的稳定发展。

2. 有利于企业加强经济核算和风险管理

我国《保险法》和财产保险合同都规定了被保险人对保险标的负有防灾防损、维护其安全的义务；同时，保险公司也有责任和义务对被保险人做好损失管理服务工作。保险防灾防损有利于减少社会财富损失和人员伤亡，维护被保险人的安全和利益，提高保险企业的经济效益和社会效益。

现代风险管理是在保险和企业管理相结合的基础上发展而成的，而保险是风险管理最重要、最基本的一种方式。保险本质上是一种集中与分散风险的机制，其经营过程也是一种风险管理过程。保险属于风险融资技术，主要解决被保险人灾后补偿问题；同时，依据法律或合同，保险公司也参与并支持被保险人的风险控制工作，风险管理原理贯穿于保险经营的始终。

3. 有利于安定人民生活，增进社会福利

公民通过投保家庭财产保险、汽车保险、责任保险和养老、医疗、教育等人身保险，在遭遇天灾人祸和意外风险时，保险公司及时给予经济补偿与经济给付，可以帮助人们重建家园，安定生活，并有利于民事赔偿责任的履行。寿险产品既可使被保险人获得经济保障，又可使其获得储蓄或投资利益，使保险还具有增进社会福利的作用。以保险解除公众的后顾之忧，稳定社会生活。

（二）保险在宏观经济中的作用

保险在宏观经济中的作用是保险功能的发挥对全社会和国民经济总体所产生的经济效应。

1. 保障社会再生产的正常进行

社会再生产过程由生产、分配、交换和消费四个环节组成。在现代经济社会中，各生产部门之间保持着精确、合理的规模比例，各经济主体之间存在着千丝万缕的联系，一家企业能否稳定生产不仅对自身至关重要，而且对与之有密切经济联系的其他企业有非常大的影响。整个经济是均衡的有机体，是一张错综复杂的网，任何一点受到震动都会波及到其他的点，产生类似于“多米诺骨牌”的效应，这种效应会将局部的动荡传递到经济的其他方面，将损失放大。随着生产力的发展，社会分工会越来越细化，各生产部门的专业性越来越强，它们之间的协作要求越来越高，整体经济各部门之间的联系会越来越紧密。这张“网”会越织越密，“多米诺骨牌”效应会进一步加强。如何把损失控制在一定范围之内显得尤为重要，保险就提供了这样一种机制。保险最基本的职能是进行风险损失赔偿，当一家企业发生风险事故，生产受到影响时，通过保险可以及时获得经济补偿，以最快的速度恢复生产，从而把对别的企业的影响降到最低点，保证社会再生产的连续性和稳定性。保险就相当于在“多米诺骨牌”中加了一道安全阀，阻止了损失的扩散。现代保险是金融业的重要组成部分，保险基金与资本市场的联系日益密切，充分发挥保险的投资运用职能，可以使保险基金转化为积累资金，甚至可以动员国际范围内的保险基金，融通资金，扩大社会再生产规模，支持国家经济建设。

2. 推动商品的流通和消费

保险可以稳定商品市场的流通，抑制通货膨胀。通货膨胀时期，发展保险特别是寿险业务，可以起到与储蓄异曲同工之功效，使一部分国民收入转化为保险基金，推动社会购买力，起到回笼货币，促进市场供求平衡，稳定货币流通，抑制通货膨胀的积极作用。

3. 促进科学技术的推广应用

科学技术对经济发展的促进作用如今体现得越来越明显，科技进步逐渐成为经济发展最主要的推动力。采用新技术可以提高企业的劳动生产率，使产品升级换代，扩大市场份额，企业发展的一个趋势是把新产品的研发摆在最重要的位置上。但对新技术的开发，企业也不是没有顾虑，主要原因是开发新技术要面临风险。保险可以解除人们的后顾之忧，为开辟新的生产领域，采用新技术、新工艺、新材料以及试制新产品提供经济保障，促进科学技术的推广应用。因此，保险公司所提供的保障，有利于开发新技术、新产品，推动科技发展。

4. 利于财政和信贷收支平衡的顺利实现

在有保险保障的前提下，保险公司对受灾企业及个人支付赔款，相对地可以减少财政拨款和救济，减轻财政负担；企业恢复生产后按期如数向国家纳税，保证了财政收入，从而促进财政收支的基本稳定。从银行信贷来看，一方面，银行存款是保险资金运用的重要形式之一，保险资金成为银行稳定的信贷资金来源；另一方面，借款人通过保险使其财产获得经济保障，也使银行信贷资金的按期归还有了保证，有利于信贷资金的收支平衡。

5. 增强国际支付能力

保险是发展对外经济关系不可缺少的环节，在国际贸易和对外经济往来中，保险是必不可少的一个环节。按照国际惯例，进出口业务必须办理保险，商品成本、运费和保险费是国际贸易商品价格的主要组成部分。保险单、提货单和商业发票是进出口业务的三个主要单据，也是银行进行国际结算的必备单据。国际贸易、国际运输、国际金融、海上保险历来是密不可分的。保险一方面为国际贸易和运输以及国际经济交往的正常进行提供经济保障；另一方面也为国家赚取了大量无形贸易的外汇收入，以平衡国际收支。

总之，保险在宏观和微观经济活动中的作用有二：一是发挥社会稳定器作用，保障社会经济的安定；二是发挥社会助动器的作用，为资本投资、生产和流通保驾护航。

第三节　保险的产生与发展

一、古代保险思想和原始保险形态

人类社会从一开始就面临各种自然灾害和意外事故的侵扰，为了弥补灾害事故造成的经济损失，使生产得以持续，使生活有所保障，在古代社会就萌生了一些应对灾害事故的保险思想和原始的保险形态。

（一）外国古代保险思想和原始保险形态

外国最早产生保险思想的并不是现代保险业发达的资本主义大国，古代的文明古国巴比伦、埃及、欧洲的希腊、罗马是外国早期保险思想和实践的发源地。

英国学者托兰纳利认为，保险思想起源于巴比伦，传至腓尼基（今黎巴嫩境内），再传入希腊。公元前2000多年，古代巴比伦的《汉谟拉比法典》中，写有运输保险和火灾保险的原始规定。比如商人雇用人去海外销售货物，销货员顺利返航，则商人可收取50%的销货利润，销货员未归或人归货损，商人可没收其财产，但如果货物被强盗抢劫，可免除销货人的责任。巴比伦国王命令僧侣、村长和官员向居民征收税资，建立火灾救济基金。在巴比伦的外贸运输队还有过某人的马匹死亡，由运输队全体给予补偿的互助救济形式。

据史料记载，公元前4500年从事金字塔修建的古埃及石匠，曾建立一种互助基金组织，用参加者平时缴纳的互助会费支付会员死亡后的丧葬费用。在古希腊，一些政治哲学或宗教组织由会员摊提形成一笔公共基金，专门用于意外情况下的救济补偿。在古罗马历史上曾出现丧葬互助会，还出现一种缴付会费的士兵团体，在士兵调职或退役时发给旅费，在死亡时发给继承人抚恤金。上述做法可说是人身保险最古老的形态。

中世纪的西欧，被称为“基尔特”的行会制度盛行一时，它是由相同职业者基于相互扶助的精神组成的一个团体，由参与该组织的成员共同出资，救济的范围包括死亡、疾病、伤残、年老、火灾、盗窃、沉船、监禁、诉讼等不幸的人身和财产损失事故，并且规定了若干的不可保损失，例如，自己纵火烧毁自己的房屋，就不能获得该组织的救济。这种行会制度在13～16世纪特别盛行，并在此基础上产生了相互合作的保险组织。欧洲中世纪是宗教统治的黑暗年代，许多教会人士反对保险方式的安排，在他们看来，任何天灾都是天罚，减轻灾难和不幸是违反上帝的意志，教会势力对保险的发展起了阻碍作用。

（二）我国古代保险思想和原始保险形态

我国古代的保险思想和实践历史久远，据记载，在公元前 3000 年，中国一些商人在扬子江的危险水域运输货物时就采用了一种分散风险的办法，即把每人的货分装在几条船上，以免货物装在一条船上有遭受全部损失的风险，这是水险起源的最早实例。这种分散风险的方法体现了现代保险和风险管理的一些基本原理。

公元前 2500 年，我国的《礼记·礼运》中有这样一段话："大道之行也，天下为公；选贤与能，讲信修睦，故人不独亲其亲，不独子其子；使老有所终，壮有所用，幼有所长；矜（同鳏）寡孤独废疾者皆有所养。"这段话反映了谋求社会安定大同，互助共济的社会保险思想。这一记载足以证明我国古代早有谋求经济生活之安定的强烈愿望，实为最古老的社会保险思想。

春秋时期，孔子的"耕三余一"思想是颇有代表性的见解。孔子认为，每年如能将收获粮食的 1/3 积储起来，这样连续积储 3 年，便可存足 1 年的粮食，即"余一"。我国历代还有储粮济灾的储备制度，如春秋战国的"委积"制度、汉朝官办的"常平仓"制度、隋唐官督民办的"义仓"制度等，都由政府统筹，以实物形式实施的救济后备制度，带有明显的以丰济灾，弥补损失的社会保障制度性质。

尽管我国保险思想产生很早，但因中央集权的封建制度和重农抑商的传统观念，商品经济发展缓慢，所以在中国古代社会没有产生商业性的保险。

由于受经济基础所限，古人虽有保险需求和思想，但古代社会的保险制度却只能在较小的范围内采取互助保险的形式或实物后备的形式，其保障范围和保障程度都非常有限。

二、保险制度的产生和发展

虽然保险的雏形可追溯至古代社会，但真正意义上的保险是近代资本主义商品经济的产物，并随着商品经济的发展而逐步发展起来。在近代保险制度的形成过程中，海上保险先于陆上保险，财产保险先于人身保险。责任保险和信用保证保险，是随着资本主义国家法律体系的完善和信用经济的发展而产生并发展起来的。

（一）海上保险的产生和发展

海上保险是最古老的保险形式，近代保险是从海上保险发展而来的。

1. 古代海上保险的萌芽

（1）共同海损分摊原则是海上保险产生的萌芽。共同海损（general average）分摊制度早于海上保险。早在公元前 2000 年的地中海区域已有广泛的海上贸易活动，由于当时船舶构造简陋，抵御海上风浪的能力较弱，航海是一种很大的冒险活动。当船舶和货物遭遇海难面临共同危险时，人们采取抛弃部分货物入海的办法以减轻船舶载重从而转危为安。为了使被抛弃的货物损失能从其他受益方获得补偿，当时在航海商人中间有一个共同遵循的原则，"一人为众，众为一人"。这一原则到公元前 916 年被《罗德法》（罗地安海商法）采纳，其中规定："凡因减轻船只载重而投弃入海的货物，如为全体利益而损失的，须由全体分摊归还。"共同海损是海上运输中的特殊损失而并非保险，由于共同海损分摊原则体现了损失分担这一保险的基本原理，因此后人认为共同海损分摊原则是产生海上保险的萌芽。

（2）冒险借贷与船舶货物抵押借款是海上保险的雏形。船货抵押借款，在公元前 800 至公元前 700 年间已很盛行。这种借款制度规定：当船东或货主在海运途中急需用款时，可以船舶或货物为抵押向高利贷者借款，如果船货安全抵达目的地，须还本付息；如果中途发生损失，根据受损程度可免去借款人部分甚至全部债务。因债主承担了航海中的巨大风险，借贷利率远高于一般借款利率，其高出的部分被认为是最早形式的海上保险费。公元 533 年的

《查士丁尼法典》从法律上规定海上船舶抵押借贷利率为12%，比一般的借贷利率高一倍。船货抵押借款是在融资的同时提供了保险，被认为是海上保险的初级形式。

船货抵押借款制度是贷款与损失保障的结合，它已具备了保险的基本要素和特征：借贷双方相当于保险当事人，船舶或货物则是保险标的，一旦船货受损，免去借款人部分或全部债务，等于高利贷者承担了船货损失。由于船货抵押借款的高风险，利率通常高达本金的1/4～1/3，这种利率一部分为当时一般借贷利率，另一部分相当于保险费率，即超出一般借贷利息的超额利息相当于保险费，保险费率与船货损失概率直接相关。

2. 近代海上保险的发展

海上保险是产生最早的商业保险。13～14世纪，随着海外贸易、海上运输和国际金融的迅速发展，船货抵押借款制度逐渐分成为银行业和保险业，海上保险应运而生，保险的商业化和专业化逐步形成。

（1）意大利是近代海上保险的发源地。意大利由于其地中海的地理位置而成为海上保险的发源地。在14世纪中期，内外贸易和经济繁荣的意大利北部出现类似现代形式的海上保险，意大利伦巴第商人从1250年左右开始经营海上保险。起初的海上保险仅为口头约定，以后出现书面合同。热那亚商人乔治·勒克维伦于1347年10月23日出立的一张承保从热那亚到马乔卡的船舶保险单，是已发现的世界上最古老的保险单，这张保险单现在仍保存在热那亚国立博物馆中。保单规定，船舶安全到达目的地则契约无效，如中途发生损失，合同成立，由资本所有人（保险人）支付一定钱款（赔偿费），保险费在签订契约时以定金名义缴付给资本所有人。1424年还在热那亚成立了第一家海上保险公司。

（2）英国是促进近代海上保险发展的重要国家。地中海区域曾是保险的摇篮，15～16世纪美洲新大陆被发现后，海上贸易中心逐渐从地中海区域移至大西洋沿岸，海上保险同时扩展到沿岸国家并得以迅速发展。随着贸易重心的转移，大西洋沿岸国家特别是英国很快成为保险的“竞技场”。善于经商和从事海上保险业务的伦巴第商人大批移居英国，继续从事海上贸易，也把海上保险带进英国，促进了英国的保险业发展。17世纪中叶发生在英国的资产阶级革命为本国资本主义发展扫清了道路，英国逐步发展成为占有世界贸易、航运、金融、保险优势地位的国家，到18世纪后期，英国终于发展成为世界海上保险的中心，占据了海上保险业务的统治地位。

由于英国的优势地位和当时迅速膨胀的对外扩张，这里先后很快形成两大保险中心：一个是伦巴第商人聚居的伦敦“伦巴第街”的保险活动中心，是当时继意大利之后世界上新的保险中心；另一个是英国保险业者自己发展而形成的伦敦劳埃德咖啡馆，当今世界上最大的保险组织之一英国劳合社就是从1683年的劳埃德咖啡馆演变而来的，其演变史是英国海上保险发展的一个缩影。

1683年爱德华·劳埃德在伦敦的泰晤士河边开设了一家咖啡馆，很快这里成为船东、船员、商人、经纪人和高利贷者等消遣、洽谈生意和集会的场所。1691年咖啡馆迁往伦敦伦巴第街，逐渐成为英国的船舶、货物和海上保险接洽交易的中心。由于当时通信手段落后，海上贸易运输对本地市场商品、股票等的价格有重大影响，海上航运的信息至关重要。为招揽顾客，1691年劳埃德咖啡馆出版每周三期的《劳埃德新闻》，提供海事航运和经营的消息，咖啡馆成为航海信息中心。1713年，劳埃德死后，其女婿接管咖啡馆，并于1734年出版《劳合动态》，目前是除官方的《伦敦公报》外英国历史最悠久的报纸。1720年，英国女王特许伦敦保险公司和皇家交易所经营海上保险业务，但并未影响人们在劳埃德咖啡馆的交易。1771年，79个咖啡馆保险商常客每人出资100英镑，存入银行，开始另找地盘开设专门经营海上保险的机构。1774年该联合组织在皇家交易所租下办公房，仍沿用劳合社名称，经选举成立劳合社第一个管理委员会，专门经营海上保险。其后劳合社在竞争中业务迅速发展，19 世纪初业务额已占伦敦海上保险市场的 90%。

1871 年英国会通过《劳埃德法案》，使劳合社成为正式的社会团体。劳合社不是保险公司，不直接承保业务，只是一个类似交易所的保险市场，向其成员提供交易场所和服务，当时规定其成员要对各自承保的业务承担无限赔偿的责任。到 1996 年，劳合社约有 34000 多名社员，组成 200 多个承保组合，每年的保费收入约 120 亿美元。其承保的范围包括航空、汽车、海上保险等几乎所有保险种类。劳合社在长期的经营中积累了很高的声望，取得了不少“第一”的殊荣，如其设计的第一份盗窃、汽车和飞机保单；由英国国会 1906 年通过的《海上保险法》规定的标准保单，称为劳合社船舶与货物标准保单，被世界上许多国家认可和应用。

1906 年英国国会通过了《海上保险法》，这部法典搜集多年来海上保险的做法、惯例、案例和司法解释，在世界保险立法方面影响深远。海上保险法规的陆续颁行，推动了海上保险业务的健康发展，并使保险制度趋于成熟和完善。

（二）火灾保险的产生与发展

火灾保险（fire insurance）是财产保险的前身。在火灾保险作为一种近代保险业务产生之前，其亦经历了一个较长的孕育阶段。火灾保险的历史可以追溯到中世纪，那时候欧洲的手工业行业组织内部就开展了火灾相互保险，会员在遭受火灾损失后，行会给予一定的经济补偿。但真正的火灾保险制度，却起源于近代的德国。1591 年，德国酿造业发生了一起大火。灾后，为了筹集重建酿造厂所需资金和保证不动产的信用而成立了“火灾保险合作社”。1676 年，为了充实火灾保险的资金力量，由 46 家火灾保险合作社联合成立了公营的“火灾保险局”。火灾保险便在德国得到确立和发展起来。

真正促使火灾保险走向大发展的国家是英国，现代火灾保险制度起源于英国。1666 年的伦敦大火事件则是火灾保险发展史上的一个有着特殊意义的事件，成为英国火灾保险发展的动力。1666 年 9 月 2 日英国伦敦发生大火灾，火灾持续 5 天，全市 80%以上的房屋烧毁，20 万人无家可归，财产损失 1000 万英镑以上。第二年，牙科医生尼古拉斯·巴蓬独资开办了一家专门经营火灾保险的营业所，开创私营火灾保险的先例。其保费按房屋的结构和租金计算，砖石结构费率 2.5%，木结构费率 5%，实行差别费率，一直沿用至今，故巴蓬有“现代保险之父”之称。1680 年，巴蓬的营业所扩展为火灾保险公司。

进入 19 世纪后，火灾保险在整个经济生活中发挥着日益重要的作用，标准的火灾保单开始出现。工业革命后，火灾保险的承保范围不断扩大，火灾保险逐步演变成财产保险，火灾保险公司开始向综合的财产保险公司转变。其标志一是保险标的从只承保建筑物扩大到各类动产和不动产；二是承保风险从单一的火灾责任扩展到雷电、爆炸、地震、风暴、水灾等综合性的保险，甚至可以承保火灾后的利润损失。这一时期，欧美的火灾保险公司迅速发展壮大，各保险公司之间竞争激烈，为了防止同业间恶性竞争，保险同业公会相继成立，例如，1866 年美国成立全国火灾保险事业协会；1871 年德国成立了私营火灾保险公司协会，共同协定火灾保险费率。

（三）人身保险的产生与发展

人身保险与海上保险的发展紧密相关，15 世纪末欧洲流行奴隶贩卖，将奴隶作为货物投保海上保险，产生了以人的生命为保险标的的人身保险。在中世纪的日耳曼民族中，开始兴起一种名叫基尔特的制度，它后来逐渐普及到欧洲各国，在 13～16 世纪盛行一时。在 15 世纪后半叶，意大利北部及中部的各大城市，也普遍盛行一种公典制度。

人身保险发展的创始人首推 17 世纪意大利的银行家洛伦佐·佟蒂，其设计的“联合养老保险法”（简称“佟蒂法”）规定按人缴纳保费，到一定时期后开始每年支付利息，把认购人按年龄分为14个组，利息额对年老者多付，当认购人死亡，利息总额在该组生存者中平均分配，当该组人全部死亡，即停止付息。法国国王路易十四在30多年后为解决财政困难强制实行，取得了一定效果。

在18世纪中期以前，人身保险费的收缴采用“赋课式”，参加者每人须缴纳等额的保险费，与人的年龄、健康状况无关，结果导致严重的逆选择行为，保险经营极不稳定。17世纪概率论和数理统计科学产生之后，随着人们对生命规律的研究，人身保险经营才逐步建立在数理科学基础之上。

1. 生命表和生命年金理论的产生

17世纪初叶，伦敦流行疫病，各教区每周都公布死亡人数。英国数学家约翰·格兰特对各教区公布的死亡人数记录进行研究，于1662年发表了关于生命表思想的论文。荷兰数学家约翰·德·威特认为以往的年金价格极不合理，他于1671年完成了生命年金的理论研究，并根据人的生存率计算出生命年金的现值。在欧洲人身保险发展中，1693年，英国著名数学家、天文学家爱德华·哈雷以德国布勒斯劳市1687～1691五年按年龄分类的居民死亡统计资料为依据，用数学方法编制完成了世界上第一份人口生命表（死亡表），即著名的哈雷生命表，它精确地表示了每岁人的死亡率，反映了不同人群的生命风险及其规律。关于生命表和生命年金理论的研究，特别是生命表的编制完成，在人寿保险发展史上是一个里程碑，它为寿险精算技术和现代人寿保险制度的形成奠定了科学的数理基础。

2. 自然保险费与均衡保险费理论的建立

1756年，英国数学教授詹姆斯·多德森主张依据哈雷的生命表，按照不同年龄不同死亡率计算出投保人在当年应缴纳的保险费——自然保险费（natural premium）。自然保险费理论确立了公平原则，产生了人寿保险总体上收支相等的原理，但是，没有从根本上解决年龄大的人参加保险的实际问题。多德森又经过研究提出了“均衡保险费（level premium）”理论，即把每年更新的定期死亡保险期限改为长期性保险，在自然保险费基础上，加上利息因素，经过精确计算，使某一投保人在整个保险期间每年的保险费保持相同水平，不随年龄的增长而变化，这就是均衡保险费。均衡保险费实际上包含两部分：风险保险费（即自然保险费）和储蓄保险费。风险保险费用作当年死亡分摊费用；储蓄保险费累积形成责任准备金，以备将来给付。

詹姆斯·多德森的自然保险费与均衡保险费理论是在哈雷的生命表基础上对于人寿保险的又一重大贡献。这一理论将生命表应用于人寿保险经营，确立了保费负担的公平原则和寿险精算原理，同时解决了各种年龄投保人购买寿险的实际问题。

1762年，英国成立了世界上第一家人寿保险公司——伦敦公平保险公司。该公司第一次依据生命表，采用均衡保费理论来计算收取保险费，并且对不符合标准的保户另行收费。对于缴纳保险费的宽限期、保单失效后的复效等也作出了具体规定。伦敦公平保险公司的成立，标志着现代人寿保险制度的形成。

美国的人身保险早期由于受英国保险人独占权的影响，起步很晚，但自美国独立后人身保险发展迅速。第一次世界大战后，欧美各国的人寿保险迅速发展，人寿保险的范围日益扩大，成为保险业最重要的领域。

工业革命后，机器的使用、火车与汽车的发明，使人身伤亡事故增多起来，人身意外伤害保险和健康保险也随之发展起来，人身保险逐步发展为包括人寿保险、意外伤害保险和健康保险在内的一大类保险业务。

（四）责任保险的产生与发展

责任保险（liability insurance）一般以被保险人的民事损害赔偿责任为标的，它的产生是社会文明进步尤其是法制完善的结果。责任保险是为无辜受害者提供的一种经济保障，保障范围包括财产损失和人身伤害。工业革命在促进生产力大发展的同时，也使工伤事故大量出现，劳资对立加剧。为了缓和阶级矛盾，资产阶级政府逐步制定了一些法律以保护劳工的利益。按照工厂法规定，工厂主要对职工在生产中受到的意外伤害承担经济赔偿责任，因此产生了雇主责任险及劳工险；按照公共安全法，对危及第三者的生命与财产损失，肇事者要负法律赔偿责任，因此各种第三者责任保险也发展起来了。由于责任保险具有代替致害人承担经济赔偿责任的特点，因而曾长期遭受舆论的非议，有人把设立这种保险说成是违反公共道德标准的事，甚至说成是鼓励人们去犯罪，认为设立这种保险弊大利小。直到19世纪，工人阶级为了获得人身和经济保障而不断与资产阶级展开斗争，终于迫使资本主义各国通过立法以保护劳工和受害者利益，从而使人们逐步扭转了对责任保险的偏见，认识到通过责任保险以保证法律的贯彻执行和对无辜受害者给予经济补偿的必要性。

早期的责任保险出现于19世纪中期的英国。1855年英国铁路乘客公司开办铁路承运人责任保险，以后陆续出现了锅炉机器、马车意外事故、产品、雇主、职业责任等多种责任保险，形成了相关的保险品种系列。雇主保险是工业革命的产物，1880年英国通过了雇主责任法。其中规定雇主经营中因过错使工人受到伤害的，应负法律责任；同年就有雇主责任保险公司宣告成立。19世纪末，汽车问世后，汽车责任保险随之产生。最早的汽车保险是1895年由英国一家保险公司推出的汽车第三者责任保险。20世纪以来，随着各个国家法律制度的不断健全，责任保险在广度和深度上都有了空前发展。

（五）信用保证保险的产生与发展

信用保证保险（credit and bond insurance）是随着商业信用的发展而产生的一种新兴保险业务。信用保证保险建立在信用关系基础之上，随着资本主义商业信用的发展和频繁发生的道德风险而产生。在信用保证保险中，保险人实际上充当了保证人的角色，对于债务人的欺诈、不履约或不诚实行为造成债权人的经济损失，由保险人负责赔偿。18～19世纪，英国和美国先后创设保证保险公司开展忠诚保证保险业务，财产保险公司也对货物的买卖、租赁、工程承包等合同提供信用保证保险业务。1702年，英国首开诚实保证保险业务，当时业务仅限于国内贸易，由私营公司承保，业务规模有限。一次世界大战后，信用保险得到发展。1919年，英国首先成立出口信用担保局，建立了完整的信用保险制度。二次世界大战以后美国为配合对外投资，开始建立实施投资保证保险制度。

（六）再保险的产生与发展

再保险（re-insurance）是保险的保险。由于任何一家保险公司的承保和赔偿能力都是有限的，为了进一步分散风险，控制责任，以及扩大承保能力，作为保险制度重要组成部分的再保险也随着保险业务的发展而不断发展起来。

1. 再保险是依存于海上保险而发展的

最早的海上再保险产生于1370年7月，保单在承保从意大利热那亚到荷兰斯卢丝之间航程时，将其中的一段航程责任转让给了其他保险人。17世纪初，英国皇家保险交易所和劳合社开始经营再保险业务。到了18世纪，欧洲许多国家均开办了再保险业务，在随后的100多年中，欧洲大陆的一些国家相继通过相关法令，使再保险业务的经营获得合法地位，如1681年法国路易十四法令、1731年德国汉堡法令以及1750年瑞典保险法令等，欧洲大陆的保险人开始经营再保险业务。

2. 由临时再保险到合同再保险的发展

初期的再保险是临时的，由一个保险人承保全部业务，而将超过自己承保能力的部分分出去。分出人与分入人之间不存在稳定的业务联系，只是在需要分保时，具体确定分出分入条件、方式和费用。但临时再保险手续繁杂，联系松散，越来越不能适应再保险业务发展的需要。因此，在临时再保险的基础上，一种更有生命力的再保险形式——合同再保险出现了。合同再保险，即分出人与分入人具有长期稳定的业务联系，通过合同方式确定分保条件、额度、费用等。在合同期间发生的分保业务，无需再具体商谈，自动生效，双方定期结算盈亏。合同再保险极大地提升了分保效率，因而成为主要的再保险方式。

3. 由比例再保险到非比例再保险的发展

从再保险双方分担责任的方式来看，首先出现的是比例再保险，即以保险金额为基础，分保双方约定各自的责任比例，并按此比例确定各自的责任额、分配保费和分担赔款。鉴于巨灾危险和巨额损失的不断增加，保险人开始以赔款为基础来计算分保双方的责任额，于是又产生了非比例再保险。1885 年前后，劳合社的希思首先提出了超额赔款分保的设想，即非比例再保险方式，它是将赔款分为自赔额和责任额，对于已发生赔款，分出公司承担自赔额以内的责任，分入公司以责任额为限度，承担超过自赔额以上的已发生赔款。1906 年，美国旧金山发生了强烈地震，美国哈脱福特公司向劳合社希思提出对包括地震等灾害在内的巨灾损失的保障要求，为此，希思设计了非比例再保险之一的巨灾超赔分保方式。由于这种分保方式对巨灾损失的保障作用显著，手续简便，现已成为各种保险业务特别是意外保险和责任保险所普遍采用的一种再保险方式。

4. 由兼营再保险业务到成立专业再保险公司的发展

从再保险的主体讲，先是由各保险公司兼营再保险。19 世纪中叶开始，专门经营再保险业务的专业再保险公司陆续出现。1852 年，世界上第一家独立的专业再保险公司——科隆再保险公司在德国创立。1863 年，赫赫有名的瑞士再保险公司成立。瑞士保险市场有限，瑞士再保险公司从创立之初，便积极步入国际再保险市场。目前，全世界有专业再保险公司 400 多家，其中，德国的慕尼黑再保险公司、瑞士再保险公司多年来一直保持世界领先的位置。

三、我国保险业的创立和发展

（一）旧中国的保险业

我国现代意义上的保险是随着帝国主义的入侵而输入的。1805 年，东印度公司鸦片部经理达卫森在广州设立的谏当保险行，又称广州保险行、谏当保安行或谏当水险行，在中国成立的第一家保险机构，主要经营海上运输保险业务。随着鸦片战争结束，清政府被迫开放沿海城市，英国保险公司纷纷抢占中国市场。1846 年英商在上海设立“永福”、“大东亚”人寿保险公司。到 19 世纪 70 年代在上海又出现了一大批英资保险公司，英商基本垄断了中国保险市场。20 世纪以后，美、法、德、日等国也开始在中国设立保险公司，西方列强进一步控制了我国的保险市场。

据新的考证，我国第一家自办的民族资本保险企业是 1865 年在上海设立的义和公司保险行。在中国民族资本提出与帝国主义“商战”的背景下，1875 年招商局招股集资 15 万两白银，在上海设立一个附属保险机构，为招商局船舶和运输进行保险。1885 年，李鸿章决定由官督商办的招商局拨白银 20 万两，在上海创办“仁和”与“济和”保险公司，后合并为仁济和保险公司，是我国近代第一家民族资本的保险公司。1905 年 9 家民营保险公司在上海成立华商火险公会。在外国保险资本的挤压下，中国近代民族资本保险业起步较缓慢。

第一次世界人战爆发后，西方各国忙丁战争，暂时放松了对中国的经济侵略，我国民族保险业得到了迅速发展。1911～1917年，国内民族资本陆续开办了中国联保、永宁、华安、永安、先施保险公司等，华商火险公会会员达14家，到1928年又改名为上海保险公会。20世纪20年代后期，国内民族资本聚资上海，竞相通过银行投资保险公司。交通、中南、国华、东莱四家银行合资开办安平保险公司，四明银行开办四明保险公司，金城银行开办太平水火保险公司等。到20世纪30年代，旧中国保险业发展到鼎盛时期。1931年，以官僚资本为背景的中国银行开办了中国保险公司。1935年，中央信托局成立保险部。1935年8月，由多家保险公司在上海发起成立中国保险学会。至1935年，全国华商保险公司已有48家，外商保险公司已有166家。同时，国民党政府于1929年颁布《保险法》，1935年又颁布《保险业法》。

抗战期间，许多保险公司迁往重庆，重庆成为战时旧中国的保险业中心。中国农业银行于1941年成立中国农业保险公司，交通银行于1943年12月成立太平洋保险公司，与中信局保险、中国银行保险一起形成四大官僚资本银行的保险公司。抗战胜利后，许多保险公司回迁上海，一些外资保险公司也复业，以上海为中心的中国保险业又有很大发展。至1949年5月，上海约有保险公司400家左右，其中华资约有126家。

“一战”过后，中国重新回到被列强控制的局面下，民族保险业的发展再次陷入困境。20世纪30年代以后官僚资本开始大举进军保险业。在外资企业和官僚资本的双重压迫下，民族保险业日趋萎缩。新中国成立前夕，国民经济濒临崩溃，通货膨胀率居高不下，保险市场陷入到巨大的混乱之中，许多民族保险公司不得不宣告破产。总体上说，旧中国保险业的基本特征是保险市场主要为外国资本保险公司控制，保险业发展起伏较大，也未形成完整的市场体系和监管体系。

（二）建国后到改革开放前的中国保险业

新中国在建国初期，对保险市场进行了清理整顿。新中国成立后，上海军管会所辖的金融处保险组接管21家官僚资本保险机构，并对私营保险业实行重新登记，缴纳保证金，经批准后复业。至1949年7月5日，复业的华商保险机构63家，外资机构41家，与新中国成立前相比，华商机构淘汰2/3，外资保险公司减少近1/3。以后对外贸易由国家专营，外贸保险业务断绝，47家华商保险公司联合经营，成立“民联分保交换处”，切断了华商与外资保险公司的保险业务分保关系，外资保险缺少业务来源，开始申请停业。到1952年底，外商保险公司全部撤离中国。在此期间，私营保险机构兼并联合，1951年末28家公司合并组成公私合营的太平、新丰保险公司，1956年两家公司又合并为太平保险公司。

1949年10月20日，唯一一家全国性保险公司——中国人民保险公司（PICC）（简称人保）在北京正式成立，由中国人民银行总行直接领导。人保的成立标志着我国现代保险事业的创立。人保的经营业务主要为火险和运输险，还有寿险、航空、渔业、汽车、旅客意外、养殖等各类险种，国家还实行许多强制保险，使人保的保险业务迅速发展。至1958年底，人保已有分支机构4600家，职员5万多人，累计保费收入16亿元。

1958年在“左”的思潮影响下，认为人民公社化和“一大二公”后，生老病死和灾害事故全由国家统保，保险的历史作用在中国已经完成。1958年10月在西安的全国财贸工作会议上决定停办国内保险业务，对外保险业务划入中国人民银行总行国外局办理，对外仍挂中国人民保险公司牌子。从1959年起，国内的保险业务除上海、哈尔滨等地继续维持了一段时间外，其余地区全部停办。1966年“文革”开始后国外保险业务又受到冲击，几乎停顿，仅剩数人清理维持。国内保险业务前后停办20年，损失巨大，拉大了国内外发展差距。1979年2月，中国人民银行作出了恢复国内保险业务的决定。

（三）改革开放以来中国保险业的发展

旧中国的民族保险业曾有一定的发展，但始终受到外商保险的控制和挤压。新中国保险业曾有10年的初步发展，却在20世纪50年代末期由于“左”倾路线的影响而使国内保险业务被迫停办了20年，直到改革开放以后才使保险业重新焕发了生机。改革开放以来我国保险业的发展可以分为以下三个阶段。

1.1980～1985年独家垄断经营阶段

1980年，各地的保险业务陆续恢复。1984年，中国人民保险公司从中国人民银行分离出来，单独作为国务院的直属机构。自此以后，中国保险业迎来了一个崭新的历史时期。从1980年开始，中国人民保险公司在全国各地逐步恢复办理国内保险业务，并继续扩展涉外保险业务。在恢复发展阶段，保费收入从1980年的4.6亿元增长到1985年的33.1亿元。这一阶段我国保险市场呈现出如下特点：一是由中国人民保险公司独家垄断经营；二是产寿险统一经营，高度集中；三是险种较少，并且财险份额大大高于寿险。改革开放后，企业财产、家庭财产和汽车保险等保险业务在全国各地迅速推开，业务规模迅速扩大。与此同时，对外保险业务扩大，陆续开办百余种新险种，与120个国家和地区建立分保和代理关系。

2.1986～1991年市场有限竞争阶段

1986年以后，我国保险业发展破除所有制和经营形式的束缚，打破了人保独家垄断，先后恢复、组建股份制太平洋保险公司、平安保险公司等几十家国内合资或国内外合资的中外保险机构，形成多元化格局。

根据1985年国务院颁布的《保险企业管理暂行条例》，当时的保险监管机构——中国人民银行先后于1986年7月批设了新疆建设兵团农牧业生产保险公司（后更名为中华联合保险公司）。1987年批设了交通银行设立保险部（1991年独立为中国太平洋保险公司）。1988年批设了平安保险公司（后更名为中国平安保险公司），使国内保险市场开始出现竞争格局。这一期间的保费收入从1986年的45.8亿元增长到1991年的235.6亿元。

3.1992年以来市场开放竞争与国际化阶段

1992年以来，随着我国市场经济体制的逐步建立；《保险法》及相关法规的颁布实施；中国保险监督管理委员会（以下简称“中国保监会”）的成立；加入世界贸易组织（WTO）的推动等因素的影响，我国保险业的改革开放得到了进一步发展。保险市场主体逐步增加，保险中介公司大量涌现，逐渐形成了以国有保险公司为主体，中外保险公司并存，多家保险公司竞争的多元竞争格局。

1992年第一家外资保险公司美国友邦保险公司获准进入上海营业，成为首家进入大陆的外国保险企业。1994年，平安保险公司首次引入外资股东，成为国内第一家吸收外资入股的保险公司。按照我国《保险法》规定，财产保险与人寿保险实行分业经营，1996年，中国人民保险公司率先改组为中保集团公司，下设中保人寿、中保财产、中保再保险三家专业保险公司；1999年再次分立为中国人寿保险公司、中国人民财产保险公司和中国再保险公司；2002～2003年，这三家国有独资保险公司分别进行股份制改革并在海外成功上市，改善了资本结构，提高了偿付能力。其他综合性保险公司也在1997年后实行产、寿险分业经营。1998年11月中国保监会成立，取代中国人民银行成为保险市场新的监管者，宣告中国金融机构分业监管模式正式建立。目前，中国保险业已全面履行入世协议：允许外资寿险公司提供健康险、团体险和养老金、年金险业务；取消对设立外资保险机构的地域限制；设立合资保险经纪公司的外资股权比例可至51%；寿险公司除外资比例不超过50%及设立条件限制外，对外资公司没有其他限制；法定再保险比例已经取消。中国保险业可在更高领域和更深层次参与国际保险市场竞争与合作。

表 2-1 和表 2-2 反映了 2001～2010 年即“十五”和“十一五”期间我国保险业各年发展变化情况。

表 2-1 中国 2001～2010 年保费收入及业务结构

年度	保费收入（亿元）	年增长率（%）	财险保费（亿元）	年增长率（%）	人险保费（亿元）	年增长率（%）	财险、人险占比（%：%）
2001	2109.35	32.18	685.39	14.54	1423.96	42.76	32 ：68
2002	3053.14	44.74	778.30	13.56	2274.84	59.75	25 ：75
2003	3880.40	27.10	869.40	11.70	3010.99	32.36	22 ：78
2004	4318.13	11.28	1089.89	25.36	3228.25	7.22	25 ：75
2005	4927.34	14.11	1229.86	12.84	3697.48	14.54	25 ：75
2006	5641.44	14.49	1509.43	22.73	4132.01	11.75	27 ：73
2007	7035.76	24.72	1997.74	32.35	5038.02	21.93	28 ：72
2008	9784.10	39.06	2336.71	16.97	7447.39	47.82	24 ：76
2009	1137.30	13.84	2875.83	23.07	8261.47	10.93	26 ：74
2010	14527.97	30.44	3895.64	35.46	10632.33	28.70	27 ：73

资料来源：根据中国保监会网站数据计算整理。

表 2-2 中国 2001～2010 年保险发展水平、经济贡献度及其地位相关指标

年度	保费密度（元/人）	保费深度（%）	保费占居民储蓄比重（%）	保险公司资产总额（亿元）
2001	168.98	2.20	2.86	4591.34
2002	237.64	2.98	3.51	6494.07
2003	287.44	3.33	3.74	9122.84
2004	332.16	3.39	3.61	11853.55
2005	375.64	2.70	3.49	15225.97
2006	431.30	2.80	3.49	19731.32
2007	533.00	2.85	4.08	29326.69
2008	736.74	3.25	4.49	33418.44
2009	834.42	3.27	4.27	40634.75
2010	1083.37	3.65	4.78	50481.61

资料来源：中国保监会网站、《中国保险年鉴》、《中国统计年鉴》。

衡量我国保险业发展情况的主要指标数据如下。

（1）保费收入。2001～2010 年十年间保费收入增长了 5.9 倍，年均增长率 25%。2012 年，保险市场全年保费收入 1.55 万亿元，同比增长 8%。产险业务继续保持较快发展，保费收入 5331 亿元，同比增长 15.4%；寿险业务呈现回升态势，保费收入 8908 亿元，同比增长 2.4%；健康险保费收入 862.8 亿元，同比增长 24.7%；人身意外险保费收入 386.2 亿元，同比增长 15.6%。人身保险业务份额从 1997 年首次超过财产保险后，这一趋势一直在延续并不断扩大，近年来人身保险业务份额基本稳定在 3/4，财产保险业务份额为 1/4。

（2）保险深度。保险深度则是指某地保费收入占该地国内生产总值（GDP）之比，反映了该地保险业在整个国民经济中的地位。除了保费收入，保险深度和保险密度是衡量一个地区保险市场成熟程度的指标。2001～2010 年保险深度由 2.20%增至 3.65%，增长了 66%。2012 年，保险深度受保费收入增速放缓影响略有下降。2012 年，保险深度为 2.98%，较上年下降 0.06 个百分点。北京、上海、四川排名仍居前三位。

（3）保险密度。保险密度是指按当地人口计算的人均保险费，反映该地国民参加保险的程度。2001～2010 年保险密度由 169 元涨至 1083 元，增长了 5.4 倍。数据显示，2012 年，全国保险密度为 1143.8 元。比上年提高 79.4 元，同比增长 7.46%。2012 年，全国各地区保险密度区域差异仍然明显，总体呈由东部向中、西部地区递减态势。北京（4572 元）、上海（3497元）仍位居前两位，浙江（1802元）超越天津（1758元）位居第三。保险密度排名前十位城市中，有九个来自东部地区，只有重庆来自西部，位居第十。西部地区保险密度总体水平偏低，但提升速度较快，其中西藏、贵州、青海、宁夏、甘肃、广西、云南等省（自治区）保险密度同比增长均超过10%。

近年来，我国保险业发展迅速，但我国保险深度和保险密度仍远低于世界平均水平，这既是我国人口和经济的规模因素在保险业上的显现，也是我国收入水平、城市化水平、教育水平等多方面因素综合作用的结果。2010年，发达国家保险市场的保险深度已达12%左右。而保险密度方面，发达国家已达2000～3000美元。此外，根据瑞士再保险公司的研究，整个亚洲2009年的平均保险深度为6.1%，其中“亚洲四小龙”依然占据领先地位。中国台湾保险深度最高，达16.8%，接下来依次是中国香港（11%），韩国（10.4%）以及新加坡（6.8%）。日本作为亚洲规模最大的市场，保险深度为9.9%。亚洲人口最多的两个国家中国和印度，保险深度却分别只有3.4%（2008年为3.3%）和5.2%（2008年为4.6%），也说明了这两个市场有着巨大的潜力。保险深度最低的国家是印度尼西亚，只有1.3%。根据《中国保险业发展“十二五”规划纲要》，2015年，我国保险深度要争取达到5%，保险密度达到2100元。要达到这一目标，保险业需要有一个跨越式的发展。

（4）保险公司总资产。保险公司总资产10年间增长了10倍。保险公司总资产占金融机构总资产的比重可以反映一国保险业在金融业中的地位，发达国家这一比例平均约在20%左右，我国当前仅为4%左右。保险公司总资产7.35万亿元，较年初增长22.9%。

（5）保费收入占居民储蓄余额（人民币）的比例。保费收入占居民储蓄余额（人民币）的比例由2.86%到4.78%，增长了67%。保费收入占居民储蓄余额的比重也反映了一个国家保险业发展水平，一般来说，发展中国家的平均值为7%，发达国家的平均值为15%，我国居民储蓄偏好较强而保险业发展不足，导致这一比率较低。

本章小结

（1）阐明保险的基本概念和特性。保险是集合具有同类危险的众多单位或个人，以合理计算分担金的形式，实现对少数成员因该危险事故所致经济损失的补偿行为。保险具有经济性、互助性、契约性和科学性四个特征。

（2）介绍保险与储蓄、救济、保证、自保、赌博共同点和区别，加深对保险本质的理解。

（3）介绍保险的主要分类。按照保险性质的不同，分为商业保险和社会保险；按照实施方式的不同，分为自愿保险和强制保险；按照保险标的的不同，分为财产保险和人身保险；按承保方式不同，分为原保险、再保险、重复保险和共同保险；按照承保的风险不同，分为单一风险保险和综合风险保险；按照保障的主体不同，分为团体保险和个人保险；按国外保险法规定分为寿险和非寿险。

（4）阐述保险的职能和作用。保险的职能包括基本职能和派生职能两个方面。基本职能包括分散风险和补偿损失；派生职能包括融通资金、监督危险和社会管理。保险在微观和宏观经济层面发挥着重要作用。

（5）介绍各类保险产生和发展的进程以及重要事件和理论。

（6）介绍我国保险业的发展演变历史。

重要概念

保险　商业保险　财产保险　人身保险　再保险　重复保险　共同保险　团体保险　寿险　分散风险职能　补偿损失职能　融通资金职能　监督危险职能　社会管理职能　共同海损　自然保险费　均衡保险费　保险深度　保险密度

复习思考题

一、单项选择题

1. 保险的基本特性是保险的（　　）。
   A. 经济性　B. 互助性　C. 法律性　D. 科学性
2. 在各类保险中最早的险种是（　　）。
   A. 火灾保险　B. 人身保险　C. 财产保险　D. 海上保险
3. 共同海损分摊原则最早出现在（　　）。
   A. 罗地安海商法　B. 罗马法典
   C. “冬蒂法”　D. 英国 1906 年海上保险法
4. （　　）在 1963 年编制了第一张生命表，提供了寿险计算的依据。
   A. 巴蓬　B. 哈雷　C. 辛普森　D. 陶德林
5. 下列不属于保险基本职能的是（　　）。
   A. 损失补偿　B. 资金融通　C. 分散风险　D. 经济给付
6. 海上保险的雏形是（　　）。
   A. 船、货抵押贷款　B. 共同海损
   C. 劳合社　D. 伦敦“皇家交易所”内的保险商会
7. 被称为现代火灾保险之父的是（　　）。
   A. 乔治 · 勒克维伦　B. 爱德华 · 劳埃德
   C. 尼古拉斯 · 巴蓬　D. 本杰明 · 福兰克林

二、多项选择题

1. 保险的基本职能有（　　）。
   A. 分散风险　B. 融通资金　C. 损失补偿
   D. 经济给付　E. 防灾防损
2. 保险具有的特征包括（　　）。
   A. 经济性　B. 商品性　C. 互助性
   D. 法律性　E. 科学性
3. 按风险转移方式分类保险分为（　　）。
   A. 共同保险　B. 重复保险　C. 原保险
   D. 再保险　E. 转分保
4. 保险的宏观作用主要体现在（　　）。
   A. 保障社会再生产顺利进行
   B. 有助于财政、信贷收支计划的顺利实现
   C. 平衡或者增加外汇收入
   D. 有助于高新技术的推广应用
   E. 有利于安定人民生活

三、判断题

1. 劳合社是世界著名的保险公司之一。（　　）

2. 再保险、重复保险和共同保险都是对同一风险由两个以上的保险人来承担赔偿责任。(　　)
3. 保险密度是指按全国人口计算的人均保费收入。(　　)
4. 第一张生命表是由辛普森于 1693 年编制的。(　　)
5. 保险的基本职能包括分散风险、损失补偿和防灾防损。(　　)
6. 保险和救济都是双方的法律行为。(　　)

四、简答题

1. 为什么说保险是一种经济行为？
2. 保险与储蓄有何区别？
3. 保险的基本职能与派生职能有哪些？它们之间是什么样的关系？
4. 从保险密度和保险深度方面分析我国保险业的发展状况。

第三章　保险合同

保险合同作为保险双方当事人法律关系的凭证，是联系保险人与投保人及被保险人之间权利义务的纽带，是规范保险双方行为的直接依据。在保险运行中起着非常重要的作用，因此也是保险学研究的重要内容。由于保险经济活动的内容涉及法律问题，本章将从法律角度来阐述保险合同的相关问题。保险活动的全过程，就是保险双方订立、履行保险合同的过程。

第一节　保险合同概述

一、保险合同的概念

合同也称契约，是指当事人之间确立、变更或终止民事权利义务关系的协议。它是商品经济发展的产物，并随着商品经济的发展不断完善，是现代民事、商业活动的基础。保险是一种商业行为，这种商业行为的基础就是保险合同。保险合同就是保险契约，即根据保险双方当事人的约定，一方支付保险费给对方，另一方在保险标的发生约定的保险事故时，承担损失赔偿或给付保险金责任的一种法律行为。我国《保险法》第十条规定："保险合同是投保人与保险人约定保险权利与义务关系的协议。"其中"保险权利与义务关系"主要是指投保人为取得保险保障，与保险人协商约定的在保险合同保障期间双方相互之间权利与义务的关系。因此，收取保险费是保险人的基本权利，赔偿或给付保险金是保险人的基本义务；缴纳保险费是投保人的基本义务，发生保险事故时请求赔偿或给付保险金是被保险人的基本权利。保险合同一经生效，便受到法律的约束和法律保护，是一种民事合同。

二、保险合同的特征

保险合同属于合同的一种，因此具有一般合同共有的法律特征，即：合同的当事人必须具有民事行为能力；双方的法律地位是平等的；保险合同的内容是当事人双方意思表示一致的法律行为；它必须符合法律的有关规定等。保险合同适用《中华人民共和国合同法》（以下简称《合同法》）和《保险法》的有关规定。但与一般合同相比较，保险合同除具有民事合同的一般特性外，还是一种特殊的经济合同，具有自身的特殊性。

（一）保险合同是最大诚信合同

诚信是民事合同的基本原则。任何合同的约定，都是双方当事人讲诚实信用的结果。由于保险双方信息的不对称性，保险合同对诚信的要求远远高于其他合同。因为，保险标的在投保前或投保后均在投保方的控制之下，而保险人通常只是根据投保人的告知来决定是否承保以及承保条件。此外，投保方对保险标的过去情况、未来的事项也要向保险人作出保证。所以，投保人的道德因素和信用状况对保险人经营来说关系很大。同时，保险经营的复杂性和技术性使得保险人在保险关系中处于有利地位，而投保人处于不利地位。这就要求保险人在订立保险合同时，应向投保人说明保险合同的内容；在约定的保险事故发生时，要履行赔偿或给付保险金的义务等。因此，保险合同较一般合同对当事人的诚实信用的要求更加严格，保险合同的确定，更需要保险双方当事人以最大诚意并恪守合同约定的权利和义务。我国的《保险法》第五条明确规定："保险活动当事人行使权利、履行义务应当遵循诚实信用原则。"同时对保险合同双方当事人违反最大诚信原则的行为，《保险法》还规定了严厉的处罚措施。因此，只有保险双方保持最大的诚意，才能使保险活动有序进行。

（二）保险合同是双务合同

按照合同当事人双方的权利义务关系划分，合同可分为双务合同和单务合同。双务合同是指当事人双方均享有权利，同时承担义务的合同。一方的权利就是另一方的义务，权利与义务相对应。反之，只有合同一方享有权利，而另一方仅负有义务的合同叫单务合同。保险合同是双务合同，保险合同的双务体现为投保人及其被保险人必须以承担一定的义务即缴纳保险费为条件，才可能享有相应的权利；保险人也必须以承担损失补偿和给付保险金责任为条件，才能享有相应的收取保险费的权利。义务与权利互为因果，互为条件。保险合同中，投保人的基本义务是缴纳保险费，也是被保险人获得保险保障的代价，与此相应的权利是在保险风险发生导致损失时，使被保险人获得经济补偿和保险金给付。保险人的基本权利是收取保险费，与此对应的是承诺承保风险发生时向被保险人或者受益人赔偿或给付保险金的义务，这种义务也是保险人收取保险费的代价。

（三）保险合同是射幸合同

“射幸”就是偶然、不确定的意思。射幸合同是指双方当事人在签订合同时，不能确定各自利益或结果的协议。保险合同的射幸性主要表现在保险人的赔偿或给付责任在合同订立时尚不能确定，而有赖于保险事故的发生。在合同有效期内，如果发生保险事故，保险标的因而致损，则被保险人从保险人那里得到的赔偿金额可能远远超出其所支出的保险费；反之，如果无损失发生，则投保险人只付出保险费而得不到保险人的任何赔偿或给付。保险人的情况则与此相反，当发生保险事故时，保险人所赔付的金额可能远远大于其所收到的保险费；如果不发生保险事故，则只收取保险费而不需赔付。在保险合同中，实际上是投保人以缴付保险费为代价将一个可能发生损失的危险事故转移给保险人承担，但危险事故只是将来可能发生，也可能不发生，即保险人是否需要履行赔偿或给付保险金的责任取决于偶然的、不确定的保险事故的发生。保险合同的射幸性特点是由于保险风险的偶然性所决定的，在财产保险合同中体现较为突出。而在人身保险合同中，由于大部分人身保险合同具有两全保险性质，加上人身保险的储蓄性，射幸性特征并不明显。就单个保险合同而言具有射幸性，如果就全部承保的保险合同总体来看，就不存在着射幸性，保险人收取的纯保险费与被保险人索赔总额是大致相等的。

（四）保险合同是附和合同

所谓附和性合同是指当事人的一方提出合同的主要内容，另一方只是作出取或舍的决定，一般没有商量变更的余地。保险合同属于附和性合同。由于保险合同的技术性强，合同的基本条款和保险费率通常是国家保险监管机构制定或由保险人事先拟定，投保人通常只能依据保险人制定的条款做出是否订立合同的选择，或者同意接受，或者不同意接受，一般没有修改某项条款的权利。如果有必要修改或变更合同的某项内容，通常也只能采用保险人事先准备的附加条款作为对原有的条款的补充，而不能完全依照投保人的意思做出改变。

三、保险合同的种类

保险合同可以根据不同的标准来进行分类，主要包括以下几种分类方法。

（一）按保险标的不同划分

按照保险标的不同，保险合同可分为财产保险合同和人身保险合同。

1. 财产保险合同

财产保险合同是以财产及其有关利益和责任为保险标的的保险合同。它又分为有形的财产保险合同和无形的财产保险合同。当保险事故发生并造成物质及其利益损失时，通过保险补偿其损失的价值，达到保障的功能。财产保险合同大多数属于损失补偿性质的合同，保险人的责任以补偿被保险人的实际损失为限，且不超过保险金额。

2. 人身保险合同

人身保险合同是以人的寿命和身体为保险标的的保险合同。它又可以分为人寿保险合同、人身意外伤害保险合同和健康保险合同。由于人的生命和身体不能用货币衡量，生命是无价的，所以人身保险的保险金额是由投保人和保险人双方约定的。除健康保险合同中的医疗费用合同外，人身保险合同属于定额给付性保险合同。

(二) 按当事人订立合同的意愿划分

按照当事人订立合同的意愿分为自愿性保险合同和强制性保险合同。

1. 自愿性保险合同

自愿性保险合同是指保险合同双方当事人在自愿原则的基础上签订保险合同。投保人可以自由选择是否投保、向哪一家保险公司投保、投保的金额、保险期限；保险人也自己决定是否承保、承保的金额、承保的条件、费率水平等。商业保险合同大多数属于自愿性保险合同。

2. 强制性保险合同

强制性保险合同是指保险合同是根据国家有关法律法规签订的。强制性保险的特点是只要在法令规定范围内的保险对象，都必须依法参加保险；保险金额按国家相关法律统一规定；保险人和投保人必须按有关法律规定，履行自己的义务和享有权利。

(三) 按保险金额与保险价值的关系划分

按照保险金额与保险价值的关系可将保险合同分为足额保险合同、不足额保险合同和超额保险合同。这种分类只适用于财产保险合同。

1. 足额保险合同

足额保险合同是指保险金额与保险价值相等的保险合同。订立足额保险合同后，当保险标的发生全部损失时，保险人依据保险价值全部赔偿，若保险标的物仍有残值，保险人对其享有物上代位权，或者将其作价后折给被保险人，从赔款中扣除；如果保险标的发生部分损失，保险人按照实际损失确定赔偿金额。

2. 不足额保险合同

不足额保险合同是指保险合同中确定的保险金额小于保险标的的保险价值的保险合同。订立不足额保险合同后，当保险标的发生全部损失时，保险人按约定的保险金额进行赔偿，其与保险价值的差额部分，由被保险人自己承担；如果保险标的遭受部分损失，保险人按照实际损失和保险保障程度赔偿。我国《保险法》第五十五条第四款规定："保险金额低于保险价值的，除合同另有约定外，保险人按照保险金额与保险价值的比例承担赔偿保险金的责任。"

3. 超额保险合同

超额保险合同是指保险金额超过保险标的物的价值的保险合同。由于超额保险容易引起道德风险，因此，各国对超额保险都有严格的规定。我国《保险法》第五十五条第三款规定："保险金额不得超过保险价值；超过保险价值的，超过部分无效，保险人应当退还相应的保险费。"

(四) 按保险标的的价值是否事先约定划分

按照保险标的的价值是否在保险合同中事先约定，可将保险合同分为定值保险合同和不定值保险合同。

1. 定值保险合同

定值保险合同是指在订立保险合同时，投保人和保险人事先约定保险标的的价值并在保险单中载明的保险合同。定值保险合同成立后，一旦发生保险事故，就应以事先确定的保险价值作为保险人确定赔偿金数额的计算依据。如果保险事故造成保险标的全部损失，无论该保险标的实际损失如何，保险人均应按合同所约定的保险金额赔偿，不再对保险标的重新估价；如果保险事故仅造成保险标的的部分损失，则只需要确定损失的比例。该比例与保险价值的乘积，就是保险人应支付的赔偿金额。在保险实务中，以字画、邮票和古玩等不易确定价值的艺术珍品为保险标的的财产保险合同一般为定值保险合同。在国际保险市场上，由于运输货物的市场价格在起运地、中途和目的地都不相同，为保障被保险人的实际利益，避免赔款时由于市价差额而带来的纠纷，习惯上也采用定值保险合同。

2. 不定值保险合同

不定值保险合同指投保人和保险人在订立保险合同时不事先约定保险标的的保险价值，仅载明保险金额作为保险事故发生后赔偿最高限额的保险合同。在不定值保险合同条件下，一旦发生保险事故，保险人需估算保险标的的实际价值，并以此作为保险人确定赔偿金数额的计算依据。一般情况下，保险事故发生后，受损保险标的的实际价值以保险事故发生时当地同类财产的市场价格来确定，但保险人对保险标的所遭受损失的赔偿不得超过合同所约定的保险金额。如果实际损失大于保险金额，保险人的赔偿责任仅以保险金额为限；如果实际损失小于保险金额，足额保险的，则保险人赔偿实际损失；不足额保险的，保险人按照保险保障程度来赔偿。在保险实务中，如果没有特别约定，大多数财产保险合同都是不定值保险合同。

（五）按合同承担风险责任的方式划分

按照合同承担风险责任的方式分类，保险合同可分为单一风险合同、综合风险合同和一切险合同。

1. 单一风险合同

单一风险合同是指只承保一种风险责任的保险合同。

2. 综合风险合同

综合风险合同是指承保两种以上的多种特定风险责任的保险合同。这种保险合同必须把承保的风险责任一一列举，只要损失是由于所保风险造成的，保险人就负责赔偿。

3. 一切险合同

一切险合同是指保险人承保的风险是合同中列明的除外不保风险之外的一切风险的保险合同。所谓一切险合同并非意味着保险人承保一切风险，即保险人承保的风险仍然是有限制的，只不过这种限制采用的是列明除外不保风险的方式。在一切险合同中，保险人并不列举规定承保的具体风险，而是以“责任免除”条款确定其不承保的风险；也就是说，凡未列入责任免除条款中的风险均属于保险人承保的范围。

（六）按保险合同的保障性质划分

按照保险合同的保障性质为标准，可以将保险合同分为补偿性保险合同和给付性保险合同。

1. 补偿性保险合同

补偿性保险合同的特征是，保险事故发生所造成的后果表现为被保险人的经济损失，并且可以用货币衡量。保险人只是补偿被保险人的经济损失，使其恢复到以前的状态，不会获得额外的利益。财产保险合同和健康保险合同中医疗费用合同都属于补偿性保险合同。

2. 给付性保险合同

给付性保险合同的特征是，保险事故发生不一定造成损失，即使造成损失，也不能或很难用货币衡量损失金额。因此，双方当事人在保险合同中约定，只要约定的保险事故发生，保险人就按照约定的保险金额给付保险金，而不必考虑被保险人有无经济损失以及损失金额。人身保险的许多险种均属于定额给付保险，特别是寿险。因为人的生命和身体本身是不能用经济价值来衡量的，只能由双方确定的保险金额来给付保险金。

（七）按承保方式划分

按照承保方式分类，保险合同可以分为原保险合同和再保险合同。

1. 原保险合同

原保险合同是指投保人与保险人订立的保险合同。原保险合同是投保人将保险风险转移给保险人，由保险人承担风险损失，保障被保险人的经济利益。在原保险合同中，明确规定了原保险人与被保险人之间的权利和义务。原保险合同体现了风险责任的首次转嫁关系。

2. 再保险合同

再保险合同是指原保险人将其所承保的全部或部分风险和责任向其他保险人进行保险而签订的保险合同。再保险合同的主体是保险人和再保险人。再保险合同体现了风险责任的再次转嫁关系。

第二节　保险合同主体与客体

保险合同的主体是指参加保险这一民事法律关系并享有权利和承担义务的法人及自然人。保险合同的主体必须同时具有民事权利能力和民事行为能力。保险合同的主体包括保险合同的当事人和保险合同的关系人。保险合同的客体是投保人对保险标的具有的保险利益。

一、保险合同的主体

保险合同的主体包括保险合同的当事人和保险合同的关系人。与保险合同发生直接关系的是保险合同当事人，如保险人、投保人；与保险合同发生间接关系的是保险合同的关系人，如被保险人、受益人。

（一）保险合同的当事人

保险合同的当事人是指参与签订保险合同，按合同约定享有权利并承担义务的人。保险合同是投保人与保险人约定保险权利和义务关系的协议，因此，保险合同的当事人是保险人和投保人。

1. 保险人

我国《保险法》第十条第三款规定：“保险人是指与投保人订立保险合同，并按照合同约定承担赔偿或者给付保险金责任的保险公司。”保险人通常是经营保险的各种组织。保险人必须具备以下条件。

(1) 保险人须具备法定资格。保险人常以各种经营组织形式出现。因保险经营的特殊性，各国法律都对保险人从业的法律资格作出专门规定。大多数国家规定只有符合国家规定的条件，并经政府批准的法人方可经营保险，成为保险人，并在执照规定的范围内经营保险。如果保险人不具有法人资格，所订立的合同无效。但也有少数特例，如英国劳合社的承保社员，是经国家批准，具有完全民事行为能力，符合一定的资产、信誉要求的自然人来作为保险人经营保险业务的。

我国《保险法》第六十七条、六十八条、六十九条等对保险人所需具备的法定资格，作了较为严格的规定。保险人必须是依照法定条件和程序设立的保险公司；《保险法》第九十五条明确规定保险公司的业务范围。保险公司应按照分业经营的原则，在金融监督管理部门核定的业务范围内从事保险活动并接受监管。简言之，只有依法设立的保险公司，并在核定的业务范围内，才有资格订立保险合同，成为保险人。

(2) 保险人须以自己的名义订立保险合同。保险人须是依法设立的保险公司，但保险公司并不当然就是保险人。保险公司只有以自己的名义与投保人订立保险合同后，才能成为保险合同的当事人。

(3) 保险人须依照保险合同承担保险责任。订立保险合同的目的在于使保险人在合同约定的保险期限内，对于发生的保险事故或事件，承担赔偿或给付保险金的责任。这也是保险人最主要、最基本的合同义务。

2. 投保人

我国《保险法》第十条第二款规定："投保人是指与保险人订立保险合同，并按照合同约定负有支付保险费义务的人。"投保人与被保险人是不是同一人要根据具体的保险合同情况而定。作为保险合同当事人的投保人，可以是自然人，也可以是法人，但必须具备下列条件。

(1) 投保人应具有民事权利能力和民事行为能力。民事权利能力是指民事主体依法享有民事权利和承担民事义务的资格；民事行为能力是指民事主体通过自己的行为行使民事权利或者履行民事义务的能力。这是保险合同主体合格的法律条件，不论法人和自然人，都必须具备此条件。根据《中华人民共和国民法通则》的规定，年满 18 周岁的公民具有完全行为能力；16 周岁以上不满 18 周岁的公民，以自己的劳动收入为主要生活来源的，视为完全民事行为能力人；不满 16 周岁的未成年人和虽满 16 周岁，但不能辨认自己行为的公民，则不具有完全行为能力。法人的民事权利能力始于设立，终于消灭。其民事行为能力与民事权利能力完全一致。

(2) 投保人必须对保险标的具有保险利益。保险利益是指投保人（或者被保险人）对保险标的具有法律上承认的利益。我国《保险法》第十二条规定："人身保险的投保人在保险合同订立时，对被保险人应当具有保险利益。财产保险的被保险人在保险事故发生时，对保险标的应当具有保险利益。"投保人对保险标的不具有保险利益的，保险合同无效。投保人既可以为自己的利益投保，也可以为他人的利益投保。投保人为他人利益投保时必须征得他人同意，并确定保险利益的存在。

(3) 投保人必须承担支付保险费的义务。缴纳保险费是投保人的主要义务，不论投保人为自己利益或他人利益订立保险合同，都要承担支付保险费的义务。

（二）保险合同的关系人

保险合同的关系人是保险合同当事人之外的与保险合同发生间接关系的人，关系人和保险合同有经济利益关系，但不一定直接参与保险合同的订立，对于保险合同规定的利益享有请求权的人。保险合同的关系人包括被保险人和受益人。

1. 被保险人

我国《保险法》第十二条第五款规定："被保险人是指其财产或者人身受保险合同保障，享有保险金请求权的人。投保人可以为被保险人。"当投保人为自己利益投保时，投保人、被保险人为同一人。当投保人为他人利益投保时，须遵守以下规定：被保险人应是投保人在保险合同中指定的人；投保人要征得被保险人同意；投保人不得为无民事行为能力人投保以死亡为给付保险金条件的人身保险。但父母为未成年子女投保的人身保险不受此限制，只是死亡给付保险金额总和不得超过保险监督管理机构规定的限额。财产保险合同中，被保险人可以是自然人，也可以是法人或其他组织；人身保险合同中，被保险人只能是自然人。被保险人应具备如下的条件。

(1) 被保险人必须是保险合同保障的人。保险合同订立的经济目的就是当保险事故发生时受损失者能够得到保险保障。只有对保险标的有经济利益的人才有权利获得保险保障。保险标的遭受损失，被保险人才是遭受经济损害的主体。财产保险中，被保险人必须是保险标的的所有权人或其他权利人。人身保险中，被保险人的寿命或身体是保险标的。所以，无论是财产保险还是人身保险，只要发生保险事故，被保险人必定会遭受损害。

(2) 被保险人是保险事故发生时遭受损害的人。保险事故一旦发生，被保险人的利益必然受到损害。这一点在财产保险与人身保险中有不同的体现。在财产保险中，被保险人应是财产的所有人或相关的权利人，在保险合同中体现为与保险标的有关的所有人或经济权利人。因此，保险事故发生损失时，其经济利益必然遭受损害。在人身保险中，被保险人是以自己的生命或身体为保险标的的人，保险事故发生时，其自身必然遭受伤害。

(3) 被保险人是享有保险金请求权的人。被保险人因保险事故发生遭受损害，便享有要求保险人赔偿或给付保险金的请求权。在财产保险和人身保险实务中两者有不同的体现。在财产保险中，保险事故发生通常只是财产损失，被保险人往往安然无恙，由被保险人自己行使保险金请求权；如果被保险人不幸在保险事故中遇难，保险金请求权由其法定继承人行使。在人身保险合同中，生存保险的保险金请求权由被保险人自己行使；但在死亡保险合同中，一旦保险事故发生，即被保险人死亡，则由投保人或被保险人指定的受益人享有赔偿或给付保险金的请求权，没有指定受益人的，由被保险人的法定继承人行使。

2. 受益人

我国《保险法》第十八条规定："受益人是指人身保险合同中由被保险人或者投保人指定的享有保险金请求权的人。投保人、被保险人可以为受益人。"受益人又被称为保险金受领人，即保险合同中约定在保险事故发生后享有保险赔偿与保险金请求权的人。

在财产保险合同中，并没有专门的受益人规定。这是因为财产保险的被保险人通常就是受益人。在人身保险合同中，受益人是由被保险人或者投保人指定的享有保险金请求权的人，可以是一人，也可以是数人。受益人与投保人是同一人时，受益人就是合同当事人；否则，受益人是合同关系人。

人身保险合同中的受益人应当具备以下两个条件。

(1) 受益人必须经被保险人或投保人指定。受益人是被保险人或投保人在人身保险合同中指定的人。由投保人指定受益人的，须经过被保险人同意，方才有效。我国法律对受益人资格并无限制，可以是自然人，也可以是法人。受益人如果不是被保险人、投保人，则多为与其有利害关系的自然人。

(2) 受益人必须是享有保险金请求权的人。受益人享有的保险金请求权，是受益人根据保险合同享有的一项基本权利。人身保险合同中，指定的受益人是一人的，保险金请求权由该人行使，并获得全部保险金；受益人是数人的，保险金请求权由该数人行使，其受益顺序和受益份额由被保险人或投保人确定；未确定的，受益人按照相等份额享有受益权。

人身保险合同中，因投保人订立合同的目的不同，合同约定的受益人也不同：投保人以自己的生命、身体为他人利益而订立保险合同的，投保人是被保险人，受益人是其指定的人；投保人以自己的生命、身体为自己的利益而订立保险合同的，投保人既是被保险人，也是受益人；投保人以他人的生命、身体为自己的利益而订立保险合同的，经被保险人同意后，投保人成为受益人。投保人以他人的生命、人身为他人的利益而订立保险合同时，经被保险人同意，受益人可以是第三人。若投保人变更受益人，必须经被保险人同意。当被保险人死亡，如果已经确定了受益人，则受益人以外的任何人无权分享保险金，受益人领取的保险金不列入死者的遗产，不得用来清偿死者生前的债务；如果没有确定受益人，或受益人先于被保险人死亡而没有其他受益人，或受益人依法丧失受益权或放弃受益权，也没有其他受益人，则保险金作为被保险人的遗产，由保险人向被保险人的法定继承人履行给付保险金的义务。我国《保险法》对受益人有明确的规定。

《保险法》第三十九条规定："人身保险的受益人由被保险人或者投保人指定。投保人指定受益人时须经被保险人同意。投保人为与其有劳动关系的劳动者投保人身保险，不得指定被保险人及其近亲属以外的人为受益人。被保险人为无民事行为能力人或者限制民事行为能力人的，可以由其监护人指定受益人。"《保险法》第四十条规定："被保险人或者投保人可以指定一人或者数人为受益人。受益人为数人的，被保险人或者投保人可以确定受益顺序和受益份额；未确定受益份额的，受益人按照相等份额享有受益权。"《保险法》第四十一条规定："被保险人或者投保人可以变更受益人并书面通知保险人。保险人收到变更受益人的书面通知后，应当在保险单或者其他保险凭证上批注或者附贴批单。投保人变更受益人时须经被保险人同意。"《保险法》第四十二条规定，"被保险人死亡后，有下列情形之一的，保险金作为被保险人的遗产，由保险人依照《中华人民共和国继承法》的规定履行给付保险金的义务：（一）没有指定受益人，或者受益人指定不明无法确定的；（二）受益人先于被保险人死亡，没有其他受益人的；（三）受益人依法丧失受益权或者放弃受益权，没有其他受益人的。受益人与被保险人在同一事件中死亡，且不能确定死亡先后顺序的，推定受益人死亡在先。"《保险法》第四十三条规定："投保人故意造成被保险人死亡、伤残或者疾病的，保险人不承担给付保险金的责任。投保人已交足二年以上保险费的，保险人应当按照合同约定向其他权利人退还保险单的现金价值。受益人故意造成被保险人死亡、伤残、疾病的，或者故意杀害被保险人未遂的，该受益人丧失受益权。"

二、保险合同的客体

客体是指在民事法律关系中主体履行权利和承担义务时共同指向的对象。客体在一般合同中称为标的，即物、行为、智力成果等。保险合同虽属民事法律关系范畴，但它的客体不是保险标的本身，而是投保人对保险标的所具有的法律上承认的利益，即保险利益。

我国《保险法》第十二条规定："保险利益是指投保人或者被保险人对保险标的具有的法律上承认的利益。"保险标的是保险合同中所载明的投保对象。保险合同不是保障保险标的的安全，而是保障保险标的受损后投保人或被保险人、受益人的经济利益。风险是客观存在的，并不因为保险合同的存在，保险标的就消除风险，不产生事故损失。当保险事故发生后，保险人依据合同只能对保险标的的损失进行赔偿，而不可能赔偿原有的保险标的。被保险人正是因为有了保险合同，在保险事故发生后，因保险事故发生而损失的经济利益能得到保险人的赔偿。因此，保险合同实际上保障的是被保险人对保险标的所具有的利益。保险合同的客体是保险利益而不是保险标的。

第三节　保险合同的内容与形式

一、保险合同的内容

保险合同的内容是保险合同当事人双方依法约定的权利和义务，通常以条文的形式表现。即保险合同的内容主要由保险合同的条款体现，它由基本条款和特约条款组成。基本条款是关于保险合同当事人和关系人权利与义务的规定，以及按照其他法律一定要记载的事项。基本条款由保险法以列举方式直接规定，是保险合同必不可少的法定条款，由保险人拟定。特约条款是除基本条款以外，经投保人要求与保险人协商确定的保险合同的其他条款，是投保人与保险人根据需要特别约定的保险合同条款。不管是基本条款还是特约条款，都是保险合同条款，都具有法律效力。两种条款的区别在于：基本条款是根据保险法必须约定的条款；特约条款是当事人双方根据实际需要，可约定可不约定的条款。

(一) 保险合同的基本条款

我国《保险法》第十八条对保险合同的基本条款做出了具体的规定。保险合同的基本条款包括以下几项。

1. 保险人的名称和住所

保险人的名称指保险公司的全称，其名称须与保险监督管理机构和工商行政管理机关批准和登记的名称一致。保险人的住所是指保险公司或分支机构的主营业场所所在的地址。由于保单是由保险人印制的，因此保险人的名称和住所已印在上面。

2. 投保人、被保险人、受益人的名称和住所

将保险人、投保人、被保险人和受益人的名称和住所作为保险合同基本条款的法律意义是：明确保险合同的当事人、关系人，确定合同权利义务的享有者和承担者；明确保险合同的履行地点，确定合同纠纷、诉讼管辖。

3. 保险标的

保险标的是指作为保险对象的财产及其有关利益或者人的寿命和身体，它是保险利益的载体。保险标的如果是财产及其有关利益，应包括该保险标的的具体坐落地点，有的还包括利益关系；保险标的如果为人的生命和身体，还应包括被保险人的性别、年龄、职业、健康状况等。只有明确保险标的，才能判明投保人是否具有保险利益。另外，明确保险标的对规定赔偿数额也有重要意义。

4. 保险责任和责任免除

保险责任是指保险合同中载明的保险事故发生后保险人所承担的经济赔偿或给付责任。由于保险人并不对保险标的的所有风险承担责任，而仅对与投保人约定的特定风险承担责任，风险不同，保险责任也不相同，因此承保风险与承担的经济赔偿责任均应在保险合同中予以列明。责任免除是指保险人依照法律规定或合同约定，不承担保险责任的范围，是对保险责任的限制。我国《保险法》第十七条规定："对保险合同中免除保险人责任的条款，保险人在订立合同时应当在投保单、保险单或者其他保险凭证上作出足以引起投保人注意的提示，并对该条款的内容以书面或者口头形式向投保人作出明确说明；未作提示或者明确说明的，该条款不产生效力。"责任免除条款的内容应以列举方式规定。确定保险责任和责任免除，可以进一步明确保险责任范围，避免保险人过度承担责任，以维护公平和最大诚信原则。

5. 保险期间和保险责任开始时间

保险期间是指保险人为被保险人提供保障的起止日期，即保险合同的有效期间。保险人仅对保险期间内发生约定的保险事故所造成的损害负赔偿责任。保险期间之外，即使属于保险责任范围，保险人亦不负赔偿责任。保险期间可以按年、月、日计算，也可以按一个运程期、一个工程期或一个生长期间计算。

保险责任开始时间即保险人开始承担保险责任的时间，通常以年、月、日、时表示。保险责任开始的时间应由双方在保险合同中约定。在我国的保险实务中，是以开始承担保险责任之日的零时为具体开始时间的，即"零时起保"，以合同期满日的24点为保险责任终止时间。保险期限及保险责任开始时间的规定明确了当事人享有权利和承担义务的起止时间，便于合同的履行。由此可见，保险期间和保险责任开始时间是保险合同当事人履行义务的重要根据，不管采取哪种方式约定，必须在保险合同中明确记载。

6. 保险价值

保险价值是保险标的的实际价值，即投保人对保险标的所享有的保险利益的货币估价额。保险价值就是保险标的的经济价值，是确定保险金额和确定损失赔偿的依据，是属于财

产保险合同中的专有条款。因为财产保险标的的价值是可以用金钱衡量的，是可以确定的。

7. 保险金额

保险金额是保险人承担赔偿或者给付保险金的最高限额，同时也是计算保险费的依据。保险金额一般不得超出保险标的的保险价值，超出部分无效。在人身保险合同中，一般依据被保险人或者受益人的实际需要和投保人交付保险费的能力等因素，协商确定保险金额。

8. 保险费及其支付办法

保险费是投保人向保险人所支付的费用，作为保险人根据保险合同承担赔偿或者给付保险金责任的对价，投保人支付或者承诺支付保险费是保险合同生效的必要条件。它是保险基金的重要来源，缴纳保险费是投保人的基本义务。保险合同应对保险费的数额、交付方式、交付时间和次数作出明确规定。投保人不按保险合同的约定交付保险费，保险人有权不履行赔偿责任。保险费的多少由保险金额和保险费率以及保险期限等因素决定。保险费率的高低又取决于保险责任范围的大小、保额损失率和经营成本等。

9. 保险金赔偿或给付办法

保险金赔偿是保险人在保险标的遭遇保险责任范围内的保险事故导致被保险人经济损失或人身伤亡时，依法履行的义务。我国《保险法》第二十三条规定："保险人收到被保险人或者受益人的赔偿或者给付保险金的请求后，应当及时作出核定；情形复杂的，应当在三十日内作出核定，但合同另有约定的除外。保险人应当将核定结果通知被保险人或者受益人；对属于保险责任的，在与被保险人或者受益人达成赔偿或者给付保险金的协议后十日内，履行赔偿或者给付保险金义务。保险合同对赔偿或者给付保险金的期限有约定的，保险人应当按照约定履行赔偿或者给付保险金义务。保险人未及时履行前款规定义务的，除支付保险金外，应当赔偿被保险人或者受益人因此受到的损失。任何单位和个人不得非法干预保险人履行赔偿或者给付保险金的义务，也不得限制被保险人或者受益人取得保险金的权利。"

10. 违约责任和争议处理

违约责任是合同当事人未履行合同约定义务或不能完全履行合同约定义务所应承担的法律后果。保险合同关系到当事人的利益，任何一方的违约均可能给对方造成损失。因此，在保险合同中必须明确违约责任，在一定程度上可以防止违约行为的发生。承担违约责任的方式应在保险合同中明确，主要是支付违约金或支付赔偿金。

争议处理是指在发生保险合同纠纷时所采用的处理方式。当保险合同双方发生争议时，首先应当通过协商友好解决；通过协商不能解决争议或者不愿通过协商解决争议的，可以通过仲裁或者诉讼方式解决争议。采取哪种方式解决争议，合同中应有所约定，保险合同通常采取仲裁的方式。

11. 订立合同的时间

订立时间对于核实保险利益是否存在，对双方当事人的权利、义务法律主张、时间、效力等具有重要意义。

（二）保险合同的特约条款

保险合同除了基本条款以外，当事人还可根据特殊需要约定其他条款。为区别于基本条款，这类条款为特约条款。广义的特约条款包括附加条款、保证条款、协会条款三种类型，狭义上仅指保证条款。

1. 附加条款

附加条款是指保险合同当事人在基本条款的基础上另行约定的补充条款。附加条款一般采取在保险单上用附贴批单的方式使之成为保险合同的一部分。附加条款是对基本条款的修改或变更，其效力优于基本条款。

2. 保证条款

保证条款是指投保人或被保险人就特定事项担保某种行为或事实的真实性的条款。保证条款一般由法律规定，是投保人或被保险人必须遵守的条款；如有违反，保险人有权解除合同或拒绝赔偿。

3. 协会条款

协会条款是指由保险同业之间根据需要协商约定的条款，目前，仅存于海上保险合同中。协会条款是对原合同的修改、补充或变更。

二、保险合同的形式

保险合同的订立是经过投保人的要约和保险人的承诺来完成的。投保人提出要约以填写投保单形式来表示，保险人的承诺是以签发暂保单、保险单或保险凭证为证。我国《保险法》第十三条规定："投保人提出保险要求，经保险人同意承保，保险合同成立。保险人应当及时向投保人签发保险单或者其他保险凭证。保险单或者其他保险凭证应当载明当事人双方约定的合同内容。当事人也可以约定采用其他书面形式载明合同内容。依法成立的保险合同，自成立时生效。投保人和保险人可以对合同的效力约定附条件或者附期限。"保险单或者其他保险凭证应当载明当事人双方约定的合同内容。当事人也可以约定采用其他书面形式载明合同内容。在保险实务中，通常采取书面形式。保险合同大致可以分为以下几种形式。

（一）投保单

投保单又称"要保书"或"投保申请书"，是投保人向保险人提出保险要求和订立保险合同的书面要约，是保险人出具保险单的依据和前提。投保单由保险人设计内容格式并印制，投保人按所列项目逐一填写。投保单的填写要求遵循最大诚信原则，如果投保单填写不真实，保险合同的效力将有所减弱或完全失去效力。投保单是保险人决定承保以及证明被保险人是否遵循最大诚信原则的首要依据。如果某些信息在保险单上没有体现，但在投保单上有注明，则记载在投保单上的信息效力与记载在保险单上相同。

（二）暂保单

暂保单又称临时保单，它是指保险人在签发正式保险单之前，由保险人签发给投保人证明保险人已经承保的书面证明，其法律效力与正式保险单相同。使用暂保单主要基于以下两种情况：一是因各种原因，需等待一定时间后才可能签发正式保单，这时以暂保单给予投保人以证明保险合同已经成立，便于在正式保险单出立之前发生风险事故，被保险人向保险人提出索赔；二是保险代理人和保险经纪人从事保险业务过程中，在争取到客户后，尚未与保险人办妥正式保险单之前，以暂保单给予投保人，旨在证明保险合同已经成立。

暂保单一般只载明了保险合同的主要内容，具有与正式保险单同等的法律效力。但是，一般暂保单的有效期限很短，不超过三十天，在保险人出具正式保险单后自动失效。

（三）保险单

保险单简称保单，指保险合同成立后，保险人向投保人（被保险人）签发的正式书面凭证。保险单必须明确、完整地记载有关保险双方的权利和义务，通常由声明事项、保险事项、责任免除和条件事项四个部分组成，它所记载的内容是保险合同双方当事人履约的依据，是保险合同中最重要的书面形式。

（四）保险凭证

保险凭证又称小保单，是一种简化了的保险单，它是指保险人签发的证明已经承保的书面证明。保险凭证不像保险单那样记载保险合同的内容，但与保险单具有同等的法律效力，保险凭证未列明的内容均应以相应的保险单内容为准。如果保险凭证所记载的内容与相应的保险单有冲突，以保险凭证的内容为有效。

（五）批单

批单是指合同双方当事人就已签订的保险合同进行变更时使用的，由保险人出立的一种书面凭证。保险合同签订后，在有效期内，当事人有权就合同内容等进行更改。如被保险人的地址发生变更，保险标的发生变化而改变保险金额等情况，保险人都可以以签发批单的形式批改，附贴于原保险单上。批单是合同的重要组成部分，凡是批单上的内容与原保险单内容发生冲突的，以批单为准；后签发的批单与先签发的批单冲突的，以后签发的批单为准。

第四节　保险合同的订立与履行

一、保险合同的订立

保险合同的订立是投保人与保险人之间意思表示一致而进行的法律行为。它与订立其他合同一样，需要经过一定的程序。根据《保险法》第十三条规定："投保人提出保险要求，经保险人同意承保，保险合同成立。保险人应当及时向投保人签发保险单或者其他保险凭证。"因此，保险合同的订立，须经过投保人提出保险要求和保险人同意承保两个阶段。这两个阶段就是合同实践中的要约和承诺。通常是由投保人提出投保申请，保险人同意后签发保险单或者其他保险凭证。

订立保险合同与订立其他合同一样，要经历要约和承诺两个程序。

1. 要约

要约是指一方当事人向另一方当事人提出订立合同的法律行为。提出要约的人称为要约人，接收要约的人称为受约人。受约人可提出新的要约。一个有效的要约应具备三个条件：

（1）要约须明确表示订约愿望；

（2）要约须具备合同的主要内容；

（3）要约在其有效期内对要约人具有约束力。

保险合同的要约通常由投保人提出。保险公司业务员及其保险代理人等积极主动地向投保人"推销"保险的行为，只能视同为要约邀请，实质上仍然是投保人提出要约，即投保人为要约方。当然也不排除续保时，将保险人向投保人发出续保通知书等行为视同为要约。

2. 承诺

承诺是指受约人在收到要约后，对要约的全部内容表示同意并作出愿意订立合同的意思表示。承诺的人可称为承诺人，承诺人一定是受约人，但受约人不一定是承诺人。承诺应具备以下条件：

（1）承诺必须由受约人本人或其代理人作出；

（2）承诺不需附带任何条件；

（3）承诺需在要约的有效期内作出。

二、保险合同的成立、生效与无效

（一）保险合同的成立与生效

保险合同的"成立"与"生效"是两个不同的概念。保险合同的成立，是指合同当事人就保险合同的主要条款达成一致协议。我国《保险法》第十三条规定："投保人提出保险要求，经保险人同意承保，保险合同成立。"保险合同的生效是指合同条款对当事人双方已发生法律上的效力，要求当事人双方恪守合同，全面履行合同规定的义务。一般来说，合同一经成立就产生法律效力，即合同生效。但是，保险合同多为附条件、附期间的合同，保险合同成立并不一定标志着保险合同的生效。保险合同的成立与生效的关系有两种：一是合同一经成立即生效，双方便开始享有权利，承担义务；二是合同成立后不立即生效，而是等到合同生效的附条件成立或附期限到达后才生效。一般的情况是缴付保险费后，已订立的保险合同开始生效。

（二）保险合同无效

保险合同也是合同的一种，认定保险合同是否有效的法律依据主要是《保险法》和《合同法》。《保险法》规定的合同无效的情形主要有两种：一是投保人对保险标的不具有保险利益，保险合同无效；二是以死亡为给付保险金条件的合同，未经被保险人书面同意并认可保险金额的，合同无效。《合同法》规定的合同无效的情形有五种：欺诈胁迫；恶意串通；合法形式掩盖非法目的；损害社会公众利益；违反法律的强制性规定。概括起来，只要符合下列条件之一，即可认定保险合同无效：

（1）保险合同的当事人不具备法定资格；

（2）保险合同的内容违反国家法律、行政法规；

（3）保险合同的当事人意思表示不真实；

（4）保险合同违反国家利益和社会公共利益。

三、保险合同的履行

保险合同的履行是指保险合同当事人双方依法全面完成保险合同约定义务的行为。保险合同是双务合同，权利和义务是对等的，一方的权利就是另一方的义务。

（一）投保人应当履行的义务

1. 缴纳保险费义务

缴纳保险费是投保人最基本的义务，通常也是保险合同生效的必要条件。是指保险合同成立后，投保人应按合同的约定数额、方式，在合同约定的时间、地点向保险人缴纳保险费。我国《保险法》第十四条规定："保险合同成立后，投保人按照约定交付保险费；保险人按照约定的时间开始承担保险责任。"因此，投保人如不尽缴纳保险费的义务，保险人可以解除保险合同，并有权要求补交自保险合同成立之日起至保险合同解除期间的保险费。

2. 如实告知义务

如实告知是指投保人在订立保险合同时将保险标的重要事实，以口头或书面形式向保险人作真实陈述。所谓保险标的重要事实是指对保险人决定是否承保及影响保险费率的事实。如实告知是投保人必须履行的基本义务，也是保险人实现其权利的必要条件。我国《保险法》第十六条规定："订立保险合同，保险人就保险标的或者被保险人的有关情况提出询问的，投保人应当如实告知。投保人故意或者因重大过失未履行前款规定的如实告知义务，足以影响保险人决定是否同意承保或者提高保险费率的，保险人有权解除合同。前款规定的合同解除权，自保险人知道有解除事由之日起，超过三十日不行使而消灭。自合同成立之日起超过两年的，保险人不得解除合同；发生保险事故的，保险人应当承担赔偿或者给付保险金的责任。投保人故意不履行如实告知义务的，保险人对于合同解除前发生的保险事故，不承担赔偿或者给付保险金的责任，并不退还保险费。投保人因重大过失未履行如实告知义务，对保险事故的发生有严重影响的，保险人对于合同解除前发生的保险事故，不承担赔偿或者给付保险金的责任，但应当退还保险费。保险人在合同订立时已经知道投保人未如实告知的情况的，保险人不得解除合同；发生保险事故的，保险人应当承担赔偿或者给付保险金的责任。"我国《保险法》实行"询问告知"的原则，即投保人对保险人询问的问题必须如实告知，而对询问以外的问题，投保人没有义务告知。投保人或被保险人违反如实告知义务，保险人有权解除保险合同或不承担赔偿或给付责任。

3. 维护保险标的安全的义务

保险合同订立后，财产保险合同的投保人、被保险人应当遵守国家有关消防、安全、生产操作和劳动保护等方面的规定，维护保险标的安全。对此我国《保险法》第五十一条规定："被保险人应当遵守国家有关消防、安全、生产操作、劳动保护等方面的规定，维护保险标的的安全。保险人可以按照合同约定对保险标的的安全状况进行检查，及时向投保人、被保险人提出消除不安全因素和隐患的书面建议。投保人、被保险人未按照约定履行其对保险标的的安全应尽责任的，保险人有权要求增加保险费或者解除合同。保险人为维护保险标的的安全，经被保险人同意，可以采取安全预防措施。"投保人、被保险人未按约定维护保险标的安全的，保险人有权要求增加保险费或解除保险合同。

4. 及时通知义务

我国《保险法》第二十一条规定："投保人、被保险人或者受益人知道保险事故发生后，应当及时通知保险人。故意或者因重大过失未及时通知，致使保险事故的性质、原因、损失程度等难以确定的，保险人对无法确定的部分，不承担赔偿或者给付保险金的责任，但保险人通过其他途径已经及时知道或者应当及时知道保险事故发生的除外。"《保险法》第五十二条规定："在合同有效期内，保险标的的危险程度显著增加的，被保险人应当按照合同约定及时通知保险人，保险人可以按照合同约定增加保险费或者解除合同。保险人解除合同的，应当将已收取的保险费，按照合同约定扣除自保险责任开始之日起至合同解除之日止应收的部分后，退还投保人。被保险人未履行前款规定的通知义务的，因保险标的的危险程度显著增加而发生的保险事故，保险人不承担赔偿保险金的责任。""及时通知"包括保险事故发生前"危险增加"的通知义务和保险事故发生的通知义务。第一，危险增加通知的义务。保险合同成立后，当保险标的危险程度发生变化，足以影响保险人在订立保险合同时对保险标的危险程度的估计时，投保人应及时通知保险人。第二，保险事故发生的通知义务。保险合同订立以后，如果发生保险事故，投保人应及时通知保险人。这样，有利于保险人及时勘查现场、确定损失发生原因和程度，以此决定是否向被保险人赔偿和给付保险金。

5. 出险施救的义务

保险事故发生后，投保人不仅应积极通知保险人，还应当采取各种必要的措施，进行积极地施救，避免损失扩大。《保险法》第五十七条规定："保险事故发生时，被保险人应当尽力采取必要的措施，防止或者减少损失。保险事故发生后，被保险人为防止或者减少保险标的的损失所支付的必要的、合理的费用，由保险人承担；保险人所承担的费用数额在保险标的损失赔偿金额以外另行计算，最高不超过保险金额的数额。"因投保人未履行施救义务而扩大的损失部分，保险人不负赔偿责任。

6. 提供单证义务

保险事故发生后，投保人、被保险人或受益人在行使索赔权利的同时，负有提供所能提供的必要单证的义务。

7. 协助追偿的义务

在财产保险中，保险事故是由第三人行为造成的，保险人在向被保险人履行赔偿保险金后，享有代位求偿权，即保险人有权以被保险人名义向有责任的第三人索赔。我国《保险法》第六十条还规定："因第三者对保险标的的损害而造成保险事故的，保险人自向被保险人赔偿保险金之日起，在赔偿金额范围内代位行使被保险人对第三者请求赔偿的权利。前款规定的保险事故发生后，被保险人已经从第三者取得损害赔偿的，保险人赔偿保险金时，可以相应扣减被保险人从第三者已取得的赔偿金额。保险人依照本条第一款规定行使代位请求赔偿的权利，不影响被保险人就未取得赔偿的部分向第三者请求赔偿的权利。"《保险法》第六十一条规定："保险事故发生后，保险人未赔偿保险金之前，被保险人放弃对第三者请求赔偿的权利的，保险人不承担赔偿保险金的责任。保险人向被保险人赔偿保险金后，被保险人未经保险人同意放弃对第三者请求赔偿的权利的，该行为无效。被保险人故意或者因重大过失致使保险人不能行使代位请求赔偿的权利的，保险人可以扣减或者要求返还相应的保险金。”

（二）保险人应当履行的义务

1. 条款解释说明义务

我国《保险法》第十七条规定：“订立保险合同，采用保险人提供的格式条款的，保险人向投保人提供的投保单应当附格式条款，保险人应当向投保人说明合同的内容。对保险合同中免除保险人责任的条款，保险人在订立合同时应当在投保单、保险单或者其他保险凭证上作出足以引起投保人注意的提示，并对该条款的内容以书面或者口头形式向投保人作出明确说明；未作提示或者明确说明的，该条款不产生效力。”保险人承担说明义务，是因为保险人熟悉保险业务，精通保险合同条款，并且保险合同条款大都由保险人制订。而投保人则常常受到专业知识的限制，对保险业务和保险合同都不甚熟悉，加之对合同条款内容的理解也可能存在偏差、误解，均可能导致被保险人、受益人在保险事故或事件发生后，得不到预期的保险保障。因此，订立保险合同时，保险人应按最大诚信原则，对保险合同条款作出解释说明，使投保人正确理解合同内容，自愿投保。

2. 赔偿或给付保险金的义务

承担保险赔偿或给付保险金义务是保险人依照有关法律、法规及合同约定所应承担的最重要最基本的义务。

（1）保险人承担保险赔偿或给付的义务范围。其一，保险金。财产保险中，根据保险标的的实际损失确定，但最高不得超过合同约定的保险标的保险价值；人身保险合同中，即为保险合同约定的保险金额。其二，施救费用。我国《保险法》第五十七条规定：“保险事故发生后，被保险人为防止或者减少保险标的的损失所支付的必要的、合理的费用，由保险人承担；保险人所承担的费用数额在保险标的损失赔偿金额以外另行计算，最高不超过保险金额的数额。”其三，争议处理费用。争议处理费用是指被保险人因给第三人造成损害的保险事故而被提起仲裁或诉讼的应由被保险人支付的费用。其四，检验费用。我国《保险法》第六十四条规定：“保险人、被保险人为查明和确定保险事故的性质、原因和保险标的的损失程度所支付的必要的合理的费用，由保险人承担。”

（2）保险人承担赔偿或给付义务的时限。其一，我国《保险法》第二十三条规定：“保险人收到被保险人或者受益人的赔偿或者给付保险金的请求后，应当及时作出核定；情形复杂的，应当在三十日内作出核定，但合同另有约定的除外。保险人应当将核定结果通知被保险人或者受益人；对属于保险责任的，在与被保险人或者受益人达成赔偿或者给付保险金的协议后十日内，履行赔偿或者给付保险金义务。保险合同对赔偿或者给付保险金的期限有约定的，保险人应当按照约定履行赔偿或者给付保险金义务。保险人未及时履行前款规定义务的，除支付保险金外，应当赔偿被保险人或者受益人因此受到的损失。任何单位和个人不得非法干预保险人履行赔偿或者给付保险金的义务，也不得限制被保险人或者受益人取得保险金的权利。”其二，我国《保险法》第二十五条规定：“保险人自收到赔偿或者给付保险金的请求和有关证明、资料之日起六十日内，对其赔偿或者给付保险金的数额不能确定的，应当根据已有证明和资料对可以确定的最低数额先予支付；保险人最终确定赔偿或者给付保险金的数额后，应当支付相应的差额。”

3. 及时签发保险单证的义务

保险合同必须是书面形式存在的法律协议。我国《保险法》第十三条规定：“投保人提出投保要求，经保险人同意承保，保险合同成立。保险人应当及时向投保人签发保险单或者其他保险凭证。”因此，保险合同成立后，及时签发保险单证是保险人的法定义务。保险单证是保险合同成立的证明，也是履行保险合同的依据。在保险实务中，保险单证因其载明保险合同内容而成为保险合同最重要的书面形式。

4. 为投保人、被保险人或者再保险分出人保密的义务

保险人或者再保险接受人在办理保险业务中，对投保人、被保险人或者再保险分出人的业务和财产情况及个人隐私，负有保密的义务。因此，为投保人、被保险人或者再保险分出人保密是保险人或者再保险接受人的一项法定义务。

第五节　保险合同变更、中止、解除、终止与争议的处理

一、保险合同的变更

保险合同订立后，双方必须全面履行合同的权利和义务，任何一方无权擅自变更或解除合同。但是，在保险合同有效期内，由于实际情况发生变化，会产生变更合同的要求。各国保险法律都允许保险合同有所变更。我国《保险法》第二十条规定：“投保人和保险人可以协商变更合同内容。变更保险合同的，应当由保险人在保险单或者其他保险凭证上批注或者附贴批单，或者由投保人和保险人订立变更的书面协议。”保险合同的变更可分为主体变更和内容变更两种。

（一）保险合同主体的变更

保险合同主体的变更是指保险合同的当事人和关系人的变更，即保险人、投保人、被保险人或受益人的变更。保险人变更主要是指因保险企业破产、解散、合并、分立等原因导致保险人所承担的全部保险合同责任转移给其他保险人或政府有关基金承担的行为。在保险活动中，保险合同主体的变更主要是指投保人、被保险人或受益人的变更。

对于财产保险，变更主体的原因大都产生于保险标的的所有权的转移。我国《保险法》第四十九条规定：“保险标的转让的，保险标的的受让人承继被保险人的权利和义务。保险标的转让的，被保险人或者受让人应当及时通知保险人，但货物运输保险合同和另有约定的合同除外。因保险标的转让导致危险程度显著增加的，保险人自收到前款规定的通知之日起三十日内，可以按照合同约定增加保险费或者解除合同。保险人解除合同的，应当将已收取的保险费，按照合同约定扣除自保险责任开始之日起至合同解除之日止应收的部分后，退还投保人。被保险人、受让人未履行本条第二款规定的通知义务的，因转让导致保险标的危险程度显著增加而发生的保险事故，保险人不承担赔偿保险金的责任”。据此，一般的财产保险的保险标的的转移，应当及时通知保险人，经保险人同意，变更被保险人。货物运输保险合同，因保险标的处于运动之中，而且运输货物常常发生物权的转移，因此，无须保险人的同意，就可以变更被保险人。

人身保险合同的投保人、受益人的变更往往是出于保证保险单的价值。由于人身保险合同的保险标的是人的生命和身体，因此不能变更被保险人。但是，在团体人身保险合同中，因投保人所属员工处于流动之中，因此容许变更被保险人。受益人变更的原因比较复杂，无论出于何种原因，被保险人要求变更受益人，只要书面通知保险人即成立。因此，我国《保险法》第四十一条规定：“被保险人或者投保人可以变更受益人并书面通知保险人。保险人收到变更受益人的书面通知后，应当在保险单或者其他保险凭证上批注或者附贴批单。投保人变更受益人时须经被保险人同意。”与财产保险不同的是，人身保险合同主体的变更，无须保险人的同意。

（二）保险合同内容的变更

保险合同内容的变更是指合同当事人权利与义务的变更，表现为保险合同条款事项的变更。如保险标的、保险价值、风险程度、保险期限、保险费、保险金额等约定事项的变更，一般是由当事人一方提出要求，经与另一方协商达成一致后，由保险人在保险合同中加以变更批注，其法律效力对双方均有约束力。保险合同内容的变更可分为两种情况：一种是投保人根据自己的需要变更合同内容；另一种是因客观情况要求变更。

应该说明的是，由国家法律确定的保险合同双方的权利和义务和由保险监督管理部门制订的基本条款的内容是不可以进行协商变更的。

保险合同变更一般采用书面形式，批单是保险合同变更时最常用的书面单证，其他书面形式亦可，但须由保险人签章，并附贴在原保险单或保险凭证上。

二、保险合同的中止与复效

保险合同成立生效后，可能因某种原因而暂时中止，合同暂时失去法律效力，这种情况称为保险合同的中止。如在人身保险合同中，投保人未能按时缴纳保险费，保险合同的效力由此中止。在此期间如果发生保险事故，保险人不承担给付保险金责任。我国《保险法》第三十六条规定："合同约定分期支付保险费，投保人支付首期保险费后，除合同另有约定外，投保人自保险人催告之日起超过三十日未支付当期保险费，或者超过约定的期限六十日未支付当期保险费的，合同效力中止，或者由保险人按照合同约定的条件减少保险金额。"《保险法》第三十七条："合同效力依照本法第三十六条规定中止的，经保险人与投保人协商并达成协议，在投保人补交保险费后，合同效力恢复。但是，自合同效力中止之日起满二年双方未达成协议的，保险人有权解除合同。"可见，中止效力的保险合同，投保人可以提出申请，经保险人与投保人协商并达成协议，合同的效力可以恢复。不过，申请合同复效有期限的限制。超过规定的期限，保险双方未达成复效协议的，保险人可以解除保险合同。

三、保险合同的解除

保险合同的解除是指保险合同有效期内，当事人依法律规定或合同约定提前终止合同效力的一种法律行为。

1. 法定解除

法定解除是法律赋予合同当事人的一种单方解除权。《保险法》第十五条规定："除本法另有规定或者保险合同另有约定外，保险合同成立后，投保人可以解除保险合同，保险人不得解除保险合同。"法律之所以给投保人这样的权利，是因为投保人订立保险合同的目的是获得保险保障，但当主观情况发生变化，投保人感到保险合同的履行已经无必要时，则可以解除保险合同。不过，法律对此也有必要的限制：货物运输保险合同和运输工具航程保险合同，保险责任开始后，合同不得解除；当事人通过保险合同约定，对投保人的合同解除权作出限制的，投保人不得解除保险合同。但是依照《保险法》的规定，当发生以下事由时，保险人有权解除保险合同。

（1）投保人故意或过失未履行如实告之义务，足以影响保险人决定是否承保或者以何种保险价格承保。

（2）投保人，被保险人未履行维护保险标的的义务。

（3）被保险人未履行危险增加通知的义务。

（4）在人身保险合同中，投保人申报的被保险人的年龄不真实，并且其真实年龄不符合合同约定的年龄限制（此种情况下，保险人可以解除合同，并在扣除手续费后，向投保人退还保险费，但是自合同成立之日起逾两年的除外）。

（5）分期支付保险费的人身保险合同，投保人在支付了首期保险费后，未按约定或法定期限支付当期费用的，合同效力终止，合同效力终止后两年内双方未就恢复保险合同效力达成协议的，保险人有权解除保险合同。但是，人身保险合同的投保人交足两年以上保险费的，保险人应当按照合同的约定向其他享有权利的受益人退还保险单的现金价值。

(6) 被保险人或者受益人在未发生保险事故的情况下，谎称发生了保险事故，向保险人提出索赔或者给付保险金请求的，保险人有权解除保险合同，并不退还保险费。

(7) 投保人，被保险人或者受益人故意制造保险事故的，保险人有权解除保险合同，不承担赔偿或者给付保险金的责任，并不退还保险费。但也有例外，对此，我国《保险法》第四十三条明确规定："投保人故意造成被保险人死亡、伤残或者疾病的，保险人不承担给付保险金的责任。投保人已交足二年以上保险费的，保险人应当按照合同约定向其他权利人退还保险单的现金价值。"

2. 协议解除

协议解除又称约定解除，是指当事人双方经协商同意解除保险合同的一种法律行为。由于保险合同的解除关系到重大利益，故其约定解除事由应当以书面形式予以记载，解除协议时也应采取书面形式。保险合同的协议解除不得损害国家和社会公共利益。

四、保险合同的终止

保险合同的终止是指保险合同成立后，因法定的或约定的事由发生，使合同确定的权利义务关系不再继续，法律效力完全消灭的法律事实。应当注意的是，保险合同的终止只能说明合同自终止之日起，合同主体之间法律关系消失，不再承担任何责任，而在合同有效期间产生的法律关系、引起的法律责任并不会消灭。有时在保险合同终止以后很长时间后，合同有效期间产生的法律责任或由其引起的法律责任才开始出现，保险人仍然要承担责任。引起保险合同终止的原因有很多，归纳为以下几方面。

（一）自然终止

保险合同一般都规定一定的保险期限，当保险期限届满，保险人的保险责任即告终止。保险合同约定的保险期间是保险人为被保险人提供保险保障的期间，在保险期间内，有些合同没有发生保险合同约定的保险事故，保险人的保险责任得以一直持续到保险期间的终止。一旦超过约定的保险期间，保险人不再承担保险责任，保险合同也就自然终止，这是保险合同终止的最普遍的原因。

（二）保险人完全履行赔偿或给付义务而终止

在保险合同中，保险人最主要的义务就是承担赔偿或给付保险金的责任。但这种责任不仅有期限的约定，也有数额的限制。只要保险人履行赔偿或给付保险金达到保险合同约定的全部保险金额总数时，无论一次还是多次，均属于保险人已实际履行了其全部保险责任，即保险人的保险合同义务已履行完结，保险合同即告终止。

（三）因保险标的全部灭失而终止

由于非保险事故发生，保险标的灭失的，保险标的已实际不存在，保险合同自然终止。在人身保险合同中，被保险人因遭受责任免除的事故而死亡，也属于保险合同自然终止。

（四）因合同解除而终止

在保险合同有效期内，当事人依法律规定或合同约定提前终止合同效力的一种法律行为。

五、保险合同争议的处理

保险合同是基于保险双方意思一致而订立的，但是订立合同时只能做一些原则上的规定。保险合同成立以后，由于双方当事人观念不同、经济利益的冲突或者发生了不可预期的因素等，可能会使双方对合同履行时的具体做法产生意见分歧或纠纷，这些分歧是由于对合同条款的理解不同而造成的，有些则是由于双方对应履行的权利义务而发生的，这就需要按一定的程序来处理和解决合同的纠纷。

（一）保险合同的解释原则

保险合同的订立应该按照有关法律要求做到条款齐全、文字准确，使之成为保险合同双方履行权利和义务的可靠法律依据。但实际情况错综复杂、千变万化，保险条款不可能把所有细节一一列明，只能在原则上加以规定。保险合同双方往往在主张权利和履行义务时发生争议，这种争议相当部分是由于双方当事人对保险合同条款的解释不同而引起。保险合同的解释应遵循以下原则。

1. 文义解释原则

文义解释即按合同条款通常的文字含义并结合上下文来解释，既不超出也不缩小合同用语的含义。文义解释是解释保险合同条款的最主要的方法。

文义解释必须要求被解释的合同文句本身具有单一且明确的含义。如果有关术语本来就具有唯一的意思，或联系上下文只能具有某种特定含义，或根据商业习惯通常仅指某种意思，那就必须按照它的本意去理解。

2. 意图解释原则

意图解释是指在无法运用文义解释方式时，通过其他背景材料进行逻辑分析来判断合同当事人订约时的真实意图，由此解释保险合同条款的内容。保险合同的真实内容应是当事人通过协商后形成的一致意思表示。因此，解释时必须要尊重双方当时的真实意图。意图解释只适用于合同的条款不恰当、语义混乱，不同的当事人对同一条款所表达的实际意思理解有分歧的情况。如果文字表达清楚，没有含糊之处，就必须按字面解释，不得任意推测。

3. 专业解释原则

专业解释是指对保险合同中使用的专业术语，应按照其所属专业的特定含义解释。在保险合同中除了保险术语、法律术语之外，还会出现某些其他专业术语。

4. 有利于被保险人或受益人的解释原则

该原则是指当保险合同的当事人对合同条款有争议时，法院或仲裁机关要作出有利于被保险人或受益人的解释。我国《保险法》第三十条规定：“对合同条款有两种以上解释的，人民法院或者仲裁机构应当作出有利于被保险人和受益人的解释。”

（二）保险合同争议的解决方式

按照我国法律的有关规定，保险合同争议的解决方式主要有以下几种。

1. 协商

协商是指保险当事人双方在互谅互让的基础上，本着合法和平等互利的原则，进一步磋商，对于合同不能履行的情况，实事求是地探寻可行的解决办法，在共同都能接受的条件下达成和解协议，消除纠纷。这种解决合同争议的方式，是节约费用和快捷、有效地解决争议的好办法，而且能增进彼此的了解，气氛比较友好，有利于合同的继续执行。

2. 调解

调解是指在第三人主持下，根据自愿合法的原则，在双方当事人明辨是非，分清责任的基础上互谅互让，达成协议，以解决纠纷的方式。

3. 仲裁

仲裁是指争议双方依照仲裁协议，自愿将彼此间的争议交由双方共同信任、法律认可的仲裁机构的仲裁员居中调解，并作出裁决。仲裁方式具有法律效力，采用一裁终裁制，当事人必须予以执行。尤其是在再保险合同中，双方当事人大多约定采用仲裁方式解决争议。

4. 诉讼

双方当事人因保险合同发生争议时，有权以自己的名义直接请求法院通过审判给予法律上的保护。当事人提起诉讼应当在法律规定的诉讼时效内作出。《中华人民共和国民事诉讼法》第二十六条对保险合同纠纷的管辖法院作了明确的规定，因保险合同纠纷提起的诉讼，通常由被告住所地或保险标的物所在地人民法院管辖。最高人民法院关于适用《中华人民共和国民事诉讼法若干问题的意见》规定："因保险合同纠纷提起的诉讼，如果保险标的物是运输工具或者运输中的货物，由被告住所地或运输工具登记注册地、运输目的地、保险事故发生地的人民法院管辖。"

本章小结

保险合同是指投保人与保险人约定保险权利与义务关系的协议。保险合同是保险关系建立的基础。保险合同除有一般合同的特征外，还具有最大诚信性、双务性、射幸性、附和性和有偿性的特征。

保险合同的种类主要有：自愿保险合同和强制保险合同；财产保险合同和人身保险合同；补偿性保险合同和给付性保险合同；足额保险合同、不足额保险合同和超额保险合同；定值保险合同和不定值保险合同；单一风险保险合同、综合风险保险合同和一切险保险合同；原保险合同和再保险合同。

保险合同由保险合同的主体、客体和内容构成。保险合同的主体包括：保险人与投保人等当事人，被保险人和受益人等关系人。保险合同的客体是保险利益。保险合同的内容包括基本条款、附加条款和保证条款。保险合同的基本条款为法定条款，主要包括：保险人的名称和住所；投保人、被保险人和受益人的名称和住所；保险标的；保险责任和责任免除；保险期间和保险责任开始时间；保险价值；保险金额；保险费及其支付的办法；保险金赔偿或给付办法；违约责任和争议处理。保险合同采用书面形式，包括投保单、暂保单、保险单、保险凭证和批单。

保险合同订立的程序包括要约和承诺两个步骤。保险合同分为成立即生效和延迟生效两种。在保险合同的存续期间，保险合同主体和内容等可能发生变更，从而使保险合同的效力也随之发生变更。保险合同终止的原因包括：因为期限届满、履行合同、违约终止和协议终止等原因而终止。保险合同解释的原则有文义解释原则、意图解释原则、专业解释原则、有利于被保险人和受益人的解释原则等。保险合同争议的解决方式主要有协商、调解、仲裁和诉讼等。

重要概念

保险合同 双务合同 射幸合同 附合合同 被保险人 保险金额 保险标的 保险人 投保人 受益人 保险责任 责任免除 财产保险合同 人身保险合同 损失补偿合同 定值保险合同 不定值保险合同 足额保险合同 不足额保险合同 超额保险合同

复习思考题

一、单项选择题

1. 与保险人订立保险合同，并按照保险合同负有支付保险费义务的人称为（ ）。

A. 被保险人 B. 受益人 C. 承保人 D. 要保人

2. 保险合同双方发生争议时，解决争议的首选方式为（　　）。

A. 解释　B. 仲裁　C. 协商　D. 诉讼

3. 保险合同中，投保人只能作订立或不订立合同的考虑，而就合同的条款内容没有太大的协商余地，该点体现了保险合同的（　　）。

A. 保障性　B. 附合性　C. 射幸性　D. 最大诚信性

4. 保险合同是当事人双方因基于不确定的事件取得利益或遭受损失而达成的协议，这体现了保险合同的（　　）。

A. 保障性　B. 附合性　C. 射幸性　D. 最大诚信性

5. 保险合同中签订合同的人是（　　）。

A. 关系人　B. 中介人　C. 当事人　D. 保险人

6. 在保险合同变更中，合同当事人或合同关系人的变更属于（　　）。

A. 主体变更　B. 内容变更　C. 权利变更　D. 标的变更

7. 保险金额高于保险价值的是（　　）。

A. 定值保险　B. 不定值保险　C. 超额保险　D. 足额保险

8. 负有支付保费义务的人是（　　）。

A. 被保险人　B. 受益人　C. 保险人　D. 投保人

9. 投保人向保险人申请订立保险合同的书面要约是（　　）。

A. 投保单　B. 保险单　C. 暂保单　D. 保险凭证

10. 保险合同终止的最普遍的原因是（　　）。

A. 人身保险合同因被保险人死亡而终止　B. 自然期限届满终止

C. 财产保险合同因保险标的灭失而终止　D. 履约终止

11. 保险人对被保险人的损失进行赔偿后保险合同终止，这种情形属于（　　）。

A. 期满终止　B. 履约终止　C. 协议终止　D. 特殊终止

12. 按照合同所用语言、文字的含义对合同条款进行解释的原则是（　　）。

A. 有利于投保方的原则　B. 整体性原则

C. 意图解释原则　D. 文义解释原则

13. 保险人承担赔偿或给付保险金的最大限额称为（　　）。

A. 保险费　B. 保险金额　C. 责任限额　D. 保险事故

14. 某种财产保险标的的货币表现称为（　　）。

A. 保险价值　B. 保险金额　C. 保险金　D. 保险费

15. 说明义务是指订立保险合同时，应由（　　）说明保险合同条款内容。

A. 投保人向保险人　B. 保险人向被保险人

C. 保险人向投保人　D. 投保人向被保险人

二、多项选择题

1. 保险合同是（　　）。

A. 最大诚信合同　B. 射幸合同　C. 对价有偿合同

D. 附合合同　E. 属人合同

2. 保险合同的解释原则通常有（　　）。

A. 文义解释原则　B. 意图解释原则　C. 整体性原则

D. 最大诚信原则　E. 有利于被保险人和受益人的原则

3. 下列属于保险合同的当事人的有（　　）。

A. 保险人　B. 被保险人　C. 投保人

D. 受益人　E. 保险代理人

4. 保险合同内容的变更主要包括（　　）。

A. 受益人的变更　B. 保险金额的变更　C. 保险费的变更

D. 保险期限的变更　E. 保险人的变更

5. 以下属于保险合同的当事人的有（　　）。

A. 被保险人　　B. 保险人　　C. 投保人

D. 保险中介人　　E. 受益人

6. 保险合同的单证形式有（　　）。

A. 投保单　　B. 保险单　　C. 保险凭证

D. 暂保单　　E. 批单

三、判断题

1. 根据我国《保险法》规定，保险人在订立合同时未履行责任免除明确说明义务，该保险合同的责任免除条款无效。（　　）
2. 保险合同的保险金额超过保险价值时，该保险合同无效。（　　）
3. 保险合同的客体是保险利益。（　　）
4. 不足额保险是指合同中约定的保险金额比保险标的出险时的实际价值高。（　　）

四、简答题

1. 保险单的基本内容一般都包括哪些?
2. 简述保险合同自然终止的几种形式。
3. 试述在保险合同的履行过程中投保人的义务。
4. 试述在保险合同的履行过程中保险人的义务。

第四章　保险的基本原则

伴随着保险制度的不断变革和完善，保险经营过程中，逐渐形成了一系列为人们公认的、特殊的、规范保险行为的基本原则。这些基本原则是保险企业所特有的，是保险活动的基本准则，是保险双方均要遵守的，贯穿于保险业务全过程。保险的基本原则主要包括保险利益原则、最大诚信原则、近因原则和损失补偿原则。坚持和贯彻保险基本原则，有利于维护保险双方的合法权益，更好地发挥保险的职能和作用，保证保险业有秩序地健康发展。

第一节　最大诚信原则

诚信原则是世界各国立法对民事、商事活动的基本要求。任何一项民事活动，各方当事人都应遵循诚信原则。我国《保险法》第五条规定："保险活动当事人行使权利、履行义务应当遵循诚实信用原则。"由于保险经营的特殊性，在保险合同关系中对当事人诚信的要求比一般民事活动更严格，要求当事人具有"最大诚信"。保险合同是最大诚信合同。

一、最大诚信原则的概念

（一）最大诚信原则的含义

诚信就是诚实和守信用。诚实是指一方当事人对另一方当事人不得隐瞒、欺骗；守信用是指任何一方当事人都必须善意地、全面地履行自己的义务。最大诚信的含义是指当事人真诚地向对方充分而准确地告知有关保险的所有重要事实，不允许存在任何虚伪、欺骗、隐瞒行为。而且不仅在保险合同订立时要遵守，在整个合同有效期间和履行合同过程中也都要求当事人具有"最大诚信"。最大诚信原则的基本含义可表述为：保险合同当事人订立合同及在合同有效期内，应依法向对方提供足以影响对方作出订约与履约决定的全部实质性重要事实，同时绝对恪守合同订立的约定与承诺。保险双方在签订和履行保险合同时，必须以最大的诚意，履行自己应尽的义务；保险合同双方应向对方提供影响对方作出签约决定的全部真实情况，互不欺骗和隐瞒，恪守合同的认定与承诺，否则保险合同无效。

（二）规定最大诚信原则的原因

最大诚信原则在保险中的存在是由保险经营活动的特殊性所决定的。这主要源于海上保险。因为在海上保险中，投保的船舶和货物往往远离保险人，保险人无法对投保的财产作实地查勘，只能根据投保人的陈述来决定是否承保及以什么条件承保。因此，投保人的陈述是否正确属实，对于保险人是至关重要的，所以英国早在《1906年海上保险法》第十七条就规定："海上保险合同是建立在最大诚信原则基础上的合同，如果一方不恪守这一原则，另一方可宣布合同无效。"以后这一原则被运用于各种保险，成为保险领域中的一个基本原则。在保险业务中规定最大诚信原则有其特殊的原因。

1. 信息不对称

所谓信息不对称，是指保险合同双方当事人对与保险合同有关的信息了解程度不一致。信息不对称体现在两方面。一方面在保险经营活动中，保险标的始终控制在投保人和被保险人的手中，保险标的既广泛又复杂，投保人对保险标的风险状况应当是最了解的，而保险人则只能依赖于投保人的告知和陈述来承保并确定费率。这就要求投保人本着最大诚信原则履行告知和保证义务。另一方面对于保险合同条款而言，保险条款既复杂，又有很强的专业性，而且一般由保险人事先单方制定，投保人或被保险人一般很难理解和掌握，并且对基本条款无力改变，只能表示接受或不接受，因此，要求保险人本着最大诚信原则履行其应尽的义务。可见，最大诚信原则的目的是保护保险合同当事人双方的合法利益，是对信息不对称这一缺陷的弥补。

2. 规定最大诚信原则也是保险本身所具有的不确定性决定的

保险人所承保的保险标的，其危险事故的发生是不确定的，而对有些险种来说，投保人购买保险仅仅支付了较少的保费，当保险标的发生保险事故时，被保险人所能获得的赔偿或给付金额将是保费的数十倍甚至是数百倍。因此，如果投保人不能按照诚实信用原则来进行保险活动，保险人可能将无法长久地进行保险经营，最终也给其他的投保人或被保险人的保险赔偿或给付造成困难，形成损失无法弥补，合同无法履行的局面。

二、最大诚信原则的内容

最大诚信原则的基本内容包括告知、保证、弃权与禁止反言。在早期的保险合同及有关法律规定中，告知与保证是对投保人和被保险人的约束；在现代保险合同及有关法律规定中，告知和保证则是对投保人、被保险人和保险人的共同约束。弃权与禁止反言的规定主要是约束保险人的。

（一）告知

1. 告知的含义

告知是指投保人或被保险人在订立保险合同时，应当将与保险标的有关的重要事实如实向保险人陈述，以便让保险人判断是否接受承保或以什么条件承保。从理论上讲，告知分为广义告知和狭义告知两种。广义告知是指保险合同订立时，投保人必须就保险标的的危险状态等有关事项向保险人进行口头或书面陈述，以及合同订立后，将保险标的的危险变更、增加或事故的发生通知保险人；而狭义告知仅指投保人在保险合同订立时将保险标的的重要事实向保险人进行口头或书面陈述。事实上，在保险实务中所称的告知，一般是指狭义告知。关于保险合同订立后保险标的的危险变更、增加，或保险事故发生时的告知，一般称为通知。

2. 告知的内容

告知是保险双方当事人的义务。投保人的告知是指在保险合同订立时，投保人应将那些足以影响保险人决定是否承保和确定保险费率的重要事实如实告知保险人。重要事实是指对保险人决定是否接受或以什么条件接受承保起影响作用的事实。比如将人身保险中的被保险人的年龄、性别、健康状况、既往病史、家族遗传史、职业、居住环境、个人嗜好等如实告知保险人；将财产保险中保险标的的价值、品质、风险状况等如实告知保险人。保险人的告知内容包括两方面：一是在保险合同订立时要主动向投保人说明保险合同条款内容，对于责任免除条款还要进行明确说明；二是保险人对于不属于保险赔偿或给付保险金义务的索赔请求，应当向被保险人或者受益人发出拒绝赔偿或者拒绝给付保险金通知书来履行其告知义务。

3. 告知的形式

告知的形式有两种：无限告知和询问回答告知。无限告知又称客观告知，是指法律或保险人对告知的内容没有明确规定，投保人须主动地将保险标的的状况及有关重要事实如实告知保险人。询问回答告知又称主观告知，指投保人只对保险人询问的问题如实告知，对询问以外的问题无须告知。早期保险活动中的告知形式主要是无限告知。目前世界上许多国家，包括我国在内的保险立法都是采用询问回答告知的形式。保险人可以就保险标的或者被保险人的有关情况提出询问，投保人应当如实告知。一般操作方法是保险人将需投保人告知的内容列在投保单上，要求投保人如实填写。我国《保险法》第十六条规定："订立保险合同，保险人就保险标的或者被保险人的有关情况提出询问的，投保人应当如实告知。投保人故意或者因重大过失未履行前款规定的如实告知义务，足以影响保险人决定是否同意承保或者提高保险费率的，保险人有权解除合同。前款规定的合同解除权，自保险人知道有解除事由之日起，超过三十日不行使而消灭。自合同成立之日起超过两年的，保险人不得解除合同；发生保险事故的，保险人应当承担赔偿或者给付保险金的责任。投保人故意不履行如实告知义务的，保险人对于合同解除前发生的保险事故，不承担赔偿或者给付保险金的责任，并不退还保险费。投保人因重大过失未履行如实告知义务，对保险事故的发生有严重影响的，保险人对于合同解除前发生的保险事故，不承担赔偿或者给付保险金的责任，但应当退还保险费。"

（二）保证

保证是指保险人要求投保人或被保险人对某一事项的作为或不作为，或某种事态的存在或不存在作出许诺。保证是保险人签发保险单或承担保险责任所需投保人或被保险人履行某种义务的条件，其目的在于控制风险，确保保险标的及其周围环境处于良好的状态中。保证的内容属于保险合同的重要条款之一。

1. 根据保证事项是否已存在划分

根据保证事项是否已存在，可分为确认保证和承诺保证。

（1）确认保证。确认保证又称事实保证，指投保人或被保险人对过去或现在某一特定事实的存在或不存在的保证。确认保证是要求对过去或投保当时的事实作出如实的陈述，而不是对该事实以后的发展情况作保证。例如，投保人身保险时，投保人保证被保险人在过去和投保当时健康状况良好，但不保证今后被保险人健康也一定如此。

（2）承诺保证。承诺保证是指投保人或被保险人对将来某一事项的作为或不作为的保证，即对该事项今后的发展作保证。例如，投保家庭财产保险时，投保人或被保险人保证不得在家中放置危险物品，投保家庭财产盗窃险的，保证家中无人时，门窗一定要关好、上锁。这些都属于承诺保证。

2. 根据保证存在的形式划分

根据保证存在的形式，可分为明示保证和默示保证两种。

（1）明示保证。明示保证是指以文字或书面的形式载明于保险合同中，成为保险合同的保证条款。例如，我国机动车辆保险条款"被保险人必须对保险车辆妥善保管、使用、保养、使之处于正常技术状态"，这属于明示保证。明示保证是保证的重要表现形式。

（2）默示保证。默示保证一般是国际惯例所通行的准则，指习惯上或社会公认的投保人或被保险人应在保险实践中遵守的规则，而不载于保险合同中。默示保证的内容通常是以往法庭判决的结果，是保险实践经验的总结。默示保证在海上保险中运用比较多，如在海上保险的默示保证有：保险的船舶必须有适航能力；不改变航道；航程的合法性，即必须从事合法的运输业务等。

（三）弃权与禁止反言

1. 弃权

弃权是指保险合同的一方当事人放弃其在保险合同中可以主张的某项权利，通常是指保险人放弃保险合同的解除权与抗辩权。

2. 禁止反言

禁止反言也称为禁止抗辩或禁止反悔，是指合同一方既已放弃其在合同中的某项权利，日后不得再向另一方主张这种权利。从法律意义上解释，一个人对他人所作的陈述已被他人合理地相信，允许这个人推翻过去所作的陈述将会是不公正的。在保险实践中，禁止反言主要用于约束保险人。

弃权与禁止反言在人寿保险中有特殊的时间规定，保险人只能在合同订立之后一定期限内（通常为2年）以被保险人告知不实或隐瞒为由解除合同，超过规定期限没有解除合同的视为保险人已经放弃该权利，不得再以此为由解除合同。

弃权与禁止反言的规定可以约束保险人的行为，它要求保险人为自身的行为及其代理人的行为负责，同时，也维护了被保险人的权益，有利于保险双方权利义务关系的平衡。

三、违反最大诚信原则的表现形式

（一）投保人或被保险人违反最大诚信原则的情况

在保险业务中，投保人在订立保险合同或整个保险合同存续期间，未将重要事实如实告知保险人，即构成违反告知义务。投保人或被保险人违反告知义务有四种情形。

（1）漏报。即由于疏忽或过失，或者对重要事实误认为是不重要的事实而遗漏，没有进行说明。

（2）误告。即对重要事实的申报不准确。由于对重要事实认识的局限性，包括不知道、了解不全面或不准确而导致，并非故意欺骗。

（3）隐瞒。即投保人对会影响保险人决定是否承保，或影响承保条件的已知或应知的事实没有如实告知或仅部分告知。

（4）欺诈。即投保人怀有不良企图，故意作不实告知，或者有意捏造事实，并有欺诈的意图。如在未发生保险事故时谎称发生保险事故。

（二）保险人违反最大诚信原则的情况

（1）对责任免除条款未进行明确说明。

（2）隐瞒与保险合同有关的重要情况，欺骗投保人，或者拒不履行保险赔付义务。

（3）阻碍投保人履行如实告知义务，或者诱导其不履行如实告知义务。

四、违反最大诚信原则的法律后果

各国法律对违反最大诚信原则的处分是区别对待的。一是要区分其动机是无意还是有意。对有意的处分比无意的重。二是要区分其违反的事项是否属于重要事实，对重要事实的处分比非重要事实重。

（一）投保人违反最大诚信原则的法律后果

1. 投保人违反告知的法律后果

对投保人违反告知义务的行为，不管投保人或被保险人的动机如何，都会给保险人利益带来不同程度的损害。因此，各国保险法律原则上规定，只要违反了告知义务，保险人有权宣告合同无效或不承担赔偿责任。我国《保险法》第十六条规定："订立保险合同，保险人就保险标的或者被保险人的有关情况提出询问的，投保人应当如实告知。投保人故意或者因重大过失未履行前款规定的如实告知义务，足以影响保险人决定是否同意承保或者提高保险费率的，保险人有权解除合同。前款规定的合同解除权，自保险人知道有解除事由之日起，超过三十日不行使而消灭。自合同成立之日起超过两年的，保险人不得解除合同；发生保险事故的，保险人应当承担赔偿或者给付保险金的责任。投保人故意不履行如实告知义务的，保险人对于合同解除前发生的保险事故，不承担赔偿或者给付保险金的责任，并不退还保险费。投保人因重大过失未履行如实告知义务，对保险事故的发生有严重影响的，保险人对于合同解除前发生的保险事故，不承担赔偿或者给付保险金的责任，但应当退还保险费。"根据《保险法》第四十九条规定："保险标的转让的，被保险人或者受让人应当及时通知保险人，但货物运输保险合同和另有约定的合同除外。因保险标的的转让导致危险程度显著增加的，保险人自收到前款规定的通知之日起三十日内，可以按照合同约定增加保险费或者解除合同。保险人解除合同的，应当将已收取的保险费，按照合同约定扣除自保险责任开始之日起至合同解除之日止应收的部分后，退还投保人。被保险人、受让人未履行本条第二款规定的通知义务的，因转让导致保险标的危险程度显著增加而发生的保险事故，保险人不承担赔偿保险金的责任。”根据《保险法》第二十七条，“未发生保险事故，被保险人或者受益人谎称发生了保险事故，向保险人提出赔偿或者给付保险金请求的，保险人有权解除合同，并不退还保险费。投保人、被保险人故意制造保险事故的，保险人有权解除合同，不承担赔偿或者给付保险金的责任；除本法第四十三条规定外，不退还保险费。保险事故发生后，投保人、被保险人或者受益人以伪造、变造的有关证明、资料或者其他证据，编造虚假的事故原因或者夸大损失程度的，保险人对其虚报的部分不承担赔偿或者给付保险金的责任。”同时，我国《保险法》第一百七十六条规定，“投保人、被保险人或者受益人有下列行为之一，进行保险诈骗活动，尚不构成犯罪的，依法给予行政处罚：（一）投保人故意虚构保险标的，骗取保险金的；（二）编造未曾发生的保险事故，或者编造虚假的事故原因或者夸大损失程度，骗取保险金的；（三）故意造成保险事故，骗取保险金的。保险事故的鉴定人、评估人、证明人故意提供虚假的证明文件，为投保人、被保险人或者受益人进行保险诈骗提供条件的，依照前款规定给予处罚。”

2. 投保人违反保证的法律后果

因大多数保证属于明示保证，在保险合同中已用条款形式列明，而且保证的事项均为重要事实，所以判定被保险人是否违反保证义务相对比较容易。但是，从保险惯例看，对于被保险人违反保证义务而对保险合同的影响却规定十分严格。

（1）保证的事项均假定为重要事项，保险人只要证明保证已被破坏即可。

（2）无论故意或无意违反保证义务，对保险合同的影响是一致的。

（3）即使违反保证的事实更有利于保险人，保险人仍能以违反保证为由，使保险合同无效从违反保证义务的后果看，被保险人一旦违反保证的事项，合同即告无效，或保险人拒绝赔偿损失或给付保险金。而且除人寿保险外，保险人一般不退还保费。

（二）保险人违反最大诚信原则的法律后果

我国《保险法》对保险人违反最大诚信原则也作出了相关的规定。《保险法》第十七条规定：“订立保险合同，采用保险人提供的格式条款的，保险人向投保人提供的投保单应当附格式条款，保险人应当向投保人说明合同的内容。对保险合同中免除保险人责任的条款，保险人在订立合同时应当在投保单、保险单或者其他保险凭证上作出足以引起投保人注意的提示，并对该条款的内容以书面或者口头形式向投保人作出明确说明；未作提示或者明确说明的，该条款不产生效力。”根据我国《保险法》第一百一十六条规定，“保险公司及其工作人员在保险业务活动中不得有下列行为：欺骗投保人、被保险人或者受益人；对投保人隐瞒与保险合同有关的重要情况；阻碍投保人履行本法规定的如实告知义务，或者诱导其不履行本法规定的如实告知义务；给予或者承诺给予投保人、被保险人、受益人保险合同约定以外的保险费回扣或者其他利益；拒不依法履行保险合同约定的赔偿或者给付保险金义务；故意编造未曾发生的保险事故、虚构保险合同或者故意夸大已经发生的保险事故的损失程度进行虚假理赔，骗取保险金或者牟取其他不正当利益；挪用、截留、侵占保险费；委托未取得合法资格的机构或者个人从事保险销售活动；利用开展保险业务为其他机构或者个人牟取不正当利益；利用保险代理人、保险经纪人或者保险评估机构，从事以虚构保险中介业务或者编造退保等方式套取费用等违法活动；以捏造、散布虚假事实等方式损害竞争对手的商业信誉，或者以其他不正当竞争行为扰乱保险市场秩序；泄露在业务活动中知悉的投保人、被保险人的商业秘密；违反法律、行政法规和国务院保险监督管理机构规定的其他行为”。

第二节　保险利益原则

一、保险利益的概念与构成条件

（一）保险利益的概念

保险利益，又称可保利益，是指投保人或被保险人对保险标的所具有的法律上承认的利益。它体现了投保人或被保险人与保险标的之间的经济上的利害关系；即投保人或被保险人因保险标的的损害或丧失而遭受经济上的损失及因保险事故的不发生使保险标的的安全而受益。如果投保人或被保险人对保险标的存在上述经济上的利害关系，则具有保险利益。如果投保人或被保险人没有这种经济上的利害关系，则对保险标的没有保险利益。

保险利益是保险合同能够成立的必要条件，是保险合同的客体。投保人的投保和保险人的承保都基于投保人对保险标的具有保险利益。投保人对保险标的不具有保险利益的，保险合同无效。

（二）保险利益构成的条件

保险利益存在是保险合同得以成立的前提，无论是财产保险合同，还是人身保险合同，必须以保险利益的存在为前提。早期的海上保险法和人寿保险法就禁止签发保险单给没有保险利益的人。保险利益的成立，必须符合下列条件。

1. 保险利益必须是合法的利益

保险合同是一种民事法律行为，因此，保险利益必须符合法律规定，符合社会公共秩序要求，为法律认可并受到法律保护的利益。例如，在财产保险中，投保人对保险标的的所有权、占有权、使用权、收益权或对保险标的所承担的责任等，必须是依照法律、法规、有效合同等合法取得、合法享有、合法承担的利益，因违反法律规定或损害社会公共利益而产生的利益，不能作为保险利益。例如，因盗窃、走私、贪污等非法行为所得的利益不得作为投保人的保险利益而投保，如果投保人以非法律认可的利益投保，则保险合同无效。

2. 保险利益必须是经济上的利益

所谓经济上的利益就是指投保人或被保险人对保险标的的利益必须是可以通过货币计量的利益。因为保险保障是通过货币形式的经济补偿或给付来实现其职能的，因此，投保人或被保险人的利益必须能够用货币来计量，否则，保险人的承保和补偿就难以进行。保险不能补偿被保险人遭受的非经济上的损失，如精神损失。经济上的利益比较广泛，所有权、债权和担保物权都有可能产生经济上的利益。这些利益，可以基于法律的规定而产生，也可以基于合同的约定而产生。

3. 保险利益必须是能确定的利益

保险利益必须是一种确定的利益，是投保人对保险标的在客观上或事实上已经存在或可以确定的利益。这种利益是可以用货币形式估价，而且是客观存在的利益，不是当事人主观臆断的利益。这种客观存在的确定利益包括现有利益和期待利益。现有利益是指在客观上或事实上已经存在的经济利益；期待利益是指在客观上或事实上尚未存在，但根据法律、法规、有效合同的约定等可以确定在未来某一时期内将会产生的经济利益。在投保时，现有利益和期待利益均可作为确定保险金额的依据；但在受损索赔时，这一期待利益必须已成为现实利益才属于索赔范围，保险人的赔偿或给付，以实际损失的保险利益为限。

4. 保险利益应为具有利害关系的利益

这里的利害关系是指保险标的的安全与损害直接关系到投保人的切身经济利益。而投保人与保险标的之间不存在利害关系是不能签订保险合同的。我国《保险法》规定：在财产保险合同中，保险标的的毁损灭失直接影响投保人的经济利益，视为投保人对该保险标的具有保险利益；在人身保险合同中，投保人的近亲属，如配偶、子女、债务人等的生老病死，与投保人有一定的经济关系，视为投保人对这些人具有保险利益。

二、保险利益原则的含义及其确立的意义

（一）保险利益原则的含义

保险利益原则是指在签订保险合同和履行保险合同过程中，投保人或被保险人对保险标的必须具有保险利益。如果投保人对保险标的不具有保险利益，签订的保险合同无效；或者保险合同生效后，投保人或被保险人失去了对保险标的的保险利益，保险合同随之失效，但人身保险合同除外。

保险利益原则要求投保人在与保险人签订保险合同时，投保人必须对保险标的具有保险利益；投保人如果以不具有保险利益的标的投保，保险人可以单方面宣布合同无效；保险人即使在不知情的情况下与不具有保险利益的人订立保险合同，该保险合同仍然无效。履行保险合同过程中，如果投保人丧失了保险利益，保险合同也无效，人身保险合同除外。保险人在承保时，应认定投保人对投保标的所具有的保险利益；而且双方约定的保险金额不得超过该保险利益的额度。在保险理赔时，特别是在财产保险中，保险人应先认定索赔者对保险标的是否具有保险利益，再确定赔付的额度不得超过其保险利益的额度。

（二）确定保险利益原则的意义

1. 防止将保险变为赌博

赌博是一种用财物作为赌注争输赢的行为，其结果是额外获利或血本无归。保险和赌博都具有偶然性即碰运气，以与自己毫无利害关系的保险标的投保，投保人就可能因保险事故的发生而获得高于所交保险费几十倍的额外收益，这种收益不是对损失的补偿，是以小的损失谋取较大的经济利益的投机行为。保险合同是一种机会性合同，其所规定的风险事故不是必然发生的，而保险金的支付却以这种事故的发生为条件，如果允许没有保险利益的人用他人的生命或财产进行投保，这种保险必然带有赌博的性质。保险利益原则规定，投保人的投保行为必须以保险利益为前提，被保险人只有在发生保险事故后才能在损失范围内获得补偿，这种补偿需以其自身遭受损失为代价，而且得到补偿也不意味着其额外获利。因此，保险利益原则避免了保险向赌博行为的转化。英国历史上曾出现过保险赌博。投保人以与自己毫无利害关系的远洋船舶为标的投保，一旦发生保险事故就可获得相当于投保价值千百倍的巨额赔款，于是人们就像在赛马场上下赌注一样买保险，这就严重影响了社会的安定，所以英国政府于18世纪通过立法禁止了这种行为，维护了正常的社会秩序，保证了保险事业的健康发展。

2. 防止道德风险的产生

保险赔偿或者保险金的给付是以保险标的遭受损失或保险事件的发生为前提条件。如果投保人或被保险人对保险标的无保险利益，那么该标的受损，对投保人或被保险人来说不仅没有遭受损失，相反还可以获得保险赔款，这样就可能诱发投保人或被保险人为谋取保险赔款而故意破坏保险标的的道德风险。反之，如果有保险利益存在，即投保人或被保险人在标的上具有经济利益，这种经济利益因保险标的受损而受损，因保险标的存在而受益，这样投保人或被保险人就会关心保险标的的安危，认真做好防险工作，使其避免遭受损害。即使有故意行为发生，被保险人充其量也只能获得其原有的利益，因为保险利益是保险保障的最高限度，保险人只是在这个额度内根据实际损失进行赔偿，因此也无利可图。而在人身保险方面，保险利益的存在更为必要，如果投保人可以以任何人的死亡为条件而获取保险赔偿，其

道德风险发生的后果是不堪设想的。投保人以与自己毫无关系的保险标的投保，就会出现投保人为了谋取保险赔偿而任意购买保险，并盼望事故发生的现象；或者保险事故发生后，不积极施救的；更有甚者，为了获得巨额赔偿或给付，采用纵火、谋财害命等手段，制造保险事故，增加了道德风险事故的发生。在保险利益原则的规定下，由于投保人与保险标的之间存在利害关系的制约，投保的目的是为了获得一种经济保障，一般不会诱发道德风险。

3. 限制保险人补偿的程度

保险的宗旨是补偿被保险人在保险标的发生保险事故时遭受的经济损失，但不允许有额外的利益获得。以保险利益作为保险保障的最高限度，既能保证被保险人获得足够的、充分的补偿，又能满足被保险人不会因保险而获得额外利益的要求。投保人依据保险利益投保，保险人依据保险利益确定是否承保，并在其额度内支付保险赔付。按照保险利益原则的要求，不但要确定投保人或被保险人对保险标的有无保险利益，而且还要确定投保人或被保险人的保险利益是多大。投保人或被保险人的保险利益不应超过实际保险价值。因此，保险利益原则为投保人确定了保险保障的最高限度，同时为保险人进行保险赔付提供了科学依据。

三、保险利益原则的运用

由于各类保险的保险标的不同，承担风险及保险责任也不同，因此各险种对保险利益的要求也不同。

（一）财产保险的保险利益

财产保险的保险标的是财产及其有关利益。财产保险的保险利益通常产生于财产的所有权。投保人或被保险人对于投保的财产由于具有合法的所有权，就具有保险利益。但财产保险的保险利益又不限于财产所有权，凡因财产发生事故将蒙受经济损失，或因财产安全而得到利益或预期利益的，均具有保险利益。具体包括如下几项内容。

1. 财产所有人、经营管理人的保险利益

财产的所有权人、经营管理人，因其所有或经营管理的财产一旦损失就会给自己带来经济损失而对该财产具有保险利益，可以为该项财产投保。例如：房屋所有权人可以为其房屋投保家庭财产保险；货物所有人可以为其货物投保运输保险。

2. 抵押权人和质押权人的保险利益

抵押和出质都是债权的一种担保，当债权不能获得清偿时，抵押权人或质押权人有从抵押或出质的财产价值中优先受偿的权利。抵押权人与质押权人因债权债务关系对财产具有经济上的利害关系，因而对抵押、出质的财产均具有保险利益。如银行对抵押贷款的抵押品具有保险利益；在借款人还款后，银行对抵押品的抵押权消失，其保险利益也随之消失。

3. 负有经济责任的财产保管人、承租人等的保险利益

财产的保管人、承租人、承包人等，对他们所保管、使用的财产只要负有经济责任，就具有保险利益。

4. 合同双方当事人的保险利益

在合同关系中，一方当事人或双方当事人，只要合同标的的损失会给他们带来损失，其对合同标的就具有保险利益。如在进出口贸易中，出口方或进口方对其贸易货物均具有投保货物运输保险的保险利益。

（二）责任保险的保险利益

责任保险的保险标的是被保险人对第三者依法应负的赔偿责任，因承担经济赔偿责任而支付损害赔偿金和其他费用的人具有责任保险的保险利益。责任利益是指因被保险人依法应承担的民事赔偿责任而产生的经济利益。民事赔偿责任产生的依据主要是合同行为和侵权行为。被保险人在生产经营、业务活动以及日常生活中，因疏忽或过失造成他人人身伤害或财

产损失，按照法律规定对受害人应承担经济赔偿责任。有时被保险人虽无过失或疏忽，但按法律规定，仍须对受害人的损害负经济赔偿责任。所有这些责任一旦产生，便会给被保险人带来经济上的损失，因此被保险人对此具有保险利益。根据责任保险险种划分，责任保险的保险利益主要包括以下几类。

(1) 各种固定场所的所有人或经营人，诸如饭店、商店、影剧院等，对其顾客、观众等人身伤害或财产损失，依法承担经济赔偿责任的，具有保险利益，可投保公众责任险。

(2) 各类专业人员，如医师、律师、设计师等，由于工作上的疏忽或过失致使他人遭受损害而依法承担经济赔偿责任的，具有保险利益，可投保职业责任险。

(3) 制造商、销售商等，因商品质量或其他问题给消费者造成人身伤害或财产损失，依照法律承担经济赔偿责任的，具有保险利益，可投保产品责任险。

(4) 雇主对雇员在受雇期间因从事与职业有关的工作而患职业病或伤、残、死亡等依法应负担医药费、工伤补贴、家属抚恤等而具有保险利益，可投保雇主责任险。

(三) 信用、保证保险

信用、保证保险的保险标的是一种信用行为。在经济合同中因义务人不履行合同条件，致使权利人受到经济损失，可以通过投保信用、保证保险由保险人承担经济赔偿责任。在这里保险人承担的是一种信用危险，权利人或义务人对于这种信用具有保险利益。如债权人对债务人的信用具有保险利益，可以投保信用保险；债务人对自身的信用也具有保险利益，可以按照债权人的要求投保自身信用的保险，即保证保险。

(四) 人身保险的保险利益

人身保险的保险标的是人的生命或身体，虽然其价值不能用货币计量，但人身保险合同的签订同样要求投保人与保险标的即被保险人之间具有利害关系。人身保险中的保险利益体现在下面几种情况。

1. 本人

本人是指投保人自己。任何人对自己的生命和身体具有无限的利益。投保人以其本人的寿命或者身体为保险标的，在法律允许的限度内，可以任意为本人的利益或者他人的利益订立保险合同，并可以任意约定保险金额。投保人以其本人为被保险人订立保险的合同，任何人均不得以投保人欠缺保险利益为由否认保险合同的效力。

2. 配偶、子女、父母

投保人之配偶、子女或者父母，为投保人的家庭成员。按照一般原则，家庭成员相互间具有保险利益。家庭成员相互间有亲属、血缘以及经济上的利害关系，投保人以其家庭成员的寿命和身体为保险标的订立保险合同，应当具有保险利益。因为配偶之间、父母与子女之间具有法律规定的抚养或赡养关系，被保险人的死亡或伤残会给投保人造成经济损失，因而投保人对其配偶、子女、父母具有保险利益，可以作为投保人为他们投保。但是，依照《保险法》第三十四条的规定，除父母为其未成年子女投保的人身保险外，投保人以死亡为给付保险金条件而订立的保险合同，未经被保险人书面同意并认可保险金额的，保险合同无效。

3. 投保人对承担法定义务的人即与投保人有抚养、赡养或者扶养关系的其他家庭成员、近亲属

投保人的家庭成员，包括配偶、子女、父母以及与投保人具有抚养、赡养或者扶养关系的其他家庭成员，甚至包括有共同生活关系的近亲属。人身保险的可保利益所指利害关系包括赡养、收养等法定义务关系。如收养人与被收养人之间没有血缘关系，但经依法成立收养关系后，当事人之间即须尽到法定义务，因此彼此具有保险利益。

4. 对有合同关系或其他债务关系人具有保险利益

债权人利益的实现有赖于债务人履行义务，债务人的生死存亡影响到债权人的切身利益，因此，债权人对债务人具有可保利益。同时，因债权而引起的保险利益仅限于其实际利益，超出债权部分则无保险利益。

5. 投保人对其他与之有合法经济关系的人具有保险利益

如合伙人对其他合伙人、公司法人对其董事与职员、财产所有人对财产管理人、破产债权人对破产管理人存在各种合法的经济关系，因此前者对后者具有保险利益。我国《保险法》第三十一条规定："投保人对下列人员具有保险利益：本人；配偶、子女、父母；前项以外与投保人有抚养、赡养或者扶养关系的家庭其他成员、近亲属；与投保人有劳动关系的劳动者。除前款规定外，被保险人同意投保人为其订立合同的，视为投保人对被保险人具有保险利益。订立合同时，投保人对被保险人不具有保险利益的，合同无效。"《保险法》第三十四条："以死亡为给付保险金条件的合同，未经被保险人同意并认可保险金额的，合同无效。"在实务操作中，要求投保人与被保险人之间必须存在合法的经济利益关系，保险金额须在投保人对标的所具有的保险利益限度内，当投保包含死亡责任险种时，往往要征得被保险人的书面同意。

四、保险利益的时效

财产保险不仅要求投保人在投保时对保险标的具有保险利益，而且要求保险利益在保险合同有效期内始终存在，特别在发生保险事故时，被保险人对保险标的必须具有保险利益。如果投保人或被保险人在订立保险合同时具有保险利益，但在保险合同履行过程中失去了保险利益，则保险合同随之失效，保险人不承担经济赔偿责任。但根据国际惯例，在海上保险中对保险利益的要求有所例外，即不要求投保人在订立保险合同时具有保险利益，只要求被保险人在保险标的遭受损失时，必须具有保险利益，否则就不能取得保险赔偿。这是由于海上保险的利益方比较多，经济关系复杂，保险合同经常随物权的转移而转让，保险标的不受被保险人所控制。而财产保险的目的是补偿被保险人所遭受的经济损失，所以海上保险只要求被保险人在保险标的受损时具有保险利益即可。

第三节　近因原则

一、近因原则的概念

近因原则是判断保险事故与保险标的损失之间的因果关系，从而确定保险赔偿责任的一项基本原则。在保险实践中，对保险标的损害是否进行赔偿是由损害事故发生的原因是否属于保险责任来判断的。

（一）近因

近因是指在风险和损害之间，导致损害发生的最直接、最有效、起决定作用的原因，而不是指时间上或空间上最近的原因。英国法庭在 1907 年曾给"近因"下过定义："近因是指引起一连串事件，并由此导致案件结果的能动的、起决定作用的原因。"后又对"近因"进一步说明为："是指处于支配地位或者起决定作用的原因，即使在时间上它并不是最近的。"保险损害的近因，是指引起保险事故发生的最直接、最有效、起主导作用或支配作用的原因。

（二）近因原则的基本含义

在风险与保险标的的损害关系中，如果近因属于保险责任，保险人应负赔偿责任；如果近因不属于保险责任，保险人不负赔偿责任。而保险标的的损害并不总是由单一原因造成的，其表现形式多种多样。或者多种原因同时发生，或者多种原因不间断地连续发生，或者多种原因时断时续地发生。近因原则就是要求从中找出哪些属于保险责任，哪些不属于保险责任，并据此确定保险人是否进行赔偿。

二、近因原则的应用

（一）确定近因的基本方法

认定近因的关键是确定风险因素与损害之间的关系，确定这种因果关系的方法有以下两种。

一是从最初事件出发，按逻辑推理直到最终损害发生，最初事件就是最后一个事件的近因。

二是从损害开始，自后往前推，追溯到最初事件，如没有中断，最初事件就是近因。在保险理赔中，正确理解近因原则，对确定保险责任具有重要意义。

（二）近因原则的运用

近因原则的运用主要体现在判断是否应该承担保险责任的环节。近因判断的正确与否，关系到保险双方当事人的切身利益。但是，在保险实务中，由于导致损失的原因多种多样，对近因的认定和保险责任的确定也非常复杂的。因此，如何确定损失近因，要根据具体情况作具体分析。

1. 单一原因造成的损失

如果造成保险标的损失的原因只有一个，那么这一原因就是损失的近因。只要该原因属于承保风险，保险人就应负赔偿责任。例如企业投保财产保险综合险，如果厂房、机器由于火灾而损毁，保险人承担赔偿责任。

2. 同时发生的多种原因造成的损失

多种原因同时发生致损的，且各原因的发生无先后之分，并对损害结果的形成都有直接的实质性影响。这些原因原则上都是损失的近因。保险人是否承担责任，可分为以下两种情况。

（1）多种原因均属被保风险，保险人负责赔偿全部损失。

（2）如果多种原因中既有被保风险，又有除外风险或未保风险，则保险人的责任根据损害的可分性来确定。如果损害是可以划分的，保险人就只负责被保风险所致损失部分的赔偿。但是，在保险实务中很多情况下是无法区分损害的。因此，保险人根据具体情况决定赔偿比例。

3. 连续发生的多种原因造成的损失

多种原因连续发生，即各原因依次发生，持续不断，且具有前因后果的关系。如果损失是由两个以上的原因所造成，且各原因之间的因果关系未中断，那么最先发生并造成一连串事故的原因为近因。如果该近因为保险责任，保险人应负责赔偿损失；如果该近因不属于保险责任，保险人不需赔偿。具体分析如下。

（1）连续发生的原因都是被保风险，保险人赔偿全部。

（2）连续发生的原因中含有除外风险或未保风险。分两种情况：

① 若前因是被保风险，后因是除外风险或未保风险，且后因是前因的必然结果，保险人对损失负全部责任；

② 前因是除外风险或未保风险，后因是承保风险，后因是前因的必然结果，保险人对损失不负责任。

4. 间断发生的多项原因造成的损失

在一连串发生的原因中，有一项新的独立的原因介入导致损失发生。在这种情况下，如果新的独立的原因为被保风险，保险人承担保险责任；反之，保险人不承担保险责任。

第四节　损失补偿原则

一、损失补偿原则的含义

损失补偿原则是指保险合同生效后，当保险标的发生保险责任范围内的损失时，保险人应当按照保险合同的约定履行赔偿义务，保险赔偿只能使被保险人恢复到受灾前的经济状况，但不能使被保险人获得额外收益。损失补偿原则的含义体现在以下两个方面。

一方面，损失补偿以保险责任范围内损失的发生为前提，即有损失发生则有损失补偿，无损失无补偿。因此，在保险合同中强调：被保险人因保险事故所致的经济损失，依据合同有权获得赔偿。在保险期限内，即使发生了保险事故，但如果被保险人没有受到损失，就无权要求保险人赔偿。

另一方面，损失补偿以被保险人的实际损失为限，而不能使其获得额外利益。被保险人的实际损失既包括保险标的的实际损失，也包括被保险人为了防止或减少保险标的的损失所支付的必要的合理的施救费用和诉讼费用。因此在保险赔付中应包含此两部分金额。这样，保险赔偿才能使被保险人恢复到受损前的经济状态，同时又不会获得额外收益。

损失补偿原则体现了保险的宗旨。坚持这一原则对于维护保险双方的正当权益、防止被保险人通过保险赔偿而得到额外利益、避免道德风险的产生具有重要的意义。

一般来说，损失补偿原则适用于补偿性保险，即财产损失保险、责任保险、信用保证保险和一部分健康保险都属于补偿性保险，但是人寿保险和意外伤害保险不适用该原则。

二、损失补偿原则的限制条件

坚持损失补偿原则，就要求保险人在履行赔偿责任时，必须把握三个限度，以保证被保险人既能恢复失去的经济利益，又不会由于保险赔偿而额外获得利益。

（一）以实际损失为限

当投保财产遭受保险责任范围内的损失时，保险人按合同规定承担赔偿责任，其支付的保险赔款不得超过被保险人的实际损失。例如，孙先生的汽车 2006 年 12 月 5 日投保了车辆损失险和盗抢险，投保时按新车价确定保险金额 15 万元，保险期限为一年。2007 年 7 月 18 日该车被盗，属于保险责任，而此时该车的实际价值为 13.8 万元，尽管保险金额为 15 万元，保险公司只能赔付 13.8 万元。

（二）以保险金额为限

保险金额是保险人承担赔偿责任的最高限额，也是保险人收取保险费的基础和依据，所以保险人对被保险人的赔偿不能超过保险金额。例如，王某的房屋投保时按其市场价值确定保险金额为 38 万元，在保险期间，发生火灾，造成全损。全损时的市场价值为 45 万元，保险人的赔偿金额应为 38 万元，因为保险金额为 38 万元。

（三）以保险利益为限

保险利益是保险保障的最高限度，保险赔偿不得超过被保险人对遭受损失财产所具有的保险利益。保险人的赔付是以被保险人对保险标的具有的保险利益为条件。如果发生保险事故时，被保险人对保险标的已不具有保险利益，则保险人不能赔偿。例如，张某独立经营一辆货运卡车，投保时卡车的保险价值和保险金额为 20 万元，保险期限为一年。投保 4 个月后，将卡车的 50% 转让给李某，投保 7 个月后卡车全损。保险人只赔付张某 10 万元的损失。

三、损失补偿原则的例外

损失补偿原则虽然是保险的一项基本原则，但在保险实务中有一些例外情况。

（一）人身保险

由于人身保险的保险标的是无法估计的人的生命或身体机能，其保险利益也是无法估价的，被保险人发生伤残、死亡等事件对其本人及家庭所带来的经济损失和精神上的痛苦都不是保险金所能弥补的，保险金只能在一定程度上帮助被保险人及其家庭缓解由于保险事故的发生而带来的经济困难，所以人身保险合同不是补偿性合同，而是定额的给付性合同。损失补偿原则不适用于人身保险。

（二）定值保险

定值保险是指保险合同双方当事人在订立保险时，约定保险标的的价值，并以此确定保险金额，视为足额保险。当保险事故发生时，保险人不论保险标的的损失当时的市价如何，即不论保险标的的实际价值大于还是小于保险金额，均按损失程度十足赔付。损失补偿原则不适用于定值保险。因为在定值保险中，保险赔偿可能超过实际损失。

（三）重置价值保险

重置价值保险是指以被保险人重置或重建保险标的的所需费用或成本确定保险金额的保险。一般财产保险是按保险标的的实际价值投保，发生损失时，按实际损失赔付，使受损的财产恢复到原来的状态，由此恢复被保险人失去的经济利益。但是，由于通货膨胀、物价上涨等因素，有些财产即使按实际价值足额投保，保险赔款也不足于进行重置或重建。为了满足被保险人对受损的财产进行重置或重建的需要，保险人允许投保人按超过保险标的的实际价值的重置或重建价值投保，发生损失时，按重置费用或成本赔付。这样就可能出现保险赔款大于实际损失的情况，所以，重置价值保险也是损失补偿原则的例外。

第五节　损失补偿原则的派生原则

一、代位原则

代位原则是指在财产保险中，保险标的发生保险事故造成推定全损，或者保险标的由于第三者责任导致保险损失，保险人按照合同的约定履行赔偿责任后，依法取得对保险标的的所有权或者对保险标的的损失负有责任的第三者的追偿权。保险代位原则的主要内容包括权利代位（代位追偿）和物上代位。

（一）代位追偿

1. 代位追偿原则的含义

代位追偿原则是指在财产保险中，保险标的由于第三者责任导致发生保险事故造成保险标的的损失，保险人按照合同的约定履行赔偿义务后，依法取得了对保险标的的损失负有责任的第三者的追偿权。保险人所获得的这种权力就是代位追偿权。

通常，保险事故发生后，如果损失是由被保险人以外的第三者造成的，那么被保险人既可以依据法律规定的民事损害赔偿责任向第三者要求赔偿，也可以依据保险合同中规定的索赔权向保险人要求赔偿。如果保险人和第三者同时赔偿了被保险人的损失，那么被保险人就可能获得双重赔偿，从而使赔偿金额大于损失金额。这与保险的补偿性原则相违背。但是，如果仅由第三者赔偿，又往往会使被保险人得不到及时补偿，或者有可能得不到全部补偿。因此，法律规定了代位求偿原则，保证当保险标的因第三者责任而遭受损失时，保险人支付的赔偿金额与第三者赔偿的总和不超过保险标的的实际损失。

2. 代位追偿原则的适用范围

（1）保险代位追偿原则适用于财产保险合同，而不适用于人身保险合同。对于人身保险合同，其保险标的是人的生命和身体，由于人的生命和身体是无法用一定数额的金钱来衡量的，所以当发生保险事故时，保险人支付的保险金并不具有财产保险合同中的补偿性质，而且也无法达到实际意义上的补偿，因此也就不存在实际损失高于或者低于保险金额的问题，保险人只是履行合同约定的保险金的给付义务。人身保险的被保险人伤残或死亡，被保险人、受益人可以同时得到保险人给付的保险金和第三者负责的赔偿金额，不存在额外获利问题。我国《保险法》第四十六条规定："被保险人因第三者的行为而发生死亡、伤残或者疾病等保险事故的，保险人向被保险人或者受益人给付保险金后，不享有向第三者追偿的权利，但被保险人或者受益人仍有权向第三者请求赔偿。"所以，如果发生第三者侵权行为导致的人身伤害，被保险人可以获得多方面的赔付而无需权益转让，保险人也无权代位追偿。

（2）在财产保险合同中，保险人不得对被保险人的家庭成员或者其组成人员行使代位请求赔偿的权利，除非被保险人的家庭成员或者其组成人员故意造成保险事故。因为被保险的家庭成员或其组成人员往往与被保险人具有一致的利益，即他们的利益受损，被保险人的利益也同样遭受损失；他们的利益得到保护，实质上也就保护了被保险人的利益。如果保险人对被保险人先行赔偿，而后向被保险人的家庭成员或其组成人员追偿损失，则无异于又向被保险人索还，被保险人的损失将得不到真正的补偿。因此，保险人不得向被保险人的家庭成员或组成人员行使代位求偿权，除非他们故意造成保险事故的发生。

3. 保险人获得代位追偿权的前提条件

（1）保险标的的损害发生必须是由于第三者的行为引起。造成保险标的损害的原因多种多样，但只有保险标的的损害是由第三者的行为引起的，才有可能存在第三者承担赔偿责任，这是代位求偿权产生的前提条件。

（2）被保险人必须对第三者享有赔偿请求权。代位求偿权建立在被保险人对第三者享有的赔偿请求权基础之上。只有赔偿请求权存在，被保险人才可能在获得保险赔偿后，向保险人转让其对第三者享有的赔偿请求权，从而产生代位求偿权。

（3）保险人按合同的规定对被保险人已经履行了赔偿义务。补偿原则是代位追偿的基础，保险人只有首先履行了对被保险人的损失赔偿义务，才有权取得本来属于被保险人的权利。代位追偿权是债权的转移，是被保险人与第三者之间的特定的债权债务关系，在保险人赔付保险金之前与保险人没有直接的关系。只有当保险人赔付了被保险人的损失之后，其才依法取得向第三者请求赔偿的权利。

4. 代位追偿中保险双方的权利与义务

（1）保险人应在赔偿金额的限度内行使代位求偿权。如果保险人行使代位求偿权取得第三者的赔款金额超过了保险人支付给被保险人的赔偿金额，其超过赔偿金额的部分应归被保险人所有。

（2）被保险人有权就未取得保险人赔偿的部分向第三者请求赔偿。《保险法》第六十条第三款规定："保险人依照第一款行使代位请求赔偿的权利，不影响被保险人就未取得赔偿的部分向第三者请求赔偿的权利"。

（3）被保险人不能损害保险人的代位求偿权。具体内容如下。第一，在保险人赔偿之前如果被保险人放弃了向第三者的请求赔偿权，那么，它也就同时放弃了向保险人请求赔偿的权利。《保险法》第六十一条第一款规定："保险事故发生后，保险人未赔偿保险金之前，被保险人放弃对第三者的请求赔偿的权利的，保险人不承担赔偿保险金的责任。"第二，在保险人赔偿之后，如果被保险人未经保险人的同意而放弃了对第三者请求赔偿的权利，该行为无效。《保险法》第六十一条第二款规定："保险人向被保险人赔偿保险金后，被保险人未经保险人同意放弃对第三者请求赔偿的权利的，该行为无效。"第三，如果因被保险人的过错影响了保险人代位求偿权的行使，保险人可扣减相应的保险赔偿金。《保险法》第六十一条第三款规定："被保险人故意或者因重大过失致使保险人不能行使代位请求赔偿的权利的，保险人可以扣减或者要求返还相应的保险金。"第四，被保险人有义务协助保险人行使代位求偿权。《保险法》第六十三条规定："保险人向第三者行使代位请求赔偿的权利时，被保险人应当向保险人提供必要的文件和所知道的有关情况。"

5. 代位追偿的对象及其限制

保险人代位追偿的对象为对保险事故的发生和保险标的的损失负有民事赔偿责任的第三者，它既可以是自然人，也可以是法人。保险人赔偿被保险人损失后，依法取得对第三者代位追偿权的情况包括：一是第三者对被保险人的侵权行为，导致保险标的遭受保险损失，依法应承担损害赔偿责任。二是第三者不履行合同规定的义务，造成保险标的的损失，根据合同的约定，第三者应对保险标的的损失承担赔偿责任。三是第三者不当得利行为造成保险标的的损失，依法应承担赔偿责任。四是其他依据法律规定，第三者应承担的赔偿责任，如共同海损的受益人对共同海损负有分摊损失的责任。

对保险人代位追偿的对象，许多国家的立法或惯例都有所限制。一般规定，除被保险人的家庭成员或者其组成人员故意对保险标的进行损害而造成保险事故的，保险人不得对被保险人的家庭成员或者其组成人员行使代位请求赔偿的权利。

（二）物上代位

1. 物上代位的含义

物上代位是指当保险标的发生保险事故，保险人赔付被保险人全部财产损失后，依法取得该项保险标的的所有权。

2. 物上代位产生的基础

物上代位通常产生于对保险标的作推定全损的处理。所谓推定全损是指保险标的遭受保险事故尚未达到完全损毁或完全灭失的状态，但实际全损已不可避免；或者修复和施救费用将超过保险价值；或者失踪达到一定时间，保险人按照全损处理的一种推定性的损失。由于推定全损是保险标的并未完全损毁或灭失，即还有残值，而失踪可能是被他人非法占有，并非物质上的灭失，日后或许能够得到索还，所以保险人在按全损支付保险赔款后，理应取得保险标的的所有权，否则被保险人就可能由此而获得额外的利益。

3. 保险人取得物上代位权的方式

保险人的物上代位权主要是通过委付取得。委付是指当保险标的发生推定全损时，投保人或被保险人将保险标的的一切权益转移给保险人，而请求保险人按保险金额全数赔付的行为。委付是一种放弃物权的法律行为，在海上保险中经常采用。委付的成立必须具备一定的条件。

（1）委付必须由被保险人向保险人提出。《中华人民共和国海商法》（以下简称《海商法》）第二百四十九条第一款规定："保险标的发生推定全损，被保险人要求保险人按照全部损失赔偿的，应当向保险人委付保险标的。保险人可以接受委付，也可以不接受委付，但是应当在合理的时间内将接受委付或者不接受委付的决定通知被保险人。"委付通知是被保险人向保险人作推定全损索赔之前必须提交的文件，被保险人不向保险人提出委付，保险人对受损的保险标的按全部损失或部分损失处理。委付通知通常采用书面形式。

（2）委付应就保险标的的全部。由于保险标的的不可分性，委付也具有不可分性，所以委付应就保险标的的全部。如果仅委付保险标的的一部分，而其余部分不委付，则容易产生纠纷。但如果保险标的是由独立可分的部分组成，其中只有一部分发生委付原因，可仅就该部分保险标的请求委付。

（3）委付不得附有条件。我国《海商法》规定："委付不得附带任何条件。"

（4）委付必须经过保险人的同意。被保险人向保险人发出的委付通知，必须经保险人的同意才能生效。

（5）被保险人提出委付后，保险人应当在合理的时间内将接受委付或不接受委付的决定通知被保险人。如果超过合理的时间，保险人对是否接受委付仍然保持沉默，应视作不接受委付的行为，但被保险人的索赔权利并不因保险人不接受委付而受影响。

（6）在保险人未作出接受委付的意思表示以前，被保险人可以随时撤回委付通知。保险人一经接受委付，委付即告成立，双方都不能撤销，保险人必须以全损赔付被保险人，同时取得保险标的物的代位权，包括标的物上的权利和义务。

4. 保险人在物上代位中的权益范围

由于保险标的的保障程度不同，保险人在物上代位中所享有的权益也有所不同。我国《保险法》第五十九条对物上代位权作出了规定："保险事故发生后，保险人已支付了全部保险金额，并且保险金额等于保险价值的，受损保险标的的全部权利归于保险人；保险金额低于保险价值的，保险人按照保险金额与保险价值的比例取得受损保险标的的部分权利。"也就是说，在足额保险中，保险人按保险金额支付保险赔偿金后，就取得对保险标的的全部所有权。在这种情况下，由于保险标的的所有权已经转移给保险人，保险人在处理标的物时所获得的利益如果超过所支付的赔偿金额，超过的部分归保险人所有。此外，如有对第三者损害赔偿请求权，索赔金额超过其支付的保险赔偿金额，也同样归保险人所有，这一点不同于代位追偿权。而在不足额保险中，保险人只能按照保险金额与保险价值的比例取得受损标的的部分权利。由于保险标的的不可分性，所以保险人在依法取得受损保险标的的部分权利后，通常将该部分权利作价折给被保险人，并在保险赔偿金中作相应的扣除。

二、重复保险的分摊原则

（一）重复保险分摊原则的含义

重复保险的分摊原则也是补偿性原则的一个派生原则。我国《保险法》第五十六条规定："重复保险的投保人应当将重复保险的有关情况通知各保险人。重复保险的各保险人赔偿保险金的总和不得超过保险价值。除合同另有约定外，各保险人按照其保险金额与保险金额总和的比例承担赔偿保险金的责任。重复保险的投保人可以就保险金额总和超过保险价值的部分，请求各保险人按比例返还保险费。重复保险是指投保人对同一保险标的、同一保险利益、同一保险事故分别与两个以上保险人订立保险合同，且保险金额总和超过保险价值的保险。"

根据补偿性原则，被保险人不能从损失补偿中获利。即被保险人所能够获得的最高赔偿金额不能超过保险价值。在重复保险条件下，为避免被保险人在多个保险人处得到超过实际损失额的赔偿，以确保保险补偿目的的实现，并维护保险人与被保险人、保险人与保险人之间的公平原则，重复保险的分摊原则应运而生。重复保险分摊原则是指在重复保险的情况下，当保险事故发生时，各保险人应采取适当的分摊方法分配赔偿责任，使被保险人既能得到充分的补偿，又不会超过其实际损失而获得额外的利益。

（二）重复保险的分摊方式

重复保险的分摊方式包括比例责任分摊、限额责任分摊和顺序责任分摊三种方式。

1. 比例责任分摊方式

这种分摊方式是指各保险人按其承保的保险金额占所有保险人承保的保险金额总和的比例分摊保险事故造成的损失。其计算公式为：

各保险人承担的赔款＝损失金额×（该保险人的保险金额/各保险人的总保险金额）

例如，某项财产的保险价值为60万元，投保人与甲、乙保险人分别订立相同的保险合同，保险金额分别是 40 万元和 30 万元。

若保险事故造成的实际损失是 35 万元，那么，根据该种分摊方式，两个保险人的分摊金额分别为：

甲保险人应分摊的赔款：35×40/70＝20(万元)

乙保险人应分摊的赔款：35×30/70＝15(万元)

2. 限额责任分摊方式

这种分摊方式不以保险金额为基础，而是按照各保险人假设在无其他保险人承保的情况下，单独应承担的赔偿责任限额占各家保险公司赔偿责任限额之和的比例来分摊损失金额。其计算公式为：

各保险人承担的赔款＝损失金额×(该保险人的赔偿限额/各保险人的赔偿限额之和)

例如：仍以上例条件为例，在无他人承保的情况下，甲公司应赔偿的责任限额为 35 万元，乙公司应承担的赔偿责任限额为 30 万元，按照他们在无他保的情况下单独应负的限额责任比例分摊，则：

甲公司应赔付＝35×35/(35＋30)＝18.85(万元)

乙公司应赔付＝35×30/(35＋30)＝16.15(万元)

3. 顺序责任分摊方式

这种分摊方式是指各保险公司按出单时间顺序赔偿，先出单的公司先在其保额限度内负责赔偿，后出单的公司只在损失额超出前一家公司的保额时，在自身保额限度内赔偿超出的部分。

例如，王某将同一财产就同一险别同时向甲、乙两家保险公司办理了保险，保险金额分别为 15 万元和 20 万元，甲公司先出单，乙公司后出单，假如被保财产实际损失 16 万元，按顺序责任，甲公司赔款额为 15 万元，乙公司赔款为 1 万元。

在保险实务中，各国采用较多的是比例责任和限额责任分摊方式。因为顺序责任分摊方式下各承保公司承担的责任有失公平。我国《保险法》第五十六条规定："重复保险的各保险人赔偿保险金额的总和不得超过保险价值。除合同另有约定外，各保险人按照其保险金额与保险金额总和的比例承担赔偿保险金的责任。"因此，在我国，重复保险依法采用比例责任分摊方式赔偿。

本章小结

本章论述了保险的四大基本原则及两个派生原则，即保险利益原则、最大诚信原则、近因原则、损失补偿原则及其派生的代位原则和分摊原则。

保险利益是指投保人或被保险人对保险标的所具有的法律上承认的利益。它体现了投保人或被保险人与保险标的之间的经济上的利害关系。保险利益是保险合同能够成立的必要条件，是保险合同的客体。投保人的投保和保险人的承保都基于投保人对保险标的具有保险利益。投保人对保险标的不具有保险利益的，保险合同无效。保险利益原则强调了投保人或被保险人在保险合同的订立和履行中，必须对保险标的具有保险利益，否则保险合同无效。坚持保险利益原则的意义在于划清保险与赌博之间的界线，防止道德风险和限制保险赔偿的额度。由于财产保险和人身保险的性质不同，因而保险利益的应用及适用时限也不尽相同。

最大诚信原则要求保险合同当事人订立合同及在合同有效期内，应依法向对方提供足以影响对方作出订约与履约决定的全部实质性重要事实，同时绝对恪守合同订立的约定与承诺。保险双方在签订和履行保险合同时，必须以最大的诚意，履行自己应尽的义务；保险合同双方应向对方提供影响对方做出签约决定的全部真实情况，互不欺骗和隐瞒，恪守合同的认定与承诺，否则保险合同无效。坚持最大诚信原则是为了确保保险合同的顺利履行，维护保险双方的利益。其主要内容包括告知、保证、弃权和禁止反言。违反最大诚信原则的当事人，应承担相应的法律后果。

近因原则是判断保险事故与保险标的损失之间的因果关系，从而确定保险赔偿责任的一项基本原则。保险人在处理损失原因较为复杂的索赔时，要遵循近因原则。近因是指引起保险标的损失的最直接的、最有效的起决定作用的因素。近因原则的基本含义是：只有当承保危险是损失发生的近因时，保险人才负赔偿责任。因此，对近因的分析和判断，成为掌握和运用近因原则的关键。

损失补偿原则是保险人理赔的重要原则。它是指当保险标的发生保险责任范围内的损失时，被保险人有权按照合同的约定，获得全面、充分的赔偿，但不能由此而获得额外的利益。所以，保险人在履行赔偿责任时，必须以实际损失、保险金额和保险利益为限。损失补偿原则主要适用于财产保险以及其他补偿性保险合同，但在保险实务中有一些例外的情况，如人身保险、定值保险、重置价值保险都不适用此原则。

损失补偿原则的派生原则有代位原则和分摊原则。代位原则是指保险人依照保险合同对被保险人的损失进行赔偿后，依法取得向对保险财产负有责任的第三方进行追偿的权利或取得被保险人对保险标的的所有权。代位原则包括代位追偿和物上代位。代位追偿是指在财产保险中，当保险标的遭受保险事故所致的损失，依法应由第三者承担赔偿责任时，保险人在支付保险赔偿金之后，在赔偿金额的限度内，取得对第三者追偿的权利。保险人获得物上代位权主要是通过委付。委付是指当保险标的发生推定全损时，投保人或被保险人将保险标的的一切权益转移给保险人，而请求保险人按保险金额全数赔付的行为。分摊原则是指在重复保险的情况下，当保险事故发生造成损失时，各保险人应采取适当的分摊方法分配保险责任，使被保险人既得到充分的补偿，又不会获得超过其实际损失的利益。保险人分摊损失的方法有比例责任分摊方式、限额责任分摊方式和顺序责任分摊方式。

重要概念

保险利益　最大诚信　重要事实　弃权　禁止反言　告知　近因　代位追偿　保险委付　重复保险　推定全损　保证

复习思考题

一、单项选择题

1. 重复保险分摊原则是派生于保险基本原则中（　　）。

A. 保险利益原则　B. 最大诚信原则　C. 近因原则　D. 损失补偿原则

2. 王某将某一价值为 30 万元的汽车为抵押向某银行贷款 20 万元，银行准备为该汽车投保机动车辆保险，则银行对该汽车的保险利益为（　　）万元。

A. 30　B. 10　C. 20　D. 50

3. 在保险实践中，弃权与禁止反言主要用来约束的保险主体是（　　）。

A. 保险人　B. 被保险人　C. 受益人　D. 投保人

4. 某人以其具有的价值 6 万元的财产先后向甲、乙两保险公司重复投保，保险金额分别为 4 万元，6 万元，在保险期限内财产损失 5 万元，按照比例责任分摊方式，甲保险公司应该赔偿（　　）万元。

A. 2　B. 3　C. 4　D. 5

5. 仅要求在投保时具有保险利益的是（　　）。
A. 人寿保险　　B. 责任保险　　C. 家庭财产保险　　D. 海洋运输货物保险
6. 投保人对同一保险标的、同一保险利益、同一保险事故分别向两个以上保险人订立保险合同，且总的保险金额超过保险价值的保险是（　　）。
A. 共同保险　　B. 再保险　　C. 重复保险　　D. 原保险
7. 在确定投保人如实告知的范围时，我国采用（　　）。
A. 无限告知主义　　B. 询问回答主义
C. 明确说明　　D. 明确列明（或明确列示）
8. 要求在整个保险合同有效期内具有保险利益的是（　　）。
A. 海洋运输货物保险　　B. 定期寿险
C. 终身寿险　　D. 机动车辆保险
9. 适用重复保险分摊原则的险种是（　　）。
A. 年金保险　　B. 死亡保险　　C. 火灾保险　　D. 万能寿险
10. 投保人将保险价值为150万元的财产同时向甲、乙两家保险公司投保财产保险综合险，保险金额分别为50万元和150万元。若一次保险事故造成实际损失为80万元，则按照比例责任分摊方式，甲、乙两家保险公司应分别承担的赔款是（　　）。
A. 50万元和30万元　　B. 40万元和40万元
C. 30万元和50万元　　D. 20万元和60万元
11. 对于保险利益存在的时间，人寿保险要求（　　）。
A. 投保时必须具有保险利益
B. 发生保险事故时必须具有保险利益
C. 保险合同有效期内必须具有保险利益
D. 或者投保时具有保险利益，或者发生保险事故时具有保险利益
12. 财产保险独有的原则是（　　）。
A. 保险利益原则　　B. 最大诚信原则　　C. 赔偿原则　　D. 近因原则
13. 近因原则是判明风险事故与保险标的损失之间因果关系，以确定保险责任的一项基本原则。所谓近因是（　　）。
A. 时间上与损失最近的原因　　B. 空间上与损失最近的原因
C. 造成损失的最先发生的原因　　D. 造成损失的最直接有效的原因
14. 保险利益为确定的利益是指保险利益（　　）。
A. 已经确定　　B. 可以确定　　C. 不能确定　　D. A和B均是
15. 某企业投保企业财产险，保险金额为100万元，出险时保险财产的保险价值为80万元；当发生全损时，保险人应赔偿（　　）万元。
A. 100　　B. 80　　C. 20　　D. 40
16. 某企业投保企业财产险，保险金额为100万元，出险时保险财产的保险价值120万元。实际受损30万元，保险人应赔偿（　　）万元。
A. 100　　B. 120　　C. 30　　D. 25
17. 在保险理赔过程中必须遵循的原则是（　　）。
A. 分摊原则　　B. 物上代位　　C. 代位求偿　　D. 近因原则
18. 保险人行使代位求偿权时，如果依代位求偿取得第三人赔偿金额超过保险人的赔偿金额，其超过部分应归（　　）所有。
A. 保险人　　B. 被保险人　　C. 第三者　　D. 国家
19. 保险利益从本质上说是某种（　　）。
A. 经济利益　　B. 物质利益　　C. 精神利益　　D. 财产利益
20. 投保人因过失未履行如实告知义务，对保险事故发生有严重影响时，保险人对于保险合同解除前发生的保险事故（　　）。

A. 应承担赔偿或给付保险金的责任
B. 不承担赔偿或给付保险金的责任，并不退还保费
C. 不承担赔偿或给付保险金的责任，但可退还保费
D. 承担部分赔偿或给付保险金的责任

二、多项选择题

1. 对财产保险具有保险利益的人有（　　）。
A. 财产所有人　　B. 财产受托人　　C. 财产管理人
D. 财产抵押人　　E. 财产出租人
2. 重复保险进行损失分摊的原则有（　　）。
A. 最大诚信原则　　B. 损失补偿原则　　C. 限额责任原则
D. 顺序责任原则　　E. 比例责任原则

三、案例分析

1. 王先生在 2007 年 7 月 10 日将其价值 25 万元的房屋，向保险公司投保了火灾保险，保险期限是 2007 年 7 月 11 日零时至 2008 年 7 月 11 日 24 时。王先生急于用钱，在 2008 年 4 月 1 日将该房屋卖给了胡先生，但没有到保险公司办理相关手续。2008 年 5 月 8 日该房屋发生火灾并造成全损，此后，王先生到保险公司报案，请求保险公司赔偿。
问题：此案如何处理？为什么？
2. 张先生家的房屋投保了家庭财产保险，保险期间为 2007 年 5 月 8 日零时至 2008 年 5 月 8 日 24 时止。张先生发现每年春节时经营烟花、鞭炮都非常赚钱。于是在 2008 年春节到来之际决定将自家民用住宅的房屋改为存放烟花、鞭炮的仓库。此做法也没有通知保险公司，不料，2008 年 2 月 4 日发生了火灾，尽管全力施救，由于火势太大，造成了很大损失。事故发生后，张先生想到此房屋已向保险公司保险了，于是马上到保险公司报案。
问题：此案如何处理？为什么？
3. 某工厂一台机床投保时按市价确定保险金额为 10 万元，在保险期间发生了保险事故，造成全部损失，发生保险事故时该机床的市场价为 8 万元。
问题：保险公司应如何赔偿？说明理由。
4. 某项财产的保险价值为 40 万元，在同一期间，投保人与甲、乙保险人分别订立了险种相同的保险合同，保险金额分别是 30 万元和 20 万元。在保险期内发生保险事故，造成损失 25 万元。
问题：按比例责任和限额责任分摊方式，甲、乙两保险公司各赔偿多少？

第五章　财产保险

财产保险是保险的基本类别之一，它是人们在长期处理有关物质财产和经济利益所面临的风险过程中总结和发展起来的一门经济科学。早期的财产保险主要针对建筑物可能面临的火灾损失和从事海上运输的货物与船舶的损失采取的风险转嫁措施。火灾保险是财产保险业务中最古老的项目。直到现在，人们在研究财产保险业务运作的过程时，仍然将火灾保险作为学习财产保险实务的入门基础。本章主要介绍我国开办的财产保险业务种类。

第一节　财产保险概述

一、财产保险的基本概念

财产保险是指以各种财产物资及其相关利益为保险标的，以补偿投保人或被保险人的经济损失为基本目的的一种社会化经济补偿制度。

财产保险根据经营业务的范围，可分为广义的财产保险与狭义的财产保险。其中，广义的财产保险是指包括各种财产损失保险、责任保险和信用保证保险等业务在内的一切非人身保险业务。狭义的财产保险则仅指各种财产损失保险，它强调保险标的是各种具体的财产物资。可见，狭义财产保险是广义财产保险中的重要组成部分。财产保险根据承保标的的实虚，可分为有形的财产保险和无形的财产保险。其中，有形的财产保险是以有形的财产物资为保险标的的保险，如企业财产保险、家庭财产保险、运输工具保险、货物运输保险等，它在内容上与狭义财产保险业务基本一致。无形的财产保险则是指以各种没有实体但属于投保人（或被保险人）的合法利益或依法应承担的责任为保险标的保险，如责任保险、信用保证保险等。

我国《保险法》将保险业务划分为财产保险与人身保险两大类，而国际上，将整个保险业务划分为寿险和非寿险。其中，非寿险是指寿险之外的一切保险业务的总称。这种差异主要表现在业务经营范围的大小方面，而不会造成对财产保险性质等方面认识偏差的影响。在实务中，我国境内的财产保险公司的业务经营范围也可以包括短期性人身保险业务。

二、财产保险的特征

财产保险的特征主要表现在以下几个方面。

（一）财产保险承保范围广泛，保险标的可以用货币衡量

财产保险业务的承保范围，覆盖着除自然人的身体与生命之外的一切风险保障业务，它不仅包含着各种差异极大的财产物资与相关利益，而且包含着各种民事法律风险和商业信用风险等。大到航天工业、核电工程、海洋石油开发，小到家庭或个人财产等，无一不可以从财产保险中获得相应的风险保障。同时，财产保险的保险标的无论归法人所有还是归自然人所有，均有客观而具体的价值标准，均可以用货币来衡量其价值，保险客户可以通过财产保险来获得充分补偿。

（二）财产保险的业务性质是补偿性

保险人经营财产保险业务意味着承担起对客户保险利益损失的赔偿责任。保险人的经营是建立在补偿保险客户的保险损失基础之上的，因此，财产保险费率的制订，需要以投保财产或有关利益的损失率为计算依据，财产保险基金的筹集与积累，也需要以能够补偿所有保

险客户的保险利益损失为前提。它强调保险人必须按照保险合同规定履行赔偿义务，同时也不允许被保险人通过保险获得额外利益，从而适用于权益转让原则与重复保险损失分摊原则。

（三）财产保险的经营内容具有复杂性

无论是从财产保险经营内容的整体出发，还是从某一具体的财产保险业务经营内容出发，其复杂性的特征均十分明显，主要表现在以下几个方面。

1. 投保对象与承保标的复杂

一方面，财产保险的投保人既有法人团体，又有居民家庭和个人，既可能只涉及单个法人团体或单个保险客户，也可能同一保险合同涉及多个法人团体或多个保险客户。如合伙企业或者多个保险客户共同所有、占有或据有的财产等，在投保时就存在着如何处理其相互利益关系的问题。另一方面，财产保险的承保标的，包括从普通的财产物资到高科技产品或大型土木工程，从有实体的各种物资到无实体的法律、信用责任乃至政治、军事风险等，不同的标的往往具有不同的形态与不同的风险。

2. 承保过程与承保技术复杂

在财产保险业务经营中，既要强调承保前风险检查、承保时严格核保，又须重视保险期间的防灾防损和保险事故发生后的理赔勘查等，承保过程程序多、环节多。在经营过程中，要求保险人熟悉与各种类型的投保标的相关的技术知识。例如，要想成功经营责任保险业务，就必须以熟悉各种民事法律、法规及相应的诉讼知识和技能为前提。再如，保险人在经营汽车保险业务时，就必须同时具备汽车方面的专业知识，如果对汽车技术知识缺乏必要的了解，汽车保险的经营将陷入被动或盲目状态，该业务的经营也难以保持稳定等。

3. 风险管理复杂

在风险管理方面，财产保险主要强调对物质及有关利益的管理，当保险对象的风险集中时，保险人通常要采用分保或再保险的方式来进一步分散风险。例如，飞机保险、卫星保险等的保险标的价值巨大，业务风险高度集中，一旦发生保险事故，就会给承保人造成重大的或毁灭性的打击。因此，任何一家保险公司都难以独立承保此类业务，都需要通过再保险方式将一部分业务分出去，使风险在更大范围内得以分散，进而维护保险人业务经营和财务状况的稳定。在人身保险中，保险金额相对要小得多，对保险人的业务经营及财务稳定构不成威胁，从而无需以再保险为接受业务的条件。与人身保险业务经营相比，财产保险公司的风险主要直接来自保险经营，即直接保险业务的风险决定着财产保险公司的财务状况；而人身保险公司的风险却更多地来自投资风险，投资的失败通常导致公司的失败。因此，财产保险公司特别强调对承保环节的风险控制，而人身保险公司则更注重对投资环节的风险控制。

（四）单个保险关系具有不等性

从总体的保险关系来看，财产保险双方的关系是平等的。财产保险的费率（即价格）是根据大数法则与损失概率来确定，从而在理论上决定了保险人从投保人那里所筹集的保险基金与应承担的风险责任是相适应的，即保险人与被保险人的关系是等价关系。但是，就单个保险关系而言，财产保险双方之间存在着经济价值支付上的不对等现象。一方面，保险人承保每一笔业务都是按确定费率标准计算并收取保险费，其收取的保险费通常是保险标的实际价值的千分之几或百分之几，而一旦被保险人发生保险损失，保险人往往要付出高于保险费若干倍的保险赔款。单就这一保险合同而言，保险人付出的代价巨大，而被保险人所获收益巨大。另一方面，在所有承保业务中，发生保险事故或保险损失的保户毕竟只有少数甚至于极少数，对多数保户而言，保险人即使收取了保险费，也不存在经济赔偿的问题，交易双方同样是不等的。可见，保险人在经营每一笔财产保险业务时，收取的保险费与支付的保险赔款实际上并非是等价的。

三、财产保险的分类

财产保险是商业保险的一种，因此具有商业属性。客观而全面地揭示商业活动的基本内容和形式是财产保险业务分类的依据。财产保险的分类就是根据财产保险业务经营和管理的要求而形成的。

《保险法》第九十五条规定："财产保险业务，包括财产损失保险、责任保险、信用保险、保证保险等保险业务。"

（一）财产损失保险

1. 火灾保险

火灾保险是指以存放在固定场所并处于相对静止状态的财产物资为保险标的，由保险人承担财产遭受火灾及其他自然灾害、意外事故损失的经济赔偿责任的一种财产保险。

火灾保险是一个发展历史悠久的险种，之所以命名为火灾保险，是强调这类财产保险承保的是火灾这种风险所造成的财产损失。事实上最初的火灾保险承保的风险的确只有火灾一种，以后才将承保风险逐步扩展到火灾以外的其他自然灾害和意外事故，但人们习惯上还是称之为火灾保险。

如今的火灾保险，从保险责任范围看，已经从传统的火灾扩展到爆炸、雷击和空中飞行物体坠落等意外事故，而后又扩展到暴风、洪水、雪灾、泥石流等各种自然灾害；从保险标的范围看，从最初的不动产逐步扩大到动产，再扩大到与物质财产有关的利益，如预期收入和租金收入等；从赔偿范围看，从最初仅赔偿物质财产损失，扩大到因灾害事故发生时对保险标的采取施救而引起的必要、合理的施救费用。

火灾保险的主要险种有企业财产保险、利润损失保险和家庭财产保险。

（1）企业财产保险。企业财产保险有许多种类，企业财产基本险和综合险是其中最为普遍的险种。企业财产保险适用于各种企业、社团、机关和事业单位，主要承保企事业单位内部的财产，因火灾或其他自然灾害和意外事故造成的损失。

（2）利润损失保险。利润损失保险也称营业中断保险，是承保企业单位因自然灾害、意外事故导致厂房、机器设备等财产发生物质上直接损毁，使企业单位在一个时期内停产、减产造成减少或丧失的利润收入。该险种是从属于企业财产保险的，只能以企业财产保险的附加险形式予以承保。

（3）家庭财产保险。该险种是适用于我国城乡居民家庭的一种财产保险，它的承保责任范围与企业财产综合险基本相同。常见险种有普通家庭财产保险、家庭财产两全保险及各种附加险。

2. 运输工具保险

该险种承保运输工具因遭受自然灾害和意外事故所造成的损失及第三者损害赔偿责任。常见险种有机动车辆保险、船舶保险、飞机保险等。

3. 货物运输保险

该险种承保货物在运输过程中因遭受自然灾害和意外事故所造成的损失。常见险种有国内水路、陆路货物运输保险，国内航空运输保险，海洋运输货物保险及各种附加险和特约保险。

4. 工程保险

该险种主要承保各项工程由于一切不可预料的事故造成的损失、费用和责任。常见险种有建筑工程保险、安装工程保险、机器损坏保险等。

5. 特殊风险保险

该险种是为特殊行业设计的保险，承保对象具有较强的专业性。常见险种有海洋石油开发保险、航天保险和核电站保险等。

6. 农业保险

农业保险承保种植业、养殖业、饲养业、捕捞业在生产过程中因自然灾害和意外事故所造成的损失。常见险种有种植业保险和养殖业保险。

（二）责任保险

责任保险是以被保险人的民事损害赔偿责任为保险标的的保险。责任保险除可以附加在各种财产保险上之外，还可以单独承保，如公众责任保险、产品责任保险、雇主责任保险和职业责任保险。

（三）信用和保证保险

1. 信用保险

凡权利人要求担保对方信用的保险属于信用保险，如出口信用保险，主要承保出口商因买方不履行贸易合同的义务而遭受的经济损失。

2. 保证保险

凡投保人根据权利人要求投保自己信用的保险属于保证保险。常见的险种有合同保证保险、产品保证保险、诚实保证保险等。

第二节　企业财产保险

一、企业财产保险的概念

（一）企业财产保险的概念

企业财产保险是一切工商、建筑、交通运输、饮食服务行业、国家机关、社会团体等，对因火灾及保险单中列明的各种自然灾害和意外事故引起的保险标的的直接损失、从属或后果损失和与之相关联的费用损失提供经济补偿的财产保险。

（二）保险对象

财产综合保险是我国财产保险业务中的主要险种之一，其适用范围很广，一切工商、建筑、交通、服务企业、国家机关、社会团体等均可投保企业财产保险，即对一切独立核算的法人单位均适用。

(1) 领有工商营业执照，有健全会计账册，财务独立，以全民所有制或集体所有制为主体的各类企业。

(2) 国家机关、事业单位、人民团体等。

(3) 以人民币投保，愿意接受财产保险基本险条款的三资企业。

(4) 有健全会计账册的私营企业。

（三）保险范围

(1) 属于被保险人所有或与他人共有而由被保险人负责的财产。

(2) 由被保险人经营管理或替他人保管的财产。

(3) 其他具有法律上承认的与被保险人有经济利益关系的财产，如被保险人享有承租权的财产。

二、企业财产保险的保险标的

（一）可保财产

可保财产包括：属于被保险人所有或与他人共有而由被保险人负责的财产；由被保险人经营管理或替他人保管的财产；具有其他法律上承认的与被保险人有经济利害关系的财产。

其具体的表现形式有：房屋、建筑物及附属设施，机器设备，工具、仪器及生产用具，管理用具及低值易耗品，原材料、半成品、在产品、产成品或库存商品等。

（二）特约可保财产

凡是价值确定比较困难，但又符合保险财产的一般要求的财产必须由投保人事先与保险人特别约定，同时在保险单上特别注明，保险人才能予以承保，主要有以下几类。

(1) 金银、珠宝、玉器、首饰、古玩、古书、古画、邮票、艺术品、稀有金属等珍贵财物。

(2) 堤堰、水闸、铁路、道路、池洞、桥梁、码头。

(3) 矿井、矿坑内的设备和物资。

（三）不保财产

不保财产为保险人不予承保的财产。对以下财产，保险人不予承保。

(1) 不属于一般性的生产资料和商品，如土地、矿藏、森林等。

(2) 无价值或无法确定财产价值的，如文件、账册、图表、技术资料等。

(3) 不是实际的物资，如货币、票证、有价证券等。

(4) 不利于贯彻执行政府有关法令或规定，如违章建筑、非法占有的财产等。

(5) 明知即将发生危险的财产，如有关部门已发出洪水警报，投保人此时来投保。

(6) 可以由其他险种来承保的财产，如正在运输途中的货物应投保货物运输保险，有公共执照的车辆应投保机动车辆保险等。

三、企业财产保险的保险责任

企业财产保险主要有财产基本险和综合险两大类，以及若干附加险，主要承保那些可用会计科目来反映，又可用企业财产项目类别来反映的财产，如固定资产、流动资产、账外资产、房屋、建筑物、机器设备、材料和商品物资等。财产基本险和综合险的主要区别在于综合险的保险责任比基本险的范围要广一些。

（一）基本险保险责任

企业财产保险的基本险保险责任包括如下几项。

(1) 因火灾、爆炸、雷击、飞行物体及其他空中运行物体坠落所致损失。

(2) 被保险人拥有财产所有权的自用供电、供水、供气设备因保险事故遭受损坏，引起停电、停水、停气以致造成保险标的的直接损失。

(3) 发生保险事故时，为了抢救保险标的或防止灾害蔓延，采取合理、必要的措施而造成保险财产的损失。

(4) 在发生保险事故时，为了抢救、减少保险财产损失，被保险人对保险财产采取施救、保护措施而支出的必要、合理费用。

（二）综合险保险责任

企业财产保险的综合险保险责任包括如下几项。

(1) 因火灾、爆炸、雷击、暴雨、洪水、台风、暴风、龙卷风、雪灾、雹灾、冰凌、泥石流、崖崩、突发性滑坡、地面下陷下沉。

(2) 飞行物体及其他空中运行物体坠落。

(3) 被保险人拥有财产所有权的自用供电、供水、供气设备因保险事故遭受损坏，引起停电、停水、停气以致造成保险标的的直接损失。

(4) 发生保险事故时，为了抢救财产或防止灾害蔓延，采取合理、必要的措施而造成保险财产的损失。

(5) 在发生保险事故时，为了抢救、减少保险财产损失，被保险人对保险财产采取施救、保护措施而支出的必要、合理费用。

四、企业财产保险的除外责任

（一）企业财产基本险的除外责任

企业财产基本险的除外责任有以下几种。

(1) 战争、罢工风险，包括战争、敌对行为、武装冲突、革命、内战、叛乱、篡权、罢工、工潮、暴动等行为。

(2) 被保险人及其代表的故意行为或纵容行为。

(3) 核辐射、核爆炸、核污染等核子风险。

(4) 地震、暴雨、洪水、台风、暴风、龙卷风、雪灾、雹灾、泥石流、崖崩、滑坡、海啸、地陷、火山爆发、水暖管爆裂、抢劫、盗窃等风险。

(5) 保险标的遭受保险事故引起的各种间接损失。

(6) 保险标的本身缺陷、保管不善导致的损毁，以及保险标的的变质、霉烂、受潮、虫咬、自然磨损、自然损耗、自燃、烘焙所造成的损失。由于这些损失不是意外损失，因此，不属于保险责任。

(7) 行政行为或执法行为所造成的损失。

(8) 其他不属于保险责任范围内的损失和费用。此项属总除外责任，对应前面的风险列明式，即凡是不在保单列明的保险责任范围内的风险，均属除外责任。

（二）企业财产综合险的除外责任

除了前述基本险中的第 (4) 条，其他基本相同。但需要注意，第 (4) 条中的地震在综合险中仍是除外责任。

五、企业财产保险的保险金额

企业财产综合保险金额是根据被保险财产的性质确定的。

（一）固定资产保险金额的确定

固定资产保险金额的确定方法主要有四种：按账面原值确定保险金额；按账面原值加成数确定保险金额；按重置重建价值确定保险金额；按其他方式来确定，如被保险人依据公估或评估后的市价来确定。

（二）流动资产保险金额的确定

流动资产保险金额的确定方法有两种：按最近账面余额确定保险金额和按最近 1 年账面平均余额确定保险金额。

（三）专项资产和代保管财产保险金额的确定

专项资产可以按照最近账面余额确定保险金额，也可以按计划数确定保险金额。代保管财产由于保管人对其负有经济安全责任的，可以投保。如有代保管账登记的财产，可以根据账面反映的价值确定保险金额；如账上不反映的财产，可由投保人估价投保。

六、企业财产保险的保险费率

在企业财产保险经营中，保险人必须对同类财产在总的平均费率基础上，按照被保险财产的种类，分别制定级差费率。一般而言，影响企业财产保险级差费率的主要因素有：房屋的建筑结构、占用性质、危险种类、安全设施、防火设备等。企业财产保险的现行费率就是在考虑上述因素的条件下制订的，并分为基本保险费率和附加险费率两部分。基本保险费率又分为工业险、仓储险和普通险三类，每类均按占用性质确定不同的级差费率。附加险费率指企业财产保险的附加险（特约保险）的费率，一般由各地根据调查资料统计的损失率为基础进行厘定。此外，还有企业财产保险的短期费率，适用于保险期不满 1 年的业务。对统保单位或防灾设施良好的投保人，保险人还可以采用优惠费率。

七、企业财产保险的保险期限

企业财产综合保险的保险期限通常为1年。在保险单到期前，保险人应通知被保险人办理续保手续。一般根据保险登记簿填制“到期通知单”送交被保险人，以便到期办理续保手段，避免保险中断。

第三节　家庭财产保险

一、家庭财产保险的概念

家庭财产保险简称家财险，是以城乡居民的有形财产为保险标的的一种保险，是个人和家庭投保的最主要险种之一。被保险人所有、使用或保管的、坐落于保险单列明的地址的房屋内的财产，可以约定范围向保险人投保家庭财产保险。家庭财产保险为居民或家庭遭受的财产损失提供及时的经济补偿，有利于居民生活安定，保障社会稳定。

二、家庭财产保险的可保范围

（一）可保财产

家庭财产保险范围内的可保财产包括以下几类。

（1）自有居住房屋。

（2）室内装修、装饰及附属设施。

（3）室内家庭财产。

（二）特保财产

家庭财产保险范围内的特保财产包括以下几类。

（1）农村家庭存放在院内的非动力农机具、农用工具和已收获的农副产品。

（2）个体劳动者存放在室内的营业器具、工具、原材料和商品。

（3）代他人保管的财产或与他人共有的财产。

（4）须与保险人特别约定才能投保的财产。

（三）不保财产

家庭财产保险范围内的不保财产包括以下几类。

（1）金银、珠宝、首饰、古玩、货币、古书、字画等珍贵财物（价值太大或无固定价值）。

（2）货币、储蓄存折、有价证券、票证、文件、账册、图表、技术资料等（非实际物资）。

（3）违章建筑、危险房屋以及其他处于危险状态的财产。

（4）摩托车、拖拉机或汽车等机动车辆，寻呼机、手机等无线通信设备和家禽家畜（其他财产保险范围）。

（5）食品、烟酒、药品、化妆品，以及花、鸟、鱼、虫、树、盆景等（无法鉴定价值）。

三、家庭财产保险的保险责任与除外责任

（一）保险责任

保险财产在保险单列明的地址由于下列原因造成的损失，负责赔偿。

（1）火灾、爆炸。

（2）雷击、冰雹、雪灾、暴风、暴雨、洪水、冰凌、崖崩、台风、龙卷风、地面突然塌陷、突发性滑坡、泥石流等。

（3）空中运行物体坠落、外界物体倒塌（保险建筑自行倒塌不赔）。

（4）施救所致的损失和费用。

（二）除外责任

保险财产由于下列原因造成的损失，不负赔偿责任。

（1）地震、海啸。

（2）战争、军事行动、暴动、罢工、没收、征用。

（3）核反应、核辐射或放射性污染。

（4）被保险人或其家庭成员的故意行为或重大过失。

（5）保险财产本身缺陷、保管不善、变质、霉烂、受潮、虫咬、自然磨损。

（6）家用电器因使用过度或超电压、碰线、漏电、自身发热等原因所造成的自身损毁。

（7）堆放于阳台或露天的财产，或用芦席、稻草、油毛毡、麦秆、芦苇、竹竿、帆布等材料为外墙、棚顶的简陋罩棚下的财产及罩棚，由于暴风、暴雨、盗窃或抢劫所造成的损失。

四、家庭财产保险的保险金额

家庭财产保险保险金额的确定主要分两大类。

（1）房屋、建筑物及其附属设施的保险金额，以该财产的购置价格、建造价格或市场价格来确定。

（2）其他家庭财产则一般由投保人根据财产的实际价值自行估价确定。

原因在于，居民家庭中的家庭财产很少有账册可查，而且财产的品种、质量和新旧程度等差别很大，保险人难以根据市场价格来一一确定保险财产的价值。保险金额一般应分项目，分项列明。一般情况下，目前的室内财产分为衣物及床上用品、家用电器及文化娱乐用品、家具及其他生活资料。农村的被保险人还可分出农机、农具项目。

特约财产的保险金额应由保险人和被保险人双方商定。

五、家庭财产保险的保险费率与保险期限

保险费率采用年费率，一般为0.1%～0.3%。

根据被保险人的不同需要，家庭财产保险可以分为普通家庭财产保险（保险期限为1年期）、定期还本家庭财产保险（保险期限为1年期、3年期和5年期）。

六、家庭财产保险的种类

（一）普通家庭财产保险

普通家庭财产保险是采取缴纳保险费的方式，保险期限为一年，从保险人签发保单零时起，到保险期满24小时止。没有特殊原因，中途不得退保。保险期满后，所缴纳的保险费不退还，继续保险需要重新办理保险手续。

（二）到期还本型家庭财产保险

它的承保范围和保险责任与普通家财险相同。到期还本型家庭财产保险具有灾害补偿和储蓄的双重性质。投保时，投保人缴纳固定的保险储金，储金的利息转作保费，保险期满时，无论在保险期内是否发生赔付，保险储金均返还投保人。

（三）利率联动型家庭财产保险

随着物价指数的上涨和中国人民银行（简称“央行”）不断升息，人们对保险保障提出了更高的要求。利率联动型家庭财产保险应运而生。投保此类险种除拥有相应的保障责任外，如遇银行利率调整，随一年期银行存款利率同步、同幅调整，分段计息，无论是否发生保险赔偿，期满均可获得本金和收益。

七、家庭财产保险赔偿处理

在家庭财产保险中，房屋建筑物的损失采用不定值保险的赔偿方式，其他财产的赔偿采用第一危险赔偿方式。在理赔中，特别要注意进行详细的现场查勘、进行责任认定、合理计算赔款等工作，以有效避免道德风险，保护保险双方的合法权益。

（1）被保险人索赔时，应当向保险公司提供保险单、损失清单和其他必要的单证。

（2）保险财产遭受保险责任范围内的损失时，保险公司按照出险当时保险财产的实际价值计算赔偿，但最高不超过保险单分项列明的保险金额。

（3）保险财产遭受部分损失经保险公司赔偿后，保险合同继续有效，但其保险金额相应减少。减少金额由保险公司出具批单批注。

（4）发生保险责任范围内的损失后，应由第三者赔偿的，被保险人可以向保险公司或第三者索赔。被保险人如向保险公司索赔，应自收到赔款之日起，向保险公司转移向第三者代位索赔的权利。在保险公司行使代位索赔权利时，被保险人应积极协助，并向保险公司提供必要的文件及有关情况。

（5）被保险人的索赔期限，自其知道保险事故发生之日起，不得超过两年。

八、家庭财产保险附加盗抢险

家庭财产保险中有多种附加险，盗抢险是其中最主要的险种。

（一）保险责任

房屋及附属设施、存放于保险地址室内的家庭财产，因外来的、有明显盗窃痕迹的盗窃或持械抢劫造成的损失，在向公安机关报案后，3个月内未能破案的，保险人负责赔偿。

（二）除外责任

家庭财产保险附加盗抢险对下列损失不负责赔偿。

（1）被保险人及其家庭成员、服务人员、寄居人的盗窃或纵容他人盗窃造成的损失。

（2）无明显盗窃痕迹，如窗外钩物、顺手牵羊等行为。

（3）冒名诈骗或冒领财物的。

此外，一般还规定盗窃案发生后必须向公安机关报案，以避免道德风险，虚报案情。

第四节　运输工具保险

一、机动车辆保险

（一）机动车辆保险的概念

机动车辆保险，简称车险，是指对机动车辆由于自然灾害或意外事故所造成的人身伤亡或财产损失负赔偿责任的一种商业保险。机动车辆保险是财产保险的一种，它伴随着汽车的出现和普及而不断发展成熟。

【知识链接】

机动车辆保险的现状

据《2013～2017年中国汽车保险行业市场前瞻与投资战略规划分析报告》数据显示，截至2011年底，全国机动车保有量为2.25亿辆，其中私人汽车保有量7872万辆，增长20.4%，民用轿车保有量4962万辆，增长23.2%，其中私人轿车4322万辆，增长25.5%。

由于汽车数量的猛增，与之相对的车险市场也呈现出快速发展的态势。2001年我国车险保费为421.70亿元，车险行业首度扭亏为盈。到2011年，国内车险的保费收入达到3504亿元，同比增长16.66%。

从我国来看，随着汽车保有量的逐年增加，汽车保险已经成为我国非寿险市场的主要组成部分，更是财产保险中的第一大险种。

当前，在国内保险公司中，汽车保险业务保费收入已占到其财产保险业务总保费收入的50%以上，部分公司的汽车保险业务保费收入占其财产保险业务总保费收入的60%以上。汽车保险业务经营的盈亏，直接影响到财产保险行业的经济效益。

根据中国保险行业协会的统计数据显示，截至2011年底，我国共有保险公司135家，保险中介机构36家、其中大部分已经开展了汽车保险业务。

在国内车险市场，中国人民保险（简称人保）、平安保险及太平洋保险（简称太保）所占的市场份额位居前三，但随着天平车险、众诚车险等专业车险公司的发展壮大，车险的市场集中度进一步降低，市场竞争将愈发激烈。据前瞻网统计数据显示，2011年，人保、平安和太保车险保费收入市场份额分别为36.54%、18.63%和13.53%，三者合计占比68.70%，比2001年三大车险公司94.46%的市场份额下降了25.76个百分点。

（二）机动车辆保险的特点

（1）保险标的流动性强，风险大，行程不固定，常异地出险。

（2）业务量大，投保率高，符合风险分散原则。

（3）扩大的保险利益，不仅被保险人，而且被保险人允许的合格驾驶员在使用保险车辆时，也视为对保险标的具有保险利益。

（4）关于免赔（额）率，有以下几项规定。

① 规定免赔额（率）。免赔额（率）可分为绝对免赔额（率）和相对免赔额（率）。我国机动车辆保险一般实行绝对免赔额（率），如某财产保险公司车险条款中规定500元为绝对免赔额。

② 按责免赔。按照每次保险事故与赔偿计算按责免赔，并实行免赔率累进的方式。负事故全部责任的（包括单方事故）免赔20%；负事故主要责任的免赔15%；负事故同等责任的免赔10%；负事故次要责任的免赔5%。

③ 事故累进免赔。一般规定是每多发生一次事故，在前次事故的免赔率基础上再增加一定的免赔率，但一般有最高限制，如因保险事故次数增加而相应增加的绝对免赔率不超过25%等。

（5）无赔款优待。保户享受无赔款优待的条件如下。

① 无赔款优待是指保险车辆在上一年保险期限内无赔款，续保时可享受减收保险费优待，优待金额为本年度续保险种应缴保险费的10%。

② 上年度投保的车辆损失险、第三者责任险、附加险中任何一项发生赔款，续保时均不能享受无赔款优待。不续保者不享受无赔款优待。

（6）属于不定值保险。

（7）机动车辆损失险的赔偿主要采取修复的方式。

（三）机动车辆保险的险种

机动车辆保险的基本险一般分为车辆损失险和第三者责任险。车辆损失险是指保险车辆遭受保险责任范围内的自然灾害或意外事故，造成保险车辆本身损失，保险人依照保险合同的规定给予赔偿。第三者责任险是指保险车辆因意外事故，致使他人遭受人身伤亡或财产的直接损失，保险人依照保险合同的规定给予赔偿。对该险种，世界上绝大部分国家采用强制保险，这是为了保护无辜受害者的利益。

机动车辆保险还有各类附加险，以适应不同的个性化需要，一般不能单独出单承保，如，全车盗抢险、玻璃单独破碎险、自燃损失险、车载货物掉落责任险、不计免赔特约险等。

（四）机动车辆保险的保险责任

1. 车辆损失险的保险责任

车辆损失险的保险标的，是各种机动车辆的车身及其零部件、设备等。当保险车辆遭受保险责任范围的自然灾害或意外事故，造成保险车辆本身损失时，保险人应当依照保险合同的规定给予赔偿。

车辆损失保险的保险责任，包括碰撞责任、倾覆责任与非碰撞责任。其中，碰撞是指被保险车辆与外界物体的意外接触，如车辆与车辆、车辆与建筑物、车辆与电线杆或树木、车辆与行人、车辆与动物等碰撞，均属于碰撞责任范围之列。倾覆责任指保险车辆由于自然灾害或意外事故，造成本车翻倒，车体触地，使其失去正常状态和行驶能力，不经施救不能恢复行驶。非碰撞责任，则可以分为以下几类。

（1）保险单上列明的各种自然灾害，如洪水、暴风、雷击、泥石流等。

（2）保险单上列明的各种意外事故，如火灾、爆炸、空中运行物体的坠落等。

（3）其他意外事故，如倾覆、冰陷、载运被保险车辆的渡船发生意外等。

2. 第三者责任险的保险责任

机动车辆第三者责任险，是承保被保险人或其允许的合格驾驶人员在使用被保险车辆时、因发生意外事故而导致的第三者的损害索赔危险的一种保险。由于第三者责任保险的主要目的在于维护公众的安全与利益，因此，在实践中通常作为法定保险并强制实施。

机动车辆第三者责任保险的保险责任，即是被保险人或其允许的合格驾驶员在使用被保险车辆过程中发生意外事故、而致使第三者人身或财产受到直接损毁时被保险人依法应当支付的赔偿金额。有关此保险的责任核定，应当注意两点：

（1）直接损毁，实际上是指现场财产损失和人身伤害，各种间接损失不在保险人负责的范围；

（2）被保险人依法应当支付的赔偿金额，保险人依照保险合同的规定进行补偿。

这两个概念是不同的，即被保险人的补偿金额并不一定等于保险人的赔偿金额，因为保险人的赔偿必须扣除除外不保的责任或除外不保的损失。例如：被保险人所有或代管的财产，私有车辆的被保险人及其家庭成员以及他们所有或代管的财产，本车的驾驶人员及本车上的一切人员和财产在交通事故中的损失，不在第三者责任保险负责赔偿之列；被保险人的故意行为，驾驶员酒后或无有效驾驶证开车等行为导致的第三者责任损失，保险人也不负责赔偿。

（五）机动车辆保险的责任免除

1. 车辆损失险的责任免除

（1）自然磨损、朽蚀、故障、轮胎单独损坏。

（2）地震、人工直接供油、高温烘烤造成的损失。

（3）受本车所载货物撞击的损失。

（4）两轮及轻便摩托车停放期间翻倒的损失。

（5）遭受保险责任范围内的损失后，未经必要修理继续使用，致使损失扩大部分。

（6）自燃以及不明原因产生的火灾。

（7）玻璃单独破碎。

（8）保险车辆在淹及排气筒的水中启动或被水淹后操作不当致使发动机损坏。

2. 第三者责任险的责任免除

（1）被保险人或其允许的驾驶员所有或代管的财产。

（2）私有、个人承包车辆的被保险人或其允许的驾驶员及其家庭成员，以及或代管的财产。

（3）本车上的一切人员和财产。

（六）机动车辆保险的保险金额和赔偿限额

1. 车辆损失险的保险金额

（1）新车购置价。新车购置价是指在保险合同签订地购置与保险车辆同类型的新车价格，含车辆购置附加费。

（2）实际价值。实际价值是指同类型车辆市场新车购置价减去该车已使用年限折旧金额后的价格。折旧按每满一年扣除一年计算，不足一年的部分不计折旧。其折旧率则按国家有关规定执行，但最高折旧金额不超过新车购置价的80%。

（3）协商价值。协商价值是指由被保险人与保险人协商确定的价值。保险金额不得超过保险价值，超过部分无效。保险价值是指投保时作为确定保险金额的保险标的价值。

2. 第三者责任险的赔偿限额

第三者责任险的每次事故最高赔偿限额应根据不同车辆种类选择确定，具体规定如下。

（1）对摩托车、拖拉机第三者责任险的赔偿限额分为四个档次：2万元、5万元、10万元、20万元。但在不同的区域选择原则有所不同。

（2）对摩托车、拖拉机以外的机动车辆第三者责任险的赔偿限额分为六个档次：5万元、10万元、20万元、50万元、100万元，以及100万元以上1000万元以内。

（七）机动车辆保险的保险期限

机动车辆保险的保险期限通常为一年，自保险单载明之日起，到保险期满日二十四时止。对于当天投保的车辆，起保时间应为次日零时，期满续保需另办手续。

（八）保险费的计算

1. 机动车辆损失保险费率

确定机动车辆保险费率时一般应考虑下述因素：车辆的用途，地域，车辆类型，车龄，投保人的年龄、性别、职业、驾驶记录和婚姻状况等。但不同国家具体运用时有所不同。

我国确定机动车辆保险费率的主要依据是车辆的使用性质和车辆种类两个因素。根据我国《机动车辆保险费率表》及有关规定核定费率，费率表中的车辆使用性质分为两类：营业用车和非营业用车。对于兼有两类使用性质的车辆，按高档费率计算。

车辆损失险保险费计算公式为：

车辆损失保险费＝基本保费＋(保险金额×费率)

如：某车主购买一辆新的进口小轿车，用作非营业性车辆，其购置价为24万元。该车主到保险公司投保车辆损失险，基本保费为600元，费率为1.2%，则

该车的保险费＝600＋240000×1.2%＝3480(元)

2. 第三者责任险的保险费

第三者责任险的保险费是根据车辆种类、使用性质按投保人选择的赔偿限额档次从费率表中查出其保险费收费标准，它是一种固定保险费。我国机动车辆第三者责任险的固定保费是按不同车辆种类和使用性质对应的第三者责任险每次最高赔偿限额确定的。最高赔偿限额分为6个档次，即5万元、10万元、20万元、50万元、100万元，100万元以上1000万元以内。保险费按投保时确定的每次事故最高赔偿限额对应的固定保费收取。

（九）机动车辆保险的赔偿

1. 车辆损失险的赔偿计算

（1）全部损失。全部损失时按保险金额计算赔偿，但保险金额高于实际价值时，以不超过出险当时的实际价值计算赔偿。

当足额或不足额保险时：保险车辆发生全部损失后，如果保险金额等于或低于出险当时的实际价值，则按保险金额计算赔偿。即：

赔款＝(保险金额－残值)×事故责任比例×(1－事故责任免赔率)×(1－绝对免赔率)－绝对免赔额

当超额保险时：保险车辆发生全部损失后，如果保险金额高于出险当时的实际价值，按出险当时的实际价值计算赔偿。即：

赔款＝(实际价值－残值)×事故责任比例×(1－事故责任免赔率)×(1－绝对免赔率)－绝对免赔额

(2) 部分损失。部分损失的赔偿计算分为如下几类。

① 按照新车购置价投保的，无论保险金额是否低于出险当时的新车购置价，发生部分损失均按照实际修复费用赔偿。即：

赔款＝(实际修复价值－残值)×事故责任比例×(1－事故责任免赔率)×(1－绝对免赔率)－绝对免赔额

如果保险车辆的保险金额低于投保时的新车购置价，发生部分损失按照保险金额与投保时的新车购置价比例计算赔偿修复费用。即：

赔款＝(实际修复价值－残值)×(保险金额/新车购置价)×事故责任比例×(1－事故责任免赔率)×(1－绝对免赔率)－绝对免赔额

保险车辆损失最高赔款金额及施救费分别以保险金额为限。保险车辆按全部损失计算赔偿或部分损失一次赔款加免赔金额之和达到保险金额时，车辆损失险的保险责任即行终止。但保险车辆在保险期限内，不论发生一次或多次保险责任范围内的部分损失或费用支出，只要每次赔款加免赔金额之和未达到保险金额，其保险责任仍然有效。

② 保险金额低于投保时的新车购置价的，其计算公式为：

赔款＝(实际修复价值－残值)×事故责任比例×(保险金额/新车购置价)×(1－事故责任免赔率)×(1－绝对免赔率)－绝对免赔额

2. 第三者责任保险的赔偿计算

保险车辆发生第三者责任事故时，按保险合同确定的赔偿范围、项目和标准，在保险单载明的赔偿限额内核定赔偿数额。对被保险人自行承诺或支付的赔偿金额，保险人有权重新核定或拒绝赔偿。

当被保险人按事故责任比例应付的赔偿金额超过赔偿限额时：

赔款＝赔偿限额×(1－免赔率)

当被保险人按事故责任比例应付的赔偿金额低于赔偿限额时：

赔款＝应付赔偿金额×(1－免赔率)

机动车辆保险采用一次性赔偿结案的原则，保险人对第三者责任险保险事赔偿结案后，对被保险人追加受害人的任何赔偿费用不再负责。

第三者责任险的保险责任为连续责任：保险车辆发生第三者责任保险事故，保险人赔偿后，每次事故无论赔偿是否达到保险赔偿限额，只要在保险期限内，第三者责任险的保险责任仍然有效，直至保险期满。

保险车辆、第三者的财产遭受损失后的残余部分，可协商作价归被保险人，并在赔款中扣除。

二、船舶保险

(一) 船舶保险的概念

船舶保险是以各种类型船舶为保险标的，承保其在海上航行或者在港内停泊时遭到的因自然灾害和意外事故所造成的全部或部分损失及可能引起的责任赔偿。船舶保险采用定期保险单或航程保险单，其特点是保险责任仅以水上为限，这与货物运输保险可将责任扩展至内陆的某一仓库不同。

（二）船舶保险的保险标的

船舶保险的保险标的，包括运输船舶、渔业船舶、工程船舶、工作船舶、特种船舶及其附属设备，以及各种水上装置。同时，船舶保险的承保人往往将上述保险标的的碰撞责任亦作为船舶保险的基本责任予以承保。

（三）船舶保险的保险责任

船舶保险的保险责任可以划分为碰撞责任与非碰撞责任，前者是指保险标的与其他物体碰撞并造成对方损失且依法应由被保险人承担经济赔偿责任的风险；后者则包括有关自然灾害（主要是海洋灾害）、火灾、爆炸等，以及共同海损分摊、施救费用、救助费用等。

船舶保险的不保责任主要包括：战争、军事行动和政府征用；不具备适航条件；被保险人及其代理人的故意行为；正常维修；因保险事故导致停航、停业的间接损失；以及超载、浪损等引起的损失。

（四）船舶保险的保险金额

船舶保险的保险金额通常采取一张保险单一个保险金额，但承保船舶本身的损失、碰撞责任和费用损失等，即上述三项损失均分别以船舶保险的保险金额为最高赔偿限额，从而属于高度综合的险种。

（五）船舶保险的保险费率

船舶保险的费率厘定，需要综合考虑船舶的种类和结构、船舶的新旧程度、航行区域、吨位大小、使用性质等因素，同时参照历史损失记录和国际船舶保险界的费率标准。其中，航行水域是十分重要的因素。

（六）船舶保险的理赔

当发生保险事故后，被保险人应当及时通知港务监督部门进行事故调查处理，保险人亦得及时参与。在赔偿时需要注意的事项包括：严格审核事故的性质，区分保险责任与除外责任；对碰撞事故要严格区分碰撞双方或多方的责任，按责论处；对船舶本身损失、碰撞责任的赔偿以保险金额为最高限额分别计算赔款，对有关费用则需要根据情况在保险人与被保险人之间或有关各方之间进行分摊。

三、飞机保险

（一）飞机保险的概念

飞机保险是以飞机及其相关责任、利益为保险标的的保险，它是随着飞机制造业的发展，在海运险和人身意外伤害险的基础上发展起来的一个保险领域。以飞机为保险标的，集财产保险和责任保险于一体的综合险种。当承保的飞机由于自然灾害或意外事故而受损坏，致使第三者或机上旅客人身伤亡、财产损失时，由保险公司负责赔偿。

（二）飞机保险险别种类

1. 机身险

机身险即飞机损失或损坏险，承保包括机壳及其设备、仪器和特别安装的附件等项目，保险人可以根据保单列明的损失原因，承担被保险人遭受的直接损失；保险人也可以按照一切险的规定，负责赔偿造成的飞机意外损失或损坏。责任免除的内容主要有：飞机不符合适航条件而飞行；被保险人及其代理人的故意行为；飞机任何部件的自然磨损、制造及机械缺陷；为了非法目的而使用飞机；参加竞赛等飞行；除迫降外，在规定航线外的不合格的机场降落；战争、罢工、民变、劫持；不合格驾驶员驾驶飞机等。对所保飞机在飞行或滑行中以及在地面，不管任何原因造成飞机极其附件的意外损失或损坏负责赔偿，同时负责因意外事故引起的飞机拆卸、重装和清除机骸的费用。

2. 第三者责任险

第三者责任险是指承保投保人因对飞机享有所有权、占有权，非修保养或使用过程中，由于疏忽、过失或意外事故依法应负的有关飞机对地面、空中或机外的人造成意外伤害或死亡事故或财物损毁的损失赔偿责任，其性质与机动车辆第三者责任保险相似。飞机第三者责任保险包括由飞机或从飞机上坠人、坠物所造成的第三者人身伤亡或财产损失依法应由被保险人负责的经济赔偿责任，以及涉及被保险人的赔偿责任所引起的诉讼费用，均可由保险人负责赔偿。该项保险的除外责任有：战争和军事行动、飞机不适航而飞行、被保险人的故意行为、因飞机事故产生的善后工作所支出的费用、被保险人及其工作人员和本机上的旅客或其所有以及代管的财产。凡由上述原因所导致的损失，保险人不予负责。飞机第三者责任保险的赔偿限额和保险费是根据不同的飞机类型而制订的。对被保险人在使用飞机时，由于飞行或从机上坠人坠物造成第三者（即他人）人身伤亡或财务的损失，应由被保险人负责的经济赔偿责任，也负责赔偿。

3. 旅客的法定责任险

旅客责任保险承保当乘客进入飞机，被载运或在降落时、或在庇护下的飞行过程中，由事故性原因而招致的身体伤害乃至死亡以及财产损失，航空公司应当依法承担的损害赔偿责任。旅客责任保险的赔偿限额各国不一，我国一般规定高于陆上交通事故的同等损害赔偿标准。凡保险飞机上所载旅客和行李，在飞机上或在上下飞机时，因意外造成人身伤亡或行李损坏、丢失或延迟送达所造成的损失应由被保险人负责的，由保险人负责赔偿。

4. 承运人对所运货物的责任险

该险种也称承运人航空运输货物责任保险，或空运货物赔偿责任保险，它是承保航运方在受托运送的货物遭受损失时依法应负的赔偿责任的一种责任保险。按现行国际航空运输公约的规定，航空承运人对所受托运的货物如在航空运送期间发生损毁灭失、延迟到货的损失，除非能被证明其本人及其代理人已采取措施防止损害，或确实无法进行损害防范，否则，均应负赔偿责任。保险人承担责任与否，亦以此为依据，并受保险合同的制约。凡是由承运人运输的货物，如发生损失应由承运人员负责的，由保险人负责赔偿。

除上以外还包括战争险、劫持非法拘留险；其他与飞机有关的保险业务，如机场及操纵人员法定责任保险、产品法定责任险、机组人员人身意外保险、丧失使用保险、自动人身意外或承运责任保险等。

第五节　货物运输保险

一、货物运输保险的适用范围

货物运输保险是以运输过程中的各种货物为保险标的、以运行过程中可能发生的有关风险为保险责任的一种财产保险。货物运输保险保障的是运输过程中的货物的安全，该险种仅适用于收货人和发货人。在国际上，运输货物保险是由收货人投保还是由发货人投保，通常由贸易合同明确规定，并往往包含在货物价格中。在我国，发货人与收货人均可投保货物运输保险。

二、货物运输保险的一般内容

（一）货物运输保险的分类

根据货物运输分为海上、内河、航空、陆上和多式联运等多种方式，货物运输保险亦可以被划分为水路货物运输保险、陆上货物运输保险和航空货物运输保险及联运险等。联运险是承保那些需要经过两种或两种以上的主要运输工具联运，才能将其从起运地运送到目的地的货物的保险。根据货物运输保险的承保范围，货物运输保险又可以分为国内货物运输保险和涉外货物运输保险。前者系货物运输在国内进行，后者则是货物运输超越了一国国境。按照保险人承担责任的方式，货物运输保险还可以划分为基本保险、综合保险和附加险三类。

（二）货物运输保险的保险责任

一般而言，货物运输保险基本险的责任通常包括的项目：一是因火灾、爆炸及相关自然灾害所导致的货物损失；二是因运输工具发生意外事故而导致的货物损失；三是在货物装卸过程中的意外损失；四是按照国家规定或一般惯例应当分摊的共同海损费用；五是合理的、必要的施救费用等。

货物运输保险综合险则不仅承保上述责任，而且还承保盗窃、雨淋等原因造成的货物损失。

无论是基本险还是综合险，保险人对下列原因导致的损失均不负责：

① 战争或军事行动；

② 被保险货物本身的缺陷或自然损耗；

③ 被保险人的故意行为或过失；

④ 核事件或核爆炸；

⑤ 其他不属于保险责任范围内的损失等。

（三）货物运输保险的保险金额

货物运输保险采用定值保险方式，即当保险标的发生保险损失后，直接按照合同确定的保险金额与损失程度进行赔偿，其赔偿金额不受货物市场价格变动的影响。这是货物运输保险的一大特点。

国内货物运输保险的保险金额的确定依据包括起运地成本价、目的地成本价、目的地市场价等，由被保险人任选一种。涉外货物运输保险的保险金额的确定依据包括离岸价（free on board，FOB)、成本加运费价（cost and freight，CFR)、到岸价（cost insurance and freight，CIF）等，由投保人根据贸易合同确定。

（四）运输货物保险的保险费率

在确定运输货物保险的保险费率时，通常要考虑所选用的运输工具、运输路径、运输方式和所经区域，以及货物本身的性质与风险，保险人据此综合评估风险，并根据费率规章确定费率。如果投保人同时选择了附加险，则还需要另行计收保险费。

（五）运输货物保险的保险期限

一般财产保险的期限是定期的，以一年为期限，到期自然终止。货物运输保险的保险期限采用“仓至仓条款”，每一批投保货物的保险责任起讫时间都以约定的运输途程为标准，即从保险货物离开启运地的仓库或储存处所开始，直到到达目的地收货人的仓库或储存处所时终止。这也是运输货物保险的一大特点。

（六）运输货物保险的理赔

运输货物发生损失时，需要对受损货物进行检验，检验时保险人或保险人的代理人与被保险人均应同时在场，以避免正式处理赔案时发生纠纷。被保险人索赔必须提供符合保险合同规范的各种单证，并接受保险人的审核。如果损失是由承运人的原因造成的，则保险人还应当依法行使追偿权。

第六节　工程保险

一、工程保险的概念及其特征

（一）工程保险的概念

工程保险是指在工程建设期间，因灾害和意外事故造成各种工程项目及其有关的各种机器设备的财产损失或第三者责任风险，由保险公司承担赔偿责任的保险。一般而言，传统的工程保险仅指建筑工程保险和安装工程保险，但进入21世纪后，各种科技工程发展迅速，亦成为工程保险市场日益重要的业务来源。

（二）工程保险的特征

1. 工程保险的风险具有集中性

现代工程项目往往是高价值、高技术的集合体，使得工程保险承保的风险越来越集中，巨额风险越来越多。

2. 工程保险的利益关系涉及多方性

工程保险的保险标的涉及多个经济利益关系人，如工程所有人、工程承包人、技术顾问及贷款银行等，都对同一个工程项目承担着不同程度的风险，具有一定的保险利益。因此，工程保险的利益关系复杂，各方关系人都受保险合同及交叉责任条款的规范和制约。

3. 工程保险的内容存在交叉性

不同的工程在内容上存在一定的交叉，比如建筑工程中包含有安装工程项目，安装工程中往往包含有建筑工程项目，这就使得各种工程保险具有内容上的交叉性与相通性。

4. 工程保险的承保具有较强的技术性

现代工程涉及多种学科或者尖端技术，对于保险的承保技术、承保手段和承保能力提出了更高的要求。

二、建筑工程保险

（一）建筑工程保险的概念

建筑工程保险是以承保土木建筑为主体的工程，在整个建设期间，由于保险责任范围内的风险造成保险工程项目的物质损失和列明费用损失的保险。

（二）建筑工程保险的特点

建筑工程保险，是随着现代工业和现代科学技术的发展在火灾保险、意外伤害保险及责任保险的基础上逐步演变而成的一种综合性保险。其主要特征有如下几项。

1. 承保风险的特殊性

建筑工程保险承保的保险标的大部分都裸露于风险中，同时，在建工程在施工过程中始终处于动态过程，各种风险因素错综复杂，风险程度增加。

2. 风险保障的综合性

建筑工程保险既承保被保险人财产损失的风险，又承保被保险人的责任风险，还可以针对工程项目风险的具体情况提供运输过程中、工地外储存过程中、保证期间等各类风险。

3. 被保险人的广泛性

被保险人包括业主、承包人、分承包人、技术顾问、设备供应商等其他关系方。

4. 费率的特殊性

建筑工程保险采用的是工期费率，而不是年度费率。

5. 保险期限不等

传统保险的保险期限通常为一年，期满可续保；而建筑保险的保险期限一般按工期计算，即自工程开工至工程竣工为止。特别是大型工程，其中有的项目是分期施工并交付使用，因而各个项目的期限有先有后，有长有短。

（三）建筑工程保险的适用范围及被保险人范围

建筑工程保险承保的是各类建筑工程，即适用于各种民用、工业用和公共事业用的建筑工程，如房屋、道路、桥梁、港口、机场、水坝、道路、娱乐场所、管道，以及各种市政工程项目等，均可以投保建筑工程保险。

建筑工程保险的被保险人大致包括以下几方：

① 工程所有人，即建筑工程的最后所有者；

② 工程承包人，即负责承建该项工程的施工单位，可分为总承包人和分承包人；

③ 技术顾问，即由所有人聘请的建筑师、设计师、工程师和其他专业顾问；

④ 其他关系方，如贷款银行或其他债权人等。

（四）建筑工程保险的责任范围

建筑工程保险的保险责任可以分为物质部分的保险责任和第三者责任部分的保险责任两大部分。

1. 物质部分的保险责任

物质部分的保险责任主要有保险单上列明的各种自然灾害和意外事故，如洪水、风暴、水灾、暴雨、地陷、冰雹、雷电、火灾、爆炸等多项，同时还承保盗窃、工人或技术人员过失等人为风险，并可以在基本保险责任项下附加特别保险条款，以利被保险人全面转嫁自己的风险。不过，对于错误设计引起的损失、费用或责任，换置、修理或矫正标的本身原材料缺陷或工艺不善所支付的费用，引起的机械或电器装置的损坏或建筑用机器、设备损坏，以及停工引起的损失等，保险人不负责任。被保险人所有或使用的车辆、船舶、飞机、摩托车等交通运输工具，亦需要另行投保相关运输工具保险。

2. 第三者责任部分的保险责任

第三者责任是指在保险期间因建筑工地发生意外事故造成工地及邻近地区的第三者人身伤亡和财产损失，且依法应由被保险人承担的赔偿责任，以及事先经保险人书面同意的被保险人因此而支付的诉讼费用和其他费用。赔偿责任不得超过保险单中规定的每次事故赔偿限额或保单有效期内累计赔偿限额。

三、安装工程保险

（一）安装工程保险的概念

安装工程保险，是指以各种大型机器、设备的安装工程项目为保险标的的工程保险，保险人承保安装工程期间因自然灾害或意外事故造成的物质损失及有关法律赔偿责任。相对于建筑工程而言，安装工程保险承保的主要风险是人为风险。

（二）安装工程保险的适用范围

安装工程保险的承保项目，主要是指安装的机器设备及其安装费，凡属安装工程合同内要安装的机器、设备、装置、物料、基础工程（如地基，座基等）以及为安装工程所需的各种临时设施（如临时供水，供电，通信设备等）均包括在内。此外，为完成安装工程而使用的机器、设备等，以及为工程服务的土木建筑工程、工地上的其他财物、保险事故后的场地清理费等，均可作为附加项目予以承保。安装工程保险的第三者责任保险与建筑工程保险的第三者责任保险相似，既可以作为基本保险责任，亦可作为附加或扩展保险责任。

（三）安装工程保险的特点

安装工程保险简称安工险，与建筑工程险同属综合性的工程保险业务，但又有其明显的特点。

(1) 以安装项目为主要承保对象。安装工程保险，以安装项目为主体的工程项目为承保对象。虽然大型机器设备的安装需要进行一定范围及一定程度的土木建筑，但安装工程保险承保的安装项目始终在投保工程建设中占主体地位，其价值不仅大大超过与之配套的建筑工程，而且建筑工程的本身亦仅仅是为安装工程服务的。

(2) 安装工程在试车、考核和保证阶段风险最大。在建筑工程保险中，保险风险责任一般贯穿于施工过程中的每一环节；而在安装工程保险中，机器设备只要未正式运转，许多风险就不易发生。虽然风险事故的发生与整个安装过程有关，但只有到安装完毕后的试车、考核和保证阶段，各种问题及施工中的缺陷才会充分暴露出来。

(3) 承保风险主要是人为风险。各种机器设备本身是技术产物，承包人对其进行安装和试车更是专业技术性很强的工作，在安装工程施工过程中，机器设备本身的质量如何，安装者的技术状况、责任心，安装中的电、水、气供应以及施工设备，施工方式方法等均是导致风险发生的主要因素。因此，安装工程虽然也承保着多项自然风险，但与人的因素有关的风险却是该险种中的主要风险。

(四) 安装工程保险的保险责任

安装工程保险物质部分的保险责任除了与建筑工程保险的部分相同外，一般还要承保安装过程中出现的超负荷、超电压、碰线、电弧、走电、短路等引起的事故，以及安装技术不善引起的事故。安装工程保险第三者责任险的保险责任与建筑工程的相同。

安装工程保险物质部分的除外责任，多数与建筑工程相同，不过，安装工程保险对设计错误造成的损失不保，但是对由此引起的其他保险财产的损失予以负责。

四、科技工程保险

(一) 科技工程保险的概念及使用范围

科技工程保险是以各种重大科技工程或科技产业为保险标的，承保科技工程实施中因自然灾害或意外事故造成的财产损失以及责任风险的保险。科技工程保险主要适用于海洋石油开发工程、航天工程、核能工程和其他科技工程。由于科技工程保险的保险标的具有价值高昂、风险集中、技术含量极高的特点，使得科技工程保险被视为现代保险业中最高级的业务。它虽属于工程保险，但又具有相对独立的保险业务来源。

(二) 海洋石油开发保险

海洋石油开发保险面向的是现代海洋石油工业，它承保从勘探到建成、生产整个开发过程中的风险，海洋石油开发工程的所有人或承包人均可投保该险种。

该险种一般被划分为四个阶段：普查勘探阶段、钻探阶段、建设阶段和生产阶段。每一阶段均有若干具体的险种供投保人选择投保。每一阶段均以工期为保险责任起讫期。当前一阶段完成，并证明有石油或有开采价值时，后一阶段才得以延续，被保险人亦需要投保后一阶段保险。因此，海洋石油开发保险作为一项工程保险业务，是分阶段进行的。

其主要的险种有勘探作业工具保险、钻探设备保险、费用保险、责任保险、建筑安装工程保险。在承保、防损和理赔方面，均与其他工程保险业务具有相通性。

(三) 卫星保险

卫星保险是以卫星为保险标的的科技工程保险，它属于航天工程保险范畴，包括发射前保险、发射保险和寿命保险。其主要业务是卫星发射保险，即保险人承保卫星发射阶段的各种风险。卫星保险的投保与承保手续与其他工程保险并无区别。

(四) 核电站保险

核电站保险以核电站及其责任风险为保险对象，是核能民用工业发展的必要风险保障措施，也是对其他各种保险均将核子风险除外不保的一种补充。

核电站保险的险种主要有财产损毁保险、核电站安装工程保险、核责任保险和核原料运输保险等，其中财产损毁保险与核责任保险是主要业务。

在保险经营方面，保险人一般按照核电站的选址勘测、建设、生产等不同阶段提供相应的保险，从而在总体上仍然具有工期性。当核电站正常运转后，则可以采用定期保险单承保。

（五）其他科技保险

其他科技保险主要是承保科技成果转化及其产业化过程的风险，主要包括科技成果应用保险、计算机与网络技术保险等。

第七节 责任保险

一、责任保险的概念

责任保险作为一种保险业务，产生于19世纪的欧美国家，20世纪70年代以后在工业化国家迅速得到发展。1880年，英国颁布《雇主责任法》，当年即有专门的雇主责任保险公司成立，承保雇主在经营过程中因过错致使雇员受到人身伤害或财产损失时应负的法律赔偿责任；1886年，英国在美国开设雇主责任保险分公司，而美国自己的雇主责任保险公司则在1889年才出现。

责任保险是指以被保险人依法应负的民事损害赔偿责任或经过特别约定的合同责任作为承担责任的保险。

二、责任保险的特征

责任保险与一般财产保险相比较，其共同点是均以大数法则为数理基础，经营原则一致，经营方式相近，均是对被保险人经济利益损失进行补偿。

（一）责任保险产生与发展基础的特征

责任保险产生与发展的基础不仅是各种民事法律风险的客观存在和社会生产力达到了一定的阶段，而且是由于人类社会的进步带来了法律制度的不断完善，其中法制的健全与完善是责任保险产生与发展的最为直接的基础。

（二）责任保险补偿对象的特征

尽管责任保险中承保人的赔款是支付给被保险人，但这种赔款实质上是对被保险人之外的受害方即第三者的补偿，从而是直接保障被保险人利益、间接保障受害人利益的一种双重保障机制。

（三）责任保险承保标的的特征

责任保险承保的却是各种民事法律风险，是没有实体的标的。保险人在承保责任保险时，通常对每一种责任保险业务要规定若干等级的赔偿限额，由被保险人自己选择，被保险人选定的赔偿限额便是保险人承担赔偿责任的最高限额，超过限额的经济赔偿责任只能由被保险人自行承担。

（四）责任保险承保方式的特征

责任保险的承保方式具有多样化的特征。

在独立承保方式下，保险人签发专门的责任保险单，它与特定的物没有保险意义上的直接联系，而是完全独立操作的保险业务。

在附加承保方式下，保险人签发责任保险单的前提是被保险人必须参加了一般的财产保险，即一般财产保险是主险，责任保险则是没有独立地位的附加险。

在组合承保方式下，责任保险的内容既不必签订单独的责任保险合同，也无需签发附加或特约条款，只需要参加该财产保险便使相应的责任风险得到了保险保障。

（五）责任保险赔偿处理中的特征

（1）责任保险的赔案，均以被保险人对第三方的损害并依法应承担经济赔偿责任为前提条件，必然要涉及到受害的第三者，而一般财产保险或人身保险赔案只是保险双方的事情。

（2）责任保险赔案的处理也以法院的判决或执法部门的裁决为依据，从而需要更全面地运用法律制度。

（3）责任保险中因是保险人代替致害人承担对受害人的赔偿责任，被保险人对各种责任事故处理的态度往往关系到保险人的利益，从而使保险人具有参与处理责任事故的权利。

（4）责任保险赔款最后并非归被保险人所有，而是实质上付给了受害方。

三、责任保险的险别

（一）公众责任保险

1. 公众责任保险的概念

公众责任保险（public liability insurance），又称普通责任保险或综合责任保险，它以被保险人的公众责任为承保对象，是责任保险中独立的、适用范围最为广泛的保险类别。

所谓公众责任，是指致害人在公众活动场所的过错行为致使他人的人身或财产遭受损害，依法应由致害人承担的对受害人的经济赔偿责任。公众责任的构成，以在法律上负有经济赔偿责任为前提，其法律依据是各国的民法及各种有关的单行法规制度。此外，在一些并非公众活动的场所，如果公众在该场所受到了应当由致害人负责的损害，亦可以归属于公众责任。因此，各种公共设施场所、工厂、办公楼、学校、医院、商店、展览馆、动物园、宾馆、旅店、影剧院、运动场所，以及工程建设工地等，均存在着公众责任事故风险。这些场所的所有者、经营管理者等均需要通过投保公众责任保险来转嫁其责任。

2. 公众责任保险的保险责任

（1）被保险人在保单中列明的地点范围内从事生产、经营等活动或者由于意外事故造成第三者人身伤亡或财产损失，依法应由被保险人承担的民事赔偿责任以及事先经保险人书面同意的诉讼抗辩费用。

（2）发生保险责任事故后，被保险人为缩小或减少对第三者人身伤亡或财产损失的赔偿责任所支付的必要的、合理的费用。

3. 公众责任保险的除外责任

（1）被保险人根据与他人的协议应承担的责任；但即使没有这种协议，被保险人仍要承担的责任不在此限。

（2）为被保险人服务的任何人所遭受的人身伤害的赔偿责任。

（3）下列财产的损失责任：被保险人或其雇佣人员或其代理人员所有的财产或照管或控制的财产；被保险人或其雇佣人员或其代理人员正在从事或一直从事的工作所使用的任何物品、土地、房屋或建筑。

（4）由于下列原因所引起的损失或伤害责任：未载入保单的牲畜、交通工具、升降装置引起或发生的；火灾、地震、爆炸、洪水、烟熏和水污；有缺陷的卫生装置或任何类型的中毒或任何不洁或有害的食物或饮料；由于震动、移动或减弱支撑引起任何土地或房屋的损毁责任；由于战争、敌对行为、武装行为的直接或间接后果所致的责任。

4. 公众责任保险的赔偿限额与免赔额

公众责任险一般规定赔偿限额与免赔额。赔偿限额的规定主要有两种方法：一是规定每次事故的赔偿限额，无分项、无累计；二是规定每次事故的赔偿限额，并规定保险期限内的总赔偿金额。

5. 公众责任保险的分类

公众责任保险适用的范围非常广泛，其业务复杂，险种众多。它主要包括场所责任保险、承包人责任保险、承运人责任保险和个人责任保险等。

（1）场所责任保险。场所责任保险承保固定场所因存在着结构上的缺陷或管理不善，或被保险人在被保险场所进行生产经营活动时因疏忽发生意外事故，造成他人人身伤害或财产损失且依法应由被保险人承担的经济赔偿责任。它是公众责任保险中业务量最大的一个险别和主要的业务来源。根据场所的不同，它又可以进一步分为旅馆责任保险、电梯责任保险、车库责任保险、展览会责任保险、娱乐场所责任（如公园、动物园、影剧院、溜冰场、游乐场、青少年官、俱乐部等）、商店责任保险、办公楼责任保险、学校责任保险、工厂责任保险、机场责任保险等若干具体险种。场所责任保险的承保方式通常是在普通公众责任保险单的基础上，加列场所责任保险条款独立承保，但也可以设计专门的场所责任保险合同予以承保。

（2）承包人责任保险。承包人责任保险专门承保承包人的损害赔偿责任，它主要适用于承包各种建筑工程、安装工程、修理工程施工任务的承包人，包括土木工程师、建筑工、公路及下水道承包人以及油漆工等。在承包人责任保险中，保险人通常对承包人租用或自有的设备以及对委托人的赔偿、合同责任、对分承包人应承担的责任等负责，但对被保险人看管或控制的财产、施工的对象、退换或重置的工程材料或提供的货物及安装了的货物等不负责任。

（3）承运人责任保险。承运人责任保险专门承保承担各种客、货运输任务的部门或个人在运输过程中可能发生的损害赔偿责任，主要包括旅客责任保险、货物运输责任保险等险种。依照有关法律，承运人对委托给自己的货物运输和旅客运送的安全负有严格责任，除非损害货物或旅客的原因是不可抗力、军事行动及客户自己的过失等，否则，承运人均须对被损害的货物或旅客负经济赔偿责任。

（4）个人责任保险。个人责任保险主要承保私人住宅及个人在日常生活中所造成的损害赔偿责任。任何个人或家庭都可以将自己或自己的所有物或能造成损害他人利益的责任风险通过投保个人责任险而转移给保险人。主要的个人责任保险有住宅责任保险、综合个人保险和个人职业保险等。

（二）产品责任保险

1. 产品责任保险的概念

产品责任保险是指以产品制造者、销售者、维修者等的产品责任为承保风险的一种责任保险，而产品责任又以各国的产品责任法律制度为基础。

所谓产品责任，是指产品在使用过程中因其缺陷而造成用户、消费者或公众的人身伤亡或财产损失时，依法应当由产品供给方（包括制造者、销售者、修理者等）承担的民事损害赔偿责任。

产品的制造者包括产品生产者、加工者、装配者；产品修理者指被损坏产品或陈旧产品或有缺陷的产品的修理者；产品销售者包括批发商、零售商、出口商、进口商等各种商业机构，如批发站、商店、进出口公司等。此外，承运人如果在运输过程中损坏了产品并因此导致产品责任事故时，亦应当承担起相应的产品责任。

由此可见，产品责任保险承保的产品责任，是以产品为具体指向物，以产品可能造成的对他人的财产损害或人身伤害为具体承保风险，以制造或能够影响产品责任事故发生的有关各方为被保险人的一种责任保险。

2. 保险责任

（1）由于被保险人所生产、出售的产品或商品在承保区域内发生事故，造成使用、消费或操作该产品或商品的人或其他任何人的人身伤害、疾病、死亡或财产损失，依法应由被保险人承担的损害赔偿责任。

（2）对被保险人应付索赔人的诉讼费用以及经保险公司书面同意负责的诉讼及其他费用。但此项费用与责任赔偿金额之和以保险合同中列明的责任限额为限。

3. 除外责任

（1）根据合同或协议由被保险人承担的责任。

（2）根据劳工法、雇主责任法或雇佣合同应由被保险人对其雇员及有关人员承担的损害赔偿责任。

（3）被保险人所有、照管或控制的财产的损失。

（4）被保险人故意违法生产、出售或分配的产品造成任何人的人身伤害和财产损失。

（5）被保险产品本身的损失以及回收有缺陷产品造成的费用及损失。

4. 赔偿限额和保险期限

在产品责任保险的理赔过程中，保险人的责任通常以产品在保险期限内发生事故为基础，而不论产品是否在保险期内生产或销售。赔偿标准以保险双方在签订保险合同时确定的赔偿限额为最高额度，它既可以每次事故赔偿限额为标准，也可以累计的赔偿限额为标准。在此，生产、销售、分配的同批产品由于同样原因造成多人的人身伤害、疾病、死亡或多人的财产损失均被视为一次事故造成的损失，并且适用于每次事故的赔偿限额。

产品责任保险的保险期限一般为一年、三年或五年。另外，通常对索赔期限有如下规定：生产出售的同一批产品或商品，由于同样原因造成多人的人身伤害、疾病或死亡或多人的财产损失，应视为一次事故造成的损失；被保险人的索赔期限，从损失发生之日起，不得超过二年。

（三）职业责任保险

1. 职业责任保险的概念

职业责任保险，是以各种专业技术人员在从事职业技术工作时因疏忽或过失造成合同对方或他人的人身伤害或财产损失所导致的经济赔偿责任为承保风险的责任保险。职业责任保险所承保的职业责任风险，是从事各种专业技术工作的单位或个人因工作上的失误导致的损害赔偿责任风险，它是职业责任保险存在和发展的基础。

2. 职业责任保险的保险责任

（1）专业人员由于职业上的疏忽行为，错误或失职造成的损失。

（2）除被保险人自己外，还包括被保险人从事该业务的前任、被保险人的雇员和从事该业务的雇员的前任的职业疏忽行为所致的职业责任。

（3）被保险人因责任事故的发生依法应承担的赔偿金和法律费用以及经保险人同意的有关费用。

3. 职业责任保险的承保方式

（1）以事故发生为基础的承保方式，又称“长尾巴”业务。它是指保险公司仅对保单有效期内发生的事故所引起的损失负责，而不论原告是否在保险有效期内提出了索赔。采用这种方式最大的一个问题是，保险公司在该保单项下承担的赔偿责任往往要拖很长时间才能确定，而且由于通货膨胀等因素，最终索赔的数额可能大大超过当时疏忽行为发生时的水平。在这种情况下，如果索赔数额超过保单的赔偿限额，超过部分应由被保险人自行负责。

（2）以索赔为基础的承保方式。它是指保险公司仅对保单有效期内提出的索赔负责，只要导致责任的事件是发生在某一特定的有追溯力的日期之后。如果不对时间做出限制，保险公司所承担的风险将非常大。为了避免此类问题的出现，保单一般均规定一个追溯时期，保险公司仅对从该追溯日期开始后发生的疏忽行为，并在保单有效期内对其提出的索赔负责。

4. 职业责任保险的赔偿限额

在职业责任事故导致的索赔发生后，保险人应进行严格审查。如果确属保险人应当承担的责任事故损失，保险人应当按照合同迅速办理。一般而言，保险人承担的赔偿责任有赔偿金和法律费用两项。在赔偿金方面，保险人或者采取规定一个累计的赔偿限额，而不是规定每次事故赔偿限额的办法；或者采取规定每次事故赔偿限额而不规定累计限额办法。法律费用则在赔偿限额之外另行计算。如果被保险人最终赔偿金额超过了保险赔偿限额，则保险人只能按比例分担法律费用。

5. 职业责任保险的保险费率厘定

职业责任保险的费率确定是一个非常复杂的问题。各种职业都有自身的风险与特点，因此也需要有不同的费率。一般来说，厘定责任保险的费率或收取职业责任保险的保险费，应着重考虑下列因素。

（1）职业种类，指被保险人及其雇员所从事的专业技术工作。

（2）工作场所，指被保险人从事专业技术工作的所在地区。

（3）业务数量，指被保险人每年提供专业技术服务的数量、服务对象的多寡等。

（4）被保险人及其雇员的专业技术水平。

（5）被保险人及其雇员的工作责任心和个人品质。

（6）被保险人职业责任事故的历史统计资料及索赔、处理情况。

（7）赔偿限额、免赔额和其他承保条件等。

在综合考虑上述因素以后，保险人制订出标准不一的保险费率，以适应各类专业技术人员投保不同的职业责任保险的需要。

6. 职业责任保险的分类

（1）医疗职业责任保险。医疗职业责任保险也叫医生失职保险，它承保医务人员或其前任由于医疗责任事故而致病人死亡或伤残、病情加剧、痛苦增加等，受害者或其家属要求赔偿且依法应当由医疗方负责的经济赔偿责任。医疗职业责任保险以医院为投保对象，普遍采用以索赔为基础的承保方式。

（2）律师责任保险。律师责任保险承保被保险人或其前任作为一个律师在自己的能力范围内在职业服务中发生的一切疏忽行为、错误或遗漏过失行为所导致的法律赔偿责任，包括一切侮辱、诽谤，以及赔偿被保险人在工作中发生的或造成的对第三者的人身伤害或财产损失。律师责任保险的承保基础可以以事故发生或索赔为依据确定，它通常采用主保单——法律过失责任保险和额外责任保险单——扩展限额相结合的承保办法。此外，还有免赔额的规定，其除外责任一般包括被保险人的不诚实、欺诈犯罪、居心不良等行为责任。

（3）会计师责任保险。会计师责任保险承保因被保险人或其前任或被保险人对其负有法律责任的那些人，因违反会计业务上应尽的责任及义务，而造成他人遭受损失，依法应负的经济赔偿责任，但不包括身体伤害、死亡及实质财产的损毁。

（4）建筑、工程技术人员责任保险。建筑、工程技术人员责任保险承保因建筑师、工程技术人员的过失而造成合同对方或他人的财产损失与人身伤害并由此导致经济赔偿责任的职业技术风险。建筑、安装以及其他工种技术人员、检验员、工程管理人员等均可以投保该险种。

（四）雇主责任保险

1. 雇主责任保险概念

雇主责任保险，是以被保险人即雇主的雇员在受雇期间从事业务时因遭受意外导致伤、残、死亡或患有与职业有关的职业性疾病而依法或根据雇佣合同应由被保险人承担的经济赔偿责任为承保风险的一种责任保险。

保险人所承担的责任风险将被保险人（雇主）的故意行为列为除外责任，主要承保被保险人（雇主）的过失行为所致的损害赔偿，或者将无过失风险一起纳入保险责任范围。构成雇主责任的前提条件是雇主与雇员之间存在着直接的雇佣合同关系。

2. 雇主责任保险的保险责任范围

（1）凡被保险人所聘用的员工，在保险有效期内，从事与保险单所载明的业务有关的工作而遭受意外或患有职业性疾病，导致雇员伤、残或死亡，对被保险人依法应承担的医疗费及经济赔偿责任，由保险人在约定的赔偿限额内予以赔付。

（2）对被保险人应付索赔人的诉讼费用以及经保险人书面同意负责的诉讼费用及其他费用，保险人负责在约定的分项赔偿限额内赔偿。

（3）在保险期限内，保险人对保险单项下的各项赔偿的最高赔偿责任之和不得超过保险单明细表中列明的累计赔偿限额。

3. 雇主责任保险的除外责任

（1）战争、类似战争行为、叛乱、罢工、暴动或由于核子辐射所致被雇佣人员伤亡或疾病。

（2）被雇佣人员由于疾病、传染病、分娩、流产，以及因此而施行手术治疗所致的伤亡。

（3）由于被雇佣人员自行伤害、自杀、犯罪行为、酗酒及无照驾驶各种机动车辆所致损失。

（4）被保险人的故意行为或重大过失，造成其雇员的人身伤害。

（5）除另有规定外，被保险人对其承包商雇佣的员工的责任。

（6）其他不属于保险责任范围内的损失和费用。

4. 雇主责任保险的赔偿

处理雇主责任保险索赔时，保险人必须首先确立受害人与致害人之间是否存在雇佣关系。根据国际上流行的做法，确定雇佣关系的标准包括：一是雇主具有选择受雇人的权利；二是由雇主支付工资或其他报酬；三是雇主掌握工作方法的控制权；四是雇主具有中止或解雇受雇人的权利。

雇主责任保险的赔偿限额，通常是以每一雇员若干个月的工资收入作为其发生雇主责任保险时的保险赔偿额度，每一雇员只适用于自己的赔偿额度。

在一些国家的雇主责任保险界，保险人对雇员的死亡赔偿额度与永久完全残废赔偿额度是有区别的，后者往往比前者的标准要高。但对于部分残废或一般性伤害，则严格按照事先规定的赔偿额度表进行计算。其计算公式为：

赔偿金额＝该雇员的赔偿限额×适用的赔偿额度比例

如果保险责任事故是第三者造成的，保险人在赔偿时仍然适用权益转让原则，即在赔偿后可以代位追偿。

第八节 信用保证保险

信用保证保险是现代保险中的一类新兴业务，相对于一般财产保险和人寿保险来说历史不长。保证保险比信用保险出现的早一点。大约在 18 世纪末 19 世纪初，在欧洲就出现了忠诚保证保险，它最初是由一些个人、商行或银行办理的。稍后出现了合同担保。1919 年，第一次世界大战结束后，鉴于东方和中欧诸国政治局势的变化，英国政府为保护本国与东方和中欧诸国的出口贸易的顺利进行，专门成立了出口信用担保局，逐步创立了一套完整的信用保险制度，以后各国纷纷效仿。1934 年，英国、法国、意大利和西班牙的私营和国营信用保险机构成立了“国际信用和投资保险人联合会”，简称“伯尔尼联盟”，旨在便于相互交流出口信用保险承保技术、支付情况和信息，并在追偿方面开展国际合作。

我国的信用保证保险的发展始于 20 世纪 80 年代初期。1983 年初，中国人民保险公司上海分公司与中国银行上海分行达成协议，对一笔出口船舶的买方信贷提供中、长期信用保险；1986 年人保开始试办短期出口信用保险；1988 年，国务院正式决定由中国人民保险公司试办出口信用保险业务，并在该公司设立了信用保险部。1994 年以后，中国进出口银行也经办各种出口信用保险业务。2001 年 12 月，在原中国人民保险公司信用保险部和中国进出口银行信用保险部的基础上，组建产生了我国第一家专门经营信用保险的国有独资的中国出口信用保险公司。我国目前有多家保险公司开办保证保险业务，具体险种主要有国内工程履约保险、对外承包工程的投标、履约和供货保证保险、产品质量保证保险、住房贷款保证保险、汽车贷款保证保险、雇员忠诚保证保险等。

一、信用保证保险的概念

信用保证保险是以信用风险为保险标的保险，它实际上是由保险人（保证人）为信用关系中的义务人（被保证人）提供信用担保的一类保险业务。信用保证保险分为信用保险和保证保险。信用保险是保险人根据权利人的要求担保被保证人信用的保险。例如，货物出口方担心进口方拖欠货款而要求保险人为其提供保险，保证其在遇到上述情况遭受经济损失时，由保险人赔偿。保证保险是被保证人根据权利人的要求，要求保险人向权利人担保自己信用的保险。例如，某工程承包合同规定，承包人应在签订合同后一年半内交工，业主（权利人）为能按时接收工程，要求承包人购买履约保证保险，假如在约定条件下承包人不能按时交付工程项目，给权利人造成经济损失，由保险人负责赔偿。

二、信用保险和保证保险的区别与联系

信用保险和保证保险都是保险人对被保证人的作为或不作为致使权利人遭受损失负赔偿责任的保险，即保险人对义务人信用的担保。但二者的对象和投保人均不同：信用保险是权利人要求保险人担保被保证人的信用，保证保险是被保证人要求保险人向权利人担保自己的信用；信用保险由权利人投保，保证保险由被保证人投保。

三、信用保证保险的种类

1. 出口信用保险

出口信用保险是在商品出口或相关经济活动中发生的，保险人（经营出口信用保险业务的保险公司）与被保险人（向国外买方提供信用的出口商或银行）签订的一种保险合同。根据该保险合同，被保险人向保险人缴纳保险费，保险人赔偿保险合同项下买方信用及相关因素引起的经济损失。出口信用保险有两种：一种是承保出口商的国外风险和对出口信贷的保险；另一种是卖方信用保险。

出口信贷保险一般由政府的职能部门或政府指定的经营机构办理，在责任范围内，对本国出口商输出的商品和劳务提供保险。出口信贷保险可以免除买方不付款等所带来的风险，使其产品进入国际市场时不必承担这些风险所带来的经济损失，达到出口创收创汇的目的。卖方信用保险主要险种是综合短期担保。这是一种连续性担保业务，每年的续保程序简单，它对制造商、商人和企业是非常有利的，最基本的形式就是承保买方不付款风险的保险，也就是货物运出国境后对保单持有人形成的债权和费用的风险担保。

2. 投资保险

投资保险又称为政治风险保险，是指被保险人在保险合同中列明的投资，由于战争、类似战争行为、叛乱、罢工及暴动，政府有关部门征用或没收等，使被保险人不能将按投资契约规定应属被保险人所有并可汇出的汇款汇出等原因而遭受损失时，保险公司负责赔偿的保险。其责任以不超过保险合同所载明的保险金额为限。

3. 雇员忠诚保险

雇员忠诚保险，承保雇主因雇员的不诚实行为，如盗窃、贪污、侵占、非法挪用、故意误用、伪造、欺骗等而受到的经济损失。这种保险一般由雇主投保，以其正式雇员的诚实信用为保险标的。雇员忠诚保险是承保投保人雇员的人品，因此，保险人承保时要了解所承保雇员过去的工作经历，有无不诚实的记录，每次转换工作的原因和家庭、工作状况等。如果保险人了解到雇员的品格有问题，通常不予承保。

本章小结

(1) 财产保险是指以各种物质财产及有关利益、责任为保险标的的保险。它是现代保险业的两大部类之一。根据财产保险经营业务的范围，可将其分为广义财产保险与狭义财产保险。也可根据财产保险承保标的的实虚，将其分为有形财产保险和无形财产保险。

(2) 财产保险的特征主要表现在：财产保险的保险标的为各种财产物资及有关责任；财产保险的业务性质是组织经济补偿；财产保险的经营内容具有复杂性；单个保险关系具有不等性。

(3) 财产保险业务可以分为：有形的财产保险，包括企业财产保险、家庭财产保险、运输工具保险、货物运输保险、工程保险等；无形的财产保险，包括公众责任保险、产品责任保险、雇主责任保险、职业责任保险和信用保证保险。

重要概念

财产保险　企业财产保险　家庭财产保险　机动车辆保险　货物运输保险　建筑工程保险　安装工程保险　公众责任保险　产品责任保险　职业责任保险　雇主责任保险　信用保险　保证保险

复习思考题

一、单项选择题

1. 以各种财产物资及相关利益、责任、信用为保险标的的是（　　）。

A. 广义的财产保险　B. 狭义的财产保险　C. 人身保险　D. 健康保险

2. 我国城市商业保险业务中财产保险第一大险种是（　　）。

A. 企业财产保险　B. 家庭财产保险　C. 机动车辆保险　D. 货物运输保险

3. 目前我国实行的强制保险的险种是（　　）。

A. 远洋船舶保险　B. 家庭财产保险　C. 交强险　D. 建筑工程保险

4. 车辆损失保险费的计算公式是（　　）。

A. (基本保费＋保险金额)×费率　B. 基本保费×保险金额×费率

C. 基本保费/(保险金额×费率)　D. 基本保费＋(保险金额×费率)

5. 责任保险是一种以被保险人对第三者（　　）应承担的赔偿责任为保险标的的保险。

A. 依合同　　B. 依法　　C. 依保险条款　　D. 协商

6. 雇主责任是指雇主对其雇员在受雇期间因发生意外或职业病而造成的（　　）依法应承担的经济赔偿责任。

A. 人身伤残或死亡及财产损失　　B. 财产损失

C. 人身伤残或死亡及收入减少　　D. 人身伤残或死亡

7. 雇主责任保险的（　　）。

A. 投保人和被保险人都是雇主　　B. 投保人是雇主，被保险人是雇员

C. 投保人既可以是雇主又可以是雇员　　D. 被保险人既可以是雇主又可以是雇员

8. 下列费用中属于雇主责任保险基本责任的是（　　）。

A. 医疗费用　　B. 有关诉讼费用

C. 自身伤亡的相关费用　　D. 以上所有费用

9. 在雇主责任保险单下，保险人不予赔偿的是（　　）。

A. 被保险人的重大过失造成的雇员伤亡所负的经济赔偿责任

B. 被保险人对雇员患职业性疾病所致伤残的经济赔偿责任

C. 被保险人对雇员因从事其业务时遭受意外死亡的经济赔偿责任

D. 被保险人的有关诉讼费用

10. 职业责任是指专业技术人员因工作上的疏忽或过失造成当事人或其他人的（　　），依法应当由提供服务的专业技术人员承担的经济赔偿责任。

A. 人身伤害　　B. 财产损失

C. 人身伤害或财产损失　　D. 以上都不是

11. 由权利人投保，保险人承担义务人信用风险的保险是（　　）。

A. 人身保险　　B. 信用保险　　C. 保证保险　　D. 责任保险

12. 被保证人根据权利人的要求，向保险人投保，要求保险人担保自己信用的保险是（　　）。

A. 信用保险　　B. 保证保险

C. 机动车辆保险　　D. 家庭财产保险

二、多项选择题

1. 属于企业财产保险中特约可保财产的是（　　）。

A. 房屋建筑物　　B. 钻石　　C. 首饰　　D. 桥梁

2. 在企业财产保险中，下列不能承保的财产有（　　）。

A. 机器设备　　B. 土地　　C. 货币　　D. 铁路

3. 企业财产保险固定资产确定保险金额的方法有（　　）。

A. 按照账面原值确定　　B. 按账面原值加成确定

C. 按照重置价值确定　　D. 按其他方式来确定

4. 下列属于家庭财产保险不予承保的财产有（　　）。

A. 彩电　　B. 钻石　　C. 首饰　　D. 冰箱

5. 机动车辆保险的基本险包括（　　）。

A. 车辆损失险　　B. 全车盗抢险　　C. 第三者责任险　　D. 自燃损失险

6. 在机动车辆损失险按责免赔中，下列表述正确的有（　　）。

A. 负事故全部责任的（包括单方事故）免赔 20%

B. 负事故主要责任的免赔 15%

C. 负事故同等责任的免赔 10%

D. 负事故次要责任的免赔 5%

7. 下列说法正确的是（　　）。

A. 责任保险的直接赔偿对象是受害人，间接赔偿对象是被保险人

B. 责任保险的直接赔偿对象是被保险人，间接赔偿对象是受害人

C. 被保险人和受害人都有权向保险人索赔

D. 赔款可以支付给受害人，也可以支付给被保险人

8. 下列可以作为产品责任保险投保人的是（　　）。

A. 生产商　B. 出口商　C. 零售商　D. 修理商

9. 产品责任保险的保险责任包括（　　）。

A. 被保险人的新产品造成用户或消费者人身伤害或财产损失时依法应承担的赔偿责任

B. 被保险人为产品责任支付的诉讼、抗辩费用及其他经保险人事先同意支付的费用

C. 被保险产品本身的损失以及退还、回收有缺陷产品造成的费用及损失

D. 被保险产品造成大气、土地、水污染及其他各种污染引起的责任

10. 雇主责任保险的基本责任是（　　）。

A. 被保险人对雇用人员在受雇期间的人身伤害应负的经济赔偿责任

B. 被保险人对雇用人员在受雇期间的财产损失应负的经济赔偿责任

C. 被保险人的雇用人员对第三者人身伤害或财产损失应负的经济赔偿责任

D. 有关的诉讼费用

11. 下列险种中属于职业责任保险的有（　　）。

A. 雇主职业责任保险　B. 医生职业责任保险

C. 保险代理人职业责任保险　D. 赔偿限额

12. 下列可投保责任保险的是（　　）。

A. 产品的使用者　B. 产品的生产者

C. 提供职业技术服务的单位　D. 运输工具的所有者

13. 下列属于责任保险险种的是（　　）。

A. 产品责任保险　B. 雇主责任保险

C. 职业责任保险　D. 产品质量保证保险

14. 投资保险承保的风险主要有（　　）。

A. 战争风险　B. 征用风险　C. 外汇风险　D. 自然风险

15. 雇员忠诚保险负责因雇员的下列哪些风险而造成的雇主损失？（　　）

A. 遭受意外伤害　B. 贪污　C. 盗窃　D. 欺诈

三、简答题

1. 简述财产保险的分类和基本特征。
2. 简述企业财产保险的基本险的保险责任。
3. 家庭财产保险主要有几种？
4. 工程保险有几种形式？
5. 责任保险主要有几种？
6. 信用保险与保证保险的主要区别有哪些？

第六章　人身保险

每个人的生命都面临死亡和生存两种风险，这两类风险都会给被保险人及其家人带来经济问题。当被保险人是全家的经济支柱时，若被保险人在壮年不幸早逝，这种风险将导致家庭失去主要收入来源，父母老无所养、子女失去生活费和教育费，整个家庭的生活会受到严重的影响。或者被保险人寿命很长，年老时丧失了劳动能力，无法靠自身的劳动获取经济收入，会导致被保险人生活窘困。总而言之，人生每个阶段都将面临着各种各样的不确定性风险，都需要人身保险的保障。本章重点介绍人身保险的概念、特征、种类及人身保险的常见条款。

第一节　人身保险概述

一、人身保险的概念和特点

（一）人身保险的概念

人身保险是以人的寿命和身体为保险标的的一种保险。人身保险的投保人按照保险合同约定向保险人缴纳保险费，当被保险人在合同期限内发生死亡、伤残、疾病等保险事故或达到人身保险合同约定的年龄、期限时，由保险人依照合同约定承担给付保险金责任。

（二）人身保险的特点

人身保险是保险业的两大类业务之一，因而具有保险的一般特征。同时，由于人身保险的保险标的的特殊性，人身保险与财产保险相比又有一些自身的特点。

1. 保险标的的不可估价性

人身保险的保险标的是人的寿命和身体，而人的寿命和身体是很难用货币衡量其价值的。在保险实务中，人身保险的保险金额是由投保人和保险人双方约定后确定的，此约定金额既不能过高也不宜过低，一般从两个方面来考虑：一方面是被保险人对人身保险需求的程度，另一方面是投保人缴纳保费的能力。

2. 保险金额的定额给付性

人身保险的保险金额，不是以保险标的的价值为依据，而是由人的寿命和身体无法用货币衡量这一特殊性决定的。人身保险是定额给付性保险（不包括健康保险中的医疗费用保险）。当发生保险事故时，保险人需按照保险合同规定的保险金额支付保险金，不能有所增减。所以，人身保险合同不存在超额投保的问题。这不同于财产保险合同。除医疗费用保险外，人身保险不适用补偿原则，也不存在比例分摊和代位追偿的问题。

3. 保险金义务履行的给付性

人身保险合同的保险保障职能，是通过保险人给付保险金来实现的。因此，根据人身保险合同的约定，只要是保险事故发生使被保险人死亡、疾病或者伤残的，或者合同约定的期限届满时，保险人就要按照约定的金额向被保险人或受益人给付保险金，而不能以被保险人的实际损失为前提，也不论被保险人或者受益人是否已从其他途径得到补偿。这区别于财产保险合同的补偿性质，因为财产保险合同是以补偿为目的的。保险人履行保险责任的前提是保险标的因保险事故发生致其损失，而且，保险人的赔偿数额是在保险金额范围内，以保险标的的实际损失为依据。同时，基于财产保险合同的补偿性，被保险人只能获取一笔补偿，而不能获取额外补偿。

4. 保险期限的长期性

大多数人身保险合同，例如人寿保险合同的有效期限都是长期性的，它可以是几年或几十年甚至终身。原因在于，被保险人的年龄越大，其寻求保险保障的需要越大，而其缴费的能力却在下降，所以，人身保险合同采取长期保险形式，有利于降低保险费用，增强对被保险人的保障作用。

5. 生命风险的相对稳定性

人身保险的主要风险因素是死亡率，它直接影响人身保险的成本。但据死亡率的研究结论，死亡率因素较其他非寿险风险发生的概率的波动相对稳定，所以在寿险经营中的巨灾风险较少，经营稳定性较强，对于再保险的运用相对于财产保险较少，保险公司只是对大额的次标准体保险进行再保险安排。

6. 保险责任准备金的储蓄性

由于人身保险合同主要是以投保人多次缴纳的保险费集中起来，构成人身保险责任准备金，而最终由保险人以保险金的形式返还给被保险人或受益人，因此，人身保险合同具有储蓄性。

二、人身保险的分类

随着经济的发展和人们需求的不断变化，人身保险的种类也日益丰富，提供的风险保障涵盖了人们生活的诸多方面。目前，国际上对保险的分类没有一个固定的原则和严格的标准，各国根据不同需要，采取不同的方法。人身保险中常见的分类有以下几种。

（一）按照保险保障的范围划分

1. 人寿保险

人寿保险简称寿险，是一种以被保险人的生命为保险标的，以人的生存或死亡为保险事故，由保险人根据契约规定给付保险金的一种保险。人寿保险所承保的保险事故可以是生存，可以是死亡，也可以同时承保生死。所以人寿保险又分为死亡保险、生存保险和生死两全保险。

2. 人身意外伤害保险

人身意外伤害保险又称为意外或伤害保险。指以被保险人的身体作为保险标的，以被保险人因遭受意外伤害而造成的死亡、残疾、医疗费用支出或暂时丧失劳动能力为给付保险金条件的保险。

3. 健康保险

健康保险指以人的身体为保险标的，对被保险人因遭受疾病而支出的医疗费及因疾病导致收入损失给予补偿的保险。

（二）按人身保险的投保方式不同划分

1. 自愿保险

自愿保险是指保险双方在公平自愿的基础上，通过签订保险合同确定双方的权利义务关系，人身保险中的绝大部分保险都属于自愿保险。

2. 强制保险

强制保险是指根据国家法律法规的规定，无论投保人和被保险人是否有购买该保险的意愿都必须购买的一种保险。

（三）按人身保险的投保人数不同划分

1. 个人人身保险

个人人身保险指被保险人只有一个人的人身保险，也称为单人保险。在承保个人保险的时候，保险人要对被保险人的健康状况进行比较严格的审查，必要的时候要对被保险人进行体检。

2. 联合保险

联合保险指将两个或两个以上的人作为一个被保险人进行承保，这些人之间通常存在某种利害关系，如夫妻、兄弟姐妹等。

3. 团体人身保险

团体人身保险指以一份总括合同对机关、团体、企事业单位的全体员工实施保险保障的一种人身保险。保险人在承保团体保险时，只考虑团体的总体危险程度。

（四）按照保险期限划分

1. 短期保险

短期保险指保险期限不足一年的人身保险业务。一般是那些只保一次航程、一次旅游、旅客或公共场所游客意外伤害保险。

2. 一年期保险

一年期保险指保险期限为一年的人身保险业务。以意外伤害保险和健康保险居多。

3. 长期保险

长期保险指保险期限超过一年的人身保险业务，以人寿保险居多。

（五）按照保单能否参与分红划分

1. 分红保险

分红保险是指保险公司在每个会计年度结束后，将上一会计年度该类分红保险的可分配盈余，按一定的比例、以现金红利或增值红利的方式，分配给客户的一种人寿保险。分红保险是世界各国寿险公司规避利率风险，保证自身稳健经营的有效手段。相对于传统保障型的寿险保单，分红保单向保单持有人提供的是非保障的保险利益，红利的分配还会影响保险公司的负债水平、投资策略以及偿付能力。

2. 不分红保险

不分红保险指投保人只享受保险保障，不参加保险公司红利分配的一种保险。在此类保险中，保单持有人所获得的保险利益按照保单中的规定来处理。与保险人投资的效益无关。

（六）按照风险程度划分

1. 标准体保险

标准体保险指其所称保的被保险人的风险程度与正常的保险费率相适应的人身保险。标准体又称健体或强体，是指身体、职业、道德等方面没有明显的缺陷，可以用正常费率来承保的被保险人。

2. 弱体保险

弱体保险又称次健体保险，是指被保险人的风险程度高于标准体，不能用正常费率来承保的人身保险。通常以高于正常费率收取保费或降低保险金额。

三、人身保险合同的主要条款

由于人身保险合同具有许多不同于财产保险合同的自身特点，所以人身保险合同也存在许多不同于财产保险合同的特定条款，主要有以下几项内容。

（一）不可抗辩条款

不可抗辩条款又称不可争议条款，是指自人身保险合同订立时起，超过法定时限（通常规定2年）后，保险人将不得以投保人在投保时违反如实告知义务（如隐瞒、误告、遗漏或不实说明）为理由，主张保险合同无效或拒绝给付保险金。一旦两年期限届满后，保险人就不能以此理由解除保险合同或拒绝给付保险金。合同订立的头两年为可抗辩期。

人身保险合同是最大诚信合同，对于被保险人的年龄、健康状况、职业等足以影响保险人决定是否同意承保的因素，投保人或被保险人应履行如实告知义务，不得有任何隐瞒或欺骗。如果在投保时，投保人故意隐匿或过失遗漏而作不实申报，足以影响保险人对于风险的估计，保险人有权解除保险合同。但由于涉及此条款的合同为长期性合同，如果不对保险人的这一权利加以时间限制，保险人就可能滥用这一权利，而使被保险人的利益无法得到保障。同时，经过较长时间后要查明投保人投保时是否履行如实告知义务非常困难，这样往往容易引起纠纷，而且引起纠纷后，也很难处理。因此，法律规定一个期间，要求保险人在此期间内进行审查，并有权解除合同，一旦超过该期限，保险人不得再主张合同解除或不承担给付保险金责任，从而保护被保险人和受益人的利益以及便于解决纠纷。

我国《保险法》第三十二条规定："投保人申报的被保险人年龄不真实，并且其真实年龄不符合合同约定的年龄限制的，保险人可以解除合同，并按照合同约定退还保险单的现金价值。保险人行使合同解除权，适用本法第十六条第三款、第六款的规定。投保人申报的被保险人年龄不真实，致使投保人支付的保险费少于应付保险费的，保险人有权更正并要求投保人补交保险费，或者在给付保险金时按照实付保险费与应付保险费的比例支付。投保人申报的被保险人年龄不真实，致使投保人支付的保险费多于应付保险费的，保险人应当将多收的保险费退还投保人"。由此看出，保险人在投保人不履行如实告知义务（误告被保险人的年龄）时有解除保险合同的权利，但这一权利的行使要受到抗辩时间（两年）的制约。在国际上，这一条款通常是对被保险人的健康方面作出约定，在我国，这一条款只适用于被保险人的年龄方面。其他方面则由保险合同特别约定。

（二）年龄误告条款

年龄误告条款主要是针对投保人申报的被保险人年龄不真实，而真实年龄又符合合同限制年龄的情况而设立的。法律与保险合同中一般均规定年龄误告条款，要求保险人按被保险人真实年龄对保险费或保险金进行调整。

在投保人投保时，可能会产生投保人无意或有意报错被保险人年龄的情况，而在人寿保险中，被保险人的年龄直接影响到保费的多少、保险合同承保及履行。为了保护保险公司及广大被保险人的利益，于是产生了年龄误告条款。

年龄误告的保险费或保险金的调整有以下两种情况。一是合同约定的保险事件尚未发生或期限尚未到达时发现投保人申报被保险人年龄不真实。这时，保险人应及时进行调整，发现投保人支付保险费少于应付保险费的，尽早通知投保人补缴过去少缴的保险费，或按原缴纳的保险费数额，调整保险金给付额；发现投保人支付保险费多于应缴保险费的，应予以及时清算，退还投保人，或根据投保人的意见，按原缴纳的保险费数额调整保险金给付额。二是合同约定的保险事件发生或期限到达时，发现投保人申报被保险人年龄不真实。在这种情况下，如果投保人支付的保险费少于应付的保险费，保险人在投保人自愿的情况下，可以要求投保人补缴保险费，在补缴保险费后，保险人可按合同的约定给付保险金；如果投保人不愿补缴保险费，保险人可以在给付保险金时按照实付保险费与应付保险费比例支付；如果投保人实付的保险费多于应付的保险费，保险人应该将多收的保险费退还投保人；如果由于投保人申报被保险人年龄不真实，导致保险人多支付保险金，被保险人或受益人或领取保险金的人须将多领的保险金退还保险人。

我国《保险法》第三十二条规定："投保人申报的被保险人年龄不真实，并且其真实年龄不符合合同约定的年龄限制的，保险人可以解除合同，并按照合同约定退还保险单的现金价值。保险人行使合同解除权，适用本法第十六条第三款、第六款的规定。投保人申报的被保险人年龄不真实，致使投保人支付的保险费少于应付保险费的，保险人有权更正并要求投保人补交保险费，或者在给付保险金时按照实付保险费与应付保险费的比例支付。投保人申报的被保险人年龄不真实，致使投保人支付的保险费多于应付保险费的，保险人应当将多收的保险费退还投保人。”

（三）宽限期条款

所谓宽限期是指在人身保险合同中分期支付保险费的情形下，投保人在支付了首期保险费后，对到期没有缴纳续期保险费的投保人给予一定时间的优惠，让其在宽限期内补交续期保险费。在宽限期内，保险合同继续有效，如果在此期限内发生保险事故，保险人仍要负给付保险金责任，但要从保险金中扣除当期应缴的保险费和利息。如果超过宽限期，投保人仍未缴付保险费，保险合同自宽限期满翌日效力中止。宽限期条款不仅使投保人在宽限期得到保障，还有利于保险人自身业务的巩固。

长期性寿险合同大都是分期缴纳保险费，因而一般在合同内订明第二次以及以后各期的应交保险费的数额与每次交款的间隔周期。由于保险费用在相当长的时期内不断地缴纳就有可能因各种原因不能如期缴纳而影响保险合同的效力。为了避免各期保险费因迟延交付而致保险效力中止，规定一定期限的宽限期是很有必要的。

我国《保险法》第三十六条规定：“合同约定分期支付保险费，投保人支付首期保险费后，除合同另有约定外，投保人自保险人催告之日起超过三十日未支付当期保险费，或者超过约定的期限六十日未支付当期保险费的，合同效力中止，或者由保险人按照合同约定的条件减少保险金额。被保险人在前款规定期限内发生保险事故的，保险人应当按照合同约定给付保险金，但可以扣减欠交的保险费。”

（四）中止、复效条款

保险合同效力中止是指保险合同在有效期内，由于缺乏某些必要条件而使合同暂时失去效力，称为合同中止；一旦在法定或约定的时间内所需条件得到满足，合同可以恢复原来的效力，称为合同复效。

复效条款是针对投保人欠缴保费保单失效后，投保人又想恢复原保险合同效力的情况而设计的。该条款通常规定，投保人欠缴保费保单失去效力后，投保人可以在一定期限内申请复效。复效后的保险合同和原保险合同具有相同的效力，保险责任、保险期限、保险金额等都相同。

为了保护被保险人和受益人的利益，保险人给予投保人缴纳保险费的宽限期，在宽限期结束后仍未缴纳应付保险费的，保险合同的效力中止。一旦投保人重新具备缴纳保险费的能力并且愿意补缴合同效力停止期间的保险费和利息，保险合同效力将恢复。但如果中止期限届满，投保人仍未能就复效问题与保险人达成一致意见并补缴保险费，那么保险人有权解除保险合同。

我国《保险法》第三十七条规定：“合同效力依照本法第三十六条规定中止的，经保险人与投保人协商并达成协议，在投保人补交保险费后，合同效力恢复。但是，自合同效力中止之日起满二年双方未达成协议的，保险人有权解除合同。保险人依照前款规定解除合同的，应当按照合同约定退还保险单的现金价值。”

（五）自动垫缴保费条款

投保人在缴纳保费时，由于经济原因或其他因素不能按期支付保费，但又想保证保险合同效力，而保险人也想尽量增加保单持续率，在这种情况下，自动垫缴保费条款产生了。自动垫缴保费条款必须是在投保人与保险人事先约定在保单上注明的前提下方可有效，否则将不发生作用。

自动垫缴保费条款是指投保人按期缴足两年以上保险费的，因故未能在宽限期内缴纳险费时，而保险单当时的现金价值足以垫缴应缴保险费及利息时，保险人将用保单的现金价值自动垫缴投保人应缴的保险费及利息，使保单继续有效，除非投保人事先另以书面申明不同意如此处理。如果第一次垫缴后，投保人续期保费仍未交付，垫缴继续进行，直到累计的垫缴保费达到保单的现金价值时，此时若投保人仍不缴费，保险合同即失效，此失效适用复效条款。如果被保险人在垫缴期间发生保险事故，保险人应从给付的保险金中扣除保险费的本息。

规定该条款的目的是为了避免非故意的保单失效，维持较高的续保率。为了防止投保人过度利用该条款，有的保险合同要求投保人须申请才能办理，有的保险人对自动垫缴使用设定限制次数。

（六）不丧失价值条款

该条款规定，保单所有人享有保单现金价值的权利，不因保险合同效力的变化而丧失；也就是说，即使保险单失效了，保单中的现金价值所有权不变。之所以保单的现金价值仍属于保单所有人，是因为对长期性的人寿保险实行的是均衡保险费率制。在保险合同生效后的初始阶段，投保人均衡缴纳的保险费超过其当时的自然保费，当投保人在交付一定时期（一般为 2 年或 3 年）保险费之后，人寿保险合同就有了一定量的现金价值，且大部分险种的现金价值是不断递增的。这部分现金价值与储蓄存款一样（在不发生给付的情况下），应为投保人拥有。也就是说，当保险费交给保险人后，其中的一部分用于支付保险人的费用，大部分被积存用作责任准备金。保险事故发生前，保险人可以使用这部分现金价值；保险事故发生后，投保人可以取回全部保险金；而当投保人不愿继续投保致使保险合同失效时，投保人仍然享有现金价值的权利，因此称为不丧失价值条款。定期寿险保单没有现金价值，不适用此条款。

（七）保单贷款条款

长期性人身保险合同，在积累一定的保险费产生现金价值后，投保人可以在保险单的现金价值数额内，以具有现金价值的保险单作为质押，向其投保的保险人或第三者申请贷款。习惯上称为保单贷款或保单质押贷款。

保单贷款条款只适用于人寿保险合同中的两全保险和终身保险，定期死亡保险不适用此条款。保单贷款条款是指人寿保险合同生效满两年后，投保人以保单为质押向保险人申请贷款。贷款金额一般以退保金额为限，投保人应按期偿还贷款和利息，若到期不能偿还，当贷款本息累计达到退保金额时保险合同终止。若在贷款期内发生保险事故，保险人将从保险金中扣除贷款本息。

（八）自杀条款

在人寿保险合同中，一般都将自杀作为责任免除条款来规定，主要是为了避免蓄意自杀者通过保险方式谋取保险金，防止道德危险的发生。但自杀毕竟是死亡的一种，有时被保险人遇意外事件的打击或心态失常亦会做出结束自己生命的行为，并非是在有意图谋保险给付金。为了更好地保障投保人、被保险人、受益人的合法权益，保险人也出于维护自己的利益，在很多人寿保险合同中，都将自杀列入保险条款，但规定在保险合同生效较长期限后的被保险人自杀行为，保险人才承担给付保险金责任，通常是两年，以防止被保险人预谋保险金而签订保险合同。自杀条款是保险合同中关于对自杀死亡是否承担保险金责任的规定。

我国《保险法》第四十四条规定：“以被保险人死亡为给付保险金条件的合同，自合同成立或者合同效力恢复之日起二年内，被保险人自杀的，保险人不承担给付保险金的责任，但被保险人自杀时为无民事行为能力人的除外。保险人依照前款规定不承担给付保险金责任的，应当按照合同约定退还保险单的现金价值。”

（九）受益人条款

对于人身保险合同，其保险标的为人的寿命和身体，是以被保险人为载体，与被保险人本身融为一体。保险事故发生在被保险人之上，以被保险人的生存、死亡、疾病、伤残等为表现形式，因此当被保险人死亡时，则发生由谁来享有和行使保险金请求权的问题。加之法律上寿命和身体之上的权利具有专属权性质，不得继承，不像财产保险合同有继承人的途径。因此对人身保险合同的受益人必须作出明确的规定。我国《保险法》第三十九条规定：“人身保险的受益人由被保险人或者投保人指定。投保人指定受益人时须经被保险人同意。投保人为与其有劳动关系的劳动者投保人身保险，不得指定被保险人及其近亲属以外的人为受益人。被保险人为无民事行为能力人或者限制民事行为能力人的，可以由其监护人指定受益人。”《保险法》第四十条规定：“被保险人或者投保人可以指定一人或者数人为受益人。受益人为数人的，被保险人或者投保人可以确定受益顺序和受益份额；未确定受益份额的，受益人按照相等份额享有受益权。”《保险法》第四十一条规定：“被保险人或者投保人可以变更受益人并书面通知保险人。保险人收到变更受益人的书面通知后，应当在保险单或者其他保险凭证上批注或者附贴批单。投保人变更受益人时须经被保险人同意。”《保险法》第四十二条规定，“被保险人死亡后，有下列情形之一的，保险金作为被保险人的遗产，由保险人依照《中华人民共和国继承法》的规定履行给付保险金的义务：

（一）没有指定受益人，或者受益人指定不明无法确定的；

（二）受益人先于被保险人死亡，没有其他受益人的；

（三）受益人依法丧失受益权或者放弃受益权，没有其他受益人的。

受益人与被保险人在同一事件中死亡，且不能确定死亡先后顺序的，推定受益人死亡在先”。《保险法》第四十三条规定：“投保人故意造成被保险人死亡、伤残或者疾病的，保险人不承担给付保险金的责任。投保人已交足二年以上保险费的，保险人应当按照合同约定向其他权利人退还保险单的现金价值。受益人故意造成被保险人死亡、伤残、疾病的，或者故意杀害被保险人未遂的，该受益人丧失受益权。”

（十）红利任选条款

在分红保险产品中，保单所有人可以享受到红利。红利的领取方式在红利任选条款中规定。

（十一）共同灾难条款

该条款规定，只要第一受益人与被保险人同死于一次事故中，如果不能证明谁先死，则推定第一受益人先死。

第二节　人寿保险

一、人寿保险的概念

人寿保险是以被保险人的寿命为保险标的，以死亡或生存为给付保险金条件的人身保险业务。人寿保险是人身保险的主要组成部分，其基本内容是：投保人向保险人缴纳一定数量的保险费，当被保险人在保险期限内死亡或生存到保险合同约定的年龄、期限时，保险人按照合同约定向受益人或被保险人给付死亡保险金或满期生存保险金。人寿保险是人身保险中最基本、最主要的种类。

人寿保险是人身保险中产生最早的险种。在一段较长的时期内，人们一直认为死亡是人类面临的最大的人身风险。因此，早期的人寿保险专指死亡保险。随着社会经济的发展，人们不仅希望生存，而且也希望长寿，由于维持生存和长寿需要支付相当的生活费用，所以，实际上生存和长寿也是一种风险。为此，又出现了生存保险以及将死亡保险和生存保险相结合的两全保险。

人寿保险的产品种类随着人们对寿险产品需求的增加和当今金融产品以及现实条件的成熟而增加。其中，传统的寿险产品主要有死亡保险、生存保险以及生死两全保险；创新型寿险产品主要有变额寿险、万能寿险以及变额万能寿险。

二、传统寿险

（一）死亡保险

死亡保险是以被保险人的死亡为保险事件，在保险事件发生时，由保险人给付保险金的一种保险。它保障的是被保险人的受益人等在被保险人死亡后能维持一定的生活水平。按照保险期限的不同，分为定期死亡保险和终身死亡保险。

1. 定期死亡保险及其特点

定期死亡保险也称为定期寿险，是以被保险人在保险合同规定的一定期限内发生死亡事件而由保险人给付保险金的一种人寿保险。也就是说，如果被保险人在规定的期限内死亡，保险人向受益人给付保险金；如果被保险人在期满仍然生存，保险人不需给付保险金，也不退还保费。与其他人身保险产品相比具有以下的特点。

（1）保费较低廉。定期寿险的保险费是根据被保险人的死亡概率计算的，不包含储蓄因素，只以死亡作为给付条件，所以，在保险金额相等的条件下，投保含定期寿险所缴纳的保险费低于定期生存保险、终身保险和两全保险，适合于低收入而急需较高保险金额保障的人购买。对于有小孩的年轻夫妇来说，收入不高而家庭负担和责任都较重，购买短期的定期寿险就很适合他们；等他们的经济情况有了改善之后，再将定期寿险更新为其他类型的保单。

（2）保险期限灵活，可长可短。定期寿险的保险期限一般为1年期、5年期、10年期、15年期或20年期，有时根据具体的风险状况，保险人也为特定的被保险人提供极短期的定期寿险，可能是几个月，还可能是几天。

（3）可以更新或展期。许多1年、5年和10年的定期寿险保单规定，保单所有人具有可以更新或展期的选择权，即在保险期满前可以申请延长保险期限，而不必提供可保性证据。也就是说，被保险人不必进行体检，不论健康状况如何都可以把保险单展期。假如定期寿险保单没有规定这项选择权，被保险人可能在保险期满时因健康状况不佳或其他原因不能再获得人寿保险的保障，因此规定这项选择权是为了保护被保险人的利益。定期寿险的费率在整个保险期间内是不变的，但在每次展期时要根据被保险人所达到的年龄调整费率。

（4）定期寿险低费率高保障，使得被保险人的逆选择增加，同时也容易诱发道德风险。

2. 终身死亡保险及其特点

终身死亡保险又称为终身寿险，是指从保险合同生效之日起，被保险人在任何时间内死亡，保险人向受益人给付保险金，或被保险人生存到100岁，保险人向被保险人给付保险金。在终身寿险中，死亡给付是一种必然事件。终身寿险具有以下特点。

（1）给付的必然性。由于终身寿险以死亡为保险事故，而人的生命是有限的，即保险人对其出售的终身寿险保单，必定要承担给付保险金责任。

（2）保单的现金价值较大，退保时需支付退保金。由于在签发保险单时保险人支付了代理人佣金和其他费用，因此在保单生效的头两年内，一般不支付退保金。但当保单经过一段时间后，投保人缴纳均衡保费所积累起来的保单的现金逐年增加，保单所有人申请退保时保险人必须支付退保金。同时，保单所有人也可将保单作为担保向保险人或其他金融机构申请贷款。

（3）保单具有灵活性。普通终身寿险保单的条款中允许把该保险单变换为减额缴清保单。如果是分红保险单，保单所有人也可把红利留存在保险公司，待红利积累到一定金额时，把该保险单变换为等额的保险费缴清保险单。保单所有人还可以用普通终身寿险单的现金价值作为一次缴清的保险费把该保单变换为定期寿险单，或者在退休时把该保险单变换为年金保单。

（二）生存保险

生存保险是以被保险人在保险期满或达到某年龄时仍然生存为给付保险金条件的一种人寿保险。如果被保险在约定的期限或到达约定的年龄前死亡，保险人不承担给付保险金的责任，也不退还保险费。纯粹的生存保险一般都不单独办理，保险人也不设计只提供生存保障的保单。它往往与其他险种结合，以满足人们多方面的需求。生存保险保障的目的主要是为年老的人提供养老保障，或者为子女提供教育基金等。年金保险是生存保险最主要的险种。

1. 年金保险及其特点

年金保险是指在被保险人生存期间，保险人按照合同规定，每隔一定的周期支付一定的保险金给被保险人的一种生存保险。年金保险大多用于养老，所以又称为养老年金保险。年金保险具有以下几个特点。

(1) 年金保险是生存保险的特殊形态，其特殊之处在于保险金的给付采取了年金方式，而非一次性给付。

(2) 年金保险保单上有现金价值，其现金价值同普通生存保险单上的现金价值一样，随保单年度的增加而增加，至缴费期结束（而非保险期满）时，现金价值为最高。

(3) 年金保险的保险期间包括缴费期和给付期（有的包括等待期）。缴费期是指年金保险的投保人分次缴纳保费的期间，给付期是指保险人整个给付年金额的期间，而等待期是指缴费结束后至给付开始这一段的等待期间。如某人投保终身年金保险，25岁开始缴费至45岁，而从55岁开始领取年金。则25～45岁为缴费期，45～55岁为等待期，55岁至终身为给付期。

2. 年金保险的分类

(1) 按缴付保费的方式分类，可分为趸缴年金和分期缴费年金。

趸缴年金是指保费由投保人在投保时一次全部缴清，然后于约定时间开始，可以在趸缴保费后不久，也可以在很长时期以后，按期由年金受领者领取年金。

分期缴费年金是指年金保费是由投保人采取分期缴付的方式，如在一个规定时期内按年缴费，也可以按半年、季、月缴费，然后于约定给付开始日起按期由年金受领者领取年金。

(2) 按年金给付开始日期分类，可分为即期年金和延期年金。

即期年金是年金受领者在订立合同后，仅间隔一个给付期就开始按期领取年金。即期年金必须采用趸缴保费的方式。

延期年金是指购买年金保险后，须经过一定时期。该时期必须比一个给付间隔长，如几年或几十年才开始给付第一次的年金。人们通常在工作时期购买延期年金，以满足其退休后的生活需要。延期年金可以趸缴保费方式购买，也可以分期缴费方式购买。延期的时间越长，缴付保费的方式也就越灵活。

(3) 按被保险人人数分类，可分为单生年金和联合年金。

单生年金是指被保险人为一个人的年金保险，并以其本人的生存作为给付年金的条件。

联合年金是指有两人或两人以上的被保险人，以他们的同时生存作为年金给付的条件，只要其中一个死亡则终止保险金给付。

(4) 按年金给付条件分类，可分为生存年金、确定年金和定期生存年金。

生存年金是以年金受领者的生存作为给付年金的条件，即年金受领者在合同规定的期限内生存，可以按期领取年金，直到死亡为止。

确定年金是以合同约定的一定期限为给付年金的条件，而不受年金受领者是否生存的限制。即在合同约定的时期内，无论年金受领者是否生存都可以由年金受领者或其受益人领取年金。

定期生存年金是指在一个规定时期期满或年金受领者死亡时停止给付年金，以两者先发生的为准。

(5) 按年金给付金额是否变动分类，可分为定额年金和变额年金。

定额年金是指每期年金给付额保持不变。

变额年金是指每期年金给付额会有所变化，给付额主要是根据投资收益进行调整，以保持年金的实际购买力，抵消通货膨胀。

(三) 两全保险

1. 两全保险及其特点

两全保险又称生死合险，是将定期死亡保险和生存保险结合起来的保险形式。也就是指被保险人在保险合同规定的年限内死亡，或合同规定期限届满时仍生存，保险人按照合同均承担给付保险金责任的保险。因此，两全保险具有如下特点。

(1) 两全保险是寿险业务中承保责任最全面的一个险种。它是生存保险和死亡保险结合的产物，既保障被保险人生存的需要，也保障被保险人死后受益人领取保险金的需要。

(2) 保险费率较高。在定期死亡保险和生存保险中，保险人承担的责任要么是死亡，要么是生存，保险金的给付也存在两种可能，即给付或不给付。两全保险则既保生存又保死亡，一旦投保，给付就必然要发生，因此，保险费较死亡保险和生存保险要高。

(3) 两全保险的保费当中，既有保障的因素，又有储蓄的因素，而且储蓄占主要因素。保费中储蓄因素的多少与保险期限的长短密切相关，保险期限长的，保费中储蓄所占的比重小，保险期限短的，保费中储蓄所占的比重大。

2. 两全保险的种类

(1) 普通两全保险。无论被保险人在保险有效期内死亡还是生存到保险期满，保险人都给付保险金的保险。

(2) 期满双倍两全保险。这种保险的被保险人如果生存至期满，保险人给付保险金额的双倍。如果在保险期内死亡，则只给付保险金额。因此，这种保险适宜于侧重生存保障的人投保。

(3) 两全保险附加定期寿险。这种保险如果被保险人生存到期满，保险人按保险金额进行给付；如果被保险人在保险期内死亡，保险人则按保险金额的多倍进行给付。因此，这种保险侧重于对被保险人家属经济生活的保障，较适宜家庭生计的主要负担者投保。

(4) 联合两全保险。同联合终身寿险一样，这种保险承保两个或两个以上的被保险人，在约定保险期限内，任何一个最先死亡，保险人给付全部保险金，保险合同即终止。如果期满时联合投保人全部健在，也给付全部保险金，并由全体被保险人共同分享。因此，这种保险适宜于家庭或合伙人联合投保。

三、特种人寿保险

(一) 简易人寿保险

1. 简易人寿保险的概念

简易人寿保险习惯上称为简身险，它是一种小额的、免验体的、适合一般低工资收入者的人寿保险。其保险责任为两全保险附加意外伤害保险。此保险于19世纪50年代起源于英国，后来逐渐流传到其他国家。简身险不仅收费低，而且在收费方式上照顾到劳动者领取工资收入的情况，按领取工资的周期定期上门收费，所以缴费方式有年缴、季缴、月缴。简身险分年龄组别按份计算保额和保费，每一份简身险的保额虽小，但被保险人可以根据自己的需求和经济状况投保若干份，非常灵活。

2. 简易人寿保险的特点

(1) 保险期限、保险费、保险金额及被保险人的年龄组别（档次）采取固定格式，标准化保险期限的标准化体现为一般只规定几种保险期限，就我国现行简身险条款而言，其保险期限分为5年、10年、15年、20年及30年5种，投保人只能根据被保险人的年龄，在不超过期满最高年龄（我国确定为70岁）的情况下，在上述的保险期限中自行选择。

保险费的标准化则体现在其保险费按份计算，每份简身险保费，不论年龄和保险期限的长短均相同，如我国的简身险每份每月缴费1元。

保险金额的标准化反映在该险采取按同一数额的保险费来确定几个年龄组别的保险金额。即把年龄相近的人合并为一组（共七组），取最接近该组平均死亡率的年龄作为计算该组保险金额的依据，所以只要保险期限相同，该年龄组别的保险金额就是相同的。

(2) 低保额、低保费、缴费次数频繁。参加简身险的投保人一般均为低工资收入者。为适应投保人的需求，简身险实行低保额、低保费和按周期缴纳保费的办法，就我国现开办的人身保险来看，一般险种的保险金额至少为1000元，而简身险的保险金额每份由于受保费的限制最高保险金额不过970元，最低保额仅为63元。在缴费方面，为了与投保人领取工资的周期一致，一般均采取按月缴纳保险费的方式，保险期限最短也是5年。因此，频繁的缴费次数和期限的长期性，要求为灵活方便的收、缴费方法以及科学严密的内部管理，以保证此项业务健康发展。

(3) 免验体。由于简身险每份保额较低，一般都免予身体检查，只是为了防止逆选择，保险公司在接受承保申请时必须注意对被保险人的健康条件进行审查，对不符合承保条件的被保险人不予承保或以弱体承保方式加以限制。

(4) 保险费率不同于普通寿险。由于简身险承保面广，被保险人人数众多，保险期限长，业务分散，就承保和收费而言，工作量大，且采取上门收费，需要投入较多的人力、物力，因此管理费用开支较大。在国外，习惯上简身险采取不同于普通寿险的生命表，而这种生命表的死亡率高于普通寿险，综合上述两个因素，所以简身险保险费率不同于普通寿险，我国简身险不采取高于普通寿险死亡率的生命表，并且附加费征收标准也较低，因此我国简身险的费率与国际上相比较还是较低廉的。

(二) 弱体保险

1. 弱体保险的概念

弱体保险又称为次健体保险或非标准体保险，相对于强体保险、标准体保险和健康体保险而言，它是指被保险人存在超过风险（即为弱体）时，保险人用特殊的方法予以承保的人寿保险。弱体保险的基本原理与前述普通寿险的基本原理一致，所不同的只是被保险人为弱体，不能因标准费率予以承保，只能采用特殊的方法予以承保。

弱体是指存在某种缺陷的人们。这些缺陷主要包括以下几种：①现有的医理缺陷，如过重体、异常高血压、严重的心脏病等；②可能影响到寿命的已往的医理缺陷；③家族病史中有遗传病的；④有特别伤害危险或作业条件有碍健康的职业；⑤居住环境恶劣者，主要指卫生、气候环境。

只要掌握了弱体团体的期望死亡率，并且有足够的人投保，保险人就能予以承保。弱体保险使保险保障的范围得以扩大，使被普通寿险排除在外的众多的人获得保障机会，这对于被保险人和保险人都是非常有利的。

2. 弱体承保的方法

(1) 增龄法。增龄法是指承保时，将被保险人的年龄比实际年龄提高若干岁。如 35 岁的弱体投保，保险人承保时按 40 岁的标准费率征收保费。这种方法简单方便，但只能适用于超过风险显然是递增型的，而且是随年龄增加而无限增大的情形，实际上呈现如此超过死亡的疾病或障碍是极为少见的。

(2) 定额特别保费法。这种方法是按强体保险承保，但只要超过风险存在，另外收取定额特别保险费，用以弥补各年超过风险的附加经费。这种方法适用于均衡型的超过风险。

(3) 保额削减法。保额削减法指保险人按正常费率承保，但在合同中说明，从合同生效起的一定时期内，要削减保险金额，如果被保险人在削减期内死亡，保险人只能按削减后的保额进行给付，若超过了削减期死亡，保险人则按保险金额进行给付，削减的期间和削减的额度视被保险人缺陷程度而定。这种方法适宜于递减型的超过风险。

(三) 团体人寿保险

1. 团体人身保险

团体人身保险又称团体保险，它是人身保险的特殊组成部分。团体保险使用一份合同向一个团体的多个成员提供人身风险保障，并发给团体内每个成员一份保险证。在团体保险中通常不要求体格检查。保险费率也较低。

根据保险保障的范围不同，团体人身保险可分为团体人寿保险、团体年金保险、团体健康保险和团体意外伤害保险。

2. 团体人寿保险

团体人寿保险是以一定社会团体为投保人，以团体全体成员为被保险人，由保险公司签发一张总的保险单，为该团体的成员提供保障的保险。

3. 团体人寿保险的特点

(1) 要求投保团体必须是依法成立的组织，要有自身专业活动，投保团体寿险只是该组织的附带活动，投保团体中参加保险的人数必须达到规定的标准。

(2) 免体检。为了简化手续，团体人寿保险一般不要求对每一个被保险人进行体检。

(3) 保险金额分等级确定。团体寿险的被保险人不能自由选择投保金额。一个团体内可以实行单一标准或者划分不同等级标准。这样做是为了防止体质差、危险大的人选择较高的保险金额。

(4) 保险费率较低。团体寿险的费率在各类人寿保险中是偏低的，一是由于手续简化，节省了大量的费用，如管理费、体检费等；二是由于团体寿险中被保险人的平均年龄可以经常保持稳定，从而使死亡率保持稳定。

(5) 保障范围比较广泛。一般来说，团体人寿保险多属于人寿保险中的两全保险险种，其除了提供死亡和生存双重保障，如意外或疾病死亡及满期生存给付外，还提供残疾保障，相当于一种综合性质的寿险险种。

团体人寿保险大都属于每年续保的短期保险。其保单的权利义务关系简单，保险费率低，易于根据变化调整费率，特别适用于人员流动性较大的团体。

四、创新人寿保险

创新人寿保险是指包含保险保障功能并且在投资账户中拥有一定资产价值的人身保险。这种保险不仅具有保险功能，同时又具有投资功能。通常，创新人寿保险险种将保费分成两个部分：一部分用于保险保障；另一部分转入专门的投资账户用于投资，其收益全部归客户所有。其产品主要有变额人寿保险、万能人寿保险等。

(一) 变额人寿保险

1. 变额人寿保险的含义

变额人寿保险是指在保险期内保险金额随其保费分离账户中资金投资收益的变化而变化的一种终身寿险。

变额寿险大多是终身寿险。投保的根本目的是希望受益人得到较大的死亡保险金数额，但最终结果如何取决于投资业绩。如果投资收益率高，现金价值和死亡保障都会增加；如果投资收益率低，只能保证最低死亡给付金额。也就是该保单的死亡给付包括两个部分：第一部分是保单约定的最低死亡给付额，这一部分是固定的；第二部分是可变的死亡给付部分，即随投资收益变化的部分。投资收益超过保单预定利率的部分用来购买一份额外的保险。这份保险通常按纯费率购买，购买时间可以按天、按周、按月、按年进行。如果投资收益低于保单预定的利率，则会相应减少过去已增加了的保额，直至保额的最低限度。保单持有人承担了几乎全部的投资风险，但死亡率和费用率的变动风险仍由保险人承担。

变额寿险还提供许多传统的保单选择权，如家庭定期保障、意外死亡保障、保费豁免保障。变额寿险的保单抵押贷款一般以现金价值的75%为限，这是因为变额寿险的现金价值数额波动性比较大。保单持有人要求退保时，退保金根据保单当时的现金价值计算。

2. 变额人寿保险的特点

变额人寿保险与保险金额在保险期限内固定不变的定额寿险相比较而言，具有以下几个特点。

(1) 保证最低死亡给付金额。变额人寿保险的保险金额由两部分构成：一部分是合同规定的基本保险金额，它不受保险公司投资效果好坏的影响；另一部分保险金额则随保险资金投资收益的好坏而变动。

(2) 独立的投资账户。独立的投资账户是指客户在购买变额人寿保险后将拥有独立的个人投资账户。个人投资账户是保险人为投保人单独设立、单独管理的独立于一般保险账户的资金投资账户。它是变额人寿保险产品价值的基础。保单现金价值记入独立投资账户，独立投资账户内的资产与公司普通账户资产相分离。

(3) 保险双方承担风险责任不同。变额人寿向保单持有人提供了选择投资组合的权利，保险人按照保单持有人指定的投资方式，将其保单项下积累的资金进行投资，并由保单持有人承担投资的全部风险。而保险人只负责死亡和费用风险，即保证被保险人有一个最低的死亡给付金额。

(二) 万能人寿保险

1. 万能人寿保险的含义

万能人寿保险简称万能寿险，它是一种保费和保险金额都变动的寿险产品。这类产品兼有保障和投资功能。万能寿险在美国出现于1979年，是为了满足那些要求保费支出较低而且方式灵活的人寿保险消费者的需求而设计的。万能寿险的保费缴纳方式灵活，保险金额可以根据规定进行调整。保单持有人在缴纳一定量的首期保费之后，可以选择在任何时候缴纳任何数量的保费，只要保证保单的现金价值足以支付保单的相关费用，有时甚至可以不再缴费。而且，保单持有人可以在具备可保性前提下提高保险金额，也可以根据自己的需要降低保险金额。

万能寿险的经营具有一定的透明度。保单持有人可以了解该保单的内部经营，也可以得到有关保单的相关因素，如保费、死亡给付、利息率、死亡率、费用率、现金价值之间相互作用的各种预期结果的说明。保单持有人每年都可以得到一份年报，了解保险基金的支配情况。万能寿险具有透明度的一个重要原因是因为万能寿险保单的现金价值与纯保险金额是分别计算的。保单现金价值随保费缴纳情况、费用估计、死亡率及利息率的变化而变化，纯保险金额与现金价值之和就是全部的死亡给付额。

2. 万能人寿保险的特点

万能寿险与传统的普通寿险相比较而言，具有以下几个特点。

(1) 现金价值。传统寿险的现金价值在投保时就已精确计算，而万能寿险的现金价值不仅取决于所缴保费，还取决于未来的投资收益。

(2) 保费缴付。万能寿险对投保人首期保费的金额有最低的限制，以后各年的保费则由保单持有人决定。但未来各年的保费必须足够支付定期寿险的费用，保单持有人必须在60天的宽限期内缴足必要的保险费，否则，保单的效力中止。万能寿险通常也规定了最高限制金额，保单持有人可以在最低与最高金额之间决定自己的缴费金额。在不低于最低保险金额的前提下，如果是减少保险金额，不需要提供可保证明；如果是增加保险金额，则需要提供可保性证明。

(3) 死亡给付模式。万能寿险主要提供两种死亡给付方式。一是均衡给付方式。也就是死亡给付金额是固定的，净风险保额每期都进行调整，净风险保额增加，现金价值则减少，反之则相反，因此，净风险保额和现金价值之和构成了固定的死亡给付金额。二是随着现金价值变化而变化的死亡给付方式。在这种方式下，如果现金价值增加了，则死亡给付额会等额增加，它是均衡的净风险保额与现金价值之和。

(4) 保单运作透明。保险人向投保人定期公开组成账户价格的各种因素。定期寄送一份保单信息状况表，向客户说明所缴保费如何提供死亡给付保障、费用和现金价值之间分配，以及死亡给付金、退保金、现金价值所赚的利息、保单抵押贷款、提取现金价值等情况，从而便于客户进行不同产品间的对比，并监督保险公司的经营状况。

(三) 我国创新人寿保险的主要险种

1. 分红保险

(1) 分红保险的含义。分红保险是保险人将每期盈余的一部分以红利形式分配给被保险人的保险。这种保单在设计时已规定固定数额的预定利率，同时保险人还承诺将保险公司每期盈余的一部分以红利的形式支付给被保险人，使得被保险人不仅得到了保险保障，而且可以分享保险公司的经营成果。

(2) 分红保险的红利来源。一般来说，分红保险的红利来源主要包括三个差益：即死差益、利差益和费差益。死差益是指因人寿保险实际死亡率低于预定死亡率的保险营业年度内，收入的风险保费总额大于当年实际给付的风险保险金额的结余部分；利差益是指因保险资金的投资收益率大于预定收益率所形成的额外收益；费差益是指因附加保费超过实际经营管理费用与异常风险损失保险金给付金额之和所形成的结余部分。

(3) 分红保险红利领取方式。保单的所有人领取红利的方式多种多样，可以领取现金、累积生息、抵交保险费和缴清增值保险。

2. 投资连接保险

(1) 投资连接保险的含义。投资连接保险是指保险金额可以变动的寿险。也就是我国的变额人寿保险。寿险公司为被保险人设立单独账户，将资金进行投资，保险金额随投资收益而变化。在投资连接保险中保险人对投资收益率不作任何保证，把所有投资风险都转嫁给保险单所有人，保险人只承担死亡率和费用变动风险。投资连接保险是一种保障与投资相结合的长期性寿险险种，其保险金额由基本保险金额和额外保险金额两部分组成。基本保险金额是被保险人无论何时都能得到的最低保障金额，额外保险金额部分则另设立账户，由投保人选择投资方向委托保险人进行投资，根据资金运用实际情况进行调节。

传统寿险都有一个固定的预定利率，保险合同一旦生效，无论市场利率如何变化，保险人经营状况如何，保险人都将按签约时的保险金额给客户支付保险金。而投资连接保险则不存在固定利率，保险人将客户交付的保险费分成保障和投资两部分。其中的投资资金，通过专业投资人才的投资运作获取较高的投资回报使客户受益，但是投资部分的回报率是不固定的。如果保险人投资收益比较好，那么客户的资金将获得较高回报；反之，如果保险人投资收益不理想，客户将承担所有的风险。

（2）投资连接保险的特征。投资连接保险与传统的普通寿险相比具有以下的特征。其一，功能的双重性。投资连结保险是一种具备保险保障功能与投资功能高度统一特点的金融产品。投保人在购买保险保障的同时，可以获得其保险基金的投资选择权，享受期望的投资回报。其二，“一费，二户”。所谓“一费”，即指保险费，“二户”即指“普通账户”和“独立账户”。因为投资连结保险在产品的设计上分成“普通账户”和“独立账户”，客户缴纳的保费按照一定的规则分配，分别进入两个账户。在普通账户内的资金按传统寿险运作，用于保证对客户的最低保险责任。独立账户下设有若干投资组合，每个投资组合都分若干等价值的基金单位，客户有权决定保费在投资组合之间的分配比例，并可中途转换。其三，投资风险的转移性。该险种不仅将投资选择权交给了客户，同时也将投资风险转移给客户。因为，进入独立账户的保费全部注入客户选定的投资组合，用于现金价值积累，其投资损益直接导致现金价值的增减，最终决定对客户的给付金额。其四，产品的透明度高。投资连结保险的投保人在任何时候都可以通过电脑终端查询其保险单的保险成本、费用支出以及独立账户的资产价值，使客户明明白白地保险、消费，确保了客户的利益。其五，产品的随意性强。由于该产品弱化了精算技能的要求，而更强调电脑系统的支持，因而该产品的投保人可以随意选择或中途变更其投资组合。另外，为向客户提供更大的方便，客户可以通过购买一张投资连结保险的保单，获得其所需要的所有保障。

3. 分红保险与投资连结保险的区别

（1）保单收益来源不同。分红保单的收益主要来源于三个方面：一是费差益，即公司实际的费用率低于预计的费用率；二是死差益，即因公司实际承保的风险低于预计的风险；三是利差益，即保险公司的实际投资收益率高于保单的预定利率，产生的投资利润。国际经验表明，虽然分红保单的红利来源于“三差”，但实际上死差益和费差益占的比重非常小。投资连结保险的收益主要来源于投资账户的收益。投资账户中的资金由保险公司的投资专家进行投资管理，投资所获得的收益将全部摊到投资账户内，归客户所有。

（2）收益的分配不同。出售分红保险的保险公司每年派发给保单客户红利的多少，取决于该保险公司上一会计年度该险种的实际经营成果，一般保险公司将当年度可分配盈余的70％分配给客户，保险公司自己留30％。投资连结保险投资账户的投资回报，保险公司除每月按一定比例提取投资运作资金的一部分作为管理费外，剩余的投资利润全部分配给客户。

（3）公司收取的费用不同。分红保险在保险期间，保险公司不会再另外收取费用；而出售投资连结保险的保险公司会每月按一定比例收取投资账户管理费、保单管理费等费用。

（4）退保给付不同。分红保险的客户退保时，能得到保单现金价值和过去应该领取而未领取的累计红利的总和。购买了投资连结保险的客户要退保，保险公司将按照收到退保申请后的下一个资产评估日的投资账户价值，计算保单价值，将其支付给客户。

（5）身故给付不同。如果出险，购买了分红保险的客户除了得到投保保额的保障外，还要加上未领取的红利。而购买了投资连结保险的客户出险后，保险公司将在该客户自己的投资账户价值和保险金额价值两者之间进行比较，并把其中比较高的一个价值支付给客户。

(6) 透明度不同。按照中国保监会的规定，分红保险的资金是单独运作的。经营分红保险的保险公司会每年以书面形式告知保单持有人该保单的分红业绩报告，客户也可以随时到保险公司查询保单信息、了解红利的变动情况。投资连结保险的保费分为投资和保障两部分。按照保监会的要求，在投资部分资金运作的过程中，各项费用的收取比例要分项列明，保费的结构、用途、价格均需要一一列出。保险公司每月要至少向客户公布一次投资单位价格。客户每年也会收到年度报告，详细说明保单的各个项目、分立账户的投资收益、现金价值以及账户的财务状况、投资组合等情况。

五、寿险附加条款

投保人通过使用附加条款，可以使人寿保险单得到修正，被保险人的利益得到更好的保障。投保人不需要签订新的保险合同，只需要在原保险合同的基础上增加寿险附加条款，就可扩展原寿险保单的保障。

(一) 保证可保性附加条款

此附加条款使得保单持有人无须提供新的可保性证明，就可以在规定的时间重新购买一份一定保额、与原来相同的保险，即这种附加条款保证了被保险人的可保性，而不管事实上是否真的具有可保性。通常，附加条款规定保单持有人在规定日期内可另外购买的保险金额限制在原保额之内或另行规定。

(二) 免缴保费条款

投保人只需每次额外缴纳一些保费，就可获得在被保险人丧失劳动能力后的保费免缴优惠。免缴的保费实际上是由保险公司支付了，因此，如果该保单是有现金价值的保单，则其现金价值会继续正常增值，与保单持有人仍然缴纳保费效果相同。

(三) 意外死亡给付附加条款

意外死亡条款为被保险人死于意外事故提供了额外的保障。这部分额外的保障通常与主保单的保额相等。这时，这种给付通常称为双重保障意外死亡保险，金额可以是主保单的保额的数倍，也可以与主保单保额无关。通常，若要满足意外死亡条款的条件，被保险人的死因必须是直接地、独立于所有其他原因的意外的身体伤害。

(四) 配偶及子女保险条款

此条款可以附加到任何种类的终身寿险上，为配偶及子女提供寿险保障。

(五) 生活费用调整条款

该条款可以附加到各种定期保险及终身寿险上。该条款规定，保单保额可以随着消费价格指数的上升而自动增加。

第三节 人身意外伤害保险

一、意外伤害保险

(一) 意外伤害的含义

意外伤害包括意外和伤害两层含义。意外是指侵害的发生被保险人事先没有预见到的，或违背被保险人主观意愿的；伤害是指人的身体受到侵害的客观事实。意外伤害保险中所称的意外伤害是指在被保险人没有预见到或违背被保险人意愿的情况下，突然发生的外来致害物对被保险人的身体明显、剧烈地侵害的客观事实。

(二) 意外伤害保险的含义

意外伤害保险是指以被保险人在保险期限内因遭受意外伤害造成死亡或残疾为给付保险金条件的一种人身保险。意外伤害保险有三层含义：第一，必须有客观的意外事故发生，且事故原因是意外的、偶然的、不可预见的；第二，被保险人必须有客观事故造成人身的死亡或残疾的结果；第三，意外事故的发生和被保险人遭受人身伤亡的结果之间具有内在的、必然的联系，即意外事故的发生是被保险人遭受伤害的原因，而被保险人遭受伤害是意外事故的后果。

意外伤害保险的保障项目主要有两项：一是死亡给付，被保险人因遭受意外伤害造成死亡时，保险人给付死亡保险金；二是残疾给付，被保险人因遭受意外伤害造成残疾时，保险人给付残疾保险金。死亡给付、残疾给付是意外伤害保险的基本责任。

意外死亡给付和意外残疾给付是意外伤害保险的基本责任，其派生责任包括医疗给付、误工给付、丧葬费给付和遗属生活费给付。

二、意外伤害保险的特征

意外伤害保险与人寿保险相比，具有以下几项特征。

（一）可保风险不同

人寿保险承保的是人的生命，其主要的风险因素是被保险人的年龄。而意外伤害保险保障的是外来的、剧烈的、突然的事故对人体造成的伤害。对每个被保险人来说，意外风险的发生与年龄关系不大，而与被保险人从事的职业与生活环境密切相关。相比较而言，意外伤害的承保条件一般较宽，年纪大的也可投保意外伤害保险，对被保险人也不进行严格的体格检查。

（二）厘定费率的依据不同

人寿保险在厘定费率时按人的生死概率，选择不同的生命表进行计算。不同年龄、不同性别的人购买寿险所缴保费不同。而意外伤害保险费率的厘定则是根据过去各种意外伤害事故发生概率的经验统计计算，注重职业风险，一般将不同风险的职业划分为不同等级，每一等级采取不同的费率。

（三）责任准备金提取不同

人寿保险一般是长期性的业务，采取均衡保费。人寿保险的年末未到期责任准备金是依据生命表、利息表、被保险人年龄、已保年限、保险金额等因素计算的。意外伤害保险的年末未到期责任准备金是按当年保险费收入的一定百分比计算的，与财产保险相同。

（四）保险期限相对较短

人寿保险的期限一般是 10 年、20 年、30 年甚至终身，短期健康保险的期限为 1 年，长期性健康保险长达几十年，也有提供终身保障的健康保险。人身意外伤害保险的期限相对较短，而且保险期限的确定也十分灵活。人身意外伤害保险的期限多为 1 年，有些特种保单甚至只有几天或几个小时，如航空意外伤害保险只有几个小时。

（五）保险单不具有现金价值

人寿保险一般均属长期性业务，保险人收取的保费是按均衡办法计算的均衡保费，因此具有现金价值。而人身意外伤害保险的保险期限最长一般为 1 年，属短期性业务，保费为自然保费，保单没有现金价值，也不能进行质押贷款。

三、意外伤害保险的种类

（一）按保险危险分类

1. 普通意外伤害保险

它所承保的风险是在保险期限内发生的各种意外伤害。即被保险人在保险有效期内，因遭受意外伤害而致死亡、残疾或暂时丧失工作能力时，由保险人给付保险金的保险。目前保险公司开办的团体人身意外伤害保险、学生团体平安保险等，均属普通意外伤害保险。

2. 特定意外伤害保险

它是以特定时间、特定地点或特定原因发生的意外伤害为保险危险的意外伤害保险，如保险危险只限于在矿井下发生的意外伤害保险、在建筑工地发生的意外伤害保险、索道游客意外伤害保险、登山意外伤害保险和电梯乘客意外伤害保险等。

（二）按保险期限分类

1. 一年期意外伤害保险

该险种即保险期限为 1 年的意外伤害保险业务。在意外伤害保险中，一年期意外伤害保险一般占大部分。保险公司开办的个人人身意外伤害保险、附加意外伤害保险等均为一年期意外伤害保险。

2. 极短期意外伤害保险

该险种即保险期限不足 1 年，往往只有几天、几小时甚至更短的意外伤害保险，如索道游客意外伤害保险、航空意外伤害保险等。

3. 多年期意外伤害保险

该险种即保险期限超过 1 年的意外伤害保险。

（三）按承保方式分类

1. 个人意外伤害保险

个人意外伤害保险是以个人方式投保的人身意外伤害保险。

2. 团体意外伤害保险

团体意外伤害保险是以团体方式投保的人身意外伤害保险，其保险责任、给付方式均与个人意外伤害保险相同。该保险是一个团体内的全部或大部分成员集体向保险公司办理投保手续，以一张保险单承保的意外伤害保险。团体指投保前即已存在的机关、学校、社会团体、企业、事业单位等，而不是为了投保而结成的团体。

与人寿保险、健康保险相比，意外伤害保险最有条件、最适合采用团体投保方式。由于意外伤害保险最适合以团体方式投保，所以在意外伤害保险中，以团体意外伤害保险居多。由于团体意外伤害保险的保险费较低，所以在企业中一般是由企业或雇主支付保险费为雇员投保。在机关、学校、事业单位中，也可以由单位组织投保，保险费由被保险人个人负担。

投保团体的意外伤害保险与个人投保的意外伤害保险在保险责任、给付方式等方面相同，只是保单效力有所区别。在团体意外伤害保险中，被保险人一旦脱离投保的团体，保单效力对被保险人即行终止，投保团体可以为该投保人办理退保手续，保单对其他被保险人仍然有效。

四、意外伤害保险的内容

（一）意外伤害保险的保险责任

意外伤害保险的保险责任是被保险人因意外伤害所致的死亡或残疾，不负责疾病所致的死亡。死亡保险的保险责任是被保险人因疾病或意外伤害所致死亡，不负责意外伤害所致的残疾。两全保险的保险责任是被保险人因疾病或意外伤害所致的死亡以及被保险人生存到保险期结束。

在意外伤害保险中，对责任期限有特殊的规定。只要被保险人遭受意外伤害的事件发生在保险期内，而且自遭受意外伤害之日起的一定期限内（即责任期限内，如 90 天、180 天等）造成死亡或残疾的后果，保险人就要承担保险责任，给付保险金，即使被保险人在死亡或确定残疾时保险期限已经结束，只要未超过责任期限，保险人就要负责。

意外伤害保险的保险责任由三个必要条件构成：被保险人在保险期限内遭受了意外伤害；被保险人在责任期限内死亡或残疾；被保险人所受意外伤害是其死亡或残疾的直接原因

或近因。三者缺一不可。

1. 被保险人遭受了意外伤害

被保险人在保险期限内遭受意外伤害是构成意外伤害保险的保险责任的首要条件。这一条件包括以下两个方面的要求：一是被保险人遭受意外伤害必须是客观发生的事实，而不是臆想或推测的；二是被保险人遭受的意外伤害的客观事实必须发生在保险期限之内。

2. 被保险人死亡或残疾

被保险人在责任期限内死亡或残疾，是构成意外伤害保险的必要条件之一。这一必要条件包括以下两个方面的要求。

(1) 被保险人死亡或残疾。死亡即机体生命活动和新陈代谢的终止。在法律上发生效力的死亡包括两种情况：一是生理死亡，即已被证实的死亡；二是宣告死亡，即按照法律程序推定的死亡。《中华人民共和国民法通则》第二十三条规定，公民有下列情形之一的，利害关系人可以向人民法院申请宣告死亡：下落不明满四年的；因意外事故下落不明，从事故发生日起满二年的。残疾包括两种情况：一是人体组织的永久性残缺，如肢体断离等；二是人体器官正常机能的永久丧失，如丧失视觉、听觉、嗅觉、语言能力、运动障碍等。

(2) 被保险人的死亡或残疾发生在责任期限之内。责任期限是意外伤害保险和健康保险特有的概念，指自被保险人遭受意外伤害之日起的一定期限（如 90 天、180 天、360 天等）。

如果被保险人在保险期限内遭受意外伤害，在责任期限内生理死亡，则显然构成保险责任。但是如果被保险人在保险期限内因意外事故下落不明，自事故发生之日起满二年，法院宣告被保险人死亡后，责任期限已经超过。为了解决这一问题，可以在意外伤害保险条款中订有失踪条款或在保险单上签注关于失踪的特别约定，规定被保险人确因意外伤害事故下落不明超过一定期限时，视同被保险人死亡，保险人给付死亡保险金；但如果被保险人以后生还，受领保险金的人应把保险金返还给保险人。

责任期限对于意外伤害造成的残疾实际上是确定残疾程度的期限。如果被保险人在保险期限内遭受意外伤害，治疗结束后被确定为残疾，且责任期限尚未结束，当然可以根据确定的残疾程度给付残疾保险金。但是，如果被保险人在保险期限内遭受意外伤害，责任期限结束时治疗仍未结束，尚不能确定最终是否造成残疾以及造成何种程度的残疾，那么，就应该推定责任期限结束时被保险人的组织残缺或器官正常机能的丧失是否是永久性的，即以这一时点的情况确定残疾程度，并按照这一残疾程度给付残疾保险金。以后，即使被保险人经过治疗痊愈或残疾程度减轻，保险人也不追回全部或部分残疾保险金。反之，即使被保险人加重了残疾程度或死亡，保险人也不追加给付保险金。

3. 意外伤害是死亡或残疾的直接原因或近因

在意外伤害保险中，被保险人在保险期限内遭受了意外伤害，并且在责任期限内死亡或残疾，并不意味着必然构成保险责任。只有当意外伤害与死亡、残疾之间存在因果关系，即意外伤害是死亡或残疾的直接原因或近因时，才构成保险责任。意外伤害与死亡、残疾之间的因果关系包括以下三种情况。

(1) 意外伤害是死亡、残疾的直接原因。此即意外伤害事故直接造成被保险人死亡或残疾。当意外伤害是被保险人死亡、残疾的直接原因时，构成保险责任，保险人应该按照保险金额给付死亡保险金或按照保险金额和残疾程度给付残疾保险金。

(2) 意外伤害是死亡或残疾的近因。此即意外伤害是引起直接造成被保险人死亡、残疾的事件的最初、最有效的原因。

(3) 意外伤害是死亡或残疾的诱因。此即意外伤害使被保险人原有的疾病发作，从而加重后果，造成被保险人死亡或残疾。当意外伤害是被保险人死亡、残疾的诱因时，保险人不是按照保险金额和被保险人的最终后果给付保险金，而是比照身体健康者遭受这种意外伤害而给付保险金。

（二）意外伤害保险的给付方式

意外伤害保险属于定额给付保险，当保险责任构成时，保险人按保险合同中约定的保险金额给付死亡保险金或残疾保险金。

在意外伤害保险合同中，死亡保险金的数额是保险合同中规定的，当被保险人死亡时如数支付。

残疾保险金的数额由保险金额和残疾程度两个因素确定。残疾程度一般以百分率表示，残疾保险金数额的计算公式是：

残疾保险金＝保险金额×残疾程度百分率

在意外伤害保险合同中，应列举残疾程度百分率，列举得越详尽，给付残疾保险金时，保险方和被保险方就越不易发生争执。但是，列举不可能完全穷尽，残疾程度百分率无论列举得如何详尽，也不可能包括实务中可能发生的所有情况。对于残疾程度百分率中未列举的情况，只能由当事人之间按照公平合理的原则，参照列举的残疾程度百分率协商确定。协商不一致时可提请有关机关仲裁或由人民法院判决。

在意外伤害保险中，保险金额不仅是确定死亡保险金、残疾保险金数额的依据，而且是保险人给付保险金的最高限额，即保险人给付每一个被保险人死亡保险金、残疾保险金累计以不超过该被保险人的保险金额为限。当一次意外伤害造成被保险人身体若干部位残疾时，保险人按保险金额与被保险人身体各部位残疾程度百分率之和的乘积计算残疾保险金，但如果各部位残疾程度百分率之和超过100％，则按保险金额给付残疾保险金。

被保险人在保险期限内多次遭受意外伤害时，保险人对每次意外伤害造成的残疾或死亡均按保险合同中的规定给付保险金，但给付的保险金累计以不超过保险金额为限。

第四节　健康保险

一、健康保险的概念

（一）健康保险

健康保险也称疾病保险，是指被保险人在保险有效期内因患病所发生医疗费用支出或因疾病所致残疾或死亡时，或因疾病、伤害不能工作而减少收入时，由保险人负责给付保险金的一种保险。一般来说，健康保险承保的主要内容有如下两大类。一是由于疾病或意外事故所致的医疗费用。在保险实务中，习惯上将承保医疗费用的健康保险统称为医疗保险或医疗费用保险。二是由于疾病或意外事故所致的收入损失。如果被保险人不能参加任何工作，则其收入损失是全额的；如果只能从事比原工作收入低的工作，那么收入损失则是部分的，其损失数额即为原收入与新收入之差。该种健康保险的保单称为残疾收入补偿保险。

（二）疾病成立的条件

健康保险中保险事故发生的主要原因是疾病。疾病是指由于人体内在的原因而造成精神上或肉体上的痛苦或者不健全。健康保险中所指的疾病必须满足下面三个条件。

1. 必须是由于明显非外来原因所造成的

因外来的、剧烈的原因造成的病态视为意外伤害，而疾病是由身体内在的生理原因所致。但若因饮食不慎、感染细菌引起的疾病，则不能简单视为外来因素。因为外来的细菌还是经过体内抗体的抵抗以后，最后才形成疾病。因此，一般以是否是明显外来的原因，作为疾病和意外伤害的分界线。

2. 必须是非先天的原因造成的

健康保险仅对被保险人的身体由健康状态转入病态承担责任。由于先天原因，身体发生缺陷，例如，视力、听力的缺陷或身体形态的不正常，不能作为疾病由保险人负责。

3. 必须是由于非长存的原因造成的

在人的一生中，要经历生长、成年、衰老的过程，因此在机体衰老的过程中，也会显示一些病态，这是人生必然要经历的生理现象。对每一个人来讲，衰老是必然的，但在衰老的同时，诱发出其他的疾病却是偶然的，需要健康保险来提供保障。而属于生理上长存的原因，即对人到一定年龄以后出现的衰老现象，则不能称之为疾病，也不是健康保险的保障范围。

二、健康保险的特征

尽管健康保险是以人的身体为保险对象，将健康保险纳入人身保险的范畴，但是健康保险又有许多不同于人身保险的特点，甚至在某些方面，与普通寿险业务有着较大的区别。一般来讲，健康保险有以下几方面的特征。

（一）保险的承保标准比较复杂

健康保险的承保条件一般比人寿保险的承保条件更加严格，由于疾病是健康保险的主要风险，因此对疾病产生的因素需要相当严格的审查，一般是根据被保险人的病历来判断，了解被保险人身体的既往史、现病史，有时还需要了解被保险人的家族病史。另外，为防止已经患有疾病的被保险人投保，保单中常规定一个等待期或观望期。

健康保险中，对在体检中不能达到标准条款规定的身体健康要求的被保险人，一般按照次健体保单来承保，或提高保费，或重新规定承保范围。对于被保险人所患有的特殊疾病，可单独制订特种条款，额外收费或注明其为除外责任。

（二）保险的性质具有双重性

健康保险既有对患病给付一定保险金的险种，如重大疾病保险，也有对医疗费用和收入损失进行补偿的险种，其给付金额往往是按照实际发生的费用或收入损失而定；也就是说，健康保险的一些险种具有人寿保险的属性，一些险种具有损害保险的属性。正因为如此，有些国家把医疗费用保险列入损害保险，允许财产保险公司承保健康保险。如我国2009年10月1日起施行的新修订的《保险法》第九十五条第二款规定：“保险人不得兼营人身保险业务和财产保险业务。但是，经营财产保险业务的保险公司经国务院保险监督管理机构批准，可以经营短期健康保险业务和意外伤害保险业务。保险公司应当在国务院保险监督管理机构依法批准的业务范围内从事保险经营活动。”

（三）保险人具有代位求偿权

健康保险中，保险人拥有代位追偿权。根据保险损害补偿的基本原理，任何人都不应该因为参加保险后，因保险事故的发生而从中获益。保险人所支付的保险金至多只是对保险事故所造成的实际损失进行补偿，被保险人不能因保险事故发生而得到额外的收益。健康保险也不例外。被保险人参加健康保险发生医疗费用支出后，若医疗费用已经从第三方全部或部分赔偿，保险人可以不再给付保险金，或只给付第三方赔偿后不足的差额部分。若保险人已经支付医疗保险金，而保险事故责任应当由第三方承担时，被保险人应当将向第三方的追偿权转移给保险人。尽管保险代位追偿权的有关规定不适用于人寿保险和伤害保险，但却适用于健康保险，因此，健康保险是一种带有损害保险性质的人身保险。

（四）保险人通常要与被保险人共同承担风险

由于健康保险具有风险大、不易控制和难以预测的特性，为了避免道德风险，并限制保险人的风险，保险人通常在健康保险中规定与被保险人一起共同承担风险。一般使用的方法有免赔额、比例赔付和给付限额等规定。

三、健康保险的特别规定

健康保险的基本责任，主要是指疾病医疗给付责任，即对被保险人的疾病医治所发生的医疗费用支出，保险人按规定给付相应的疾病医疗保险金。由于健康保险有风险大、不易控制和难以预测的特性，因此，在健康保险中，保险人对所承担的疾病医疗保险金的给付责任往往带有很多限制或特约性条款，常见的条款有以下几种。

（一）等待期或观望期条款

由于健康保险仅仅依据以前的病历难以判断被保险人是否已经患有某些疾病。为了防止已经患有疾病的被保险人投保，保险人规定在健康保险合同生效一段时间后，保险人才对被保险人因疾病发生的医疗费用履行赔偿责任。在此之前，尽管保险合同已经签订，但保险人并不履行赔偿义务，即观察期内所患疾病推定为投保以前患有的。不同的保险公司对等待期或观望期有不同的规定。等待期或观望期结束后，健康保险保单才正式生效。

（二）免赔额条款

在健康保险中，保单一般均对一些金额较低的医疗费用采用免赔额的规定，即保险金给付的最低限额。保险人只负责超过免赔额的部分。

规定了免赔额之后，小额的医疗费由被保险人自负，大额的医疗费由保险人承担。这种规定对保险人和被保险人都有利。这样做，一方面是被保险人在经济上可以承受金额较低的医疗费用，同时，也可以省去保险人因此而投入的大量工作。另一方面，免赔额的规定可以促使被保险人加强对医疗费用的自我控制，避免不必要的浪费。免赔额的计算一般有三种：一是单一赔款免赔额，针对每次赔款的数额；二是全年免赔额，按全年赔款总计，超过一定数额后才赔付；三是集体免赔额。针对团体投保而言，规定了免赔额之后，小额的医疗费用由被保险人自负，大额的医疗费用由保险人承担。

（三）比例给付条款，或称共保比例条款

在健康保险中，由于是以人的身体为保险标的，不存在是否足额投保问题，同时由于健康保险的危险不易控制，因此，在大多数健康保险合同中，对于保险人医疗保险金的支出均有比例给付的规定，即对超过免赔额以上的医疗费用部分采用保险人和被保险人共同分摊的比例给付办法。比例给付既可以按某一固定比例给付，也可按累进比例给付，即随着实际医疗费用支出的增大，保险人承担的比例累计递增，被保险人自付的比例累计递减。这种规定既有利于保障被保险人的经济利益，解除其后顾之忧，也有利于保险人对医疗费用的控制。

（四）给付限额条款

由于健康保险的危险大小差异很大，医疗费用支出也相差很大，为了加强对健康保险的管理，保障保险人和广大被保险人的利益，一般对保险人医疗保险金的最高给付均有限额规定，以控制总支出水平。当然，在以某些专门的大病为承保对象的健康保险中，也可以没有赔偿限额的规定，但这种合同的免赔额则比较高，被保险人自付的比例一般也较高。

（五）续保条款

续保条款说明在什么条件下保单可自动续保，在什么条件下失效，在什么条件下保险公司会接受续保，在什么条件下保险公司有权调高费率。续保条款包括如下几项。

1. 选择性续保

这种保单赋予保险公司在保单到期日拒绝续保的权利；同时保险公司拥有对承保范围限制条件和保险费率调整的权利。

2. 条件性续保

被保险人可续保其合同直到某一特定的时间或年数，前提是必须符合规定的条件。保险

公司也可以拒绝续保，但必须依据保单中所规定的某些特定原因，这些特定原因必须与被保险人的健康无关，而往往与被保险人的年龄或就业情况有关。例如，丧失工作能力保单可能载明保险公司于被保险人达到某一年龄时即不再续保，另外，保险公司停止出售这种保单时也可拒绝续保。

3. 保证性续保

这种保单规定：只要被保险人连续缴费，其合同就一直有效，直到规定的年龄为止，保险公司对于保证性续保的保单有提高保险费率的权利。

（六）其他条款

1. 可取消条款

在可取消保单中，保险人和被保险人可以在任何时间、任何理由下终止合同。当保险人取消合同时，应通知投保人退回未满期保险费，但对已经发生但未处理完毕的保险事故，则仍须按原合同规定承保责任。

2. 定期条款

保险合同中规定了保险期限，一旦期满，被保险人必须重新购买新的保单。在保险期内，保险人不能解除保险合同，也不能调高保费或改变保险责任范围。

3. 不可取消条款

保险人和被保险人都不能任意中止合同，但被保险人不能缴纳保费时，保险人可自动中止合同。

四、健康保险的种类

（一）医疗保险

医疗保险是指提供医疗费用保障的保险。医疗费用是病人为了治病而发生的各种费用，它不仅包括医生的医疗费和手术费用，还包括住院、护理、医院设备使用等的费用。医疗保险就是医疗费用保险的简称。

常见的医疗保险包括普通医疗保险、住院保险、手术保险、综合医疗保险等。

1. 普通医疗保险

普通医疗保险给被保险人提供治疗疾病时相关的一般性医疗费用，主要包括门诊费用、医药费用、检查费用等。这种保险比较适用于一般社会公众，因为到医院看病是每个人经常发生的事，这种保险的保费成本较低。由于医药费用和检查费用的支出控制有一定的难度，所以这种保单一般只负担免赔额以上部分的一定百分比，保险费用则每年规定一次。每次疾病所发生的费用累计超过保险金额时，保险人不再负保险责任。

2. 住院保险

由于住院所发生的费用是相当可观的，故将住院费用作为一项单独的保险。住院保险的费用项目主要是每天住院房间的费用、住院期间医生费用、利用医院设备的费用、手术费用、医药费等。住院时间长短将直接影响其费用的高低，而且住院费用比较高，因此这种保险的保险金额应根据病人平均住院费用情况而定。为了控制不必要的长时间住院，这种保单一般规定保险人负责所有费用的一定百分比，例如，90%。

3. 手术保险

这种保险提供因病人需要做必要的手术而发生的费用。这种保单一般是负担所有的手术费用。

4. 综合医疗保险

该保险是保险人为被保险人提供的一种全面的医疗费用保险，其费用范围包括医疗和住院、手术等一切费用。这种保单的保险费较高，一般确定一个较低的免赔额以及适当的分担比例。

（二）疾病保险

1. 疾病保险及其特点

疾病保险是以疾病为保险金给付条件的保险。它是指被保险人罹患合同约定的疾病时，保险人按投保金额定额给付保险金，以补偿被保险人由此带来的损失的保险。疾病保险是以保险合同约定的保险金额给付保险金，而不是考虑被保险人的实际医疗费用支出。疾病保险的主要险种包括重大疾病保险和特种疾病保险。一般情况下，疾病保险具有如下几个基本特点。

(1) 个人可以任意选择投保疾病保险，作为一种独立的险种，它不必附加于其他某个险种之中。

(2) 疾病保险条款一般都规定了一个等待期或观望期，等待期或观望期内因疾病而支出的医疗费用及收入损失，保险人概不负责，等待期或观望期结束后保单才正式生效。

(3) 疾病保险为被保险人提供了切实的疾病保障，且程度较高。疾病保险保障的重大疾病均是可能给被保险人的生命或生活带来重大影响的疾病项目，如急性心肌梗死、恶性肿瘤等。

(4) 保险期限较长。疾病保险一般都能使被保险人“一次投保，终身受益”。保费缴付方式灵活多样，且通常设有宽限期条款。

(5) 疾病保险的保险费可以按年、半年、季、月分期缴付，也可以一次缴清。

2. 疾病保险的种类

(1) 重大疾病保险。重大疾病保险是被保险人在保险合同规定的期间内罹患保单列明的重大疾病，并经保险人认可的医疗卫生部门确诊，保险人因此承担保险金给付责任的一种保险形式。通常保险合同列明的重大疾病为心肌梗死、恶性肿瘤、慢性肾衰竭、重要器官移植、四肢瘫痪、脑中风、冠状动脉搭桥手术以及其他严重威胁人类生命或可能给家庭经济造成沉重负担的若干种重大疾病。

(2) 特种疾病保险。某些特殊的疾病往往给病人带来的是灾难性的费用支付，如癌症、心脏疾病等。这些疾病一经确诊，必然会产生大范围的医疗费用支出。

因此，通常要求这种保单的保险金额比较大，以足够支付其产生的各种费用。特种疾病保险的给付方式一般是在确诊为特种疾病后，立即一次性支付保险金额。

（三）残疾收入补偿保险

1. 残疾收入补偿保险的含义

残疾收入补偿保险也称为丧失劳动能力收入补偿保险，是提供被保险人在残疾、疾病或意外受伤后不能继续工作时所发生的收入损失补偿的保险。如果一个人因疾病或意外伤害事故而不能参加工作，那么他就会失去原来的工资收入。这种收入的损失数额可能是全部的，也可能是部分的，其时间可能较长，也可能较短。

2. 残疾收入补偿保险的分类及给付方式

残疾收入补偿保险可分为两种：一种是补偿因伤害而致残疾的收入损失；另一种是补偿因疾病造成的残疾而致的收入损失。在实践中，因疾病而致的残疾比因伤害所致的更为多见一些。收入补偿保险的给付一般规定为以下三种方式。

(1) 按月或按周进行补偿。这是根据被保险人的选择而定，每月或每周可提供金额一致的收入补偿。

(2) 给付期限。给付期限可以是短期或长期，短期补偿是为了补偿在身体恢复前不能工作的收入损失。而长期补偿则规定较长的给付期限，一般是补偿全部残疾而不能恢复工作的被保险人的收入，通常规定给付到60周岁或退休年龄，如被保险人死亡则停止给付。短期给付期限一般为1～2年。

（3）推迟期。在残疾后的前一段时间称为推迟期，在这一期间不给付任何补偿，推迟期一般为3个月或6个月，这是由于在短时间内被保险人还可以维持一定生活，同时，它通过取消对短期残疾的给付而减少保险成本。

本章小结

人身保险是以人的寿命和身体为保险标的的一种保险。人身保险具有保险标的不可估价性、定额给付性、保险期限的长期性、生命风险的相对稳定性、储蓄性的特点，人身保险合同的主要条款包括：不可抗辩条款、年龄误报条款、宽限期条款、中止复效条款、保费自动垫缴条款、不丧失价值条款、保单贷款条款、自杀条款、受益人条款等。人身保险主要分为人寿保险、人身意外伤害保险和健康保险三大类。

人寿保险是以人的寿命为保险标的的保险。传统的寿险产品主要有死亡保险、生存保险以及生死两全保险；创新型寿险产品主要有变额寿险、万能寿险。

意外伤害保险是以被保险人因遭受意外伤害造成死亡或残疾为给付保险金条件的一种人身保险。按不同标准可分为不同的种类。判断是否属于意外伤害保险责任须遵从三个规定：被保险人遭受了意外伤害；被保险人死亡或残疾；意外伤害是死亡或残疾的直接原因或近因。意外伤害保险的保险责任、责任期限及特点与其他人身保险不同。

健康保险也称疾病保险，是指被保险人在保险有效期内因患病所发生医疗费用支出或因疾病所致残疾或死亡时，或因疾病、伤害不能工作而减少收入时，由保险人负责给付保险金的一种保险。健康保险中保险事故发生的主要原因是疾病。健康保险中所指的疾病必须满足下面三个条件：一是必须是由于明显非外来原因所造成的；二是必须是非先天的原因造成的；三是必须是由于非长存的原因造成的。与其他人寿保险相比，健康保险也具有多个特征和多种特别规定。健康保险的种类主要是医疗保险、重大疾病保险和残疾收入补偿保险。

重要概念

人身保险　人寿保险　死亡保险　年金保险　两全保险　变额寿险　万能寿险　健康保险　责任期限　定期死亡保险　等待期　宽限期条款　万能寿险　分红保险　变额保险　投资连接保险　不可抗辩条款　人身意外伤害保险

复习思考题

一、单项选择题

1. 人身保险中最主要的险种是（　　）。

A. 家庭财产保险　　B. 人身意外伤害保险　　C. 人寿保险　　D. 健康保险

2. 人寿保险的保险标的是（　　）。

A. 人的生命　　B. 人的收入　　C. 人的安全　　D. 人的健康

3. 在人寿保险中，保险利益是（　　）。

A. 订立保险合同的前提条件　　B. 维持保险合同效力的条件

C. 保险人给付保险金的条件　　D. 可以用数量来限制的

4. 分红保险属于（　　）。

A. 新型人寿保险　　B. 普通型人寿保险　　C. 财产保险　　D. 信用保险

5. 在定期寿险中，保险人给付保险金的条件是（　　）。

A. 被保险人伤残　　B. 被保险人生病　　C. 被保险人死亡　　D. 被保险人生存

6. 对于被保险人而言，定期寿险最大的优点是（　　）。

A. 保险期限届满后保险费可以部分返还　　B. 保险费率相对适中

C. 赔付保险金的限制条件较多　　D. 用极为低廉的保险费获得较大的保险保障

7. 在普通型人寿保险中，以死亡或生存为给付保险金条件的是（　　）。

A. 定期寿险　　B. 终身寿险　　C. 两全保险　　D. 年金保险

8. 以两个或两个以上的被保险人均生存作为年金给付条件的年金保险称为（　　）。

A. 联合年金　　B. 最后生存者年金　　C. 联合及生存者年金　　D. 个人年金

9. 投资连结保险中投资风险由（　　）承担。

A. 受益人　　B. 投保人和保险人　　C. 保险人　　D. 投保人

10. （　　）适合家庭经济状况较差，子女年岁尚小，自己又是家庭经济主要来源的人。

A. 定期寿险　　B. 终身寿险　　C. 两全保险　　D. 年金保险

11. 按照保险保障范围分类，人身保险分为（　　）保险、意外伤害险和健康保险。

A. 人寿　　B. 生死两全　　C. 疾病保险　　D. 死亡保险

12. （　　）具有保障和投资双重功能，该保险的投资资金单独设立账户，拥有自己的投资顾问，保险公司定期向客户公布有关信息，投资运作的透明度高。

A. 死亡保险　　B. 生存保险　　C. 投资连接保险　　D. 意外伤害保险

13. 某人购买了10万元的终身寿险。在保险期间，不幸被一辆汽车撞死。按照有关法律规定，肇事司机应该赔偿其家属5万元。事后该被保险人的丈夫持保单向保险公司索赔，保险公司对该案件的处理方式是（　　）。

A. 赔偿10万元　　B. 先赔偿10万元，然后再向肇事司机追偿5万元赔款

C. 赔偿5万元　　D. 不赔，因为不属于保险责任

14. 在宽限期内，人寿保险合同的效力状况为（　　）。

A. 效力不变　　B. 已经无效　　C. 暂时无效　　D. 效力减弱

15. 意外伤害保险的基本责任是（　　）。

A. 意外死亡给付　　B. 意外残疾给付

C. 意外死亡给付和意外伤残给付　　D. 意外死亡抚恤

16. 在意外伤害保险中，保险事故发生时，死亡保险金按（　　）给付。

A. 保险金额的一定百分比　　B. 医疗费用多少

C. 伤害原因　　D. 约定的保险金额

17. 意外伤害保险的纯保险费根据保险金额损失率计算的原因是（　　）。

A. 被保险人遭受意外伤害的概率取决于其健康状况

B. 被保险人遭受意外伤害的概率取决于其性别

C. 被保险人遭受意外伤害的概率取决于其年龄

D. 被保险人遭受意外伤害的概率取决于其职业、工种或从事的活动

18. 在意外伤害保险中，按照是否可保划分，被保险人在犯罪活动中所受的意外伤害属于（　　）。

A. 不可保意外伤害　　B. 特约保意外伤害

C. 一般可保意外伤害　　D. 特殊意外伤害

19. 除重大疾病等保险以外，绝大多数健康保险尤其是医疗费用保险的合同期限通常为（　　）。

A. 半年期　　B. 1年期　　C. 两年期　　D. 3年期

二、多项选择题

1. 分红保险的红利来源包括（　　）内容。

A. 死差益　　B. 费差益　　C. 利差益　　D. 保险公司的利润

2. 构成意外伤害的要素包括（　　）。

A. 非本意　　B. 本意　　C. 外来的　　D. 突然的

3. 按保障范围人身保险可分为（　　）。

A. 人寿保险　　B. 人身意外伤害保险　　C. 健康保险

D. 死亡保险　　E. 分红保险

4. 传统型的人寿保险包括（　　）。

A. 死亡保险　　B. 生存保险　　C. 生死两全保险

D. 变额人寿保险　　E. 投资连接保险

5. 下列属于人寿保险常用的条款（　　）。

A. 不可争条款　　B. 宽限期条款

C. 不丧失价值条款　　D. 自动垫缴保费条款

6. 下列关于受益人的说法正确的有（　　）。

A. 受益人可以是自然人也可以是法人

B. 受益人必须具备民事权利能力和民事行为能力

C. 受益人必须经被保险人或投保人指定征得被保险人同意

D. 受益人可以是一人也可以是数人

7. 健康保险所指的疾病应具备的条件是（　　）。

A. 明显非外来原因所造成的　　B. 非先天原因造成的

C. 非长存原因造成的　　D. 衰老现象

8. 人身意外伤害保险的意外伤害确定原则主要有（　　）。

A. 非本意的　　B. 非外来的　　C. 突然的

D. 非先天性的　　E. 外来的

三、判断分析题（判断下列各题，正确的在题后括号内打“√”，错的打“×”，并简述理由）

1. 人的身体和寿命是无价的，只能用定值方式承保。（　　）
2. 意外伤害保险具有损害赔偿性和储蓄性的双重性质。（　　）
3. 对于变额寿险，将来获得的保险金是确定的。（　　）
4. 人身保险要求投保人在投保时必须对被保险人具有保险利益。（　　）
5. 意外伤害保险是以被保险人遭受意外事故造成伤残或死亡时，保险公司给予经济补偿的人身保险。（　　）
6. 保险合同效力中止期间发生保险事故，保险公司仍应承担保险赔付责任。（　　）
7. 人身保险合同不存在超额保险、不足额保险和重复保险。（　　）
8. 健康保险具有损害赔偿性和给付性的双重性质。（　　）
9. 变更受益人必须经保险人的同意，并书面通知保险人，由保险人在保单上批注即可生效。（　　）
10. 定值保险和人寿保险适用损失补偿原则。（　　）

四、简答题

1. 论述人身保险的基本特征。
2. 定期寿险的特点有哪些？
3. 终身寿险的特点有哪些？
4. 简述人身保险合同的主要条款。
5. 列举年金保险的分类。
6. 论述分红保险和投资连接保险的区别。
7. 简述分红保险的红利来源及分红方式。

五、案例分析

1. 1998 年 5 月，赵甲为其母田某投保了终身寿险，经田某同意，受益人为赵甲本人。1999 年 9 月，赵甲回娘家看望母亲，不料因煤气泄漏，赵甲与田某双双遇难。事后，田某之子赵乙及赵甲的丈夫因保险金问题发生争议。赵乙认为，自己是田某亲生儿子，是法定继承人，有权领取保险金；赵甲丈夫主张，受益权已转化为现实的财产权，自己有权继承。此案如何处理？为什么？

2. 张先生为他的妻子王女士投保了一份人寿保险，保险金额为 15 万元，王女士反过来指定张先生为受益人。半年后两个人离婚了，离婚三天后，王女士因意外死亡。王女士的父母想领取 15 万元保险金。他们的理由是：张先生和王女士已经离婚，张先生不应享有保险金请求权，王女士的保险金应该作为遗产来处理。王女士生前还欠着好友刘某 4 万元的债务。对此，王女士的父母要把保险金中的一部分用于清偿债务，其余的应该由他们以继承人的身份作为遗产领取。

问题：此案保险公司如何处理？为什么？

第七章 保险经营

保险公司的经营活动，具有与一般企业相同的特点，以追求赢利为目的。但是，由于保险经营的对象是风险，风险具有一些特殊的性质，所以决定了保险公司的经营活动具有特殊性。

第一节 保险经营概述

一、保险经营的特点

（一）保险经营活动是一种特殊的劳务活动

保险有特定的经营对象，有科学的数理基础，提供特殊的风险保障。

（二）保险经营具有负债性

保险经营是通过收取保险费来建立保险基金，其经营资产的绝大部分也因此而来，实际上是其对被保险人未来赔付的负债。

（三）保险经营成本和利润的计算具有特殊性

一般商品的成本和利润可以准确预算，但是保险经营中，保险产品的定价依据的是以往的损失经验数据，与未来的实际损失数据不可避免地存在误差，造成保险企业的利润波动比较大。

（四）投资在保险经营中占有重要地位

保险费收取与保险金赔付之间往往在时间上相隔比较久，保险公司就必须重视保险投资，以避免保险基金的闲置，并通过保值、增值来增强保险公司的偿付能力，增强保险公司的竞争能力，减轻投保人的经济负担。

（五）保险经营具有分散性和广泛性

保险业务涉及各行各业各个领域，这也是保险公司自身经营风险分散的内在需要。

二、保险经营的原则

保险经营原则是指保险公司从事保险经济活动的行为准则。保险公司在经营活动中，需要遵循一般企业所共同遵守的行为准则。同时，由于保险商品的特殊性，决定了保险公司经营原则也有别于其他企业。

（一）风险大量原则

风险大量原则是指在可保风险的范围内，保险公司要根据自己的承受能力，努力扩大承保面，尽力承保大量的风险与标的，尽可能争取更多的单位和个人参加保险。其原因有三。第一，保险经营以大数法则为基础，根据大数法则要求，保险公司必须承保大量的风险和标的，才可能使风险发生的实际情形更接近预先计算的风险损失概率，唯有如此，才能确保保险经营的稳定。第二，保险的经营过程既是风险的大量集合过程，又是风险的广泛分散过程。保险人承保的风险和标的越多，越有利于风险在更大范围的分散；同时，参保人越多越有利于保险人建立起雄厚的保险基金，有利于保险的经济补偿功能的履行。第三，扩大保险承保的范围和规模，也是保险公司提高经济效益的一个重要途径，这符合规模效益规律。

（二）风险同质原则

风险同质原则是指在保险人承保的同一类业务中，不同保险标的在风险性质上要基本相同或相似。大数法则要求同一事件发生的条件基本相同，这是大数法则发挥作用的条件。这就要求保险公司在经营过程中，不仅需要订立大量的保险合同，更需要所承保的风险具有同质性。尽管保险标的是千差万别的，标的本身的特点及面临的风险存在差异，其风险发生的概率和损失程度各不相同，但是如果风险在性质上相似或相近，就可以归于一类。为此，保险人对所承保的风险必须进行准确归类和选择，尽量使同一类业务的风险性质基本相同或相似。只有这样，才符合统计法则的要求，才能使计算的损失概率趋于可靠和稳定，才能使风险平均化，从而保证保险经营的稳定。

（三）风险选择原则

风险选择原则是指保险人对投保人所投保的风险种类、风险程度和保险金额等应有充分和准确的认识与评估，并根据判断作出选择，决定是否接受投保。保险公司并不是对投保人的投保要求来者不拒，而是有一定的选择，包括对投保人、被保险人的选择，以及对风险的种类、风险的程度和保险金额等的选择。保险人承保时，要尽量选择同质风险的标的，也要尽量淘汰那些超出可保风险条件或范围的标的。保险人风险选择的方法分为事前选择和事后选择两种。

1. 事前选择

事前选择即承保前的选择，是对投保人的投保要求做出是否承保以及以什么条件承保的选择，包括对“人”和“物”的选择。对“人”的选择是对投保人或被保险人的评价和选择；对“物”的选择是对保险标的物的评价和选择。通常，对于难以测定的风险应当拒绝承保或者附加承保条件，比如提高费率等。一般情况下，投保人都会存在以对自己最有利的方式，选择对自己最不利的风险进行投保的倾向。例如，年老者积极投保死亡保险，而年轻、身强力壮者积极投保生存保险，这就是通常所说的“逆选择”。为防止“逆选择”，财产保险公司在承保前，核保人员必须对投保人的信誉、经营能力、保险标的的用途、使用情况等进行了解。对不符合承保条件的，保险人应予以拒绝或者提出附加承保条件，如提高免赔额、保险费率或者其他限制性条款等。人身保险公司在承保前，核保人员则应当就被保险人的职业、健康状况等进行了解，作出判断与选择。

2. 事后选择

事后选择即承保后的选择，一般是在承保后，保险人发现了不符合承保条件的保险合同，或者发现保险标的有较大的风险存在，主动提出终止保险合同或合同期满后拒绝承保，这是一种事后的淘汰性选择。保险合同的淘汰通常有三种方式：第一，等待保险合同期满后不再续保；第二，保险人若发现投保人或被保险人有明显误告或欺诈行为，保险人可中途终止承保；第三，按照保险合同规定的事项予以注销合同。

（四）风险分散原则

风险分散原则是指保险人为了保证经营的稳定性，对所承保的风险尽可能地加以分散，并使之平均化，避免风险的过度集中。如果保险人承保的风险过于集中，一旦发生保险事故，就可能产生责任累积或巨额赔付，直接威胁保险人的偿付能力。

保险人通常通过扩大承保面，或采取共同保险和再保险的方式来分散风险。比如，保险人可以通过扩大营业区域，分散风险单位，避免风险集中在某一地区，或承保尽可能多的风险标的，将风险在更多的区域之间或参保人之间进行分散。保险人也可以通过共同保险或规定免赔额、免赔率等方式，将风险在承保之前进行分散。保险人还可以通过再保险方式，在承保之后分出部分业务给其他再保险公司，将风险在承保之后进行分散。

第二节　保险经营的环节

一、保险展业

(一) 保险展业的含义

保险展业也称推销保险单，它是保险展业人员引导具有保险潜在需要的人参加保险的行为，也是为投保人提供投保服务的行为，它是保险经营的起点。保险展业由保险宣传和销售保险单两种行为构成。通过保险宣传使对保险不甚了解的消费者加深对保险的理解，树立风险保障的观念，进而产生购买保险的动机；销售保险单是将潜在的投保需求转化为现实的购买行为，也就是投保行动的实现形式。

(二) 保险展业的方式

保险展业的方式包括直接展业、保险代理人展业和保险经纪人展业。

1. 保险人直接展业

直接展业是指保险公司依靠自己的业务人员去争取业务，这适合于规模大、分支机构健全的保险公司以及金额巨大的险种。

2. 保险代理人展业

对许多保险公司来说，单靠直接展业是不足以争取到大量保险业务的，在销售费用上也是不合算的。如果保险公司单靠直接展业，就必须配备大量展业人员和增设机构，大量工资和费用支出势必会提高成本，而且展业具有季节性特点，在淡季时，人员会显得过剩。因此，国内外的大型保险公司除了使用直接展业外，还广泛地建立代理网，利用保险代理人和保险经纪人展业。

3. 保险经纪人展业

保险经纪人不同于保险代理人，保险经纪人是投保人的代理人，对保险市场和风险管理富有经验，能为投保人制订风险管理方案和物色适当的保险人，是保险展业的有效方式。

(三) 保险展业的具体内容

1. 保险展业的准备工作

开展保险业务前，应事先对保险市场环境、潜在顾客状况、保险公司自身优势和劣势以及保险商品的特点进行全面的分析，制定出展业规划和策略。做到知己知彼，才能取得预期的展业效果。其具体的准备工作有以下几项。

(1) 调查背景情况，制定展业规划。调查背景情况是制定展业规划和实施展业的依据，它包括对保险公司自身经营状况的考察和对外部经营环境的调查。前者包括对公司经营状况、信誉、市场占有率、所销保险商品的特点等方面进行全面细致的研究和分析，以便在制定和实施展业规划过程中扬长避短；后者包括对保险市场供求环境的调查、市场购买力的调查，对其他保险公司经营情况和相应保险商品的调查，以及展业区域特点、风俗习惯、风险状况等各种与展业相关因素的调查和研究。

在调查的基础上，制定出周密的展业规划。展业规划应有明确的展业目标，并通过目标责任制使之落实到班组和个人；展业规划还应包括展业行动的总体方案和实施行动方案的方法和技巧。展业规划是指导展业工作的行动纲领。

(2) 了解潜在顾客的情况。潜在顾客是指那些在主观或客观上需要保险且具有购买力的尚未购买保险商品的企业、团体或个人。对潜在顾客的了解主要包括潜在顾客的行业、经济实力、风险状况、保险意识等与展业直接或间接相关的因素。在充分了解的基础上，对潜在顾客进行分类，归纳出各类顾客的共同保险需求及不同顾客的特殊保险需求，以便根据具体情况扩大展业成果。

(3) 确定展业宣传对象。根据展业规划、潜在顾客情况和所销保险商品的特点来确定展业宣传对象。这样，可以使保险展业目标更加明确，使展业宣传具有针对性，从而取得更好的展业效果。

(4) 做好展业前的各项准备。根据展业工作的需要，备齐必要的各种单证、条款、费率表、宣传资料和其他宣传工具，做好展业前的各项准备工作。

2. 开展展业宣传

做好各项展业准备工作之后，展业人员还要制订具体的展业计划，进行展业宣传。保险展业宣传对于保险业务的顺利开展和增强国民的保险意识具有十分重要的作用。只有更多的人了解和认识保险，才能吸引更多的个人、家庭和企业投保。保险要为社会所认识和接受，就必须依靠宣传。展业宣传要结合当地特点和保险案例并充分利用报纸、广播、电视、网络等各种媒体，开展多样化的宣传活动。同时，展业活动要把握有利时机，争取有关部门的支持与配合。

展业宣传应着重介绍以下内容。

(1) 保险的职能和作用。只有更多的人了解和认识，保险才会有更大的业务空间。

(2) 保险公司的优势险种以及经营能力、偿付能力、机构网络、人才技术服务等方面的优势。

(3) 参加保险的条件，投保、索赔手续以及保险条款和费率规章。特别应该重点介绍保险责任、责任免除，投保人、被保险人义务等方面的内容。在展业宣传过程中，要遵守国家有关法律、法规和中国保监会的有关政策和规定，不得对保险条款进行扩展性解释或超越权限向投保人私自承诺，误导投保人投保。

3. 制订保险方案

通过多样化的展业宣传活动后，保险公司和代理人应从加大产品内涵、提高保险公司服务水平的角度出发，为有意投保的组织或个人提供科学、完善的保险方案。由于不同的投保人所面临的风险特征、风险概率、风险程度不同，因而对保险的需求也各不相同，这就要求展业人员从投保人的实际情况及风险评估的结果出发向投保人介绍相关险种、条款，以及其所能提供的增值服务，耐心、细致地帮助投保人合理设计投保方案。投保方案中主要应包括投保人的情况介绍、保险标的的风险评估、保险方案的总体建议、适用的保险条款及条款解释、保险金额或赔款限额、赔偿处理的程序及要求和保险人的服务承诺等内容。

二、保险投保

投保亦称购买保险，是指对保险标的具有保险利益的自然人或法人，向保险人申请订立保险合同的行为。投保人通过保险业务人员或保险中介购买保险后，就与提供这种保险的保险公司建立了一种较为长期的关系。

(一) 保险公司有义务为投保人提供投保指导服务

首先，在保险活动中，投保人需要保障的基本权利有：

① 得到准确保险信息的权利；

② 保证安全的权利；

③ 可自由选择保险险种的权利；

④ 有申诉、控告所遭受不良待遇的权利；

⑤ 要求开发和改进险种的权利；

⑥ 获得良好售后服务的权利。

在上述的投保人权利中，获得准确保险信息的权利是投保人利益得到保障的首要权利。其次，投保人在投保时有要求良好服务的权利，要求保险人应该做到：

① 帮助投保人分析自己所面临的风险；

② 帮助投保人确定自己的保险需求；

③ 帮助投保人估算可用来投保的资金；

④ 帮助投保人制订具体的保险计划。

（二）投保人有充分享受自由选择投保的权利

1. 选择保险中介人

2. 选择保险公司

（1）注意保险公司的类型。

（2）注意保险公司提供的险种与价格。

（3）考察保险公司的偿付能力和经营状况。考察保险公司偿付能力的方法有两种：一是查看保险监管部门或评级机构对保险公司的评定结果；二是对保险公司的年终报表进行直接分析。

（4）要考察保险公司提供的服务。投保人选择保险公司时，要从两个方面注意其获得的服务：一是从其代理人那里获得的服务，二是从该公司本部那里获得的服务。

三、保险核保与承保

（一）保险核保

1. 核保的含义

保险核保是指保险人对投保申请进行审核，决定是否接受承保这一风险，并在接受承保风险的情况下，确定保险费率的过程。在核保过程中，核保人员会按标的物的不同风险类别给予不同的费率，保证业务质量，保证保险经营的稳定性。核保是承保业务中的核心业务，而承保部分又是保险公司控制风险、提高保险资产质量最为关键的一个步骤。

2. 核保的意义

（1）防止逆选择，排除经营中的道德风险。在保险公司的经营过程中始终存在一个信息问题，即信息的不完整、不精确和不对称。尽管最大诚信原则要求投保人在投保时应履行充分告知的义务。但是，事实上始终存在信息的不完整和不精确的问题。保险市场信息问题，可能导致投保人或被保险人的道德风险和逆选择，给保险公司经营带来巨大的潜在的风险。保险公司建立核保制度，由资深人员运用专业技术和经验对投保标的进行风险评估，通过风险评估可以最大限度地解决信息不对称的问题，排除道德风险，防止逆选择。

（2）确保业务质量，实现经营稳定。保险公司是经营风险的特殊行业，其经营状况关系社会的稳定。保险公司要实现经营的稳定，关键一个环节就是控制承保业务的质量。但是，随着国内保险市场供应主体的增多，保险市场竞争日趋激烈，保险公司在不断扩大业务的同时，经营风险也在不断增大。其主要表现为：一是为了拓展业务而急剧扩充业务人员，这些新的工作人员业务素质有限，无法认识和控制承保的质量；二是保险公司为了扩大保险市场的占有率，稳定与保户的业务关系，放松了拓展业务方面的管理；三是保险公司为了拓展新的业务领域，开发了一些不成熟的新险种，签署了一些未经过详细论证的保险协议，增加了风险因素。保险公司通过建立核保制度，将展业与承保相对分离，实行专业化管理，严格把好承保关。

（3）扩大保险业务规模，与国际惯例接轨。我国加入世界贸易组织（WTO）以后，国外的保险中介机构正逐步进入中国保险市场；同时，我国保险的中介力量也在不断壮大，现已成为推动保险业务的重要力量。在看到保险中介组织对于扩大业务的积极作用的同时，也应注意到其可能带来的负面影响。由于保险中介组织经营目的和价值取向的差异以及人员的良莠不齐，保险公司在充分利用保险中介机构进行业务开展的同时，也应对保险中介组织的业务加强管理，核保制度是对中介业务质量控制的重要手段，建立和完善保险中介市场的必要前提条件。

（4）实现经营目标，确保持续发展。在市场经济条件下，企业发展的重要条件是对市场进行分析，并在此基础上确定企业的经营方针和策略，包括对企业的市场定位和选择特定的业务和客户群。同样在我国保险市场的发展过程中，保险公司要在市场上争取和赢得主动，就必须确定自己的市场营销方针和政策，包括选择特定的业务和客户作为自己发展的主要对象，确定对各类风险承保的态度，确定承保业务的原则、条款和费率等。而这些市场营销方针和政策实现的主要手段是核保制度，通过核保制度对风险选择和控制的功能，保险公司能够有效地实现其既定的目标，并保持业务的持续发展。

3. 核保的主要内容

保险核保是十分重要的环节，保险公司除了要大量承揽业务以外，还要保证业务的质量，否则就会出现风险，使保险公司赔付率上升，影响公司的正常经营，严重的还会影响公司的偿付能力，甚至带来社会危害。因此，保险公司都十分重视对核保的管理。保险核保主要有以下几个方面内容。

（1）审核投保人的资格。即审核投保人是否具有民事权利能力和民事行为能力及对标的物是否具有保险利益，也就是选择投保人或被保险人。通过对投保人或被保险人基本情况的了解对其基本风险进行评估，及时发现其可能潜在的风险，以便采取相应的措施降低和控制风险，做到科学经营。

（2）审核保险标的。即对照投保单或其他资料核查保险标的的使用性质、结构性能、所处环境、防灾设施、安全管理等情况，也就是对保险标的及其利益的选择过程。保险人通过选择保险标的来实现风险的分散，具体来说就是通过承保不同类型的风险，或者承保不同地区的保险标的来实现风险的分散。

（3）审核保险费率。一般的财产或人身可能遭遇的风险基本相同，因此可以按照不同标准，对风险进行分类，制订不同的费率等级，在一定范围内使用。对于计算机出单的，基本上不存在对保险费的审核问题，因为这种审核工作已经由计算机的智能化功能自动完成了。但是，有些保险业务的风险情况不固定，承保的每笔业务都需要保险人根据以往的经验，结合风险的特性，制订单独的费率。

4. 核保的原则

保险核保要遵循一定的原则，主要有：

（1）实现长期的承保利润；

（2）提供高质量的专业服务；

（3）争取市场的领先地位；

（4）谨慎运用公司的承保能力；

（5）实施规范的管理；

（6）有效利用再保险支持。

（二）保险承保

1. 保险承保的含义

保险承保是保险人对愿意购买保险的单位或个人所提出的投保申请进行审核，作出是否同意接受和如何接受的决定过程。可以说，保险业务的要约、承诺、审核、确定保费等签订立保险合同的全过程，都属于承保业务环节，如图 7-1 所示。实际上，进入承保环节，就进入了保险合同双方就保险条款进行实质性谈判的阶段。

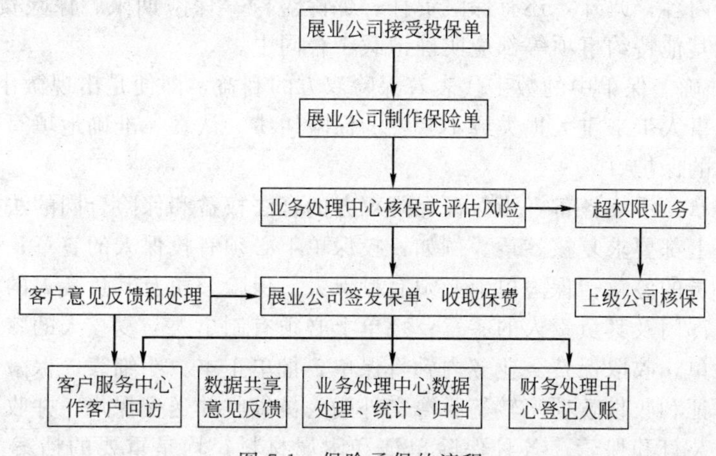

图 7-1　保险承保的流程

2. 保险承保的具体程序

(1) 接受投保单。投保单是保险经营过程中的一份重要单证，是投保人要约的证明，是保险人承诺的对象，是确定保险合同内容的依据。在以往保险经营业务中普遍存在三种问题容易导致保险合同的纠纷：一是没有投保单，尤其是在续保业务中；二是保险公司业务人员代替投保人填写投保单；三是投保单填写的内容不完整。

(2) 核保。核保人员根据投保规则和总公司的核保规定进行风险选择，得出核保结论，提出处理意见。审核的内容包括财产保险中保险标的及其存放地址、运输工具行驶区域、保险期限以及人身保险中被保险人的性别、年龄、家族病史等。不能承保的，将保险费和投保资料退还给业务员，由业务员将保险费退还投保人并负责解释工作；可以正常承保或附带条件承保的，例如有的需要补充提供材料或体检的，要做好相关业务处理工作，然后将投保材料和处理意见交给专门负责缮制保单的内勤人员。

(3) 作出承保决策。如果投保金额或标的风险没有超出保险人承保权限，则保险人接受业务。超出保险人承保权限，那么保险人无权决定是否承保，只能请求上一级主管部门提出意见。

① 正常承保。对于属于标准风险类别的保险标的，保险公司按标准费率予以承保。

② 优惠承保。对于属于优质风险类别的保险标的，保险公司按低于标准费率的优惠费率予以承保。

③ 有条件地承保。对于低于正常承保标准但又不构成拒保条件的保险标的，保险公司通过增加限制性条件或加收附加保费的方式予以承保。

④ 拒保。如果投保人投保条件明显低于承保标准，保险人就会拒保。

(4) 缮制单证。缮制单证是指保险人接受业务后填制保险单或保险凭证的过程。保险单或保险凭证是载明保险合同双方当事人的权利与义务的书面凭证，是被保险人向保险人索赔以及保险人处理赔案的主要依据。缮制单证是承保工作的重要环节，缮制的单证质量好坏与否，直接关系到保险合同当事人双方的义务和权利能否正常履行与实现。填写保险单时要特别注意以下几点。

① 单证要相符。即保险单、投保单、财产清单、人身保险的体检报告及其他单证都要符合制单要求，其重要内容如保险标的的名称、数量、地址等都应相符。

② 保险合同的要素应明确。即保险合同的主体、客体及内容要在合同中明确记载。比

如，保险单中要正确填写被保险人姓名、单位名称和负责人姓名及详细地址。人身保险合同中还要填写受益人姓名、地址及与被保险人的关系。保险单中应标明保险标的的范围及地址、保险利益的内容；此外，还有保险责任、保险金额、保险期限、保险费及其支付办法、被保险人义务及其他特约事项等都应明确记载于合同中。

③ 数字应准确。保单中的数字代表着保险双方的利益，即便是出现微小的疏忽或错误，也可能给双方当事人带来重大损失或不必要的保险纠纷。认真、准确地填写数字，是对保险双方当事人利益的保护。

（5）复核签章，手续齐备。为保证保险双方的合法权益和保险合同的法律效力，承保活动中的每种单证上都要求复核签章。例如：投保单上必须有投保人的签章；验险报告中必须有具体承办业务员的签章；保险单上必须有投保人、保险公司及其负责人的签章；保险费收据上必须有财务部门及其负责人的签章；批单上必须有制单人与复核人的签章等。

（6）递送保单，收取保费。业务内勤将保单、批单正本、明细表、保险证，以及保费收据、填写发送单证和收付款项流转签收簿交外勤人员签收并送交保户，并收取保险费。

（7）归档、装订和保管。各种保险单证和附属材料，均是重要的档案，必须按规定编号、登记、装订牢固，实行专柜专人管理，并符合防火、防盗、防潮和防蛀的要求。

四、保险防灾防损

（一）保险防灾防损的概念

保险防灾防损是保险双方共同努力，采取措施，减少或消除风险发生的因素，从而降低保险经营成本，提高经济效益的经营活动。防灾是一种事前的预防措施，其目的是把风险事故消灭在萌芽状态。减损是一种事后采取的措施，当采取了各种预防措施后灾害仍然发生的情况下，为尽量减少保险损失而采取的相应措施。防灾防损是财产保险经营中不可或缺的重要环节。它与展业、承保、理赔之间存在相辅相成的关系，保险公司应该把此项工作贯穿到保险展业、承保、理赔等各个环节中。

（二）保险防灾防损的方法

（1）加强保险防灾宣传、咨询工作。

（2）积极配合社会上专门的防灾组织，开展各项防灾工作。

（3）对重点保户进行安全检查。

（4）条款制约与费率优惠，如在投保、续保中规定无赔款或防护好的优待、有赔款加费；规定免赔率或免赔额；对经常发生保险赔款的保户，在投保时有条件承保或拒保。

【附】

国外防灾防损的奇思妙招介绍

劳合社太空抓“逃星”

现代科技的飞速发展，促进了对宇宙资源的研究和开发。目前，世界上已有60多个国家涉足太空事业，并向太空发射了5000多颗科学探测和应用卫星，取得了极好的社会效益和经济效益。由于太空事业投资多，风险大，因此，一般的卫星发射都投保一种或几种保险。若卫星发射失败、未进入预定轨道或在太空失去控制，承保公司便要支付巨额赔款。能不能抓回失控的或未进入预定轨道的卫星、以减少保险赔款呢？且看保险巨头——英国劳合社的惊世之举。

1984年2月，执世界保险业之牛耳的劳合社保险集团承保了由美国“挑战者”号航天飞机即将发射的帕拉帕-2号和韦斯塔6号两颗卫星的综合保险。不幸的是，“挑战者”号在前进中因尾部火箭发动机突然熄火。导致两卫星未能进入预定轨道，从而变成毫无用处的废物。劳合社集团不得不忍痛赔付了

1.8亿美元的巨额损失。此后，他们算了笔账：制造一颗新卫星最少要花费3500万美元，费时30个月；若能收回失控的卫星，估值5000万美元，只需要3～18个月。于是，劳合社把这个大胆的惊世计划告诉了美国宇航局。双方反复协商后，由劳合社出资1000万美元，委托航天部门抓回这两颗“逃星”。其中500万给休斯飞机制造公司研制回收设备，其余给宇航局作为发射和训练费用。

经过宇航局几个月的周密设计，一场史无前例的追捕“逃星”的太空大战开始了。1984年11月8日，“发现”号航天飞机直射太空，并逐渐调整轨道高度，不断向逃逸的卫星靠拢。经过4天的跟踪追击，终于靠近了一颗卫星，全副武装的宇航员迅速走出密封舱，在漆黑的太空中缓慢地向卫星飞去。稍一接近卫星，宇航员就把4英尺长的“螯针”插入卫星，并揿动按钮把“螯针”牢牢卡住，这样宇航员就和卫星连成一体。接着，宇航员利用压缩氮气的反推力止住卫星的自转，再用机械臂一下抓住“螯针”的一端，轻而易举地将卫星抓回货舱，并把卫星固定在货舱架上。至此，第一颗卫星便“抓获归案”。此后两天，宇航员又如法炮制，抓回了第二颗“逃星”。11月16日，两颗“逃走”的卫星安全返回地面，创造了世界宇航史上的一个奇迹。

卫星安全收回的消息传到劳合社，承保人一片欢腾。这两颗卫星稍经修复后，就在1986年分别以1800万美元和2000万美元出售。扣除各项营救费用后，劳合社仍获益2700万美元。为了表彰宇航员的卓越功勋，劳合社向两名宇航员颁发了代表最高荣誉的银质勋章。该勋章制造于1883年，第二次世界大战以来仅颁发过3次。

早期火灾保险公司的消防队

人类历史有组织的专业消防队已有近千年的历史了。早期的消防队主要是由西欧各国的教会组建的、小规模的教区消防队。这些教区消防队在扑灭小火灾方面，发挥了积极而独特的作用。但随着城市的兴起，经济的发展和社会财富的不断集中，火灾愈加频繁、损失也越来越大。在16世纪后期的几次大火灾及1666年的伦敦特大火灾中，教区消防队则显得力不从心。

17世纪后期，新创建的一些火灾保险公司对伦敦大火灾记忆犹新，对教区消防队的表现也不甚满意。于是，纷纷组建了自己的消防队组织。到1720年，伦敦的火灾保险公司已组建了12支消防队。保险消防队有严格的职责，只对标有保险公司核发的“消防保险牌”的保户的财产提供消防服务。如果哪家贴有保险公司核发的“消防保险牌”标志，就会获得保险消防队的周到服务。由于当时伦敦的街道狭窄而拥挤，火灾频繁发生，保险消防队发挥了巨大作用，减少了保险赔款支出，也为社会经济发展做出了应有的贡献。

英国保险人的这一做法也传到了美国。19世纪中后期，新成立的美国各火灾保险公司，沿用并发展了英国保险人的“消防保险牌”制度，受到消费者的欢迎。而无力组建消防队的小型保险公司，则可有偿使用别人的保险消防队、为其客户服务。保险消防队一般视客户有无“消防保险牌”，决定在灭火时是否值得全力以赴。据专家考证，旧中国的一些保险公司，也曾采用过“消防保险牌”制度。

五、保险理赔

（一）保险理赔的含义

保险理赔，是指在保险标的发生保险事故而使被保险人财产受到损失或人身生命受到损害时，或保单约定的其他保险事故出现而需要给付保险金时，保险公司根据合同规定，履行赔偿或给付责任的行为，是直接体现保险职能和履行保险责任的工作。简单来说，保险理赔是保险人在保险标的发生风险事故后，对被保险人提出的索赔请求进行处理的行为。在保险经营中，保险理赔是保险补偿职能的具体体现。保险理赔是保险经营的重要内容和最后环节，也是广大保险客户最为关心的问题。

《保险法》第二十二条规定：“保险事故发生后，按照保险合同请求保险人赔偿或者给付保险金时，投保人、被保险人或者受益人应当向保险人提供其所能提供的与确认保险事故的性质、原因、损失程度等有关的证明和资料。保险人按照合同的约定，认为有关的证明和资料不完整的，应当及时一次性通知投保人、被保险人或者受益人补充提供。”《保险法》第二十五条规定：“保险人自收到赔偿或者给付保险金的请求和有关证明、资料之日起六十日内，对其赔偿或者给付保险金的数额不能确定的，应当根据已有证明和资料可以确定的数额先予支付；保险人最终确定赔偿或者给付保险金的数额后，应当支付相应的差额。”

保险索赔必须在索赔时效内提出，超过时效，被保险人或受益人不向保险人提出索赔，不提供必要单证和不领取保险金，视为放弃权利。险种不同，时效也不同。《保险法》第二十六条：“人寿保险以外的其他保险的被保险人或者受益人，向保险人请求赔偿或者给付保险金的诉讼时效期间为二年，自其知道或者应当知道保险事故发生之日起计算。人寿保险的被保险人或者受益人向保险人请求给付保险金的诉讼时效期间为五年，自其知道或者应当知道保险事故发生之日起计算。”保险事故发生后，投保人、被保险人或受益人首先要立即报案，然后提出索赔请求。

（二）保险理赔的原则

通过赔偿处理，可以发现防灾防损工作中存在的问题和漏洞，作为加强和改进防灾防损工作的依据。理赔工作的质量好坏还关系到保险公司的声誉，从而影响到展业。因此，理赔工作中应当坚持以下原则。

(1) 重合同、守信用。此即保险人在处理赔案时，要严格遵守保险合同的条款，尊重被保险人的合法权益。保险合同中明确规定了保险双方的权利和义务，保险公司在处理理赔案时，必须严格按照保险合同中的条款来理赔，这是保险理赔中应遵循的首要原则。

(2) 实事求是。这是保险理赔工作应当遵循的基本原则与要求。这一原则要求理赔人员在分析案情、处理赔偿或给付案件时，一切从事实和证据出发，判断保险事故的原因和性质，不得主观臆断。经调查与审核，一旦确认发生了保险责任范围内的事故，就应依照合同从实理赔。保险理赔必须对具体问题具体分析，实事求是的按照实际情况，恰当地运用条款进行处理。

在实践中，保险人的通融赔付就是贯彻实事求是原则的一个具体体现。所谓通融赔付是指保险公司根据保险合同约定本不应完全承担赔付责任，但仍赔付全部或部分保险金的行为。通融赔付主要是针对一些巨灾事件，比如我国汶川“5·12”地震后，有些保险公司进行了通融赔付。保险人进行通融赔付的目的主要有：为了保险业的稳定和发展；为了维护保险公司的信誉和在市场竞争中地位；为了社会的安定团结。

(3) 贯彻“主动、迅速、准确、合理”的八字方针。其中，“主动”、“迅速”是指保险公司接到被保险人的报告后主动了解受灾受损情况，理赔工作人员及时赶赴现场查勘并迅速赔偿损失，热情为被保险人提供服务；“准确”、“合理”是指在理赔时要分清责任，准确定损，赔款合情合理。这就要求理赔工作人员保险专业知识丰富，对各类保险标的相当熟悉，以及掌握查明损失原因和估算损失的方法。

（三）保险理赔的程序

保险理赔是保险经营最重要的环节，这一环节工作的好坏直接涉及保险经济补偿作用的发挥，直接关系到保险公司自身的经济效益和发展潜力，也直接关系到客户的切身利益，从而关系到保险公司的公众形象和社会信誉。保险理赔的程序一般包括的步骤如图 7-2 所示。

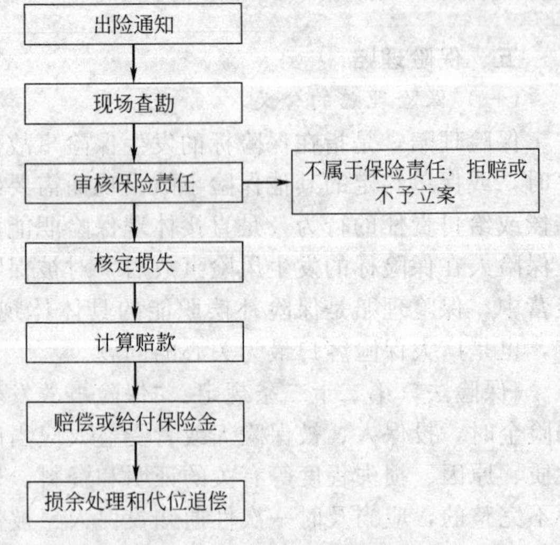

图 7-2 理赔的业务流程

1. 出险通知

保险标的发生保险事故后，被保险人要立即通过口头或函电方式通知保险公司，一般要求在 24 小时内报案。理赔人员在接到出险通知后，应及时填写“出险登记簿”。

2. 损失检验

保险公司接到损失通知后，应立即派员勘查现场，对受损标的进行检验，以便准确取得损失的原因、受损情况和受损程度等材料，从而判断是否属于保险责任。

3. 审核各项单证

除保险单的有关单证需首先审查以外，对其他有关单证也必须予以审核。

(1) 保险单的有效性。主要审核保险事故是否发生在保单有效期内；事故发生的地点是否在承保范围内；投保人或被保险人是否认真履行了有关告知、保证、缴费、危险通知等义务。如果保单是无效的，就不需受理该案件。

(2) 审核各种索赔单证的有效性。重点是审核每一相关单证的真实性和有效性。如，人身保险中理赔人员要审核缴费凭证、被保险人或受益人的身份证、死亡案件中的死亡证明等单证是否真实有效。又如，海上保险业务中除了审核保险单外，还要审核损失证明是否合法，货物的发票、提单与保单是否一致。

4. 核实损失原因

这一步骤主要审核事故造成的损失是否由保险风险引起，损毁的是否为保险标的，其损失是否在承保责任范围之内并构成索赔条件等。在损失检验和审核各项单证的基础上，对审核中发现的问题，根据案情可考虑进一步核实原因，包括赴现场实地调查和函电了解，或向专家、检验部门复证。

5. 核定损失和计算赔款

核定损失是指在现场查勘的基础上，根据被保险人提供的损失清单和施救费用清单，对照有关的账册、报表、单据等，逐项核实受损标的的品种、数量、价值、损失程度和损失金额等；还要查清修理费用和施救费用是否合理，为计算赔款提供真实依据。

关于保险赔偿金额的计算，因保险合同种类的不同有所区别。通常人身保险合同多采取定额给付的方式，即保险事故发生时，保险人按照双方事先约定的金额给付。财产保险的保险赔款要根据损失情况，分别按照保险标的的损失、施救费用、残值、免赔额等项目来进行计算。

6. 赔偿或给付保险金

保险公司就赔偿金额与被保险人或受益人达成协议后，应及时支付赔款或给付保险金。若被保险人对赔款金额有异议，应协商处理，不能达成一致的，可以通过仲裁机构或法院进行仲裁或诉讼解决。

《保险法》第二十三条规定：“保险人收到被保险人或者受益人的赔偿或者给付保险金的请求后，应当及时作出核定；情形复杂的，应当在三十日内作出核定，但合同另有约定的除外。保险人应当将核定结果通知被保险人或者受益人；对属于保险责任的，在与被保险人或者受益人达成赔偿或者给付保险金的协议后十日内，履行赔偿或者给付保险金义务。保险合同对赔偿或者给付保险金的期限有约定的，保险人应当按照约定履行赔偿或者给付保险金义务。保险人未及时履行前款规定义务的，除支付保险金外，应当赔偿被保险人或者受益人因此受到的损失。任何单位和个人不得非法干预保险人履行赔偿或者给付保险金的义务，也不得限制被保险人或者受益人取得保险金的权利。”

7. 损余处理和代位求偿

保险公司在支付赔款后，清理有关赔案的文件和单证，归档处理，以便日后查阅。在结案时，保险理赔人员还要注意追偿。如果涉及第三者责任，被保险人在取得赔偿后应填写权益转让书，把对第三者责任方追偿的权利转移给保险公司，并主动协助其代位追偿权的实现。《保险法》第六十条："因第三者对保险标的的损害而造成保险事故的，保险人自向被保险人赔偿保险金之日起，在赔偿金额范围内代位行使被保险人对第三者请求赔偿的权利。前款规定的保险事故发生后，被保险人已经从第三者取得损害赔偿的，保险人赔偿保险金时，可以相应扣减被保险人从第三者已取得的赔偿金额。"《保险法》第六十一条规定："保险事故发生后，保险人未赔偿保险金之前，被保险人放弃对第三者请求赔偿的权利的，保险人不承担赔偿保险金的责任。保险人向被保险人赔偿保险金后，被保险人未经保险人同意放弃对第三者请求赔偿的权利的，该行为无效。"若是按照推定全损进行赔偿，被保险人必须将有关保险标的的一切权益转移给保险人。

第三节 再 保 险

保险经营中出于分散巨额和巨灾风险、稳定业务经营、扩大承保能力、提高国际市场的影响力等角度考虑，保险人一般需要办理再保险。

一、再保险的基本概念

（一）再保险的概念

再保险也称分保，是保险人在原保险合同的基础上，通过签订分保合同，将其所承保的部分或全部风险责任向其他保险人进行保险的行为。《保险法》第二十八条规定："保险人将其承担的保险业务，以分保形式部分转移给其他保险人的，为再保险。"在保险人的经营过程中，经常会出现一些巨额或巨灾风险。对于这些风险，如果保险公司不承接，会损失大量的保费收入，同时对保险人的经营信誉也会产生不良的影响；如果承接下来，这些风险一旦发生，损失十分惊人，严重时会影响保险公司的生存发展。因此这种业务对保险公司而言使其处于了两难境地，而将保险公司从这种两难境地中摆脱出来的方法就是办理再保险。

（二）再保险的相关概念

1. 原保险人和再保险人

在再保险交易中，分出业务的公司称为原保险人或分出公司，接受业务的公司称为再保险人，或分保接受人或分入公司。

2. 危险单位

危险单位是指保险标的发生一次灾害事故可能造成的最大损失范围。危险单位的划分既重要又复杂，应根据不同的险别和保险标的来决定。其划分关键是要和每次事故最大可能损失范围的估计联系起来考虑，而并不一定和保单份数相等同，但划分并不是一成不变的。危险单位划分得恰当与否，直接关系到再保险当事人双方的经济利益，甚至影响到被保险人的利益，因而是再保险实务中一个技术性很强的问题。例如，船舶险以每一艘船为一个危险单位；关于火险，通常以一栋独立的建筑物为一个危险单位，但如果数栋建筑物毗连在一起或一个高层建筑中承保了若干楼层，如何划分一个危险单位，就要考虑建筑物的等级、实用性质、有无防火墙隔开、周围环境和消防设备等各种因素才能决定。危险单位的划分并不是一成不变的，如两座建筑物之间本来没有通道，后来修建了天桥，将两者连接在一起，这样就把互相分割的两个危险单位变成了一个危险单位。

3. 自留额与分保额

对于每一危险单位或一系列危险单位的保险责任，分保双方通过合同按照一定的计算基础对其进行分配。分出公司根据偿付能力所确定承担的责任限额称为自留额或自负责任额；

经过分保由接受公司所承担的责任限额称为分保额，或分保责任额或接受额。

自留额与分保额可以以保额为基础计算，也可以以赔款为基础计算。计算基础不同，决定了再保险的方式不同。自留额与分保额可以用百分率或者绝对数表示。根据分保双方承受能力的大小，自留额与分保额均有一定的控制，如果保险责任超过自留额与分保额的控制线，则超过部分应由分出公司自付或另行安排分保。为了确保保险企业的财务稳定性及其偿付能力，许多国家通过立法将再保险的自留额列为国家管理保险业的重要内容。

4. 分保费、分保佣金与盈余佣金

(1) 分保费。分保费是指分出人向接受人办理风险与责任转嫁而支付的风险代价金。

(2) 分保佣金。分保佣金也称分保手续费，是接受人从分保费中提取的，用于补偿分出人展业费用支出的资金。

(3) 盈余佣金。盈余佣金也称利润手续费，是当接受人有了盈余，从盈余中提取一部分支付给分出公司。

5. 转分保

如果分保接受人又将其接受的业务再分给其他保险人或再保险人，这种业务被称为转分保或再再保险，双方分别为转分保分出人和接受人。

二、再保险与原保险的比较

(一) 再保险与原保险的联系

再保险的基础是原保险，再保险的产生，正是基于原保险人经营中分散风险的需要。因此，原保险和再保险是相辅相成的，它们都是对风险的承担与分散。再保险与原保险具有十分密切的关系，如图 7-3 所示。

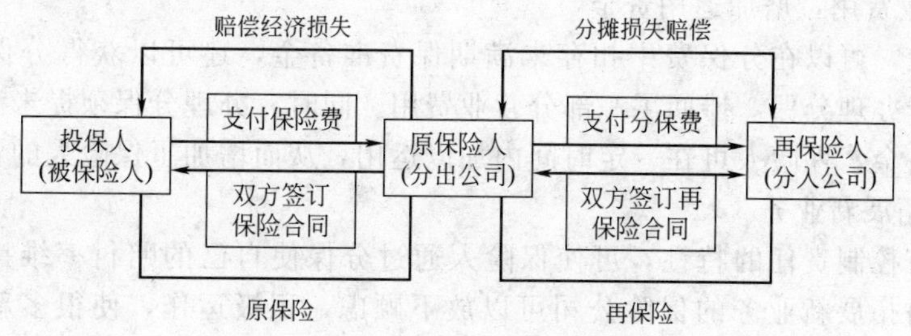

图 7-3 再保险与原保险的关系示意图

(1) 原保险是再保险的基础，再保险是由原保险派生的。再保险的产生是基于原保险人业务经营中分散风险的需要。

(2) 再保险是原保险的进一步延续，是原保险的后盾。再保险是对原保险的保险，再保险支持和促进原保险的发展。

(二) 再保险与原保险的区别

1. 保险合同关系的主体不同

在再保险合同关系中，处于保险人位置上的是再保险人，而处于投保人或被保险人位置上的是原保险人，而不是一般意义上的被保险人，因而主体双方均为保险人，因此再保险也被称为“保险人之间的保险”。

2. 保险标的不同

在再保险合同关系中，保险标的是原保险人的保险责任。在合同约定的原保险人的赔偿或给付保险金的责任出现时，再保险人按照合同的规定对原保险人的赔偿责任给予补偿。

3. 合同性质不同

在再保险合同关系中，其保险标的是分出人承担的经济补偿或给付责任，因此再保险合同应该说是一种性质特殊的责任保险合同。所有的再保险合同都属于经济补偿性质，再保险人负责对原保险人所支付的赔款给予一定的补偿。

三、再保险的作用

1. 分散风险

保险是风险管理的一种方法，凭借该方法，风险损失的冲击力得以分散。再保险也符合这一目的，它是原保险人能够借以分散风险损失的方法。

2. 扩大承保能力

由于业务量的计算不包括分保费，保险公司可以在不增加资本额的情况下通过再保险增加业务量，扩大承保能力。

很多国家出于保护被保险人的利益，稳定保险公司的业务经营，对保险公司的最低资本额进行限定，同时对每一笔业务或每一危险单位的最高自留额进行限定。比如，我国《保险法》第六十九条规定："设立保险公司，其注册资本的最低限额为人民币二亿元。"《保险法》第一百零三条规定："保险公司对每一危险单位，即对一次保险事故可能造成的最大损失范围所承担的责任，不得超过其实有资本金加公积金总和的百分之十；超过的部分应当办理再保险。"

3. 控制责任，稳定经营

再保险通过控制风险责任使保险经营得以稳定，具体做法分两个方面：一是控制每一危险单位的责任，也称为险位控制；二是对累计责任的控制，即对大数法则而言，每个危险单位是单独面对可能发生的损失，但在实际经营中常有累积责任的情况。

4. 降低营业费用，增加运用资金

通过再保险，可以在分保费中扣存未满期保费准备金，还可以获得分保佣金收入。这样，保险人由于办理分保，摊回了一部分营业费用。同时，办理分保须提未满期保费准备金和未决赔款准备金，保险人可在一定时间内加以运用，从而增加了保险人的资金运用总量。

5. 有利于拓展新业务

再保险具有控制责任的特性，可使保险人通过分保使自己的赔付率维持在某一水平之下，所以，准备拓展新业务的保险公司可以放下顾虑，积极运作，使很多新业务得以发展起来。

四、再保险的分类

再保险主要有两种分类标准：一是按责任限额计算基础不同来划分；二是按分保安排来划分。

（一）按责任限额计算基础不同划分

再保险按照责任限额计算基础不同，可以分为两类，即以保险金额为计算基础的比例再保险和以赔款金额为计算基础的非比例再保险。

1. 比例再保险

比例再保险是以保险金额为基础，确定分出公司自留额和分入公司责任额的再保险方式。在比例再保险中，分出公司的自留额和分入公司的责任额都表示为保险金额的一定比例，该比例也是双方分配保险费和分摊赔款的依据。

(1) 成数再保险。成数再保险是比例再保险的基本方式，是指分出公司的自留额和分入公司的责任额都是按照双方约定的保险金额百分比确定的。按照比例再保险方式，不论分出公司承保的每一危险单位的保额大小，只要在合同规定的限额内，双方都按约定的固定比例来分担责任，且每一危险单位的保险费和发生的赔款，也按同一比例分配和分摊。

总之，成数再保险的责任、保费和赔款的分配，表现为一定的百分比。在一定意义上讲，它就是按照双方约定的百分比进行责任和权利、义务的分配的。

成数再保险的特点主要表现为：①合同双方利害一致，即对盈余或亏损，保险人和再保险人的利益是一致的；②手续简化，节省成本；③缺乏弹性，由于不论业务大小和质量好坏，双方均按约定的比例分担，因而不能满足分出公司获得准确再保险保障的需求；④不能均衡风险责任，按成数决定责任，原保险合同保险金额高低不齐的问题在成数分保后仍然存在。

成数再保险的这些特点决定了这种方式比较适于小公司、新公司、新业务和某些特种业务以及那些保额和业务质量比较平均的业务，在国际再保险的交往中，成数再保险可用于分保交换。

（2）溢额再保险。溢额再保险是由保险人与再保险人签订合同，对每一危险单位确定一个由原保险人承担的自留额，保险金额超过自留额的部分称为溢额，分给再保险人承担。分入公司按承担的溢额责任占保险金额的比例收取分保费、分摊分保赔款和分保费用。从表7-1中可以清楚地看到溢额再保险的保险责任是如何在当事人双方之间进行分配的。

表 7-1　溢额分保计算表

单位：万元

标的	总额			自留额 200			分出额		
	保险金额	保费	赔款	自留比例	保费	自负赔款	分保比例	分保费	摊回赔款
A	100	1	0	100%	1	0	0	0	0
B	200	2	1	100%	2	1	0	0	0
C	400	4	2	50%	2	1	50%	2	1
D	800	8	10	25%	2	2.5	75%	6	7.5

溢额再保险的分入公司不是无限度地接受分出公司的溢额责任，通常以自留额的一定倍数即若干“线”数为限。这个自留额的一定倍数称为分保限额或合同限额。自留额和分保限额之和称为合同容量。假设有一溢额再保险合同，双方约定，分出公司自留额为30万元，分保限额为五线，分入公司最多接受150万元，即合同限额为150万元，合同容量为180万元。

在溢额再保险中，分出公司还可以根据业务发展的需要，在原有溢额的基础上，设置多层次的溢额。一般来说，分出公司是根据承保的业务量和年保费的收入来确定自留额和所需分保合同的线数的，并据此订立普通的溢额再保险合同，以应付分出公司正常的业务需要。但普通的溢额再保险合同往往不能满足偶发性的大额或高额保险业务的需要，对超过普通溢额再保险合同分保限额的保险业务，分出公司会安排多个溢额再保险合同，按合同签订的顺序，有第一溢额再保险、第二溢额再保险，甚至第三溢额再保险合同，作为对普通溢额的补充，以增加分出公司的承保能力，满足特殊的业务需要。各层溢额的关系，可用流水来比喻。假定自留和再保险均为容纳风险的容器，各容器的容量分别为自留额和分保额。保险人承保的业务，首先流入自留的小容器，当自留额满时，即溢流向第一溢额再保险的大容器，如果第一溢额的容器流满后仍有溢额，则可再流向第二溢额的更大容器，依此类推。所以，第一溢额是指保险金额超过分出公司自留额以上的部分，第二溢额是指保险金额超过分出公司自留额及第一溢额合同中再保险人责任限额以上的部分，第三溢额依此类推。溢额再保险的多层次设计，既满足了分出公司对大额或高额风险分散的需要，也使风险责任平均化。

例如：某一保险公司的自留额为10万元，溢额分保合同规定分保额为5根线，这样接受人的限额是50万元，此为第一溢额分保。若该公司有一笔业务的保额为90万元，则将超过自留额和第一溢额的部分 30 万元，再办理第二溢额。以此类推，还可用第三溢额等来解决更大额业务的分保问题。如表 7-2 所示。

表 7-2 溢额再保险保险金额分保情况 单位：万元

保险标的	原保险金额	自留额	第一溢额	第二溢额	其他
A	10	10			
B	20	10	10		
C	60	20	40		
D	150	30	90	30	
E	260	40	120	80	20

由于溢额再保险中，原保险人与再保险人之间保险费的分配、赔款的分摊都是按实际形成的保险金额的比率进行分割的，因此，溢额再保险也属于比例再保险。

在溢额再保险中，原保险人的自留额和再保险人的责任额与总保险金额之间的比例关系随着承保金额的大小而变动，这是与成数再保险的比例固定不变所不同的。

一般来说，分出公司根据承保的风险单位的损失率、承保业务量规模、保费收入的大小及公司准备金的多少等因素来确定自留额和安排溢额再保险合同的最高限额，但是，由于承保业务量的增加，业务的发展，有时需要设置不同层次的溢额，依次称为第一溢额、第二溢额、第三溢额等，当第一溢额的分保限额不能满足分出公司的业务需要时，可以组织第二溢额分保甚至第三溢额分保作为第一溢额补充。

假设一溢额再保险合同约定，自留额 100 万元，第一溢额合同限额为 5 线；第二溢额合同限额为 10 线。现有四笔业务，其有关责任、保费和赔款的计算如表 7-3 中所列。

表 7-3 某溢额再保险安排 单位：万元

		业务 A（50 万元）	业务 B（500 万元）	业务 C（800 万元）	业务 D(2000 万元)
总额	保险业务金额				
	总保费	0.5	5	8	20
	总赔款	5	20	50	100
自留部分	保额	50	100	100	100
	比例	100%	20%	12.5%	5%
	保费	0.5	1	1	1
	赔款	5	4	6.25	5
第一溢额	分保额	0	400	500	500
	分保比例	0	80%	62.5%	25%
	分保费	0	4	5	5
	分摊赔款	0	16	31.25	25
第二溢额	分保额	0	0	200	1000
	分保比例	0	0	25%	50%
	分保费	0	0	2	10
	分摊赔款	0	0	12.5	50
其他					400

溢额再保险是比例再保险中最早和最广泛应用的方式，它可以灵活确定自留额，确保业务的安全性和赢利性，比较适于业务质量优劣不齐、风险标的的保险金额不平衡的业务。

(3) 成数和溢额混合再保险。成数和溢额混合再保险，是将成数再保险和溢额再保险组织在一个合同里，以成数再保险的限额，作为溢额再保险的起点，再确定溢额再保险的限额。

2. 非比例再保险

非比例再保险又称超过损失再保险，它是以赔款或损失确定再保险双方当事人的责任的再保险方式。即以赔款为基础规定一个分出公司自己负担的赔款额度，对超过这一额度的赔款由分入公司承担赔偿责任。

(1) 险位超赔再保险。险位超赔再保险是以每一危险单位所发生的赔款为基础，确定分出公司自负责任的限额即自赔额和分入公司责任额的再保险方式。

在险位超赔再保险中，若总赔款金额不超过分出公司的自负责任额，全部损失由分出公司赔付；若总赔款金额超过分出公司的自负责任额，超过部分由分入公司赔付。但分保责任限额根据分保合同规定也是有一定的限度的。

现有一份超过 50 万元以后 100 万元的火险险位超赔分保合同，在一次事故中有三个危险单位遭受损失，各需赔款 40 万元、100 万元、200 万元，则赔款分担如表 7-4 所示。

表 7-4 某险位超赔再保险分保安排 单位：万元

危险单位	发生赔款	分出公司承担赔款	接受公司承担赔款	其他
1	40	40	0	0
2	100	50	50	0
3	200	50	100	50
合计	340	140	150	50(由分出公司处理)

(2) 事故超赔再保险。事故超赔再保险是依一次巨灾事故中多数风险单位所发生赔款的总和为基础，来确定自负责任额和分保责任额的再保险方式。它是险位超赔再保险在空间上的扩展。在这种非比例再保险中，分入公司负责当任何一次事故累积的损失超过规定自负责任额以后的赔款。责任计算的关键在于一次事故的划分。例如，有一超过 100 万元以后的 200 万元的事故超赔再保险合同，一次事故中有三个危险单位遭受损失，各需赔款 40 万元、100 万元、200 万元，总计 340 万元，则分出公司承担 100 万元，接受公司承担 200 万元，剩下 40 万元由分出公司处理。

(3) 赔付率超赔再保险。赔付率超赔再保险是以赔款与保费的比例来确定自负责任额和分保责任额的再保险方式。即在约定的一定时期（通常为一年）内，当分出公司的赔付率超过一定标准时，超过部分由分入公司负责至某一赔付率或金额。

在赔付率超赔再保险中，除了有赔付率的限制外，还限定一个赔付金额，并在二者中以低者为限。而且，分出公司的自负责任额和分入公司的分保责任额都是由双方协议的赔付率标准限制的。因此，正确地、恰当地规定这两个标准，是赔付率超额再保险的关键。例如，有一赔付率超赔再保险，合同规定赔付率超过 75%以后的部分由接受公司承担至 115%，假设分出公司当年已赚保费为 1000 万元，已决赔款为 700 万元，赔付率 70%，则全部由分出公司承担；若已决赔款为 900 万元，赔付率为 90%，则分出公司承担 75%，即 750 万元，接受公司承担 150 万元；若已决赔款为 1200 万元，赔付率 120%，超过接受公司的最高限额 115%，则接受公司承担 400 万元 [1000×(115%－75%)＝400]，其余由分出公司承担。

(二) 按分保安排方式划分

按分保安排方式来划分，再保险可分为临时再保险、合同再保险及预约再保险。

1. 临时再保险

临时再保险又称临时分保，是指原保险人与再保险人之间，并没有再保险合同关系，只是当原保险人有再保险需要时才同再保险人洽谈的再保险。

当原保险人需要分保时，将分出业务的详情和分保条件逐笔告知，接受人是否接受及接受多少均可自由选择。原保险人视危险情况和自留能力以决定是否办理临时分保，但即使需要分保，也可以不办理。所以，有时也称“随意再保险”或“随时再保险”等。临时再保险的协议，可以通过电话、电报、电传或信件通知对方，达成协议。临时分保的业务一般是超过合同限额的业务；或是合同规定的除外业务；或是新开试办的业务，因量少或不稳定，尚无条件组织合同分保。

临时再保险的优点是：双方均有自主选择权，以单个保单或一个危险单位为基础，分出公司和接受公司均无义务分出或分入，可自由选择，且业务条件清楚，付费较快，有利于资金运用。其缺点是：手续繁琐，开支较大；分出公司须向接受人进行业务交底，不利于竞争；在签订分保合同以前，分出公司处于无保障地位，有可能丧失良机，影响业务的争取。比例分保和非比例分保均可采用临时分保进行再保险安排。

2. 合同再保险

合同分保是由保险人与再保险人用签订合同的方式确立双方的再保险关系，在一定时期内对一宗或一类业务，根据合同中双方同意及规定的条件，再保险分出人有义务分出、再保险接受人亦有义务接受合同限定范围内的保险业务。简单地说，合同分保实际上是再保险人提供给保险人的、对其承保的某一险种的业务的一种保障。合同分保是一种缔约人之间有约束力的再保险。分保合同是长期有效的，除非缔约双方的任何一方根据合同注销条款的规定，在事前通知对方注销合同。

合同分保的正式文件一般由分保条、合同文本以及附约组成。合同的内容和分保条的内容是相辅相成的。分保条是合同文本的基础和根据，合同是达成分保协议形成的正式法律契约。附约是合同签订后中途修改的批单，是对合同文本中有关条文的修正。

合同再保险的安排大体上与临时再保险相同。所不同的是合同是按照业务年度安排分保的，而临时分保则是逐笔安排的。合同分保涉及的是一定时期内的一宗或一类业务，缔约人之间的再保险关系是有约束力的，因此协议过程要比临时分保复杂得多。

3. 预约再保险

预约再保险是介于合同再保险和临时再保险之间的一种分保方式，是在临时再保险的基础上发展起来的一种再保险方式。它既具有临时再保险的性质，又具有合同再保险的形式。预约分保往往用于对合同分保的一种补充。

预约再保险的订约双方对于再保险业务范围虽然有预约规定，但保险人有选择的自由，不一定要将全部业务放入预约合同。但对于再保险接受人则具有合同性质，只要是合同规定范围内的业务，分出人决定放入预约合同，接受人就必须接受，在这一点上具有合同的强制性。

五、再保险的组织形式

再保险的组织形式主要有：再保险公司、再保险集团、兼营再保险业务的保险公司、劳合社承保人。

（一）再保险公司

再保险公司是专营再保险业务的公司的简称，或称专业再保险公司，其本身不直接承保业务，而是专门接受原保险人分出的业务，同时也将接受的再保险业务的一部分转分给别的保险公司。国际著名的再保险公司有以下两个。

1. 瑞士再保险公司

瑞士再保险公司（Swiss Re-insurance Company）（以下简称“瑞士再公司”）于1863年成立于苏黎世，现有员工（全球范围）约9000人，苏黎世总部有2500人左右，在世界上30多个国家设有70多家办事处。公司总资产达1426亿瑞士法郎（约合8556亿元人民币），其核心业务是为全球客户提供风险转移、风险融资及资产管理等金融服务。

为了扩大与中国保险业的合作，瑞士再公司早在1983年就与中国人民保险公司签订了第一份再保险合同。此后，瑞士再公司与中国保险业的合作不断加强。自中国保险市场对外开放以来，瑞士再公司先后于 1996 年和 1997 年，分别在北京和上海设立了两家代表处，并于 1999 年 4 月正式向中国保监会递交了申请设立经营性分公司的信函，成为第一家申请在华营业的再保险公司。2002 年 7 月 10 日终于获得了中国保监会的经营许可，业务范围包括产、寿险再保险业务。

2. 慕尼黑再保险公司

慕尼黑再保险公司创立于 1880 年，总部设在德国慕尼黑，在全世界 150 多个国家从事经营非人寿保险和人寿保险两类保险业务，并拥有 60 多家分支机构。慕尼黑总部及世界 60 多家再保险公司附属机构、分支机构、服务公司与代表处及联络处共有 3000 多名职员。多年来连续被美国标准及普尔评级公司评定等级为 AAA 级。同样，另一家美国的评级公司 A. M. Best 公司多年来也一直给予慕尼黑再保险公司以最高的赔偿能力评级“A＋＋（优秀)”。2003 年，慕尼黑再保险公司成为第一家获中国保监会核发全国性综合业务执照的国际再保险公司。

（二）再保险集团

再保险集团是许多保险公司经共同协议联合组成的再保险组织，这种再保险集团有国家性的，也有地区性的，跨区域性的，其组织形式也各不相同，有的委托一个会员公司作为经理人，有的成立“再保险公司”由各会员公司集资。

再保险集团的优点是由于业务和管理集中，可降低费用开支，减少保费外流，节省外汇且能聚集巨额资金，增强应付巨灾的力量；同时，利用集团力量，可增强国际竞争力。中国再保险（集团）股份有限公司是中国唯一国有独资公司。

中国再保险（集团）股份有限公司（原名中国再保险公司）是经国务院批准，在原中保再保险有限公司（1996 年 1 月成立）基础上组建的中国唯一一家国有独资专业再保险公司，于 1999 年 3 月 18 日正式成立，于 2003 年 8 月在原中国再保险公司基础上改制成立的国有独资保险集团公司，其注册资本为人民币 39 亿元。2007 年 10 月 10 日中国再保险（集团）公司（以下简称“中再集团”）自获得中央汇金投资有限责任公司 40 亿美元注资之后，已完成整体改制。

中再集团是目前内地最大再保险公司，在国内再保险市场占有近 80％的份额。此前已披露的信息显示，中再集团未来将在保持国家绝对控股原则的基础上引进境内外战略投资者，并择机实现股票公开发行上市，以进一步增强资本实力及承保能力。

经国务院批复，中国保监会批准，中国再保险（集团）公司由国家注资整体改制为股份公司并于 2007 年 10 月 30 日揭牌成立。公司以 361.49 亿元注册资本金在再保险行业排名亚洲第一、全球第五。

（三）兼营再保险业务的保险公司

兼营再保险业务的保险公司是最早的再保险承保人组织形式。在再保险业务尚不发达的时候，通常都是由直接承保公司兼营的。例如，我国以前的人保公司，在 1999 年机构调整以前，就属于这一类型。

（四）劳合社承保人

劳合社成立于 1688 年，是一个规模庞大的保险集团，同时也是全球最大的再保险集团。业务不论巨细，只要符合劳合社的要求都可能被承受。劳合社是许多大型再保险业务的主要承保者，同时也是许多保险市场的再保险首席承保人。传统的劳合社作风是保守、谨慎、翔实、稳健与可靠。近年来，再保险市场虽然已有变化，但劳合社仍然是最令人信赖的市场。英国的再保险业务大约有 50％都是由劳合社承保的。

【案例】

上海轨道交通4号线事故

2003年7月1日凌晨4时许，上海轨道交通4号线——浦东南路至南浦大桥区间隧道，在用一种叫“冻结法”的工艺进行上、下行隧道的联络通道施工时，突然出现渗水，大量流沙涌入隧道，内外压力失衡导致隧道部分塌陷，地面也随之出现“漏斗型”沉降。突发的险情还出现连锁反应：一幢8层楼房裙房坍塌；防汛墙沉陷、开裂、轰然倒塌；靠近事故现场的20多层的临江花园大楼也出现沉降……

上海轨道交通4号线项目由平安、人保、太平洋保险及大众4家保险公司共同承保建筑安装工程一切险及第三者责任险，保险金额高达人民币56.46亿元。经过历时3年多的调查与协商，保险人在此项目上最终赔付金额累计达到17亿元人民币，创造了国内工程险项目的最高赔款记录。由于4家保险公司在国际再保险市场上分散了相关风险，在国际再保险人的支持下，4家保险公司各自的赔付比例不到14%，稳定了各自的正常运营。

第四节　保险投资

为实现保险分摊风险和补偿损失的基本职能，保险资金必须通过投资来保值与增值。因此，保险投资构成保险经营的重要内容。

一、保险投资的含义

保险投资指保险企业在组织经济补偿过程中，将积聚的各种保险资金加以运用，使资金增值的活动。保险投资的过程实质上就是保险资金运用的过程。

保险资金从保费收取到保险金支付之间存在的时间差，为保险资金提供了现实条件。保险经营属于负责经营，其资金运动的规律决定了保险公司拥有相当数量的闲置资金，这是保险投资的基础。保险投资的目的是创造最大的投资价值，获取投资收益。在保险业的激烈竞争中，保险公司承保的综合成本不断上升，承保利润不断下降，使得保险利润的获取更多的要依靠保险资金的有效运用，保险公司的经营效益最终取决于投资收益。因此，保险投资不仅构成了保险经营中的重要内容，而且在保险经营中占据了越来越重要的地位。

二、保险投资的资金来源

我国《保险管理暂行规定》明确指出：“保险资金是指保险公司的资本金、保证金、营运金、各种准备金、公积金、公益金、未分配盈余、保险保障基金及国家规定的其他资金。”

（一）权益资产

权益资产是指资本金、公积金和未分配利润等保险公司的自有资金。

1. 资本金

根据《中华人民共和国公司法》的规定，资本金是指在公司登记机关登记的全体股东实缴的出资额。它是投资人作为资本投入到企业中的各种资产的价值，又称注册资本。我国《保险法》规定，保险公司的最低资本金不得低于人民币两亿元。

2. 公积金

公积金包含资本公积金和盈余公积金。

资本公积金是在公司的生产经营之外，由资本、资产本身及其他原因形成的股东权益收入。股份公司的资本公积金，主要来源于股票发行的溢价收入、接受的赠与、资产增值、因合并而接受其他公司资产净额等。其中，股票发行溢价是上市公司最常见、最主要的资本公积金来源。

盈余公积金是指企业按照规定从税后利润中提取的积累资金。盈余公积金按其用途，分为法定盈余公积和公益金。法定盈余公积在其累计提取额未达到注册资本50%时，均按税后利润10%提取，公益金按5%～10%提取。

3. 未分配利润

未分配利润是企业未作分配的利润。它在以后年度可继续进行分配，在未进行分配之前，属于所有者权益的组成部分。从数量上来看，未分配利润是期初未分配利润加上本期实现的净利润，减去提取的各种盈余公积和分出的利润后的余额。未分配利润有两层含义：一是留待以后年度处理的利润；二是未指明特定用途的利润。相对于所有者权益的其他部分来说，企业对于未分配利润的使用有较大的自主权。

（二）保险准备金

保险准备金是指保险人为保证其如约履行保险赔偿或给付义务，根据政府有关法律规定或业务特定需要，从保费收入或盈余中提取的与其所承担的保险责任相对应的一定数量的基金。为了保证保险公司的正常经营，保护被保险人的利益，各国一般都以保险立法的形式规定保险公司应提存保险准备金，以确保保险公司具备与其保险业务规模相应的偿付能力。

（1）未到期责任准备金是指在会计年度决算时，对未到期保险单提存的一种准备金制度。之所以规定这种资金准备，是因为保险业务年度与会计年度是不一致的。比如投保人于2009年10月1日缴纳一年的保险费，其中的3个月属于2009年会计年度，余下的9个月属于下一个会计年度。这一保险单在下一会计年度的前9个月是继续有效的。因此，要在当年收入的保险费中提存相应的部分作为下一年度的保险费收入，作为对该保险单的赔付资金来源。按照我国保险精算规定：会计年度末未到期责任准备金按照本会计年度自留毛保费的50%提取。未到期责任准备金应在会计年度决算时一次计算提取，提取的计算方法有年平均估算法、季平均估算法和月平均估算法。

（2）未决赔款准备金也称赔款准备金，是在会计年度决算以前发生保险事故但尚未决定赔付或应付而未付赔款，而从当年的保险费收入中提存的准备金。它是保险人在会计年度决算时，为该会计年度已发生保险事故应付而未付赔款所提存的一种资金准备。之所以提取未决赔款准备金，是因为赔案的发生、报案、结案之间存在着时间延迟，有时该延迟会长达几个年。按照权责发生制和成本与收入配比的原则，保险公司必须预先估计各会计期间已发生赔案的情况，并提取未决赔款准备金。未决赔款准备金包括已发生已报案赔款准备金，已发生未报案赔款准备金和理赔费用准备金。

（三）总准备金

总准备金指保险机构为了有足够的能力应付可能发生的巨额赔款，从年终结余中专门提存的后备基金。总准备金与未到期责任准备金及未决赔款准备金不同。未到期责任准备金和未决赔款准备金是保险机构的负债，用于正常情况下的赔款，而保险保障基金，即总准备金则属于保险组织的资本，主要是应付巨大灾害事故的特大赔款，只有在当年业务收入和其他准备金不足以赔付时方能运用。为了保障被保险人的利益，支持保险公司稳健经营，保险公司应当按照《保险法》的规定，从公司当年保费收入中提取1%作为总准备金。该项基金提取金额达到保险公司总资产的10%时可停止提取。

（四）其他资金

在保险公司经营过程中，还存在其他用于投资的资金来源，如结算中形成的短期负债，这些资金虽然数额不大，而且需要在短期内归还，却可以作为一种补充的资金来源。

三、保险投资的基本原则

保险投资的根本目的在于增加收益，提高保险公司的偿付能力。保险投资状况不仅直接影响着保险公司的经营绩效，也关系到广大保户的利益。所以各国的保险公司在投资时都遵循以下原则。

（一）安全性原则

保险企业可运用的资金，除资本金外，主要是各种保险准备金，它们是资产负债表上的负债项目，是保险信用的承担者。因此，保险投资应以安全为第一条件。安全性，意味着资金能如期收回，利润或利息能如数收回。为保证资金运用的安全，必须选择安全性较高的项目。为减少风险，要分散投资。

（二）收益性原则

保险投资的目的，是为了提高自身的经济效益，使投资收入成为保险企业收入的重要来源，增强赔付能力，降低费率和扩大业务。但在投资中，收益与风险是同增的，收益率高，风险也大，这就要求保险投资，把风险限制在一定程度内，实现收益最大化。

（三）流动性原则

保险资金用于赔偿给付，受偶然因素影响。因此，要求保险投资在不损失价值的前提下，能把资产立即变为现金，支付赔款或给付保险金。保险投资要设计多种方式，寻求多种渠道，按适当比例投资，从量的方面加以限制。要按不同险种特点，选择方向。如人寿保险一般是长期合同，保险金额给付也较固定，流动性要求可低一些。国外人寿保险资金投资的相当部分是长期的不动产抵押贷款。财产险和责任险，一般是短期的，理赔迅速，赔付率变动大，应特别强调流动性原则。国外财产和责任保险资金投资的相当部分是商业票据、短期债券等。

以上原则是相互联系、相互制约的，收益性是保险投资的目标，安全性是保险投资的出发点，流动性是保险投资的基础。只有保证资金的安全性，才能实现保险经营的稳定；只有保持较好的流动性，才能保证保险投资的安全性；只有达到一定的收益性，才能实现保险投资的意义。在我国，保险公司的资金运用必须稳健，遵循安全性原则，并保证资产的保值增值。

四、保险投资的形式

保险资金运用的渠道和方式是与金融市场的发育程度相关的。在高度发达的金融市场上，融资渠道多种多样，可供保险人选择的投资范围广；反之，可选择的范围就小。

我国自 1980 年恢复国内保险业务以来，保险资金运用大致经历了以下几个阶段。

第一阶段为 1980～1987 年，为无投资或忽视投资阶段。保险公司的资金基本上进入了银行，形成银行存款。

第二阶段为 1987～1995 年，为无序投资阶段。由于经济增长过热，同时又无法可循，导致盲目投资，房地产、证券、信托、甚至借贷，无所不及，从而形成大量不良资产。

第三阶段始于 1995 年 10 月，为逐步规范阶段。1995 年以来先后颁布了《中华人民共和国保险法》、《保险业管理暂行规定》等有关保险法律法规，但由于限制过紧，加之 1996 年 5 月 1 日以来的 7 次利率调整，使保险业发展带来新的问题，尤其使寿险业的利差损进一步扩大，因而，政府曾多次调整保险投资方式，1998 年先后允许同业拆借、购买中央企业 AA＋公司债券，但仍存在利率下调对保险公司带来的压力，尤其难于解决寿险公司日益扩大的利差损。基于此，1999 年 10 月 28 日，国务院批准保险基金通过证券投资基金间接进入证券市场，这是完善我国保险投资监管的一项重大举措，也是进一步发展我国保险业的重要步骤。

2003 年开始，允许保险资金投资中央银行票据，保险资金运用进入了新的历程。

2004 年是我国保险资金运用政策开始突破的一年。2004 年 3 月，允许保险公司投资银行次级定期债务，6 月允许投资银行次级债券，7 月允许投资可转换公司债，8 月允许保险外汇资金境外使用，10 月允许保险公司直接投资股市。

2006 年 3 月，中国保监会发布允许保险资金间接投资基础设施建设的有关规定，投资方式包括债权、股权和物权投资。2006 年 10 月，保监会又进一步放开和允许保险公司股权投资非上市银行业务，甚至投资资金不仅包括资本金，也可以包括保险资金。保监会还发布了《保险资金间接投资基础设施项目试点管理办法》，规定具有投资资格的保险机构，通过受托人可以间接投资于交通、通信、能源、市政、环境保护等国家级重点基础设施项目。

2009 年 2 月 28 日，十一届全国人大常委会第七次会议表决通过了新修订的《保险法》。新《保险法》又进一步放宽保险资金直接投资不动产，虽然具体细则和监管条例尚未出台。新《保险法》规定，保险公司的资金运用限于下列形式：银行存款；买卖债券、股票、证券投资基金份额等有价证券；投资不动产；国务院规定的其他资金运用形式。

2010 年 8 月，中国保监会出台《保险资金运用管理暂行办法》和《关于调整保险资金投资政策有关问题的通知》，允许险资投资无担保债、不动产、未上市股权等新投资领域后，业界便翘首期待相关规定的配套实施细则的颁布。

2012 年，5 月中国保监会下发了《关于保险资金运用监管有关事项的通知》，对《保险资金运用管理暂行办法》相关问题作出解释，并表示将出台有待完善的业务规则；同年 6 月 4 日，保监会就保险资金运用市场化改革有关问题答记者问，拟推出涉及投资领域十个方面的“组合拳”，包括保险资金资产配置、委托投资、债权投资、股权及不动产、基础设施债权计划、境外投资、融资融券、衍生品、创新产品和托管产品。具体见表 7-5 所示。

表 7-5　1998 年以来保险投资渠道不断拓宽

时间	保险资金运用渠道
1999 年以前	银行存款、政府债权、金融债券
1999 年 10 月	证券投资基金
2004 年 10 月	股票、可转换债公司债券
2006 年 3 月	国家级重点基础设施项目
2006 年 9 月	未上市商业银行股权
2007 年 7 月	境外货币市场产品、固定收益产品、权益类产品
2010 年 9 月	不动产、未上市股权

资料来源：中国保监会

2009 年新修订的《保险法》第一百零六条规定，“保险公司的资金运用必须稳健，遵循安全性原则。

保险公司的资金运用限于下列形式：

（1）银行存款；

（2）买卖债券、股票、证券投资基金份额等有价证券；

（3）投资不动产；

（4）国务院规定的其他资金运用形式。

保险公司资金运用的具体管理办法，由国务院保险监督管理机构依照前两款的规定制定。”

据统计，截止到 2012 年底，保险资金运用余额为 6.85 万亿元，占行业总资产的 93.2%。其中银行存款 2.3 万亿元，占 34.16%；各类债券 3.06 万亿元，占 44.67%；股票和基金 8080 亿元，占 11.8%；长期股权投资 2151 亿元，占 3.14%；投资性不动产 362 亿元，占 0.53%；基础设施债权投资计划 3240 亿元，占比 4.73%。2012 年，行业实现投资收益

2085.09 亿元，投资收益率 3.39%，为近年来的低点。一般可供保险人运用的投资方式有以下几种。

（一）存款

存款是指保险公司将保险资金存入银行或其他金融机构以获取利息收入的活动。其特点是安全性高，但收益率低，在通货膨胀率高于银行利率时，保险基金难以保值。国外保险公司均不把存款作为资金运用的主要形式，而只是留作必要的、临时性的机动资金，一般不会保留太多的数额。在一般情况下，除非一个国家的金融市场非常落后，可供保险公司选择的投资渠道很少，保险公司才会选择这种投资方式。但在我国，银行存款尤其是定期存款仍然是保险人资金运用的一种主要形式。

（二）有价证券投资

有价证券是指具有一定券面金额、代表股本所有权或债权的凭证，包括债券和股票两大类，是许多国家保险资金运用的主要对象。

1. 债券投资

（1）政府债券。政府债券包括中央政府发行的债券和地方政府发行的债券。政府债券定期偿还本息，信用度高，税收优惠，且利息水平较高，称为“金边债券”；政府债券的收益率一般高于同期银行存款利率，但比其他债券要低。

（2）金融债券。金融债券一般由金融机构发行，其利息固定，大多高于政府债券，但信用度次于政府债券。

（3）企业债券。企业债券由具有一定信用度的企业发行，其利息在各类债券中应该是最高的，但风险也最大。

2. 股票

股票是股份公司发给股东的股权凭证。它也是一种财产价值的所有权证书，持有者享有盈余分配权、剩余财产分配请求权、新股认购权、表决权等多项权利，同时也能获得较高的收益。其缺点在于股市价格变动频繁往往难以准确预测，风险较高，安全性低，需要具备专门知识和经验的人员操作。保险人既要尽可能追求高收益又要保证资金的安全性，债券投资和股票投资应适当组合，并与其他资产结构相匹配。

1999 年至 2004 年底，保险资金可间接投资股票市场。2004 年 10 月份，《保险机构投资者股票投资管理暂行办法》公布，保险资金原则上可直接入市。2005 年 2 月份，保险资金直接投资股票市场将进入实质性操作阶段，入市比例暂定 1%。2006 年，入市比例由 1%提高至 3%，后又上调至 5%。2007 年 7 月，入市比例由 2006 年的 5%提高至 10%。2009 年 4 月，允许中小保险公司入市。

（三）贷款投资

贷款投资是指保险公司作为信用机构以一定利率和到期归还为条件直接将资金提供给资金需要者的一种放款活动。其形式有信用贷款、抵押贷款、担保贷款、保单贷款等种类。其中，抵押贷款又分为有价证券抵押贷款、不动产抵押贷款等；担保贷款包括银团担保贷款、银行保付贷款等；保单贷款是指向寿险保单持有者的贷款，它以人寿保险合同的现金价值的一定比例为限度，以保单为抵押。这是在保险金请求权上设立的抵押权贷款，是一种非常安全可靠的资金运用方法，保险人一方面可防止合同解约、失效，同时还可使资金获得安全可靠的利息，而且对投保人也是方便有利的。由于贷款投资一般有抵押品、担保人或具有现金价值的寿险保单等为条件，具有较高的安全性和较高的收益性，而且有利于加强公司与客户之间的联系，因此，保险公司高度重视。

(四) 不动产投资

不动产投资是指保险公司将资金直接投向房产、地产等经营中以赚取收益的投资活动。作为保险公司资金运用的一种形式，它始于19世纪中叶。尽管不动产投资收益回报率高，利润丰厚，但其风险较大，有可能赔本，因而保险公司对投资不动产应采取审慎的态度，政府也要限定这方面的投资比例，如日本政府将不动产投资法定为10%以下。

(五) 项目投资

项目投资是指保险公司利用所拥有的保险资金，直接投放到生产和服务经营中去，或建立独资的非保险企业，或与其他单位合伙建立企业，并通过其生产经营活动获取收益的活动。它属于长期投资，变现能力差，有可能形成呆账，需要进行严格的立项评估，并参与项目的生产经营管理，确保取得收益。

本章小结

(1) 保险公司以风险为经营对象，根据社会公众的需求，提供具有各类风险保障功能的保险产品。由于风险本身所具有的特殊性质，决定了保险公司的经营活动不同于一般企业，它在经营过程中应遵循风险大量原则、风险同质原则、风险选择原则、风险分散原则。

(2) 保险经营的环节主要包括展业、投保、核保与承保、防灾防损以及理赔。展业是保险经营的起点。投保、核保和承保也是保险经营的重要环节，承保质量的好坏，反映了保险经营管理水平的高低，直接关系到保险公司的经营业绩。防灾防损是财产保险经营中不可或缺的环节，这一环节工作繁琐复杂，需要和多方面协调配合。保险理赔是保险经营的最后环节，是保险损失补偿职能的具体体现。保险理赔的程序包括出险通知、损失检验、审核各项单证、核实损失原因、核定损失和计算赔款、赔偿或给付保险金、损余处理和代位求偿等。

(3) 再保险是保险人在原保险合同的基础上，保险人之间通过签订再保险合同相互转移风险与分担责任的一种方式，它是现代保险经营的一种稳定机制，具有非常重要的作用。再保险主要有两种分类标准：一是按责任限额的计算基础来划分，可分为比例再保险和非比例再保险；二是按分保安排来划分，可分为临时再保险、合同再保险及预约再保险。比例再保险是以保险金额为基础来划分分保双方责任的再保险，包括成数再保险、溢额再保险以及成数溢额混合再保险；非比例再保险是以赔款为基础来划分分保双方责任的再保险，包括险位超赔再保险、事故超赔再保险及赔付率超赔再保险三种。各种再保险都有其独特的责任额、保费和赔款计算方法。

(4) 保险投资是指保险公司为了充分体现保险分摊风险和补偿损失的基本职能，对所筹集的保险资金进行合理、有效的运用，以达到资金保值增值目的的活动。保险投资的过程实质是保险资金的运用过程。保险资金从保费收取到保险金支付之间存在的时间差，为保险投资提供了现实条件。保险投资的资金来源包括权益资产、保险准备金、总准备金以及其他资金。保险资金的运用一般要遵循安全性、流动性和收益性的原则。我国保险公司的资金运用的形式包括：银行存款；买卖债券、股票、证券投资基金份额等有价证券；投资不动产以及国务院规定的其他资金运用形式。

重要概念

保险经营　展业　投保　承保　防灾防损　理赔　再保险　危险单位　自留额分保额　分保佣金　盈余佣金　比例再保险　非比例再保险　成数再保险　溢额再保险　险位超赔

再保险　事故超赔再保险　赔付率超赔再保险　临时再保险合同　预约再保险　保险投资　责任准备金　总准备金

复习思考题

一、单项选择题

1. 保险人将自己承担的部分风险或责任向另一个保险人进行转嫁的行为称为（　　）。
   A. 原保险　B. 再保险　C. 重复保险　D. 共同保险
2. 接受人从分保费中提取的，用于补偿分出人展业费用支出的资金称为（　　）。
   A. 保险费　B. 分保佣金　C. 盈余佣金　D. 保险赔款
3. 比例再保险是按照（　　）为基础来确定分出人与接受人的责任额的再保险方式。
   A. 保险金额　B. 保险费　C. 保险赔款　D. 保险期限
4. 再保险双方在合同中约定保险金额的分配比率，将每一危险单位的保险金额，均按照约定的比例在再保险双方进行分配的再保险方式是（　　）。
   A. 险位超赔再保险　B. 成数再保险
   C. 溢额再保险　D. 事故超赔再保险
5. 如分出公司自留额为 50 万元，分保限额为自留额的 5 倍，即 250 万元，可以称之为（　　）线合同。
   A. 3　B. 4　C. 5　D. 6
6. 非比例再保险是以（　　）为基础来确定再保险双方的责任。
   A. 保险金额　B. 保险费　C. 赔款　D. 保险期限
7. 险位超赔合同第一层为超过 50 万元以后的 50 万元，若发生 80 万元的赔款，则再保险人应承担的赔款为（　　）万元。
   A. 20　B. 30　C. 50　D. 80
8. 再保险合同签订时，双方都具有选择权的是（　　）。
   A. 临时再保险　B. 合同再保险　C. 预约再保险　D. 固定再保险
9. 再保险合同签订时，双方都没有选择权，对双方都具有强制作用的是（　　）。
   A. 临时再保险　B. 合同再保险　C. 预约再保险　D. 再保险联营
10. 保险公司在经营活动中，将自有资本金、各种责任准备金及其他可投资的资金，通过法律许可的渠道进行投资，使保险资金得到增值的业务称为（　　）。
   A. 保险展业　B. 保险承保　C. 保险理赔　D. 保险投资

二、多项选择题

1. 与再保险业务有关的概念包括（　　）。
   A. 分出人　B. 接受人　C. 分保佣金　D. 盈余佣金
2. 成数再保险中，原保险人与再保险人比例一致包括（　　）。
   A. 营业费用　B. 保险金额　C. 保险费　D. 赔款
3. 溢额再保险相关概念包括（　　）。
   A. 自留额　B. 分保限额　C. 线数　D. 分保比例
4. 假设有一溢额再保险合同，双方约定，分出公司自留额为 50 万元，分保限额为自留额的 5 倍，即 250 万元。则根据上述描述，下列选项正确的有（　　）。
   A. 分入公司最多可以在这个再保险合同中安排 300 万元的业务
   B. 合同分保限额为 250 万元
   C. 合同容量为 300 万元
   D. 合同容量为 250 万元
5. 事故超赔再保险界定一次事故的条款有（　　）。
   A. 时间条款　B. 地区条款　C. 责任条款　D. 风险条款

6. 再保险合同的签订形式有（　　）。
A. 临时再保险　　B. 合同再保险　　C. 预约再保险　　D. 固定再保险
7. 保险投资的原则有（　　）。
A. 安全性　　B. 流动性　　C. 收益性　　D. 公益性
8. 根据我国法律规定，保险资金可以投资的形式有（　　）。
A. 银行存款　　B. 债券　　C. 股票　　D. 不动产

三、判断题

1. 直接展业就是保险公司本身的专职人员直接推销保单，招揽业务。（　　）
2. 保险业务的要约、承诺、核查、收取保费等签订保险合同的全过程都属于承保业务环节。（　　）
3. 保险人审核投保人的资格，是为了防止投保人或被保险人故意破坏保险标的，以骗取保险赔款的道德风险。（　　）
4. 理赔是保险补偿和给付等基本职能的具体体现。（　　）
5. 再保险也被称为“保险人之间的保险”。（　　）
6. 所有的再保险合同都属于经济补偿性质。（　　）
7. 一般我们按照其自留的比例来称呼成数再保险，如双方签订了一份自留 35%，分出 165%的再保险合同，则我们称之为 35%的成数再保险合同。（　　）
8. 溢额再保险与成数再保险相比较，其最大的区别在于：如果某一业务的保险金额在自留额之内，就不需办理分保，只有在保险金额超过自留额时，才将超过的部分分给溢额再保险人。（　　）
9. 预约再保险对分保分出人有强制作用，而分入人可以自由选择是否接受。（　　）

四、简答题

1. 保险公司的经营原则有哪些？
2. 保险经营的环节有哪些？
3. 保险展业的含义和方式有哪些？
4. 保险核保的内容有哪些？
5. 保险理赔的原则和程序有哪些？
6. 简述再保险及相关概念的含义。
7. 比较比例再保险和非比例再保险。
8. 比较成数再保险和溢额再保险。
9. 简述保险投资的含义和原则。
10. 简述保险投资的资金来源和投资方式。

五、计算题

在成数再保险中，假如双方约定分担比例为 3∶7，即分出公司承担原保险金额的 30%，分入公司承担 70%，分出公司承保了一笔业务保险金额 10 万元，保费收入 200 元。保险期间发生保险事故，损失 6 万元。

请回答：(1) 分出公司和分入公司的保险金额如何确定？
(2) 分出公司和分入公司的保险费如何确定？
(3) 分出公司和分入公司的赔款如何确定？

第八章　保险费率的厘定

第一节　保险费率概述

保险作为一种商品，必须遵守等价交换的关系。保险费率作为保险商品的价格，必须客观、公平、公正地反映保险商品的成本，而不得过高或过低，脱离了保险的价值。因此，保险人在厘定保险费率时，必须遵循公平、合理、可行的原则，采用一定的方法来厘定保险费率，以适应、促进保险业的发展。

一、保险费与保险费率

保险费是投保人为了转移风险、取得保险人在约定的保险责任范围内所承担的赔偿或给付责任而交付的费用，即保险人为承担约定的保险责任而向投保人收取的费用。保险费是建立保险基金的重要来源，也是保险人履行赔偿或者给付义务的经济基础。

保险费由纯保险费和附加保险费两部分构成。其计算公式为：

保险费＝纯保险费＋附加保险费

纯保险费主要用于保险事故发生后进行赔偿和给付；附加保险费主要用于保险业务的各项经营业务支出，主要包括营业税、佣金、管理费、工资、固定资产折旧费以及企业利润等。

保险费率是每一保险金额单位与所缴纳保险费的比率，是保险人用以计算保险费的标准。通常用千分率或百分率表示。例如，车辆损失险的166900元的保险金额应缴纳保险费3121.08元，则保险费率为1.87%（18.7‰）。

保险费率由纯费率和附加费率两部分组成。其计算公式为：

保险费率＝纯费率＋附加费率

纯费率也称为净费率，是保险费率的主要部分，它是用来支付赔款或保险金的费率，其计算依据因险种不同而不同。财产保险纯费率计算的依据是损失概率，人寿保险纯费率计算的依据是利率和生命表。附加费率是保险费率的次要部分，通常以占纯费率的一定比例表示。习惯上，将纯费率和附加费率两部分相加组成的费率称为毛费率。

保险人承保一笔保险业务，用保险金额乘以保险费率就得出该笔业务应收取的保险费，即：

保险费＝保险金×保险费率

计算保险费的影响因素有保险金额、保险费率及保险期限，以上三个因素均与保险费成正比关系，即保险金额越大保险费率越高，保险期限越长应缴纳的保险费就越多。其中任何一个因素的变化，都会引起保险费的增减变动。

二、厘定保险费率的基本原则

保险人厘定保险费率时，必须遵循权利与义务对等的根本原则，因而在实务中厘定保险费率遵循的基本原则有以下内容。

（一）充足性原则

充足性原则是指收取的保险费在支付赔款及合理的营业费用、佣金和税收之后，还有一定的利润留存的原则。保险的基本职能是提供经济补偿或给付保险金，保险费率是保险人收取保险费的依据。保险费率厘定的主要目标是要使所收取的保险费能偿付因风险事故发生所需支付的补偿金额，以及满足营业开支所需的各项费用，同时又要与被保险人的风险水平、承受能力相适应。充足性原则要求保险费率的厘定应确保保险人的偿付能力与经营能力。

（二）公平性原则

保险费率厘定的公平性原则是指被保险人所缴纳的保险费的多少应与其所获得的保险权利相一致，保费的多少应与保险的种类、保险期限、保险金额、被保险人的年龄与性别等风险因素相对应。即保险费率的计算必须考虑能适用于个体风险，使被保险人所交的保险费的多少，与保险公司对其风险所负的责任大小相适用，公正合理。由于保险标的在不同的时间、地点、主体具有的风险水平不同，这就要求在保险费水平上得以体现。

（三）相对稳定性原则

相对稳定性原则是指在一定时期内，应当保持保险费率的稳定。保险费率厘定之后，在较长时期内不应经常变动。稳定的费率可使被保险人的负担确定，能依据预算按时支付，不致因保险费率随时更改而使被保险人由于支付困难而取消保单，导致保险人的营业量减少。不稳定的费率，如费率有继续降低的趋势，可诱使被保险人中途解约，以获得在低费率下订立新合同的利益；反之，如果费率有不断增加的趋势，将使长期合同量随之增加。这些都足以养成被保险人的投机心理，而与保险经营的基本目标相违背。因此，在保险费率厘定时，必须平均过去若干年的经验数据，并预计未来若干年的发展趋势，以求厘定费率的相对稳定性。

（四）可变性原则

保险费率的厘定，虽应求其稳定性，但仍需使其具有可变性。稳定性与可变性是内在统一的，即在短期内应注意保险费率的稳定，在长期上则应作出适当的调整，以配合实际经济发展中，保险标的的风险暴露的变化引起的费率的改变。

（五）防灾防损原则

防灾防损是保险的职能之一，在厘定保险费率时，应体现促进防灾防损的原则。对防灾防损工作做得好的降低其费率；对无损失记录或损失较少的被保险人，实行优惠费率；而对防灾防损做得差的被保险人实行高费率或续保加费。在现代保险业的经营中，保险人越来越注意在保险费率的厘定中，鼓励被保险人积极从事各种防灾防损活动。在费率厘定中，注意防灾防损原则，使保险保障功能与防灾防损功能结合在一起，从而最终减少损失发生的频率和损失程度，可使保险业取得更大的社会效益。

第二节　财产保险费率的厘定

依据《财产保险公司保险条款和保险费率管理办法》（中国保险监督管理委员会令 2010 第 3 号），财产保险费率多采用分类法和修正法来厘定，其依据是损失概率。分类法是根据若干重要而明显的标准，对性质相同的风险分别归类，并在此基础上依据损失发生频率制定分类费率的方法。分类法应用非常广泛，一般情况下，人寿保险、火灾保险和大多数意外保险都使用分类法来厘定费率。修正法又称为增减法，是在分类法的基础上结合承保标的的风险状况进行增减变动来确定费率的方法。财产保险所依据的财产保险费率通常称为毛费率，毛费率是由纯费率和附加费率两部分组成，计算财产保险费率可分为两步，即通过计算保额损失率加均方差计算纯费率；然后依据保险法规按照附加费率与纯费率的占比来计算附加费率。

一、纯费率的计算

财产保险的纯费率是纯保费占保险金额的比例。它用于补偿被保险人因保险事故造成保险标的损失的金额。其计算公式为：

$$纯费率=保险损失率\times(1+稳定系数)$$

（一）保额损失率

保额损失率是一定时期内赔款金额总和与保险金额的比率。它是保险人根据“大数法则”，将以往较长时期（最少为五年）某类保险业务的损失赔偿资料，用数理统计方法整理计算出来的。其计算公式为：

$$保额损失率=\frac{赔偿金额总和}{保险金额总和}\times 100\%$$

【例 8-1】 假设某保险公司过去 20 年的保险赔款总额为 600 万元，总保额为 20000 万元，则该类保险的保额损失率为：

$$\frac{600}{20000}\times 100\%=3\%$$

但是，不同保险标的的赔偿金额与保险金额都是变化的，由此计算出来的保额损失率也是多变的。在遵循保险费率制定的稳定灵活原则下，若已知各年的保险损失率，在考察平均损失率与保额损失率的关系基础上，则可计算平均保额损失率，来计算纯费率。

若以 $\overline{x}$ 表示平均保额损失率，x_i（$i=1，2，\cdots，n$）表示不同时期的保额损失率，n 表示期限，则平均保额损失率的计算公式为：

$$\overline{x}=\frac{1}{n}\sum_{i=1}^{n}x_i$$

【例 8-2】 某保险公司过去五年保额损失率分别为 6.5%、6.2%、6.0%、6.3%、5.8%，则该类保险的平均保额损失率为：

$$\frac{6.5\%+6.2\%+6.0\%+6.3\%+5.8\%}{7}=6.16\%$$

（二）稳定系数

由赔偿金额总和与保险金额总和的比率确定的保额损失率，是过去若干年保额损失率的算术平均数。由于它具有不稳定的特点，保险人不能直接将它作为纯费率。因为就未来某一年度而言，实际保额损失率与这一算术平均数一般并不相等。保额损失较大的年份，实际发生的保额损失率将高于预计保额损失率；反之，损失较小的年份，实际保额损失率将低于预计的保额损失率。实际发生的保额损失率与预计保额损失率相等的这种情况只是个别的巧合。对于保险人来说，各年度实际保额损失率对保额损失率的算术平均数的背离程度大小则具有重要意义。特别是个别年度发生巨灾损失，引起实际保额损失率远远高于预计保额损失率，会严重影响保险业务的财务稳定性。因此，保险人有必要在测算实际保额损失率对预计保额损失率背离程度的基础上，在纯费率上加一适当的稳定系数，以保证所收保险费在大多数情况下都能够满足保险赔偿需要。下面举例介绍稳定系数的确定方法。

【例 8-3】 某保险公司某类保险业务以往 10 年中各年的保额损失率如表 8-1 所示。

$$平均保额损失率：\overline{x}=\frac{1}{n}\sum_{i=1}^{n}x_i=6.07\%$$

$$均方差：\sigma=\sqrt{\frac{\sum_{i=1}^{n}(x_i-\overline{x})^2}{n}}=0.27\%$$

表 8-1　保额损失率表（2000～2009）

年度(年)	保额损失率 x_i(%)	离差($x_i-\overline{x}$)	离差的平方
2000	6.5	0.43	0.1849
2001	6.2	0.13	0.0169
2002	5.8	−0.27	0.0729
2003	5.9	−0.17	0.0289
2004	6.0	−0.07	0.0049
2005	6.4	0.33	0.1089
2006	6.1	0.03	0.0009
2007	5.6	−0.47	0.2209
2008	5.9	−0.17	0.0289
2009	6.3	0.23	0.0529

$$稳定系数:K=\frac{\sigma}{\overline{X}}=4.448\%$$

稳定系数是衡量期望值与实际结果的密切程度，即平均保额损失率对实际保额损失率的代表程度。稳定系数愈高，保险经营稳定性愈低；反之，稳定系数愈低，则保险经营稳定性愈高。一般稳定系数 10%～20%较为合适。在上例中，稳定系数为 4.833%，说明保险经营稳定性很高。若保险人以平均保额损失率 6%作为纯费率时，其对未来各年度保额实际损失率的估计是基本正确的，其所收取的纯保费可以满足以后各年度支付保险赔款的需要。但是，这种稳定性仅仅是相对而言的，是以未来年度风险发生的条件和以往各年度的情况大体相符为条件；如果风险发生条件有实质性的变化，则实际保额损失率对平均保额损失率变动的程度也将发生变化。

保险公司为了保证保险经营的安全性与稳定性，必须尽量减少实际保额损失率超过根据以往一定年度的平均保额损失率而确定的纯费率的可能性。为了达到这一目的，通常采用在纯费率的基础上附加一至几个均方差作为稳定系数来实现。如在上例中，可以在平均保额损失率的基础上附加一倍的均方差，将纯费率定位 6.07%+0.27%即 6.34%。按照统计规律显示，实际保额损失率在（$\overline{X}-\sigma$，$\overline{X}+\sigma$）区间上的概率为 68.27%，在（$\overline{X}-2\sigma$，$\overline{X}+2\sigma$）区间上的概率为 94.45%，在（$\overline{X}-3\sigma$，$\overline{X}+3\sigma$）之间的概率为 99.73%。因而，从理论上讲，无论什么保险，只要在纯费率的基础上附加三倍的均方差作为稳定系数，就能够充分保障保险人的财务稳定性。在实践中，一般认为对于强制保险，由于保险的广泛性和连续性，稳定系数作为一个均方差已足够保障保险业务的财务稳定性；对于自愿保险，由于“逆选择”的影响稳定系数应提高到两个均方差。对于一些危险程度很高且易于遭受巨灾损失的保险标的，稳定系数有必要提高到三个均方差。另外，在保险经营中既要考虑保险人自身的财务稳定性，同时又要考虑经济上的可行性，使厘定的保险费率尽量适应投保人的保费负担能力。附加的均方差倍数越高，保险经营中出现亏损的可能性越小，这虽然对保险人有利，但对被保险人来说，附加的均方差倍数越高，保费的负担就越重。因此，保险人在确定费率时，应当综合考虑以上两方面的情况，合理地确定稳定系数。

二、附加费率的计算

附加费率是保险人营业费用开支占保险金额总和的比率，它是以经营管理费和预期利润为基础来计算的，其计算公式为：

$$附加费率=\frac{营业费用开支总额}{保险金额总和}\times 100\%$$

其中，营业费用开支主要包括代理手续费、雇员工资、办公楼租金及办公设备、单据印刷费、通信费、广告费、各种税金以及保险人预期的营业利润。

除按上述公式计算附加费率外，还可以根据经验按纯费率的一定比例确定，如根据中国保监会《关于加强机动车辆商业保险条款费率管理的通知》规定，车险的附加费率上限为纯费率的35％。

三、毛费率的计算

毛费率即保险费率，是纯费率和附加费率之和，用公式表示：

毛费率＝纯费率＋附加费率

这样得出的毛费率仅是一个大略的费率，实用性不强。因此，必须根据不同的业务进行分项调整，这种调整就是级差费率调整，经过级差费率调整后毛费率就形成了，这就是投保人向保险人缴纳保险费的费率标准。

上面简单地介绍了财产保险费率的构成及厘定程序，但在实践中，财产保险的费率厘定是一个非常复杂的过程。保险公司对每一类风险所使用的费率都是在该类风险的大量损失资料的基础上，根据科学的损失分析方法确定并在使用中随损失经验积累经历多次修订而成；同时，保险公司保险费率的厘定还会受到保险监管机构的严格限制和市场竞争的影响。

第三节　人身保险费率的厘定

一、生命表

（一）生命表的概念与种类

生命表，又称寿命表或死亡表，是根据一定时期的特定国家或地区或特定人口群体（如寿险公司的全体被保险人）的有关生命统计资料，经过分析、整理、计算出某一人群中各种年龄的人的生存和死亡概率，汇编而成的一种表格。它反映了各种年龄的人在一年内的死亡人数和一定年龄的人在一定时期内的生存率和死亡率，是寿险精算的数理基础，是人寿保险费率厘定的依据。

生命表一般分为国民生命表和经验生命表。国民生命表是以全体国民或特定地区的人口统计资料综合而成的生命表，又称普通生命表；经验生命表是以人寿保险公司承保的被保险人实际经验的死亡统计资料编制的统计表。在人寿保险费率的计算中，一般采用经验生命表。经验生命表是寿险精算的科学基础，是寿险费率和责任准备金计算的依据，也是寿险成本核算的依据。

经验生命表根据不同的标准又可分为多种。首先，它可根据死亡统计调查期间不同分为选择表、终极表和综合表。选择表是保险人根据对被保险人的危险选择效果仍存在的资料编制而成的生命表。该表的死亡率同时考虑年龄及投保年数两项因素，故而最具准确性。由于不分红保费费率的制订必须准确，故常用该表。终极表是根据选择效果消失的资料编制而成的生命表。普通寿险的保费通常是根据该表计算的。综合表是以所有被保险人的经验而不考虑投保经过的年数而编制的生命表，即综合被保险人在保险合同订立后最初数年及以后数年间的死亡统计而编制的生命表，此表常用来制订简易人身保险的保费。其次，经验生命表根据统计对象性别的不同可分为男子表、女子表和男女混合表；根据寿险业务与年金业务的差异可分为寿险生命表和年金生命表，寿险生命表就是以寿险被保险人经验而编制的一种生命表，年金生命表根据购买年金的死亡统计所编制的生命表。

由于历史的原因，在相当长的时期内，我国保险公司没有自己编制的生命表。人身保险业务主要参考使用日本全会社第二回、第三回生命表。1982年，我国开始着手编制自己的经验生命表，在编制过程中，收集使用了800万份寿险保单的数据，并分别在四省市（辽宁省、山东省和北京市、上海市）和全国其他地方进行调查。1994 年底完成了数据的收集和调查工作，1995 年中期完成生命表的基础工作，并最终在 1997 年 4 月 1 日由当时的保险监管机构——中国人民银行，颁布适用中国人寿保险业经验生命表（1990～1993 年），计算我国的寿险费率、责任准备金及退保金。该表分为非养老金业务男表、女表、男女表和养老金业务男表、女表、男女表。

2006 年 1 月 1 日，中国保监会颁布的《中国人寿保险业经验生命表（2000～2003）》及其配套使用政策正式生效。新生命表已正式作为我国寿险监管以及寿险公司责任准备金评估的标准表和寿险产品定价的参考表。新生命表分为非养老金业务表和养老金业务表共两套四张。其中，非养老金业务表零岁余命男性为 76.7 岁，女性为 80.9 岁，都较上一张表改善了 3.1 岁。60 岁男性平均余命较上一张表改善 1.4 岁，女性改善 1.7 岁。养老金业务表零岁余命男性为 79.7 岁，较上一张表改善 4.8 岁，女性为 83.7 岁，改善了 4.7 岁。

【阅读资料】

编制新生命表的有关背景资料

1995 年我国发布的《中国人寿保险业经验生命表（1990～1993）》（以下简称原生命表）是我国第一张经验生命表。近年来，人民生活水平、医疗水平有了较大的提高，保险公司核保制度逐步建立，未来保险消费者群体的寿命呈延长趋势，原生命表已经不能适应行业发展的要求。与此同时，寿险业的快速发展也具备了编制新生命表的条件。主要体现在三个方面：一是十年来，业务快速发展，积累了大量的保险业务数据资料；二是保险公司信息化程度大幅提高，数据质量也有了较大的改善；三是保险精算技术获得了极大的发展，积累了一些死亡率分析经验。

基于各方面的考虑，在中国保监会的领导和组织下，2003 年 8 月，正式启动了新生命表编制项目。新生命表编制完成后，于 2005 年 11 月 12 日通过了以著名人口学专家、全国人大常委会副委员长蒋正华为主任的专家评审会评审。

（资料来源：中国保监会网站）

（二）生命表的内容

生命表是以死亡率为纲分年龄编制的，通常假设以 10 万、100 万或 1000 万为一单位群体，从 0 岁开始逐步反映当年的生存人数、死亡人数、生存概率和死亡概率，直至全部死亡为止。下面以表 8-2《中国人寿保险业经验生命表 CL1（1990～1993 年）》（部分）为例说明。

生命表中各项生命函数的关系有：

（1）$d_x = l_x - l_{x+1}$

（2）$d_x + d_{x+1} + \mathrm{L} + d_{x+n-1} = l_x - l_{x+n}$

（3）$p_x = \dfrac{l_{x+1}}{l_x}$，${}_np_x = \dfrac{l_{x+n}}{l_x}$，（${}_np_x$ 表示 x 岁的人生存 n 年的概率）

（4）$q_x = \dfrac{d_x}{l_x}$，${}_nq_x = \dfrac{l_x - l_{x+n}}{l_x} = \dfrac{d_x + d_{x+1} + \mathrm{L} + d_{x+n-1}}{l_x}$（${}_nq_x$ 表示 x 岁的人在 n 年内死亡的概率）

（5）$p_x + q_x = \dfrac{l_{x+1}}{l_x} + \dfrac{d_x}{l_x} = 1$

（6）$T_x = L_x + L_{x+1} + L_{x+2} + \mathrm{L} + L_\omega$

（7）$e_x = \dfrac{T_x}{l_x}$

表 8-2 中国人寿保险业经验生命表（1990～1993 年）

年龄	死亡率	生存人数	死亡人数	生存人年数		平均余命
(x)	q_x	l_x	d_x	L_x	T_x	e_x
30	0.00963	971627	936	971160	44108787	45.40
31	0.001007	970692	977	970203	43137627	44.44
32	0.001064	969714	1032	969198	42167424	43.48
33	0.001136	968682	1100	968132	41198226	42.53
34	0.001222	967582	1182	966991	40230094	41.58
35	0.001321	966400	1277	965761	39263103	40.63
36	0.001436	965123	1386	964430	38297341	39.68
37	0.001561	963737	1508	962983	37332911	38.74
38	0.001710	962229	1645	961406	36369928	37.80
39	0.001872	960583	1798	959684	35408522	36.86
40	0.002051	958785	1966	957802	34448838	35.93
41	0.002250	956819	2153	955742	33491036	35.00
42	0.002470	954666	2358	953487	32535294	34.08
43	0.002713	952308	2584	951016	31581807	33.16
44	0.002981	949724	2831	948309	30630791	32.25
45	0.003276	946893	3162	945342	29682482	31.35
46	0.003601	943791	3399	942092	28737140	30.45
47	0.003958	940393	3722	938532	27795048	29.56
48	0.004352	936670	4076	934632	26856516	28.67
49	0.004784	932594	4462	930363	25921884	27.80

资料来源：徐爱荣. 保险学. 上海：复旦大学出版社，2012.

说明：

① x 为被观察人口的年龄，从 0 岁开始直至极限年龄 105 岁。极限年龄一般用 ω 表示，假设该年生存的人全部死亡。

② q_x 为死亡率，表示 x 岁的人当年死亡的概率，即 x 岁的人在到达 $x+1$ 岁前的死亡概率，为年内死亡人数与年初生存人数的比值。

③ l_x 为生存人数，表示以一定的出生数（本表为 100 万）为基数，生存至 x 岁的人数，亦即当年之初的生存人数。

④ d_x 为死亡人数，表示 x 岁的人在年内死亡的人数。

⑤ L_x 为经过调整后的生存人数，是假设每一年中各死亡者的死亡日期均匀地分布于一年内的各个月，因而各死亡者在其死亡的当年，每人尚能平均生存半年。故 $L_x=l_x-\frac{1}{2}d_x$。

⑥ T_x 为生存人年数，表示所有 x 岁的人以后生存的总年数。

⑦ e_x 为平均余命，表示 x 岁的人以后可能生存的平均年数。

【例 8-4】根据表 8-2，现年 35 岁的男子生存到 40 岁的概率为：

$${}_5p_{35}=\frac{l_{40}}{l_{35}}=\frac{958785}{966400}=0.992$$

而现年 35 岁的男子在 5 年内死亡的概率为：

$${}_5q_{35}=\frac{l_{35}-l_{40}}{l_{35}}=\frac{966400-958785}{966400}=0.008$$

二、利息

利息是一定的本金在一年的时间内，按照一定的利率计算而得的利益。决定利息大小的因素有三个：本金、利率和期间。所借入的资金称为本金；运用本金的一定时间称为期间；利率是在一定时期内（月或年）利息额与本金的比率，它是在单位时期内单位本金所获的利息，常以%、‰表示。利息的数额与本金的数量、利率的高低、存放期间的长短成正比。

由于人寿保险一般是长期性质的，所以人寿保险费的计算必须考虑利息因素。投保人缴纳的保险费，留存保险公司内部作为未来给付保险金的责任准备金，在缴费期与给付期的时间差内保险公司可利用责任准备金进行投资和运用，其收益由保险公司在厘定保险费率时按照预定的利息率算给被保险人。因而，人寿保险期限越长，预定利息率对保险费率的影响就越大。利息的计算方法有单利和复利两种。

（一）单利

单利是在结算利息时，只在原本金上计利息。在单利计算方法下，利息数额等于本金乘以计息期数乘以利率。现以 P 表示本金，i 表示利率，n 表示计息期数，I 表示利息额，S 表示本利和（即本金和利息之和），则：

$$I=P\times n\times i$$

$$S=P+I=P+P\times n\times i=P\times(1+n\times i)$$

【例 8-5】 本金 500 元，年利率 5%，期间 3 年，求利息及本利和：

$$I=500\times 5\%\times 3=75(\text{元})$$

$$S=500\times(1+5\%\times 3)=575(\text{元})$$

（二）复利

复利的计算是每经过一次结息时间就把前期利息并入本金，在下次结息时，并入本金的利息亦同本金一起计息，即不仅本金生利，而且利上生利。在人寿保险计算中，一般采用复利，以年为计息期，称年复利。现以 P 表示本金，i 表示利率，n 表示计息期数，I 表示利息额，S 表示本利和。则以复利计算的本利和及利息为：

$$S=P(1+i)^n$$

$$I=P(1+i)^n-P=P[(1+i)^n-1]$$

【例 8-6】 年初存本金 10000 元，年利率 3%，存期 3 年，每年计复利一次，则本利和为：

$$S=1000\times(1+3\%)^3=1092.73$$

（三）现值

现值是指按一定利率，经过一定期间积累到一定数额所需的本金，即为未来某一时刻积累一定数额而现在所需要的货币量。计算公式为：

$$P=\frac{S}{(1+i)^n}$$

【例 8-7】 银行存款年复利率为 5%，某人现在存入银行多少钱，在五年末可得到 100 元？

$$P=\frac{100}{(1+0.05)^5}=78.35$$

即现在存入 78.35 元，5 年末可得到 100 元。

（四）终值

终值是一定的本金按一定的利率经过一定时期生息后的本利和。计算公式即为：

$$S=P(1+i)^n$$

在人寿保险费的计算中，用的现值和终值都是按复利法计算的，并且为了便于计算，编制成现值表、终值表以备查用。在现值表中，令 $V=\frac{1}{1+i}$，V 即是 1 年后每 1 元的现值，V^n 则是 n 年后 1 元的现值。

三、纯保费的计算

人寿保险费的缴费方式有趸缴和分期缴付两种。趸缴纯保费是按投保人在投保时一次缴清纯保费；分期缴付纯保费则是投保人按年、季或月缴付纯保费。人寿保险纯保费的计算适用收支平衡的原则，即保险人收取的纯保费现值应等于未来给付的保险金现值。

(一) 趸缴纯保费的计算

趸缴纯保费是投保人在投保时一次缴清纯保费。它是将保险期限内以各年龄的死亡率为标准计算的纯保费折算成投保时的现值，按总和一次缴清。

1. 定期生存保险趸缴纯保费的计算

定期生存保险是保险人对期满生存的被保险人给付约定的保险金，对保险期内死亡的被保险人则不负给付责任的一种人身保险。其趸缴纯保费的计算符号为$A_{x:\overline{n}|}$，表示 x 岁的人投保 n 年期的生存保险，保险金额为 1 万元的趸缴纯保费，按收支平衡原则，可得：

$$l_x \cdot A_{x:\overline{n}|}=V^n l_{x+n}$$

从而得公式：

$$A_{x:\overline{n}|}=\frac{v^n l_{x+n}}{l_x}$$

【例 8-8】 35 岁的男子投保 5 年期的生存保险，保额为 10000 元，求趸缴纯保费（假设预定年复利 3%，采用我国 CL1 生命表）。

解： $10000A_{35:\overline{5}|}=1000\times\frac{v^5 l_{40}}{l_{35}}=10000\times\frac{0.86209\times958785}{966400}=8552.97$（元）

2. 定期死亡保险趸缴纯保费的计算

定期死亡保险是被保险人在保险期内因保险事故死亡，保险人按照保险合同规定给付保险金，如果被保险人在保险期限内仍生存，保险人则不负给付责任，常称定期寿险。其趸缴纯保费的计算符号为$A^1_{x:\overline{n}|}$，表示 x 岁的人投保 n 年期的死亡保险，保险金额为 1 元的趸缴纯保险费。根据收支平衡的原则，可得：

$$l_x \cdot A^1_{x:\overline{n}|}=d_x v+d_{x+1}v^2+\text{L}+d_{x+n-1}v^n$$

$$A^1_{x:\overline{n}|}=\frac{d_x v+d_{x+1}v^2+\text{L}+d_{x+n-1}v^n}{l_x}$$

【例 8-9】 同例 8-8 条件，35 岁男子投保 5 年期的死亡保险保额为 10000 元，求趸缴纯保费（假设每年应给付的保险金于年末给付）。

$$A^1_{35:\overline{5}|}=10000\times\frac{1277\times0.970874+\text{L}+1645\times0.888487}{966400}=71.8$$

3. 两全保险趸缴纯保费的计算

两全保险是保险人对被保险人生存至保险期届满或保险期内死亡都给付约定的保险金，其趸缴纯保费计算符号为$A_{x:\overline{n}|}$，表示 x 岁的人投保 n 年期的两全保险，保险金额为 1 元的趸缴纯保费。因两全保险中保险人承担给付生存保险金和死亡保险金的义务，故两全保险的趸缴纯保费为生存保险与死亡保险趸缴纯保费之和。其计算公式为：

$$A_{x:\overline{n}|}=A^1_{x:\overline{n}|}+A_{x:\overline{n}|}$$

【例 8-10】 同例 8-8 条件，35 岁男子投保保额 10000 元，5 年期两全保险的趸缴纯保费为：

$$10000A_{35:\overline{5}|}=10000A_{35:\overline{5}|}+10000A^1_{35:\overline{5}|}=8629.92\text{(元)}$$

(二) 年缴纯保费的计算

趸缴保费的方式要求投保人一次缴纳数目很大的一笔保费，因而一般情况下投保人难以负担，所以在实际业务中绝大多数的寿险业务采用分期缴费的方式。分期缴费可以按年交、季交或月交的方式缴纳。寿险业务中多采用年缴均衡纯保费，即每年均衡地缴纳一次纯保费。采用年缴均衡纯保费，根据收支平衡原则，投保人所缴纳的年缴纯保费的现值的总和应当等同于保险金给付的现值的总和，也应等同于趸缴纯保费。

四、毛保费的计算

毛保险费是由纯保险费和附加保险费构成的，人寿保险的附加费是根据各项经营管理费用制订的，在实务中，计算毛保险费主要有三种方法。

（一）三元素法

三元素法是将营业费用按用途划分为以下三项。

(1) 新合同费。也称原始费用，是保险公司为招揽新合同，于第一年度所必须支出的一切费用，如宣传广告费、外勤人员招揽费、体检费、各种单证印刷及成本费等费用。

(2) 维持费。指契约自一开始至终了为止，整个保险期间为使合同维持保全所必需的一切费用，如寄送催缴保费通知单、合同内容的变更、保单质押贷款、固定资产折旧等为维护报单保全工作的各项费用。

(3) 收费费用。即保单收缴费用，包括收费员的薪金，对与公司订有合约代收保费的团体所支付的手续费，以及其他与收费事务有关的支出费用。

三元素法将附加费用分解成以上三部分，并假设新合同费为一次性费用，单位保额的费用为α，维持费每1元保额每年的费用为β，而收费费用每年占营业费用的比例为γ，然后依据总保费现值等于净保费现值与附加费现值的总和的原理，来计算营业保费。

（二）比例法

比例法就是按照营业保费的一定比例作为附加费用。这一比例一般根据以往的业务经营的经验确定。

若以P'表示年缴营业保费，K表示附加费占营业保费的比例，P表示年缴净保费，则有：

$$P'=P+KP'$$

所以

$$P'=\frac{P}{1-K}$$

我国目前计算营业保费时，就采用比例法。用比例法计算营业保费非常简便，但缺点是用这种方法确定附加费用不够合理，因为对于保费高的保单，所收取的附加费可能多于实际经营费用的支出；而对于保费低的保单，所收取的附加费可能多于实际经营费用的支出；而对于保费低的保单，所收取的附加费甚至可能不足以支付实际经营的费用。

（三）固定常数及比例法

这种方法是首先根据以往的业务资料，确定每单位保险金额所必须支付的业务费用，作为一种固定费用，用常数α表示，然后，再确定一定比例的营业保费，作为其余部分的附加费。即：

$$P'=P+\alpha+KP'$$

所以

$$P'=\frac{P+\alpha}{1-K}$$

本章小结

(1) 保险费率是每一保险金额单位与所缴纳保险费的比率，是保险人用以计算保险费的标准。保险费率由纯费率和附加费率两部分组成。实务中，保险人厘定保险率时，必须遵循充足性、公平性、相对稳定性、可变性和促进防灾防损原则。保险费率厘定主要采用判断法、分类法和修正法。

(2) 财产保险费率多采用分类法和修正法来厘定，其依据是损失概率。毛费率是由纯费率和附加费率两部分组成，通过计算保额损失率加均方差计算纯费率，然后计算附加费率。

(3) 人寿保险费率有纯费率和附加费率两部分构成，在厘定保险费率时主要考虑死亡率和利率等主要因素。人寿保险纯保费的计算适用收支平衡的原则，即保险人收取的纯保费现值应等于未来给付的保险金现值。计算毛保险费的方法主要有三元素法、比例法和固定常数及比例法。

重要概念

保险费　保险费率　大数法则　纯费率　附加费率　毛费率　分类法　观察法　修正法　表定法　追溯法　经验法　稳定系数　生命表　利率　年金　趸缴纯保费　分期纯保费　终值　现值

复习思考题

一、单项选择题

1. 保险费率通常指的是（　　）。
A. 纯费率　B. 毛费率　C. 净费率　D. 附加费率

2. 以下各项不是厘定保险费率基本原则的是（　　）。
A. 充足性　B. 分散性　C. 公平性　D. 可变性

3. 以下各类保险不适合采用分类法厘定保险费率的是（　　）。
A. 人寿保险　B. 火灾保险　C. 海上保险　D. 意外伤害保险

4. 根据寿险业务与年金业务的差异，生命表分为（　　）。
A. 寿险生命表和年金生命表　B. 男生命表、女生命表与男女混合表
C. 选择表、终极表和综合表　D. 经验表

5. 下列方法中，属于人寿保险毛费率计算方法的是（　　）。
A. 三元素法　B. 比例法　C. 固定常数及比例法　D. 表定法

6. 主要用于支付保险赔款或给付保险金的是（　　）。
A. 年金　B. 首年佣金　C. 附加保险费　D. 纯保险费

7. 用于支付营业税、代理手续费、企业管理费、工资及工资附加费和固定资产折旧的是（　　）。
A. 纯保险费　B. 附加保险费　C. 年金　D. 首年佣金

8. 财产保险纯费率的计算依据是（　　）。
A. 利率　B. 保额损失率　C. 死亡率　D. 营业费率

9. 国民生命表与保险公司使用的经验生命表相比，其死亡率（　　）。
A. 较高　B. 较低　C. 相同　D. 时高时低

10. 主要用于人寿保险经营过程中的一切开支的费用是（　　）。
A. 纯保费　B. 附加保费　C. 营业保费　D. 保险金给付额

11. 生命表的初始年龄通常定为（　　）。
A. 0 岁　B. 1 岁　C. 5 岁　D. 10 岁

12. 国民生命表与保险公司使用的经验生命表相比，其死亡率（　　）。
A. 较高　B. 较低　C. 相同　D. 时高时低

13. 各寿险公司确定死亡率的科学做法是（　　）。
A. 依据国民生命表　B. 依据经验生命表
C. 采用行业最高经验死亡率　D. 采用行业最低经验死亡率

14. 附加费率是指（　　）。
A. 营业费用总额与损失赔偿额的比率　B. 损失赔偿额与营业费用总额的比率
C. 营业费用总额与保险总额的比率　D. 保险总额与营业费用总额的比率

15. 财产保险纯费率的计算依据是（　　）。
A. 利率　B. 保额损失率　C. 死亡率　D. 营业费率

二、简答题

1. 阐述厘定保险费率的基本原则。
2. 计算人寿保险费率主要考虑哪些因素？

三、计算题

1. 假设某财产保险过去五年的保额损失率分别为 3.1%，2.9%，3.4%，3.1%，2.9%，稳定系数加一个均方差，附加费率为纯费率的 20%，求毛费率。
2. 30 岁的男性，投保 5 年期的生存保险，保险金额为 10000 元，求应缴纳的趸缴纯保费（按预定年复利 2%计算）。

第九章　保险市场

保险市场是现代金融市场的一个重要组成部分，是商品经济发展的产物。它不单单指保险交易的场所，同时也包含保险产品交换的关系总和。

保险市场的形成，对于促进保险交换的完成、提高保险服务的效率具有非常重要的意义。保险市场是保险供给与保险需求博弈的场所，供求双方的力量对比和相互关系决定着市场整体运行的状况。保险市场是国民经济赖以生存和实现的场所，因此建立和健全保险市场是我国保险业发展的战略重点。

第一节　保险市场概述

市场是随着商品经济的出现、发展而出现、发展的，是商品经济的范畴。保险作为商品，就必然有市场。保险市场是商品经济发展到一定阶段的产物，与其他商品市场相比，保险市场有其自身的特点和类型。保险市场供求双方及中介方必须建立在充分了解和熟悉保险市场的基础上，才能进行保险交易活动。

一、保险市场的含义及特征

保险市场的概念有狭义和广义之分：狭义的保险市场是指对保险商品进行交易的活动场所；广义的保险市场则是包含了狭义的保险市场与保险商品交换过程中需求和供给的关系及其有关的活动。我们通常所说的保险市场是指广义的保险市场。保险市场本身自成一个体系，包括了保险形式系统、保险组织系统、保险运行和调控系统。

保险市场作为金融市场的一个重要组成部分，对于国家的经济发展、金融稳定具有重要的作用。

保险市场虽然其含义、特点和表现形态与一般商品市场相同，但保险市场所从事的交易、即买卖的商品是无形的，保险市场进行交易对象是一种特殊商品——风险保障，具体指的是一种经济利益。投保人或被保险人通过向保险人缴纳保险费来获得保险人对其所可能面临的风险和损失的经济保障，而保险人提供保障的基础就是向投保人或被保险人收取的保险费而形成的保障基金。

在保险市场中，不但有保险商品交换的场所，也有保险商品交换中供给与需求的关系及其活动。它既包括了供给者、需求者、中介者、政府，又包括了各类保险业务和保险方式；同时，它还受到市场机制的制约，主要是指价值规律、供求规律和竞争规律三者之间相互制约、相互调节、相互作用的关系。这一客观存在的关系形成一种力量，调节着保险经济活动。

保险市场是市场的一种，但它不同于一般的商品市场，也不同于金融市场，保险市场的特征是由保险市场交易对象的特殊性所决定的，保险市场的交易对象是一种特殊形态的商品——保险经济保障，因此，保险市场表现其自有的特征。

1. 保险市场具有抽象性

保险市场是保险商品交换关系的总和，但保险活动的全过程不可能受到一定时间的限制，也不可能固定集中于某一场所。尤其是现代保险市场，由于现代科技的广泛运用，保险活动的全过程已经远远突破了交易场所的限制，业务已延伸到社会经济生活的各个方面，业务进行的本身也突破了时间和地域的限制，借助现代通信条件，连接到世界各国的保险市场。

2. 保险市场业务具有公开性

保险经营的对象是风险，保险市场交易的对象是保险经济保障，即投保人通过购买保险将保险标的所面临的风险转嫁给保险人。保险标的在投保前后都处于投保人的控制之下，保险人却了解不多。正是由于保险商品的这种特殊性，要求保险双方当事人在进行交易活动时必须遵循最大诚信原则，要遵循业务公开的原则，因此市场透明度比较高。当事人双方在进行保险交易过程中必须遵守平等、公平、互利的原则。同时，保险人之间同样也要公平、合理地进行竞争。普通的商品市场不具备这种特征，其交易大都通过交易双方协议进行，不需要公开。

3. 保险商品的特殊性

保险商品不同于一般的商品，它并不提供有形的实物，而是一种以服务形式存在的特殊商品。保险市场所成交的任何一笔交易，都是保险人对未来风险事故发生所致经济损失进行补偿的承诺。投保人购买保险商品后，只是购买了一种服务，一种承诺。当被保险人在保险期内发生保险责任范围内的损失或达到保险期限时，保险人才进行经济补偿或给付保险金。而且，由于保险具有射幸性，并不是购买了保险商品，就能获得保险公司的赔偿，保险是否履约即是否对某一特定的现象给予经济补偿，取决于保险合同约定期限内是否发生约定的风险事故，以及这种风险事故造成的损失是否达到保险合同约定的条件。只有在保险合同所约定的未来时间内发生保险事故，保险人才能进行经济补偿。这就给保险带来了不同于其他市场的特点，这也是保险市场最为显著的特征。

4. 市场机制在保险市场上具有特殊的作用

市场机制是价值规律、供求规律与竞争规律相互作用、相互制约的关系。市场机制已成为现代市场的主体，在保险市场上市场机制的作用则具有特殊性。一方面，保险市场上保险商品的价格即保险费率并不是完全由市场供求状况决定的，而是由风险发生的频率和保险商品的供求情况共同决定的。保险不能与一般商品一样，根据需求情况的变化随意调整保险费率。另一方面，保险市场从某种程度上限制了价格竞争机制。一般的商品市场竞争，就其手段而言，价格是最有力的竞争手段，在保险市场上，由于交易的对象和风险直接相关联，使得保险商品的价格即保险费率的形成并不完全取决于供求力量的对比；相反，风险发生的频率和事故的损失程度才是决定费率的主要因素，供求仅是费率形成的次要因素。因此，一般商品市场价格竞争机制，在保险市场上必然受到某种程度的限制。

二、保险市场的特点

保险市场的交易对象是特殊形态的商品即保险经济保障，保险市场交易对象的特殊性决定了保险市场的特征，因此，保险市场有着自己独有的特征。

1. 保险市场是直接的风险市场

在一般的商品市场所，交易的对象本身并不与风险联系，但是在保险市场里，交易的对象就是保险保障，也就是投保人转嫁于保险人的各类风险，保险商品交易过程的本质就是保险人聚集与分散风险的过程。

尽管在任何市场中都存在着风险，参与交易的双方也都有可能因为市场的风险而遭受经济损失，但是，风险的客观存在和发展是保险市场形成和发展的基础和前提。也就是说，没有风险，就没有保险，保险市场是一个直接的风险市场。

2. 保险市场是非即时清结市场

即时清结市场是指供需双方在市场交易结束的时候，就可以立刻知道交易结果的这种市场。一般的商品市场以及其他的金融市场都是即时清结市场。但是，在保险的交易过程中，因为风险的不确定性和保险的射幸性，交易的双方都不可能知道交易的结果如何。所以，交易双方没有办法立刻结清。因此，在保险市场中，保险单的签发并不像表面看上去的那样，好像是保险交易完成的标志，而恰恰相反，它只是保险保障的开始，而交易的最终结果还要取决于保险事故的发生与否。因此，保险市场是非即时清结市场。

3. 保险市场是特殊的“期货”交易市场

保险市场中成交的交易都是保险人对未来风险事件发生所产生的经济损失进行补偿的一种承诺。保险人履约与否，也就是保险人是否对某一特定的对象进行经济补偿，取决于保险合同约定时间内是否发生约定的风险事故以及这种风险事故造成的损失是否达到保险合同约定的补偿条件；也就是说，只有在保险合同所约定的时间内发生了合同约定的保险事件，保险人才对被保险人进行相应的经济补偿。实际上，这种交易就是一种“灾难期货”，所以，保险市场被称为是一种特殊的“期货”市场。

三、保险市场的类型

按照经济学的观念，保险市场的类型可以分为完全垄断、寡头垄断、垄断竞争和完全竞争四种。由于保险市场的特殊性，现代保险市场不存在完全竞争型，也不太可能存在完全垄断型，其只是在特殊条件下及其个别的国家和地区存在的。

1. 完全垄断型

完全垄断型是指完全由一家企业控制的市场模式。保险市场的完全垄断型是指保险市场完全由一家保险人控制，不存在丝毫竞争因素的市场模式，这家保险公司既可以是国有保险公司，也可以是私营等其他形式的保险公司。由于保险市场是由独家保险公司控制，没有竞争，没有可接受的保险替代品，其垄断者根据掌握的供给与需求情况，自由采取经营策略，以取得最大限度的利润。而且，新的保险人进入保险市场极不容易。

完全垄断型有两种变通形式：一是专业型垄断，即在一个国家的保险市场上，虽然有几家或多家保险公司，但其各自垄断某一类型保险业务，如波兰、古巴、朝鲜等国家设立两家保险公司，一家专营国内保险业务，一家专营涉外保险业务；二是地区型垄断，即在一个国家的保险市场上，几家保险公司各垄断某一地区的保险业务，彼此之间业务没有交叉，如印度设立四家地区性非寿险公司。

目前，世界上采取完全垄断型的国家并不很多，主要有罗马尼亚、越南、蒙古、缅甸、斯里兰卡、叙利亚等。

2. 寡头垄断型

寡头垄断型是指少数几家保险人控制了保险市场，其他保险人进入市场较难。每个保险人在保险市场上都具有举足轻重的地位，对其险种的价格具有相当影响力，保险人之间利害关系直接，相互依存，任何一家保险人在进行决策时，都必须考虑竞争对手的反应。他们既不是价格的制订者，也不是价格的接受者，而是价格的寻求者。这种模式主要是国家保险监督管理机构对保险市场控制比较紧，市场结构相对稳定，是为了发展本国保险业而采取的措施。例如，埃及、伊朗等某些发展国家采取的就是这种模式。

3. 垄断竞争型

垄断竞争型是许多保险人经营有差别的同类保险商品，垄断与竞争并存。在这类保险市场上，保险人比较多，规模不是很大，进出比较容易，保险人提供的保险商品存在着差异性，彼此之间具有一定程度的替代性。同时，国家一般不对保险市场进行垄断控制，管理比较宽松，国有公司同样跻身于保险市场的竞争行列。虽在某些地区、某些险种存在一定程度的垄断，但垄断程度不高，多家公司之间仍然存在激烈的竞争。纵观当今世界保险市场，垄断竞争型已成为最现实、最普遍的市场模式。这类市场的国家主要有韩国、马来西亚、巴基斯坦、新加坡、阿根廷、巴西等。

4. 完全竞争型

完全竞争型的保险市场是指保险市场完全不受阻碍和干扰，不存在丝毫垄断因素的市场机构。在这种市场条件下，大小保险公司并存，竞争非常激烈。每一个保险人和投保人的行为不能影响市场价格，都是价格的接受者，而非价格的决定者。保险市场对内对外完全开放，任何国内的保险人、国外的保险人、投保人都可以自由进退保险市场，不受任何阻碍。保险人提供的保险险种基本一致，投保人也没有特殊的偏好。完全竞争型保险市场是一种理想状态的市场，它能使各种保险自愿配置达到最优化。但是，由于其要求的条件十分严格，真正意义的完全竞争模式是非常罕见的，早期英国保险市场是这种类型的代表。

四、保险市场的功能

保险市场的形成是在现代保险业出现之后，世界各国保险市场已经经历了相当长的发展时期，实践表明保险市场发挥了重要作用。保险市场的功能主要表现在以下三个方面。

1. 便利保险交换过程的完成，提高保险服务效率

保险市场是保险供给与保险需求综合反映的场所。市场信息越大、越完善，保险商品交换就越便利。保险人、投保人根据市场上的信息传导，采用灵活、快捷的保险交换方式，提高了保险交易的效率，同时降低了保险供求的成本。

2. 促进保险业的发展，完善保险机制

保险交易活动只有在保险市场上，才能得到正常、快速的发展。国家或政府强制性的保险交易活动是不能推动保险业发展的，在市场经济条件下，发挥市场的功能，确实能促进保险业的发展，保险业的发展同时也促进保险市场的发育和成熟。

3. 稳定社会经济秩序，实施政府政策

价值规律、供求规律和竞争规律调节着保险市场，保险市场是保险供求双方平等竞争的场所，通过竞争，实现了优胜劣汰，稳定了社会经济秩序机制，同时，各国政府利用保险机制实现了既定的经济政策。

五、保险市场发展的衡量指标

随着保险业的不断发展，承保技术的日益复杂，保险营销的全球化，保险市场变得日趋成熟，那么如何来衡量一个国家或者地区的保险发达程度呢，下面介绍几个重要的指标。

1. 保险深度

保险深度是指一个国家或地区在一个时期内的保险费与国内生产总值之比。这个指标可以反映出在整个国家或地区中保险业所占的重要地位。在 2006 年我国的保险深度仅为 2.7%，远低于世界平均水平 7.5%和工业化国家水平 9.2%。这一数据进一步说明了我国目前的保险市场没有发挥它应有的功能，需要加大力度发展我国的保险业，使其在金融领域以及国民经济中发挥更大的作用。

2. 保险密度

保险密度是指人均保险费的数量。这一指标是用来衡量一个国家保险业发展水平的重要指标之一。2006 年我国的保险密度仅为 53.5 美元，同样远低于世界平均水平 1554.8 美元和工业化国家水平 3362.2 美元。这一数据再次说明了我国保险行业相对于我国的经济发展处于一个相对落后的位置，也从另一个角度说明了我国的保险业具有广阔的前景。

3. 寿险与非寿险保费比例

寿险与非寿险之比是反映保险业务结构发展变化的重要标志。这一指标的国际发展趋势是寿险的保费比例在增加。寿险与非寿险之比由 20 世纪 80 年代的 40：60 发展为 90 年代的 58：42，到了 21 世纪这一比例更是高达 65：35。

第二节 保险市场的组织形式

保险市场与其他商品市场一样，也是由保险商品的供给方、需求方和中介方共同构成保险供求关系的总和，即：保险供给方——保险人；保险需求方——投保人、被保险人；保险中介方——保险代理人、保险经纪人、保险公估人。

一、保险人

保险人也称承保人，指订立保险合同的一方当事人，它是经营保险业务，根据保险合同收取保险费并且在保险事故发生或约定保险期限届满时负责赔偿或给付保险金的保险公司。为了保障被保险人的利益和社会的利益，各国的法律对保险公司的资格都给予了明文规定。我国《保险法》第六条规定："保险业务由依照本法设立的保险公司以及法律、行政法规规定的其他保险组织经营，其他单位和个人不得经营保险业务。"

目前，全球的主要保险组织形式有国有独资公司、股份有限公司、相互保险公司、保险合作社和个人保险组织等。

（一）国有独资保险公司

国有独资保险公司是指国家授权投资的机构或者部门单独投资设立的有限责任公司。由于股东只有一个，其资本完全来自于国家投资，依照《保险法》、《公司法》及其他法律的规定进行组建。国家确定的生产特殊产品或属于特定行业的公司采取国有独资公司形式，也是国家加强对保险市场宏观调控的手段。国有独资保险公司具有以下的特点。

（1）股东人数只有一个。其股东是国家授权投资的机构或部门，资本都属于国家所有。

（2）公司的组织结构不设股东大会。由于股东单一且不设股东大会，所以只设立董事会、监事会等。董事会成员由国家授权投资的机构或部门委派或选举组成，监事会由保险监管部门、有关专家和保险公司工作人员的代表组成。

（3）股东对公司承担有限责任。仅以其出资额为限，对保险公司承担责任，不对公司债权人直接承担责任。

就我国保险市场而言，原中国人民保险公司是国有独资保险公司的组织形式。它成立于1949年10月20日，总公司设在北京，经营各种保险业务和再保险业务。

国有保险公司的形式，当前在世界各国并不鲜见，在欧洲很多国家都有这种形式。它们是由政府投资，由国家专门经营保险的公司，如法国有十家国有保险公司，分别属于"巴黎保险联盟"、"法国总保险集团"、"国民保险集团"和"法国互助保险集团"。这十家国有保险公司资产雄厚，业务能力强，其营业额占全国保险机构营业额的30%。按法国保险法规定：国家保险公司董事会由18人组成，其中6名是国家代表，6名是有职称的专业人员，6名是职工代表。董事长和总经理由财政部任命。在英国、德国、荷兰也都有国有保险公司。美国也有一些国营性质的保险组织，如美国联邦政府设立的存款保险公司，依法承保一般银行的存款保险，其他保险公司不得办理此项业务。在日本，政府以法规规定某个机构为经营主体，办理某些保险业务，如日本输出银行办理的输出保险，日本健康保险组织办理的健康保险业务等，都比较接近国有保险组织形式。

当前世界上的发展中国家，大都是20世纪40～50年代在政治上和经济上摆脱西方发达国家的垄断控制，获得解放的。这些国家为了保护和发展本国的经济，在保险方面纷纷成立民族的国有保险公司，在国家大力扶持下，与外来的经济势力逐步开展角逐。例如，印度实行保险国有化，成立了5家国有保险公司，垄断了本国的保险业；埃及有3家国有保险公司；巴基斯坦、阿根廷、智利、阿尔及利亚也相继建立了自己的国有保险公司。

（二）保险股份有限公司

保险股份有限公司的形式是现代保险最为普遍的组合形式，世界各国保险业广泛采用这种形式。经过近 300 年的发展，股份有限保险公司的形式已经成熟。它的产权关系较为明确，透明度强，能够聚集巨资承担巨额风险，大规模经营以保证投资的利益。

在我国，股份有限保险公司是指依公司法规定设立的、全部资本分为等额股份的企业法人。它具有以下的特征。

（1）股份有限公司的股东以其所认购股份的价额为限，对公司承担责任，公司以其全部资产对公司债务承担责任。在公司资产不足以清偿债务时，公司股东不对公司债权人负连带责任。

（2）全部资本分为等额股份，把股份作为公司资本的基本单位。资本的股份化，既便于计算，又利于确定股东的权利，也适应股份有限公司公开发行股票，募集社会资金的需要。等额股份是计算股东的出资额、表决权、股利分配的基础。

（3）股东不能少于法定人数。按照我国《公司法》的规定，设立股份有限公司，应当有 5 人以上的发起人，其中须有过半数的发起人在中国境内有住所。股东可以是法人，也可以是公民。

（4）股份有限公司的组织结构是股东大会、董事会及总经理领导的行政管理人员。为了保护股东的利益，股份有限公司设有监事会，也就是股份有限公司经营管理的监督机构。

在我国，平安保险、太平洋保险、泰康、新华、华泰、永安、华安等多家保险公司均采取了股份有限公司的组织形式。随着我国保险业的飞速发展，股份有限保险公司在我国保险公司组织形式的选择中将占据举足轻重的地位。

（三）相互保险公司

相互保险公司是由可能发生某类风险的若干经济组织，共同为达到保险保障的目的而形成的非营利性的保险组织。参加保险的当事人称为会员，它们不是股东，而是被保险人，也是保险人，具有双重身份。对参加相互保险公司保单持有人的地位，与股份公司股东的地位颇为相似。当公司经营业务获得利润时，投保人可分得红利，其盈余积累起来，用以充实和加强本公司的财力。当公司亏损时，保单持有人或用摊缴保险费的方式予以弥补，或用以前盈余金予以弥补，或者采用减额赔偿方式，即采用削减一部分赔偿保险金的方式。

相互保险公司按其制订费率的不同和缴付的不同，可分为以下三种。

1. 分摊收取保险费的相互保险公司

这种形式保险公司的保单持有人就是公司所有人，每人都有相同的表决权，理事会由公司成员选举产生。这些公司通常是业务范围小，组织结构简单，职工也很少。参加保险时付少量保费，以支付日常费用和小额赔款，若遇不足，其成员有无限摊收保费的责任。

2. 预收足量保险费的相互保险公司

这种形式的公司在保险期开始时，向投保人收取的全部保险费能够应付经营费用和赔偿费用后，往往会有剩余，剩余部分可用来加强公司财力。这种实力雄厚、组织规模较大的公司在世界保险业占有一席之地，是相互保险公司中最为常见的形式。

3. 永久性保险制的相互保险公司

这种相互保险公司提供无限期保险，投资人签订保险合同时缴付一次性大额保险费，数额必须大到使保费存款的投资收益足以赔付损失和支付各种费用。在保单生效若干年后，被保险人分享公司红利。保险公司与被保险人都有权使保单作废退出保险。如果保险单被取消了，保险公司将退还该被保险人最初一次性交付的保险费。这种保险公司在承保类型、承保数量、承保范围和对被保险人的选择等方面都有严格限制，以保护其自身利益。

相互保险公司始建于19世纪，当时具有互相共济、自主经营和不以赢利为目的的特点，曾经被发达国家的保险界所采用，特别是人寿保险公司。直到现在，世界上最大的几家人寿保险公司都是相互保险公司，如日本“第一生命”等。

（四）保险合作社

保险合作社是公民为了获得保险保障，共同经营自愿集股而设立的一种互助保险合作组织。参加保险合作社的社员缴纳股金，合作社社员对合作社的债务以其所处的股金为限。合作社在社员之间提供服务。在性质上，保险合作社和相互保险公司并没有很大的差别，而在内容上却有些差别。

(1) 相互保险公司并无股本，而加入保险合作社的社员则必须缴纳一定金额的股本，其盈亏按股本分摊。

(2) 保险合作社与社员的合同关系比较长久，社员缴纳股本后，可以不利用合作社的服务，但仍与合作社保持正常联系。相互保险公司则不同，如保险合同终止，双方关系即告终止。

(3) 保险合作社采取确定的保险费制，一次缴纳，以后不再补缴。相互保险公司的缴费多种多样，大都依实际需要加上实际损失的事后分摊。

（五）个人保险组织

个人保险组织是指以个人经营保险业务，这种形式目前比较少见。从保险的发展历程来看，个人经营保险也曾经有过相当时间，但随着世界经济的发展，保险金额日益增大，个人的承保能力毕竟有限，的确是不能胜任。各国为了保护国家的利益和公民的利益，加强对保险人的管理，一般不准许个人经营保险业务。但是，由于英国经济发展史、科学文化发展史，特别是由于英国以判例制度为特点的法制发展史等综合因素所决定，在英国一直存在个人保险组织——劳合社。

劳合社是世界上最大的个人保险组织，历史悠久，实力强盛，是当今世界上最有实力的保险组织之一。“分则为保险商，合则为劳合社”，这句话道出了劳合社的实质，它是一个保险市场。它们不以劳合社的名义签发保单或从事保险交易活动，而是由承保会员以个人名义承保风险。承保会员们各自独立，对自已承保的份额负责任，并以他们个人的全部财产作为所负责任的抵押。因此，每个会员都要经过严格的考核，只允许具有相当财力的人作为会员。

会员接受的保险业务，必须经劳合社的保险经纪人开价，每一位会员完全可以自由作出接受或拒绝的抉择，也可以自由接受若干份额，然后签字承保。劳合社有260多个分设的经纪人公司，它们相互竞争、招揽业务。劳合社的保险业务，通过直接保险或再保险，已遍及世界各国。劳合社的管理是在会员自己选出的理事会的领导下，由劳合社负责管理和调节整个市场。理事会是在议会法案授权下的自行管理的机构。

近年来，劳合社又有新的发展，业务经营范围一再拓展，向着多元化方向发展，不断开辟新业务。例如，以前从不经营人身保险业务的，但是在20世纪70年代初期成立了劳埃德生命保险公司，还不断扩大业务，向世界各地发展。

劳合社还有多种功能，列举如下几项。

(1) 获取世界有关海上和航空保险的资料及其损失的记录。

(2) 帮助有关方面处理损失赔偿，监督世界各地的救难工作和修理工作。

(3) 制定有关保险交易的规则，仲裁纠纷。

(4) 发展新的保险险种，制订条款，设计保单，也为有关方面寄发保单。这些功能是其他保险组织所未能完成的。

二、投保人

投保人又称要保人，是指与保险人订立保险合同，并按照保险合同规定负有支付保险费义务的人。投保人既可以是法人，也可以是公民；既可以是中国人，也可以是外国人。一般没有什么特别的限制，但必须具备下列条件。

（一）投保人必须具有相应的权利能力和行为能力

投保人订立保险合同的行为是法律行为，因此投保人要具有相应的权利能力和行为能力，否则，合同不发生法律效力。法人的权利能力是指国家赋予其参加民事法律关系取得民事权利和承担民事义务的能力和资格。法人的行为能力是指国家赋予其独立进行民事活动的能力和资格。法人单位从正式营业时就具有权利能力和行为能力。

《中华人民共和国民法通则》第十一条规定："十八周岁以上的公民是成年人，具有完全民事行为能力，可以独立进行民事活动，是完全民事行为能力人。

十六周岁以上不满十八周岁的公民，以自己的劳动收入为主要生活来源的，视为完全民事行为能力人。"

（二）投保人对保险标的要有保险利益

投保人不能与保险公司订立对保险标的不具有保险利益的保险合同，否则，该合同按无效合同处理。投保人同时是被保险人时，投保人对保险标的具有保险利益；投保人若为自己的利益而以他人的生命、身体或财产为保险标的时，也应对保险标的具有保险利益。在海上保险合同中，被保险人向保险公司提出要求赔偿时必须具有保险利益。

三、中介人

在现代保险市场上，大量保险经济关系的形成都是通过保险中介人实现的。保险中介人活动于保险人和投保人之间，充当保险供需双方的媒介，是保险经济的辅助人。保险中介人不但包括把保险人和投保人联系起来建立保险合同关系的人，也包括独立于投保人和保险人之外的，以第三者身份处理保险合同当事人委托办理的有关保险业务公证、鉴定、精算等事项的人。保险中介人主要包括保险代理人、保险经纪人、保险公估人和保险律师、保险会计师等。

第三节　保险市场的需求与供给

在保险市场的运行中，保险的需求与供给是其最重要的因素。两者对保险市场的发展，对改善保险企业的经营管理，对保险经济的发展都具有决定性的意义。

一、保险市场的供给

（一）保险市场供给的含义

保险市场的供给是指在一定的费率水平上，保险市场上各家保险企业愿意并且能够提供保险商品的数量。保险市场供给可以用保险市场的承保能力来表示，它是各个保险企业承保能力的总和。

保险供给的形式有两种：一种是有形的经济保障，即保险人对遭受损失和损害的被保险人按照保险合同规定给予一定数量的经济补偿或给付，体现在物质方面，是保险供给的有形形态；另一种是无形的经济保障，即保险人对所有投保人提供心理上的安全保障，体现在精神方面。对投保人来说，购买保险后发生保险责任范围的事故，可以得到补偿和给付，这或多或少地给投保人减轻了心理上的压力，使他们有更多的精力投入到事业中去，而这种心理上的安全感是通过保险组织提供保险供给实现的。

保险供给的内容包括质和量两个方面。保险供给的质是指保险供给者提供的各种不同的保险险种，如财产保险、人身保险、责任保险、信用保证保险等具体险种，也包括每一具体的保险险种质量的高低。保险供给的量既包括保险企业为某一保险险种提供的经济保障额度，也包括保险企业为全体社会所提供的所有保险商品的经济保障总额。

（二）影响保险市场供给的主要因素

保险供给是适应保险需求产生的，保险需求是制约保险供给的最基本因素，在保险需求既定的情况下，保险供给的增大或减少主要受以下六种因素的制约。

1. 保险费率

在市场经济的条件下，决定保险供给的因素主要是保险费率，保险供给与保险费率呈正相关关系。保险费率上升，会使保险供给增加；反之，保险供给则会减少。

2. 偿付能力

由于保险经营的特殊性，各国法律对保险企业都有最低偿付能力标准的规定，因而保险供给会受到偿付能力的制约。另外，保险企业的业务容量比率也制约着企业不能随意、随时扩大供给。

3. 保险技术

保险业的经营管理是科学技术性、专业性很强的业务活动，即在风险管理、险种设计、费率厘定、业务选择、准备金提存，以及人事管理、法律知识等方面都需要一定的技术，其中任何一项技术的高低，都会影响保险的供给。

4. 市场的规范程度

竞争无序的市场会抑制保险需求，从而减少保险供给；而竞争有序，行为规范，则使保险市场信誉提高，从而刺激保险需求，扩大保险供给。因而，规范的保险市场会促进保险供给扩大，而不成熟、不规范的市场则使保险供给受到抑制。

5. 政府的监管

政府的监管政策在很大程度上决定了保险业的发展，决定了保险市场竞争的性质，也决定了保险经营企业的发展方向。各国政府监管程度不一，有宽松的，也有严格的。因而，即使有潜在的保险需求，保险费率上升，而由于监管过严，保险供给也难以扩大。

6. 保险供给者的数量和素质

保险供给者的数量越多，保险供给量就越大；反之，保险的供给量就会减少。在现代社会中，保险供给不但讲求数量，还讲求质量，质量提高关键在保险供给者的素质。保险供给者素质越高，新险种就越容易开发、推广，从而扩大了保险供给。

（三）保险商品供给弹性

1. 保险商品供给弹性的含义

保险商品供给弹性通常是指保险商品供给的费率弹性，是指保险费率变动所引起的保险商品供给量变动，它反映了保险商品供给量对保险费率变动的反应程度，一般用供给弹性系数（E_S）来表示：

$$E_S=\frac{\Delta S/S}{\Delta P/P}$$

式中 S——保险商品供给量；

ΔS——保险商品供给量变动；

P——保险费率；

ΔP——保险费率变动。

由于保险商品的有机结构、保险对象、设计的难易程度等诸多因素的影响，使得保险商品供给弹性表现出以下几种不同情况。

当 $E_S=0$，供给无弹性，无论保险费率如何变动，保险商品供给量保持不变。

当 $E_S=\infty$，供给无限弹性，即使保险费率不再上升，保险商品供应量也无限增长。

当 $E_S=1$，供给单位弹性，保险费率变动的比率与其供给量变动的比率相同。

当 $E_S>1$，供给富于弹性，保险商品供给量变动的比率大于保险费率变动的比率。

当 $E_S<1$，供给缺乏弹性，保险商品供给量变动的比率小于保险费率变动的比率。

2. 保险商品供给弹性的特殊性

虽然保险商品供给弹性表现出不同的种类，但从保险商品的总体而言，其供给弹性又有其自身特殊性。

首先，保险商品供给弹性比较稳定。由于保险商品为人类提供的是风险保障，其供给与需求是同时存在的，因而，它不受经济周期的影响，无论繁荣还是衰退期，保险商品并无显著不同，弹性较为稳定。

其次，保险商品供给弹性较大。由于保险业属于国民经济的第三产业，生产中的固定资产比例较低，供给不必经由调整生产规模就能适应社会需求，因此，保险供给弹性较大。

二、保险市场的需求

（一）保险市场需求的含义

保险市场的需求就是指在一定的费率水平上，保险消费者从保险市场上愿意并有能力购买的保险商品数量。

保险市场的需求有两种表现形式：一种是在物质方面，是有形的经济保障需求，即自然灾害或意外事故发生后，被保险人能获得经济上的补偿或给付；另一种是在精神方面，是无形的经济保障需求，即购买保险后，投保人转移了自己面临的风险，而得到了心理上的安全感，从而安心工作和生活，提高了对事业和生活的积极性。

保险需求者的有效需求必须具备三个条件：一是保险需求者对保险这种特殊商品的主观需要；二是保险需求者对想购买的保险商品的经济支付能力，即投保人有能力且有资格履行其义务，支付保险费；三是投保人所投保的标的物符合保险人的经济技术的需要，即投保人想投保的险种和保险人设计的险种或愿意设立的险种相吻合。

（二）影响保险市场需求的主要因素

保险市场需求是一个变量，受诸多因素的影响，当这些因素发生变化时，保险市场需求会增大或减少。

1. 风险因素

保险承保的对象是风险，“无风险，无保险”。风险是保险产生、存在和发展的前提条件，保险市场需求总量与风险程度成正比关系。风险程度越大，保险市场需求就越强烈；反之，保险市场的需求总量就越少。

2. 保险费率

保险费率就是保险商品的价格，保险市场需求总量取决于投保人可支付的保险费的数量。只有保险费率合理，保险需求才能实现，投保人总是希望以较少的保险费支出，获得较大的安全保障。保险费率低，有可能刺激保险需求量的增大；反之，就会抑制保险需求量的增大，保险市场需求量与保险费率呈反比关系。

3. 国内生产总值和消费者的货币收入

保险是经济发展到一定阶段的产物，当国内生产总值增加，作为保险商品的消费者——个人的货币收入、企业的利润也会随之增加，缴费能力就会增加，保险市场的需求也就随之增加，缴费能力就会增加，保险市场的需求也就随之扩大；反之，保险市场需求就会降低。

4. 人口文化因素

保险市场的需求在一定意义上受人口因素及文化传统的影响。一个国家的人口总量越大，保险市场的需求总量就越多；一个国家人口结构、人口素质也影响着人们的消费心理、消费习惯和消费偏好。另外，文化传统影响、控制着人们的风险意识和保险意识，从而影响保险市场的需求。

5. 经济体制及强制保险的实施

在市场经济条件下，个人与企业面临着更多的风险，这一切不再是由国家包揽解决，保险作为对付风险一项传统而有效的措施，自然增加了保险市场的需求量。同时，由于强制保险的实施，不论投保人是否愿意，必须购买保险，从而人为地扩大了保险市场的需求量。

（三）保险需求弹性

1. 保险需求弹性的含义

保险市场需求弹性是指保险市场的需求对其诸因素变动的反应程度，通常用需求弹性系数（E_d）来表示。如前所述，影响保险需求变化的因素很多，一般用保险市场需求的费率弹性表示，保险需求的费率弹性是指由于保险费率的变动引起的保险需求量的变动，保险商品需求与保险费率呈负相关关系，如图 9-1 所示。它反映了保险需求对费率变动的反应程度，用公式表示为：

$$E_D = \frac{\Delta D/D}{\Delta P/P}$$

式中 D——保险商品需求量；

ΔD——保险商品需求量变动；

P——保险费率；

ΔP——保险费率变动。

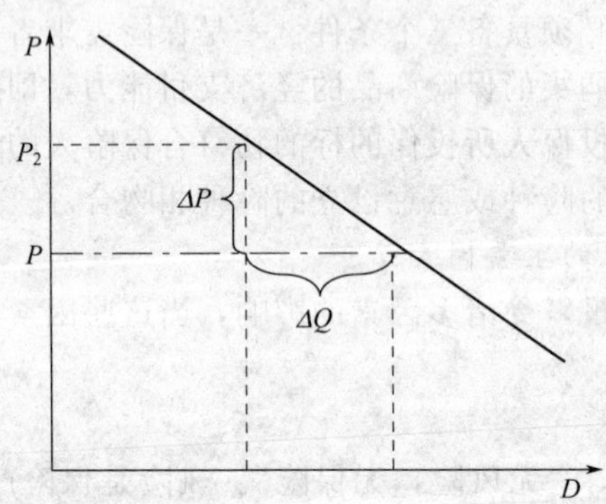

图 9-1 保险商品需求与保险费率的关系

由于保险费率与保险需求之间呈负相关关系，所以保险需求的费率弹性为负值，但一般用绝对值表示。

当 $|E_d|=0$，需求完全无弹性，无论保险费率如何变动，保险商品需求量保持不变。

当 $|E_d|=\infty$，需求无限弹性，即使保险费率不再上升，保险商品需求量也无限增长。

当 $|E_d|=1$ 时，需求单位弹性，保险费率变动的比率与其需求量变动的比率相同。

当 $|E_d|>1$，需求富于弹性，保险商品需求量变动的比率大于保险费率变动的比率。

当 $|E_d|<1$，需求缺乏弹性，保险商品需求量变动的比率小于保险费率变动的比率。

2. 保险需求弹性的特点

保险需求弹性反映了影响保险需求因素的变化引起的保险需求的变动程度，从而影响保险市场的变化。与其他商品相比，保险需求弹性有其自身的特点：

首先，保险需求弹性比其他商品或劳务的需求弹性大。保险商品与一般商品相比，其使用价值可以被其他商品或劳务代替，保险费较高，因而保险需求更容易随价格的变动而增减，保险需求的费率弹性就越强。对强制保险而言，保险需求费率弹性较低，甚至完全缺乏弹性。

其次，经济发展水平不同的国家的保险需求弹性呈现出不同特点。在经济发展比较落后的国家，保险被认为是奢侈品，以收入的多少来确定是否购买保险。保险需求弹性较高；在经济发达国家，保险作为生活必需品，其弹性相应较低。

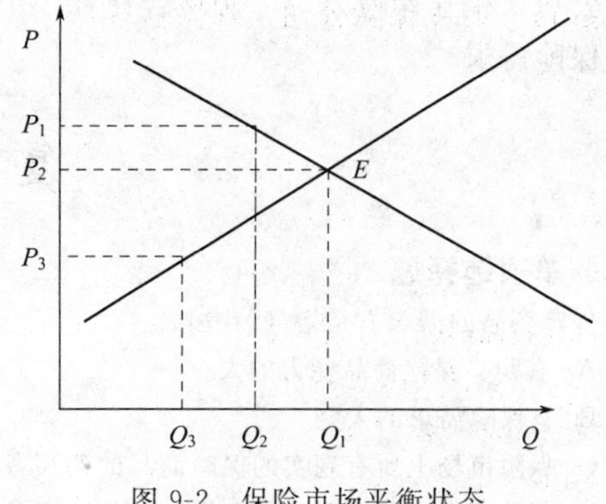

图 9-2　保险市场平衡状态

三、保险市场的供求平衡

保险市场供求平衡是指在一定的费率水平下，保险供给恰好等于保险需求的状态，即保险供给与保险需求达到平衡点，也即当费率 P 不变时，$S=D$。保险市场平衡的状态如图 9-2所示，图中 E 为保险市场供求平衡点。

保险市场供求平衡，受市场竞争程度的制约，市场竞争程度决定了保险市场费率水平的高低。在不同的费率水平下，保险供给与保险需求的平衡状态也是不同的。如果保险市场达到平衡状态以后，市场费率高于平衡费率，则保险需求缩小。迫使保险供给缩小以维系市场平衡；反之，如果市场费率低于平衡费率，则保险供给缩小，而迫使保险需求下降，以实现新的平衡。

本章小结

(1) 保险市场是保险商品交换关系的总和。保险市场具有抽象性、业务公开性、保险商品的特殊性、市场机制在保险市场上具有特殊作用等特点。保险市场的类型可以分为完全垄断、寡头垄断、垄断竞争和完全竞争四种。保险市场对稳定社会经济秩序、实施政府政策、促进保险业的发展、完善保险机制、便利保险交换过程的完成、提高保险服务效率是非常重要的。

(2) 保险市场是由保险商品的供给方、需求方、中介方以及保险经济调控系统共同构成保险供求关系的总和，即：保险供给方——保险人；保险需求方——投保人、被保险人；保险中介方——保险代理人、保险经纪人、保险公估人。

(3) 保险市场的供给是指在一定的费率的水平上，保险市场上各家保险企业愿意并且能够提供的保险商品的数量，主要受保险费率、偿付能力、保险技术、市场的规范程度、政府的监管、保险供给者的数量、素质等因素的影响。保险市场的需求就是指在一定的费率水平上，保险消费者从保险市场上愿意并有能力购买的保险商品数量，主要受风险因素、保险费率、经济体制及强制保险的实施、人口文化因素、国内生产总值和消费者的货币收入等因素的影响。保险市场的供求平衡，是指在一定的费率水平下，保险供给恰好等于保险需求的状态，即保险供给与保险需求达到平衡点。

重要概念

保险市场　完全垄断　寡头垄断　垄断竞争　完全竞争　国有独资保险公司　股份制保

险公司　相互保险公司　保险合作社　个人保险组织　保险人　投保人　中介人　保险供给　保险需求

复习思考题

一、单项选择题

1. 保险商品的需求方是指（　　）。
   A. 有购买保险商品能力的人
   B. 有保险需求的人
   C. 保险市场上所有现实的保险商品的购买者
   D. 保险市场上所有现实的和潜在的保险商品的购买者
2. 大小保险公司并存，少数大保险公司在市场上取得垄断地位的保险市场模式是（　　）。
   A. 完全竞争模式　B. 完全垄断模式　C. 垄断竞争模式　D. 寡头垄断模式
3. 保险市场供给是指在一定的费率水平上，保险市场上的各家保险公司（　　）。
   A. 愿意提供的保险商品的数量　B. 能够提供的保险商品的数量
   C. 实际提供的保险商品的数量　D. 愿意并且能够提供的保险商品的数量
4. 与保险供给呈负相关关系的是（　　）。
   A. 保险费率　B. 互补品价格　C. 替代品价格　D. 偿付能力
5. 保险需求，是指在一定时间内，一定的费率水平上，保险消费者（　　）。
   A. 愿意购买的保险商品的总量　B. 有能力购买的保险商品的总量
   C. 愿意并有能力购买的保险商品的总量　D. 实际购买的保险商品的总量

二、判断题

1. 保险市场是由供求双方和中介方共同构成的保险供求关系的总和。（　　）
2. 保险市场具有抽象性是说保险活动不受时间与空间的限制。（　　）
3. 完全竞争型保险市场是广泛存在一种保险市场类型。（　　）
4. 保险市场是由保险商品的供给方和需求方构成的。（　　）
5. 保险市场的供求均衡是指保险市场的供给正好等于保险市场的需求的状态。（　　）

三、简答题

1. 简述保险市场的特点及其类型。
2. 简述保险市场的功能。
3. 简述保险市场的构成要素。
4. 简述保险人的组织形式。
5. 简述保险商品供给的费率弹性。
6. 简述如何达到保险市场的供给和需求水平。

第十章 保险监管

保险监管是指国家对保险业的监督管理的简称。保险监管制度通常由两大部分构成：一是国家通过指定保险法律法规，对保险业进行宏观指导与管理；二是国家专门的保险监管职能机构依据法律或行政授权对保险业进行行政管理，以保证保险法规的贯彻执行。保险监管是保险市场健康、有序运行不可缺少的要素。

第一节 保险监管概述

一、保险监管的概念

（一）保险监管的含义

保险监管是指对保险业的监督和管理，有广义的保险监管与狭义的保险监管之分。广义的保险监管，是指具有法定监管权的政府机构、保险行业自律组织、保险企业内部的监管部门以及社会力量，对保险市场及市场主体的组织和经营活动的监督和管理。狭义保险监管是指保险监管机构根据一定的目的、目标或原则，对保险经济活动中经济主体的行为所进行的约束和管制，以确保保险人的经营安全，同时维护被保险人的合法权益，以此确保保险市场的正常秩序，并促进保险业的发展。

无论是广义的还是狭义的保险监管，都可以理解为对保险业的监管。国家对保险业的监管，是通过法律、经济和行政的手段对保险企业的组织、业务经营、财务等各项活动及保险市场的秩序进行直接或间接的指导、协调、监督和干预。

（二）保险监管的必要性

因为保险经营有着自己的特殊性，而且保险涉及到社会的方方面面，影响范围和深度都很广，所以世界各国都十分重视对保险业的监管。

1. 保险业的公共性

保险业的公共性主要体现在保险业的经营具有广泛性、负债性和保障性上。广泛性是指保险业对整个社会都具有较大的影响。从保险影响的范围看，一家保险公司可以涉及众多的家庭和企业；从保险时间期限上看，一张保险单可能涉及到投保人的终身保障。如果一家保险公司的经营出现危机，那么将会导致众多的家庭和企业失去保障，从而给社会带来不稳定的因素。负债性是指保险公司建立的保险准备金是对其客户的负债，而不是保险公司自己的资产，在保险合同期到期前都不能为保险人所有。保障性是指保险通过损失补偿或给付保证社会生产和人民生活在遭受灾害事故时，可以得到恢复和弥补。假如保险公司经营不善，不能履行补偿或给付的职能，就会影响到社会生产和人民生活的安定。

从保险业经营的广泛性、负债性和保障性上，可以知道正是因为保险业的公共性使得国家必须对保险业进行监管，而且也只有通过这样的方式，才能维护众多家庭和企业的利益，保证社会的稳定。

2. 保险业的市场垄断

目前世界各国的保险市场都不同程度地存在市场支配力的现象，市场支配力是指一个或多个销售者影响他们所交易的商品或服务的价格的能力。在垄断条件下，保险公司通过制订高于其边际成本的价格，以牺牲掉消费者的利益为代价，实现个别企业的高额利润。国家从整个社会的角度来衡量，有必要对市场行为加以干涉。

我国目前的保险市场可以说垄断程度比较高，表现为市场主体少，几个大的保险公司占据了大部分市场份额。然而，保险公司并没有完全成为以营利为目的的独立竞争主体，导致市场配置资源的效率很低，而且公司的经营本身也没有真正以效率为目标。所以，国家要通过市场信号引导等经济手段对保险公司的经营行为和结果进行相应的监管，为保险公司创造良好的市场条件。

3. 保险业具有较高的技术性

一方面，保险技术的复杂性主要体现在保险条款的制订、费率的计算上。因为保险承保的对象涵盖生产资料和人两大社会生产要素。保险承保的范围包括财产、责任、利益及人的寿命和身体等。保险费率的计算根据过去的经验数据对未来进行预测而计算出来的，因其内容涉及专门术语和技术，一般投保人无法完全了解，因而需要保险监管机关对保单条款和费率水平进行审核，以保护投保人的利益。另一方面，保险合同是在投保人投保时就已经拟定好的，所以投保人对于合同条款很难辨别是否公正，因此需要国家监管机构对保单的条款和费率水平进行审核，以保护投保人的利益。

二、保险监管的目标

保险监管的目标是指国家保险监管机构对保险业进行监督、管理所要达到的要求或效果。由于保险是经营风险的特殊行业，所以保险监管目标与一般行业监管目标相比，有一些特殊的地方，主要有以下几点。

（一）维护保险市场秩序

规范保险市场、维护保险业的公平竞争，促进保险业在良性竞争的基础上提高效率，是保险监管的目的之一。按照我国《保险法》的规定，保险合同的订立必须遵守最大诚信原则，双方当事人对影响合同的重要事项有如实告知义务，即保险合同当事人必须在公平合理的前提下，享受权利，承担义务。通过保险监管，减少投保人因缺乏保险知识而可能受到的不平等待遇，可以达到保障被保险人权益的目的。

良好的市场秩序不仅可以维护保险人与被保险人之间的公平，而且可以为保险人之间的公平竞争提供良好的环境。不合理的恶性竞争不仅容易导致保险企业丧失偿付能力而且破坏了保险业的形象，影响保险市场的秩序。国家通过监管可以限制过度竞争，控制保险企业的数量，保证合理的价格水平，最终促进保险业的健康发展。

（二）保证保险人的偿付能力

保险人的偿付能力是指保险人对其责任范围内的赔偿或给付所具有的经济偿付能力。我国《保险法》第一百零一条规定：“保险公司应当具有与其业务规模相适应的最低偿付能力。保险公司的认可资产减去认可负债的差额不得低于保险监督管理机构规定的数额；低于规定数额的，应当按照国务院保险监督管理机构的要求采取相应措施达到规定的数额。”企业或人们购买保险最主要的目的就是在保险事故发生并造成损失时，能够得到经济上的补偿。如果保险人一旦经营失败，丧失偿付能力，被保险人将遭受重大损失，有可能造成社会的经济混乱，因此，保证保险人的偿付能力，是保险监管的基本目标。

保险监管机构对保险偿付能力的监管，主要是通过对偿付能力额度的直接管理，或对影响保险人偿付能力的因素如资本金、保证金、各种准备金、保险费率、保险资金的运用等进行管理来完成的。正是因为偿付能力在保险公司的经营中具有重要的地位和作用，因此，国家通过《保险法》制定专门条款对其进行监管，如保险公司的设立必须满足最低资本金要求，保险业务的经营必须按规定提存各种准备金，保险经营的稳健必须安排法定再保险、建立预警系统等。

（三）保证保险交易的公平性和公正性，防止利用保险进行欺诈

保险合同当事人必须在公平合理的前提下，享受权利，承担义务；也就是说，投保人自愿缴纳保险费，保险人对保险风险损失进行赔偿或给付等行为都是在遵循最大诚信原则的前提下进行的。因此，保证保险交易中的公平性和公正性对保险交易各方来说都非常重要和必要。

在保险市场中，利用保险进行欺诈以获得不当得利的现象很普遍，主要有三方面的欺诈：保险人方面的欺诈、投保人（被保险人）方面的欺诈和社会各方面的欺诈。正是来自这三方面的道德风险阻碍了保险人、投保人、被保险人、受益人和第三方索赔者、债权人、股东和所有其他与保险交易有关的当事人平等地参与市场交易。因此，国家必须要利用监管来规范和约束保险交易各方的行为，对保险欺诈行为进行处罚，保证保险交易的公平性和公正性。

（四）提高保险业的经济效益和社会效益

在现代经济中，企业的经济效益和社会效益并不都是统一的。对于保险这样一个关乎民生的行业，需要通过国家的监管，实现企业经济效益和社会效益的统一，并且通过保证保险企业适度的规模经营，以减少资金占用，扩大承保范围，满足全社会的经济发展和社会稳定的需要。

对于社会经济发展来说，保险的保障是必不可少的。如果存在保险企业的经济效益与社会效益有分歧时，国家必须通过干预、协调等手段，使保险企业的两种效益达到统一。

三、保险监管的方式

不同的国家或地区根据其不同的经济环境和法律环境的特点选择适合本国国情的保险监管方式。主要使用的方式有以下三种。

（一）公示方式

公示方式又称公告管理方式，是指政府对保险业的经营不做直接监督，只是规定保险人按照政府规定的格式和内容，将营业结果定期报送有关主管部门或机关，并予以公布。保险业的组织形式、保单格式的设计、资金运用方向和规模等，都由保险人自行决定和自我管理，政府不对其多加干预。保险人经营的好坏，是由被保险人及一般大众进行评判。这种监管方式是政府对保险市场进行监管的各种方式中最为宽松的一种。

公示监管的内容包括：规定最低资本金与保证金；审批公告财务报表；制定边际偿付能力标准。采用这种监管方式必须具备一定的条件，包括国民经济一定程度的发展，保险机构的普遍存在，投保人具有选择保险人的可能。社会大众具有较高的文化水准和参与意识，投保人对保险公司的优劣有适当的判断能力和评估标准等。保险企业具有一定的自制能力，保险市场具有平等的竞争条件和良好的职业道德。历史上英国曾采用过这种监管方式，按照英国的规定，经营保险业无需执照或其他特别批准。公司经营仅需按照一般方式办理公司登记；个人经营仅需取得劳合社的会员资格即可。随着现代保险业的发展，尤其是20世纪60～70年代保险公司的破产现象不断出现，到20世纪80年代这种监管模式被放弃了。

（二）准则方式

准则方式又称规范监管方式或形式监管方式，是指由政府制定出一系列有关保险经营的基本准则，要求保险人共同遵守，并对执行情况进行监督。这些基本准则仅涉及重大事项，如保险公司的最低资本额、资产负债表的审查、法定公布事项的主要内容、监管机构的制裁方式等。

这种监管方式注重保险经营形式上的合法性，较公示监管严格，与公示监管方式相比，准则监管具有更大的可操作性，曾被视为“适中的监管方式”。但是，由于这种监管方式仅

从形式出发，难以适应所有保险机构，没有触及到保险业经营管理的实体，加上保险技术性强，涉及的事物复杂多变，所以仅以某些基本准则，实际上很难起到监督管理保险人经营的作用。因此，该方式在现实中逐渐被淘汰。

（三）实体方式

实体方式又称为严格监管方式或许可监管方式，指国家通过立法，明确规定保险人的设立、经营、破产清算等各项监管制度，保险监管部门根据法律赋予的权力，对保险市场，尤其是保险人进行全面的监管。实体监管方式的过程分成三个阶段：第一阶段，保险业设立时的监管，即保险许可证监管，保险主管机关依照法律规定核准设立企业的营业登记并颁发营业执照等；第二阶段，保险业经营期间的监管，这一阶段的监管过程为实体监管的核心，采用实体监管方式进行监管的国家，大多由保险法、保险业管理法、外国保险业许可管理法等对保险经营过程予以规范，并对保险业进行实体监督和检查；第三阶段，保险业破产的监管，即在保险公司经营失败时，对其破产和清算进行监督。

这种监管方式赋予了政府的保险监管机构以较高的权限，保证了监管的严肃性、强制性和一贯性，从而易于达到监管的有效性。瑞士最早创立了实体的监管方式，目前包括我国在内的大多数国家采用这种形式。

四、保险监管的基本原则

（一）审慎监管的原则

由于保险业和保险经营的特性，必须要对资产、负债谨慎监管，确保保险机构的资本充足性和偿付能力，监督保险公司是否稳健经营。高度关注保险业风险的防范和化解，确保国家的金融安全。

（二）依法监管的原则

建立、健全保险法律、法规、规章和制度，将监管工作建立在严密、系统的法律法规基础上，保障监管的权威性、严肃性、强制性和统一性。同时，以法律手段来进一步强化市场的约束力，规范信息披露制度，提高企业经营透明度，另外，保险机构也必须接受市场和公众的监督。

（三）公众利益原则

保险是关系公众利益的行业，必须确保被保险人合法权益得到保障，避免保险机构风险导致部分福利或者说公众利益的损失。

（四）适度竞争原则

通过适当的外部干预，维护保险市场的正常秩序，既要防止垄断或竞争不足，又要防止过度竞争、破坏性竞争和恶性竞争，以保持保险业的持续健康发展和保险市场的公平有序竞争；同时，减少不必要的行政审批，杜绝对企业的行政干预。

（五）科学监管的原则

保险监管制度设计要遵循监管成本最小化和效益最大化原则，要充分考虑可能对竞争、效率和金融创新产生的影响，要避免监管寻租行为。监管手段要科学、高效，要具有应变能力。要建立有效的监管协调机制，避免监管真空又防止重复监管，以提高监管的有效性。

第二节　保险监管的主要内容

保险监管是一国政府通过法律和行政手段对保险市场参与者的监督管理，保证保险公司具备一定的偿付能力是保险监管的核心目标。

一、偿付能力监管

偿付能力是指保险公司偿付其到期债务的能力。在保险经营中，保险人先收取保险费，这部分先收取的保险费被视为保险人对被保险人的负债，赔偿或给付保险金被视为对负债的偿还。偿付能力大小以偿付能力额度表示。偿付能力额度等于保险人的认可资产与认可负债之间的差额。从保险监管的角度看，保险公司的偿付能力一般分为保险公司的实际偿付能力和保险公司最低偿付能力。保险公司的实际偿付能力即在某一时点上保险公司认可资产与认可负债的差额。

我国《保险法》第九十八条规定："保险公司应当根据保障被保险人利益、保证偿付能力的原则，提取各项责任准备金。保险公司提取和结转责任准备金的具体办法，由国务院保险监督管理机构制定。"《保险法》第一百零一条规定："保险公司应当具有与其业务规模和风险程度相适应的最低偿付能力。保险公司的认可资产减去认可负债的差额不得低于国务院保险监督管理机构规定的数额；低于规定数额的，应当按照国务院保险监督管理机构的要求采取相应措施达到规定的数额。"由于保险合同双方权利和义务在时间上的不对称性，一旦保险人在经营过程中失去偿付能力，而大部分保险合同又尚未到期，被保险人将失去经济保障。因此，各国都把偿付能力监管作为保险监管的核心内容。

（一）资本充足性监管

保持适当的资本是保险公司偿付能力监管的核心之一。对资本的要求一般有两种：一种是规定保险公司的最低资本限额，又称静态资本管理，这是传统的资本管理方式；另一种是风险资本管理，又称动态资本管理，是一种新的资本管理模式。

最低资本限额管理是指法律或法规规定任何公司要经营保险业务都必须具有一定金额的资本金的资本管理方式。保险公司不管是要进行投资还是经营保险业务，其资本金额都必须符合这一要求，否则将被认为偿付能力不足而被保险监管机构依法予以清理。保险公司的最低资本金金额一般按保险公司的组织形式、业务种类和经营区域来规定。

我国《保险公司管理规定》明确规定，财产保险、短期人身保险业务的最低偿付能力额度为下述两项中较大的一项：本会计年度自留保费减保费税收后人民币1亿元以下部分的18%和1亿元以上部分的16%；最近三年年平均赔付金额人民币7000万元以下部分的26%和7000万元以上部分的23%。长期人身保险业务的最低偿付能力额度为下述两项之和：一般寿险业务会计年度末寿险责任准备金的4%和投资连接类业务会计年度末寿险责任准备金的1%；保险期间小于三年的定期死亡保险风险保险额的0.1%，保险期间为三至五年的定期死亡保险风险保险额的0.15%，保险期间超过五年的定期死亡保险和其他险种风险保险额的0.3%。

风险资本管理是指按照保险公司经营管理中的实际风险，要求保险公司保持与其所承担的风险相一致的认可资产。这种管理的优势在于充分考虑了保险公司的组织形式、业务种类及规模、资产与负债的风险程度等因素。

（二）偿付能力指标及额度监管

为了评估和监控保险公司的偿付能力，许多国家都制定保险偿付能力监管指标。保险偿付能力监管指标的性质属于预防性指标，而不是强制性指标。按照中国保监会在2003年发布的1号令《保险公司偿付能力额度及监督管理指标管理规定》，保险监管部门可通过预警指标体系对保险公司的偿付能力状态和变化趋势进行监测，对指标超过正常范围的个数达到4个以上的公司，保监会要求公司进行解释、提交改进报告，或者实施进一步的检查，以评估其偿付能力。

一般地说，偿付能力监管直接表现为偿付能力额度的监管。我国《保险公司偿付能力额度及监督管理指标管理规定》明确指出，保险公司应当根据保障被保险人的利益、保证偿付能力的原则，稳健经营，确保实际偿付能力额度随时不低于应具备的最低偿付能力额度。

(三) 现场检查及非现场检查

非现场检查是指保险监管部门制定一系列保险偿付能力信息监管指标，由保险监管人员对其经营状况进行检查分析，及时掌握监管信息，制定监管措施。现场检查是指保险监管部门派人到保险公司，对其经营管理活动及业务、财务情况进行检查，重点检查其资产和负债的真实性、资产负债的匹配性以及偿付能力的适当性。现场检查一般分为常规检查（如年度检查）特别检查和专项检查。

(四) 预警指标体系

为了及时掌握保险公司偿付能力变动状况，各国都在积极建立偿付能力预警指标体系。

财险公司检测指标主要有综合性比率、赢利性比率以及流动性比率。在综合性比率中主要有以下指标：毛保费与盈余比率，该比值越大，表示公司不能支付损失的可能性越大；纯保费增长率，该指标的正常范围为－33％～33％；再保险救济比率，是指盈余助金与盈余之比，该指标的正常范围为小于等于25％。在赢利性比率中比较重要的有以下三种：两年综合营业比率，该指标正常范围是小于等于100％；投资收益率，该指标的高低决定其赢利程度的重要因素，反映了公司投资质量；盈余增长率，是衡量保险公司财务在一年中改进或变坏的最根本标准，正常范围为－10％～50％间。流动性比率主要有负债与流动资产比率和代理人应上缴保费与盈余比率。

寿险公司检测指标主要有以下几种：净收入与总收入比率，该指标主要考核寿险公司的获利能力，包括经营利润、资本运用利润；投资收益充足率，寿险公司的投资收益必须要弥补公司预定的利率，一般该比率维持在125％～900％间；准备金变化率，主要考核寿险公司业务经营与准备金提取的稳定性。

二、市场行为监管

保险市场行为监管是指对保险公司经营活动所进行的监管，包括保险机构的设立、高级管理人员的任职资格，以及对保险费率、保单条款、保险资金运用和再保险等经营行为的监督管理。保险市场行为监督管理的核心是保险费率监督管理。

(一) 保险机构监管

1. 对保险人的组织形式的限制

保险人以何种组织形式进行经营，各个国家和地区根据本国国情均有特别规定。根据我国《保险法》的规定，保险人应当采取股份有限公司和国有独资公司形式。

2. 保险公司申请设立的许可

在保险市场准入的原则上，目前各国大致有两种制度。一种是登记制，即申请人只要符合法律规定的进入保险市场的基本条件，就可以提出申请，经政府主管机关核准登记后进入市场。对于符合条件的申请，政府主管机关必须登记。另一种是审批制，即申请人不仅必须符合法律规定的条件，而且还必须经政府主管机关审查批准后才能进入市场。对于符合条件的申请，主管机关不一定予以批准。我国《保险法》第六十七条规定：“设立保险公司应当经国务院保险监督管理机构批准。国务院保险监督管理机构审查保险公司的设立申请时，应当考虑保险业的发展和公平竞争的需要。”我国对保险市场的准入采用的是审批制。

设立保险公司需要经过申请、筹建和开业三个阶段。申请设立保险公司，申请人首先要向保险监督管理部门提出申请，经批准后进行筹建。筹建就绪，经验收合格，由保险监督管理部门颁发经营保险业务许可证和法人机构许可证，并向工商行政管理机构办理企业登记，领取营业执照，然后才能开业。

（二）经营范围的监管

经营业务范围的监督管理，是指政府通过法律或行政命令，规定保险企业所能经营的业务种类和范围，一般表现为两方面：一是保险人可否兼营保险以外的其他业务，非保险人可否兼营保险或类似保险的业务，即兼业问题；二是同一保险企业内部，是否可以同时经营性质不同的业务，即兼营问题。保险公司的经营范围由保险监督管理部门核定，保险公司只能在被核定的经营范围内从事保险业务活动。我国《保险法》第九十五条规定，“保险公司的业务范围：（一）人身保险业务，包括人寿保险、健康保险、意外伤害保险等保险业务；（二）财产保险业务，包括财产损失保险、责任保险、信用保险、保证保险等保险业务；（三）国务院保险监督管理机构批准的与保险有关的其他业务。保险人不得兼营人身保险业务和财产保险业务。但是，经营财产保险业务的保险公司经国务院保险监督管理机构批准，可以经营短期健康保险业务和意外伤害保险业务。保险公司应当在国务院保险监督管理机构依法批准的业务范围内从事保险经营活动。”

（三）保险条款的监管

保险条款是保险人与投保人双方关于保险权利与义务关系的约定，是保险合同的核心内容。保险监督管理部门对保险条款进行监督管理，既可以保护投保人和被保险人、受益人的利益，又可以保证保险人具有足够的偿付能力。对保险条款监督管理的内容包括对于保险标的、保险责任和责任免除、保险价值与保险金额、保险费率、保险期限等的监督管理。我国《保险法》第一百三十六条规定：“关系社会公众利益的保险险种、依法实行强制保险的险种和新开发的人寿保险险种等的保险条款和保险费率，应当报国务院保险监督管理机构批准。国务院保险监督管理机构审批时，应当遵循保护社会公众利益和防止不正当竞争的原则。其他保险险种的保险条款和保险费率，应当报保险监督管理机构备案。”

（四）保险费率的监管

保险监督管理部门对保险费率进行监督管理的目的在于：确立保险费率管理的政策及其厘定的原则，规范保险费率的管理范围；引导保险市场向合理竞争与健康方向发展；促使保险人致力于费用管理，提高经济效益；避免保险公司偿付能力不足的情况发生，维护被保险人的权益。我国《保险法》第一百三十七条规定：“保险公司使用的保险条款和保险费率违反法律、行政法规或者国务院保险监督管理机构的有关规定的，由保险监督管理机构责令停止使用，限期修改；情节严重的，可以在一定期限内禁止申报新的保险条款和保险费率。”

保险费率的监督管理方式可以分为强制费率、规章费率、事先核定费率、事先报批费率、事后报批费率和自由竞争费率等。

（五）再保险的监管

政府对再保险进行监督管理，有利于保险公司及时分散风险，保险经营的稳定性，在一定程度上限制保险费外流，保护本国保险业的发展。一般在发达国家，由于其保险公司经营实力雄厚、管理技术先进、保险市场的自由化和商业化特点显著，对再保险很少直接干预，也无具体的法定分保内容；但在发展中国家和地区，一般都由政府出资成立了官方专业再保险公司或开展半官方的政策性再保险公司，并对再保险进行监督管理。

我国《保险法》第一百零三条规定：“保险公司对每一危险单位，即对一次保险事故可能造成的最大损失范围所承担的责任，不得超过其实有资本金加公积金总和的百分之十；超过的部分应当办理再保险。保险公司对危险单位的划分应当符合国务院保险监督管理机构的规定。”《保险法》第一百零五条规定：“保险公司应当按照国务院保险监督管理机构的规定办理再保险，并审慎选择再保险接受人。”

（六）资金运用的监管

资金运用是保险企业收入的一项重要来源，也是壮大和保证保险业偿付能力的重要手段。对于保险公司来说，通过资金运用达到保值增值的目的，是保险经营和保险市场竞争的重要要求。我国《保险法》第一百零六条规定，“保险公司的资金运用必须稳健，遵循安全性原则。保险公司的资金运用限于下列形式：（1）银行存款；（2）买卖债券、股票、证券投资基金份额等有价证券；（3）投资不动产；（4）国务院规定的其他资金运用形式。保险公司资金运用的具体管理办法，由国务院保险监督管理机构依照前两款的规定制定。”并对保险资金运用的形式进行限制。

三、治理结构监管

（一）治理结构及治理结构监管的意义

保险公司治理结构，是指保险公司建立的以股东大会、董事会、监事会、高级管理层等责任明确、相互制衡的组织架构，以及一系列维护股东、高管人员、被保险人等相关利益者利益的内外部机制。

完善保险公司治理结构，建立现代保险企业，对于进一步促进保险业改革发展，具有十分重要的意义。首先，完善公司治理结构有利于保险公司改善服务、提高效益，为股东提供更好的回报。其次，完善公司治理结构有利于加强内控，实现运营安全。完善的公司治理是内控机制有效运行的基础。只有在完善的公司治理条件下，董事会、经理层才会更加重视内控机制，内控机制才能真正发挥作用。再次，完善公司治理结构有利于保险公司募集资本，达到资本充足的目标。投资者在投资决策时，不仅会考虑企业实力和发展前景，还会考虑公司治理结构状况。健全的公司治理结构表明公司能够切实维护股东特别是中小股东的利益，能够不断提高公司管理水平和赢利能力。因此，有效的公司治理是企业取得投资者信赖的基石，是走向资本市场的通行证。

（二）国际保险公司治理结构监管措施

目前，国际上对加强保险公司治理结构建设和监管主要采取以下三个方面的措施。

1. 强化董事会职能

董事会要确保公司的审慎经营，并对公司的经营管理进行有效监督，要对内控制度和风险控制负最终责任，确保保险公司建立与业务规模和业务性质相适应的内控和风险防范体系。这实际上是要求董事会在公司治理和内控中起到核心作用。

2. 加强信息披露

西方国家推崇“阳光是最好的消毒剂”这样的理念，所以特别强调信息披露在公司治理结构中的作用。保险公司应当及时、准确披露信息，使被保险人、股东、监管机构等能够对保险公司经营状况、财务状况以及面临的主要风险状况有所了解。

3. 控制关键岗位

要对关键职位任职资格进行审查，强调精算师、审计师和首席执行官等关键岗位在保险公司治理结构中的重要性。精算师应当能够直接与董事会沟通，在公司董事长和首席执行官一人担任时，监管当局应当有适当的控制措施确保管理层能够充分向董事会负责等。如果精算师发现保险公司违反法律法规以及公司自身规定，应向公司董事会、经营层甚至监管机构报告。

（三）我国保险公司治理结构监管的措施

如何完善我国保险公司的治理结构，加强治理结构监管，是一个重要的课题。应结合我国实际，在我国保险业处于发展的初级阶段这个大背景下，研究探索建立起符合我国国情的保险公司治理监管制度框架。

1. 加强制度建设

按照《公司法》和《保险法》等相关法律的规定，完善相关配套措施，为保险公司治理结构建设构筑良好的法律环境。尽快出台加强保险公司治理结构建设的指引性文件，明确我国保险公司治理结构建设的主要内容，对董事会、专业委员会的设置和职能分工作出相关规定，鼓励建立独立董事制度。

2. 完善治理结构监管，强化制度的落实

将保险公司治理结构监管纳入保险监管机构的日常工作。组织专门力量，定期对保险公司的章程、议事规则、会议决议和内控制度等方面的执行情况进行定期检查或抽查，强化制度执行，督促公司改进。

3. 加强董事教育和培训

定期对董事进行培训，提高董事的专业素质，增强履行职责的能力。同时，加强董事的职业道德教育，引导董事正确行使权力保护相关利益者的合法权利。

4. 加强信息披露

规范保险公司信息披露程序，增加信息披露范围，增强公司透明度，发挥外部监督的作用。要求保险公司对公司健康发展以及对被保险人利益有重大影响的事项，要及时向保险监管机构或社会公众进行披露。

5. 完善高管人员激励约束机制

督促保险公司建立经理人的绩效评价体系和激励约束机制，研究制定国有独资公司高管人员业绩评价体系和责任追究制度。

对保险企业而言，公司治理结构的关键是明确保险公司内部决策的权利与义务关系，有一套确保董事会和高级管理层对保险公司的生存发展负主要责任的法律体系和规章制度体系。管理层必须能够承担和规避风险，能够将正在经营中的保险公司的偿付能力保持在高于最低偿付能力标准的水平。董事会和管理层还必须清楚，保险经营的首要问题是保护保单持有人的利益而不是保护股东的利益。根据《公司法》，董事会对保险公司的经营和赢利状况负责。保险公司的董事会不仅要维护股东的利益，还特别要关照到保单持有人的利益。

第三节　我国保险监管的发展状况

一、我国保险监管模式的历史演进

我国的保险业较西方发达国家起步较晚，发展缓慢，伴随帝国主义的经济侵略而出现，1805 年英国保险商在广州成立了名为“谏当保安行”（广州保险会社）的保险公司，这是我国历史上第一家保险公司，随后外国保险公司相继进入中国，争夺保险市场的占有份额。中国人自己办的第一家保险公司“义和保险公司”于 1865 年在上海成立，之后由中国人主办的几家保险公司又相继成立，这是我国民族保险业自立的开始。

在我国，保险监管制度的产生和变迁都有政府的参与，以恢复保险业务和中国保监会成立为两个分界点，从新中国成立至今，我国的保险监管可以分为以下几个阶段。

第一阶段：从 1949 年新中国成立到 1979 年。我国保险业是在对旧中国保险业改造和整顿中诞生并成长起来的。方式主要有：一是接管并清理官僚资本的保险公司，数据显示在新中国成立之初接管的官僚资本保险公司有 21 家，监管清理了 2 家；二是对私营保险公司采取利用、限制、改造、整顿的方针予以恢复，并且使中资私营保险公司联合经营，而且在不与外商保险公司发生分保关系的条件下，帮助他们向国有的保险公司分保；三是在统一了国内保险市场之后及时的切断外商保险公司的业务来源。

新中国成立后的重要任务之一就是要改变由战争造成的经济上的分散管理和各自为政的无政府状态，实现财政经济工作的统一管理和领导。为适应这个要求，更好地发挥保险在补偿经济和积累资金等方面的作用，1949 年 10 月 20 日经中国人民银行报政务院批准，成立了中国人民保险公司，以经营国内的保险业务。公司在成立初期，为了配合当时的经济建设的要求，公司开拓了很多新的业务和险种，业务的范围也不断地扩大，所占保险市场的份额也逐步提高，有力地支援了国家的建设和国民经济的发展。在 1958 年由于受苏联模式和“共产风”的影响，国务院作出了停办保险业务的决定。在 20 世纪 60 年代初期的国民经济调整时期，随着国民经济的全面好转和中国国际地位的提高，1964 年在广州和天津等地先后恢复了保险业务。但是在 1967 年由于受文化大革命的影响，国内的保险业务又被迫停止，除了可以吸收外汇出口国外的保险业务被保留以外，其余的都被迫停止，保险业又一次面临着严峻的考验。

建国初期，我国的保险市场以计划经济体制为主体，否定了市场的作用，保险市场的发展呈现出比较畸形的状态。在新中国成立之初，我国并没有设立独立的机构对保险业进行监管。后来，随着当时经济和国内政治形势的不断变化，保险监管机构也在中国人民银行和财政部之间不断变化，两者在不同时期都曾行使过保险监管的职权。建国初期，由中国人民银行负责领导和监管保险业务，1952 年在苏联模式的影响之下，保险业改由财政部负责领导，成为国家财政体系中一个独立核算的组成部分。1959 年，在当时保险业的政策条件下，保险业又划归为中国人民银行领导，人保成为央行下属的保险处，人员的编制只有 30 人。1965 年 3 月中国人民银行恢复中国人民保险公司的建制，将保险处升格为局级机构。1967～1979 年间由于受“文化大革命”的影响，保险监管也一直处于空白期。

在这一阶段保险监管的方式是高度集权下的直接监管领导监管，在当时的政治经济体制下，保险监管更多地体现为监管机构对保险业的领导和管理，而且当时的保险业在经济建设中的作用很小，不能得到充分的重视，因此当时的保险监管并不是实际意义上的保险监管。

第二阶段：从 1979 年全面恢复国内保险业务到 1998 年专门成立保险监管机构以前。为满足改革开放的要求，1979 年 4 月国务院明确提出了要开展保险业务，发挥保险经济补偿和积累资金的作用。同年 11 月，中国人民银行召开全国工作保险会议，决定从 1980 年开始恢复国内保险业务，并大力发展涉外保险。从此，中国的保险业开启了崭新的篇章。这一时期保险业的发展带有明显的阶段性：1985 年以前恢复起步期—1986～1991 年打断垄断期—1992～1998 年保险市场的多家竞争和对外开放与加强监管和规范发展并行期。

国内保险业务全面开始恢复办理后，保险业仍由中国人民银行监管管理。直到 1985 年 3 月在国务院发布《保险企业管理暂行条例》中明确规定国家保险管理机关是中国人民银行。中国人民银行开始加强对保险业的监管，最初在金融管理司下设保险信用合作处。随着加强金融监管和实施分业经营的要求越来越高，1994 年 5 月，中国人民银行在非银行金融机构管理司下专门设立了保险处。1995 年，《保险法》正式颁布实施，标志着中国保险体制改革和保险监管在法制化、规范化的道路上迈出关键的一步。为贯彻落实《保险法》，中国人民银行于 1995 年 7 月设立保险公司，专门负责对中资保险的监管，对外资保险的监管由外资金融机构管理司保险处负责，对保险业的稽查工作由稽核检查局负责。

最后，从之前的论述就可以了解到，中国 1985 年才开始有了保险监管，而不是保险行业主管，这一阶段的监管方式是市场行为监管。

第三阶段：1998 年中国保监会成立以后。随着保险业的发展和银行业、证券业、保险业的分业经营，国务院于 1998 年 11 月 18 日批准设立中国保险监督管理委员会，专门负责保险的监督管理，标志着中国保险监管走向了专业化、规范化的新阶段。保监会的成立对建立适应社会主义市场经济发展的保险监管体系有重要的意义，对防范化解保险经营中存在的风险，促进中国保险业持续、健康、协调发展起到了重要作用。从1999年底开始，保监会在各省、自治区、直辖市和深圳市设立派出机构，全国保险监管组织体系开始逐步建立。

20世纪90年代末，国家要求保险公司在保险经营中产险和寿险分业经营。加入WTO（世界贸易组织）后，保险市场进一步对外开放，市场主体陆续增加和保险产品创新进程加快，保险公司的体制也逐渐开始改革，由单一的国有发展到国有独资、股份有限、外资独资、中外合资等多种形式并存，股份制保险公司逐步按照现代企业制度规范运作，随着体制改革的不断深入，保险市场的微观运行机制也在逐步建立。市场环境正在发生新的变化，市场对监管方式也提出了新的要求。

中国保监会成立后，根据市场发展的实际情况，对保险监管制度和保险业的行为规范进行了大量修改和补充，颁布了《保险公司管理规定》，并提出“市场行为监管和偿付能力监管并重”的监管目标模式。为进一步适应保险业经营自主化程度不断提高的市场环境，积极从偿付能力角度保护被保险人的合法权益，中国保监会开始构筑完善责任准备金管理制度、偿付能力额度、风险预警机制等相结合的偿付能力监管体系，为逐步向偿付能力监管过渡打下基础。

为了加强对保险公司的偿付能力监管，进一步细化《保险公司管理规定》的有关规定，中国保监会于2001年1月发布了《保险公司最低偿付能力及监管指标管理规定》，在一定程度上完善了中国的偿付能力监管规定，增强了偿付能力监管的可操作性和科学性。保监会于2003年初发布《保险公司偿付能力额度及指标管理规定》，逐步建立起偿付能力监管的制度框架，偿付能力监管的约束力逐步增强。2008年7月10日中国保监会发布了《保险公司偿付能力管理规定》，为保障该规定的执行，明细偿付能力的监管，偿付能力的监管将实施指标刚性化，首次引入了资本充足率概念，并且新规不再设置监管指标，不再规范最低资本和实际资本的具体计算规则，只对最低资本、实际资本的定义和确定依据作出原则规定，具体评估方法将由偿付能力报告编报规则进行规范。这些措施有助于提高行业预防、发现和处置风险的能力，有利于降低风险的积聚和传递，增强保险市场稳定性；有利于提高保险市场甄别优劣公司的能力，进而提高全行业经营效率，有助于促进保险市场公平、有序竞争。

总体上，从第三阶段开始，中国进入了专业保险监管阶段，并逐步尝试着建立以偿付能力为核心的监管体系。

二、我国保险监管的现状

根据中国保险业发展和保险监管的现实情况，特别是中国保险业面临的突出风险以及保险监管存在的主要问题，对中国保险监管模式的总体架构予以分析，包括现在中国监管模式的监管理念、监管目标、监管原则、监管模式、监管机构和监管内容、监管手段和方式外部监管等一系列内容。

中国保险监管委员会成立了十几年来，中国保险监管根据不同阶段的市场情况，曾采取了严格监管和宽松监管的两种监管模式，并由于历史原因，对行业的监管带有一定的行政色彩。实行宽松监管必须要有健全的法律制度、完善的运行体制、相对成熟的保险市场。而严格监管有利于保险市场的稳定，规范和控制市场秩序，防止恶性竞争，对处于起步阶段和公众保险意识薄弱的国家更为合适。中国的保险业还处于发展的初级阶段，经验少，基础薄，保险业存在着众多的风险因素。根据目前中国的保险市场发展情况，我国适宜选择严格的保险监管模式，对市场行为和偿付能力实行双重监管，既包括对涉及市场准入的限制，保单条款和费率的管理，还包括对涉及偿付能力方面的投资监管。

我国的保险业随着经济的不断发展和改革开放的不断深化，也取得了很大成绩，保险业务持续增长，保费收入由1998年的1261.6亿元增长到2011年的1.43万亿元，其中，财产险保费收入4617.9亿元，人身险保费收入9699.8亿元。保险的市场主体不断增加，到2010年底，全国的保险公司有120多家，专业的保险中介机构2500多家，保险从业人员300万人以上；体制改革不断深入，多家保险公司开始股份制改革并且成功上市，分业经营，费率市场化等；保险资金运用渠道逐步扩大，在整个金融业拥有最为广泛的投资范围；法律法规体系进一步完善。在相当长的一段时间内中国的保险业将处于快速发展、大量创新、综合经营和进一步扩大对外开放的进程中，需要进一步处理好市场化发展政策与严格监管的关系，在对市场放松管制中实行严格的监管。

在新的经济形势和保险市场环境下，我们应在总结自身保险监管模式经验教训的同时借鉴国外优秀的理念，树立适合中国自身的正确的保险监管理念和思想，明确监管的目标和原则，制定可行的监管措施，加强监管的基础建设，改进监管方式和手段，实行对保险市场的严格监管，防范并化解风险，规范市场秩序，引导保险公司转变经营理念，促进公平竞争，进而保护被保险人的利益。只有监管理念是正确的，监管的目标、模式、措施等才是正确的。

本章小结

保险行业作为金融市场的重要组成部分，其行业的特殊性决定了必须进行较为严格的监督管理。保险监管主要是指一个国家对保险市场进行的监督与管理。保险监管的目标是为了维护保险市场秩序、保证保险人的偿付能力、保证保险交易的公平性和公正性，防止利用保险进行欺诈以及提高保险业的经济效益和社会效益。

保险监管体系是一个包括监督者、管理者、被监督管理者及其相互作用的完整的动态的体系。保险监管的主体主要是国家保险监管机关、保险行业自律组织、保险信用评级机构、独立审计机构和社会媒体等。不同的国家或地区根据其不同的经济环境和法律环境的特点选择适合本国国情的保险监管方式。主要使用的方式有三种：公示方式；准则方式；实体方式。

保险监管的基本原则主要有：审慎监管的原则；依法监管的原则；公众利益原则；适度竞争原则；科学监管的原则。

保险监管是一国政府通过法律和行政手段对保险市场参与者的监督管理，保证保险公司具备一定的偿付能力是保险监管的核心目标。尽管各国保险市场监管的机构和具体的监管方法有所差异，但监管内容基本一致，基本上都包括偿付能力监管；市场行为监管；治理结构监管。

在我国，保险监管制度的产生和变迁都有政府的参与，以恢复保险业务和中国保监会成立为两个分界点，从新中国成立至今，我国的保险监管可以分为以下几个阶段：从1949年新中国成立到1979年；从1979年全面恢复国内保险业务到1998年专门成立保险监管机构以前；1998年中国保监会成立以后。随着保险业的发展和银行业、证券业、保险业的分业经营，国务院于1998年11月18日批准设立中国保险监督管理委员会，专门负责保险的监督管理，标志着中国保险监管走向了专业化、规范化的新阶段。

重要概念

保险监管制度　市场行为监管　保险行业自律　公示监管方式

复习思考题

一、选择题

1. 目前我国的保险监督管理机构是（　　）。
   A. 中国保监会　B. 中国人民银行　C. 中国保险行业协会　D. 中国银监会
2. 中国保险监督管理委员会成立于（　　）。
   A. 1996 年　B. 1997 年　C. 1998 年　D. 1999 年
3. 中国保险监督管理委员会直属于（　　）。
   A. 国务院　B. 中国人民银行　C. 财政部　D. 国资委
4. 中国的第一部《保险法》颁布于（　　）。
   A. 1995 年　B. 1996 年　C. 1997 年　D. 1998 年
5. 一方面，投保人或被保险人是社会上的千家万户，另一方面，保险公司能否持续经营将会广泛、长期地影响到其客户的绝大部分利益。这反映出保险经营具有很强的（　　）。
   A. 公共性　B. 特殊性　C. 负债性　D. 保障性
6. 保险公司通过收取保险费，建立保险基金来履行其赔偿或给付职能。这表现了保险经营的（　　）。
   A. 风险性　B. 给付性　C. 负债性　D. 公共性
7. 保险公司的保险基金大部分是以（　　）的形式存在。
   A. 债券投资　B. 股票投资　C. 银行存款　D. 保险准备金
8. 政府对保险市场进行监督管理的各种方式中最为宽松的一种是（　　）。
   A. 规范管理　B. 公告管理　C. 实体管理　D. 流程管理
9. 保险监管的核心内容是（　　）。
   A. 偿付能力监管　B. 财务监管　C. 保险机构监管　D. 保险业务监管
10. 对保险企业的资本、保证金、责任准备金、自留保额等方面的规定是（　　）。
    A. 保险偿付能力的监管　B. 保护保险人的合法竞争
    C. 防止保险人的欺诈行为　D. 对保险中介人进行监管

二、简答题

1. 简述保险监管的概念。
2. 试述保险监管的内容中，哪些是为保护保险消费者利益而设立的？
3. 比较分析保险监管三种方式的优劣。
4. 为什么说“偿付能力的监管是保险监管的核心”？
5. 简述我国保险监管模式的历史演变。

三、案例分析

据保险业内人士预测：2008 年北京奥运会有 3000 亿元的保险“大蛋糕”，因此产生的保费将达 3 亿元。奥运会是一场耗资巨大的国际赛事，从市场推广、竞赛组织、场馆建设、设备使用、安全保卫，到交通运送、财务管理、环境保护等，其面临的风险也是广泛的、复杂的。这对于中国的保险业而言，即使难得的商机，也是重大的挑战。

作为北京奥运会的合作伙伴，中国人民财产保险股份有限公司已经为奥运场馆建设、奥运气象卫星发射、奥运志愿者、奥运帆船、垒球测试赛等项目提供了一些保险服务。尤其是在 2006 年 12 月 27 日，中国人民财产财产保险公司向奥组委签发了北京奥运会保险中保额最大、分量最重的一张保险单——综合责任保险单。该保单承包了公众责任、产品责任、职业责任和雇主责任等四大类，保险期限是从 2007 年 1 月 1 日至奥运会结束，包括残运会期间的责任保险。

无独有偶，在 2006 年 6 月 26 日，由航天科技集团公司八院研制的风云二号 D 气象卫星发射及在轨保险项目签字仪式在上海举行。中国太平洋财产保险公司作为该卫星的首席承保公司，其承保比例达到卫星投保总金额 3.95 亿元人民币的 81.4%。

如此规模巨大的保险需求，使得直接承保的保险公司的风险过大，故与再保险公司的合作在所难免。目前，我国国内再保险的业务开展只有中国再保险公司一家，且承保能力有限，国内保险公司 96％的再保险业务是向国际再保险公司分出。由此可见，不论外资保险公司能否涉足北京奥运会的直接保险业务，而再保险业务上的竞争是在所难免的。

问题：为什么说奥运会是我国保险市场发展的有利时机？面对巨额的保单，外部的保险监管主体应该如何发挥作用，保险公司自己又应该如何改进内部监管机制，以迎接挑战？

第十一章　社会保险

社会保险是社会保障的核心内容，是社会“减震器”的关键部件。社会保险在保障人民生活安定、保证社会再生产顺利进行、促进社会经济繁荣等起到了非常重要的作用。我国的社会保险体系主要包括：社会养老保险、失业保险、医疗保险、工伤保险和生育保险。

第一节　社会保险概述

一、社会保险的概念及特点

（一）社会保险的概念

社会保险是指国家通过立法强制实行的，由劳动者、企业（雇主）及国家三方共同筹资，建立保险基金，对劳动者因年老、工伤、疾病、生育、残废、失业等原因丧失劳动能力或暂时失去工作时，给予劳动者本人或供养直系亲属物质帮助的一种社会保障制度。社会保险计划由政府举办，强制某一群体将其收入的一部分作为社会保险税（费）形成社会保险基金，在满足一定条件的情况下，被保险人可从基金获得固定的收入或损失的补偿，它是一种再分配制度，它的目标是保证物质及劳动力的再生产和社会的稳定。社会保险的主要项目包括养老社会保险、医疗社会保险、失业保险、工伤保险、生育保险等。

为了保护社会劳动力再生产，保证社会生产的正常进行，维持社会成员生活的安定，保持社会的稳定，国家有必要建立一种制度，采用某种方式筹集后备基金，对因遭遇社会风险而陷入困境的劳动者，给予适当的经济补偿，为劳动者提供适当的物质帮助，保障其基本生活需要，为此社会保险制度应运而生。社会保险制度的产生和发展是现代社会进步与文明的标志。国家通过建立相应的社会保险机构，采用法律的强制手段集合全体劳动者共同参与，借助保险的方式将风险在劳动者之间进行分散，以多数人的能量来分摊少数人的风险损失，这就是社会保险的本质意义。改革开放以来，我国的社会保险制度逐渐完善。1997 年，国务院颁布《关于建立统一的城镇企业职工基本养老保险制度的决定》，2005 年 12 月，国务院颁布《关于完善企业职工基本养老保险制度的决定》，2009 年 9 月，国务院发布《关于开展新型农村社会养老保险试点的指导意见》，1998 年 12 月，国务院颁布《关于建立城镇职工基本医疗保险制度的决定》，1999 年 1 月，国务院颁布《失业保险条例》，1996 年 8 月，（原）国家劳动部发布《企业职工工伤保险试行办法》；1994 年 12 月，（原）国家劳动部发布《企业职工生育保险试行办法》。这些行政法规和规章的颁布，对于我国社会保险制度的建立和完善起了促进作用。

（二）社会保险的特征

1. 基本保障性

实现基本保障是实施社会保险的根本目的，就是保障劳动者在其失去劳动能力之后的基本生活，从而维护社会稳定。

2. 强制性

强制性的含义就是国家立法，强制实施。保险待遇的享受者及其所在单位，双方都必须按照规定参加并依法缴纳社会保险基金，不能自愿。法定性，是实现社会保险的组织保证，目的在于保障劳动者因暂时或永久丧失劳动能力以及失业时获得生活保障，安定社会秩序。

3. 互济性

互济性是指社会保险按照社会共担风险原则进行组织的。社会保险费由国家、企业、个人三方负担，建立社会保险基金。社会保险机构要用互助互济的办法统一调剂基金，支付保险金和提供服务，实行收入再分配，使参加社会保险的劳动者生活得到保障。

4. 福利性

福利性是指社会保险不以赢利为目的的，它以最少的花费，解决最大的社会保障问题，属于社会福利性质。

5. 普遍性

普遍性是指社会保险实施范围广，一般在所有职工及其供养的直系亲属中实行。

（三）社会保险与商业保险的区别

社会保险与商业保险之间存在着本质的区别，主要体现在如下几项。

1. 性质不同

社会保险是由国家立法强制实施，属于政府行为，是一种福利事业，具有非营利性质。商业保险是一种商业行为，保险人与被保险人之间完全是一种自愿的契约关系；具有以赢利为目的的性质。

2. 目的不同

社会保险不是以赢利为目的，其出发点是为了确保劳动者的基本生活、维护社会稳定、促进经济发展。商业保险的根本目的则是获取利润，只是在此前提下给投保者以经济补偿。

3. 资金来源不同

社会保险是由国家、用人单位和个人三者承担。商业保险完全是由投保个人负担。

4. 待遇水平不同

社会保险从稳定社会出发，着眼于长期性基本生活的保障，还要随着物价上升进行调整、逐步提高。商业保险着眼于一次性经济补偿。

5. 政府承担的责任不同

社会保险是公民享有的一项基本权利。政府对社会承担最终的兜底责任。商业保险则受市场竞争机制制约，政府主要依法对商业保险进行监管，以保护投保人的利益。

（四）社会保险与社会保障的区别

社会保险指由被保险人缴纳保险费形成保险基金，当被保险人遇到法定的需要帮助的情形时，即可用此保险基金进行补偿的社会保障制度。社会保障是国家依据一定的法律、法规，通过国民收入的再分配，对社会成员的基本生活予以保障的社会政策。主要有以下几项区别。

(1) 社会保障的范围比社会保险广，社会保障是一个大概念，它涵盖了社会保险、社会救济、社会福利、最低生活保障等四个部分。社会保险仅是社会保障的一部分。

(2) 社会保障对象比社会保险广。社会保障面向全社会成员，享受的条件是老弱病残又没有固定收入或无依无靠无法生活或者有固定收入但不能维持最低生活需要的城乡居民。而社会保险则只面对有工资收入的劳动者，享受的条件是暂时或永久丧失劳动能力或失业者。

(3) 社会保险经费来自于国家、企业、个人三方面，而其他社会保障的经费来自于政府的财政或社会的援助。

(4) 社会保险实行缴费制度，只有先进行劳动并有特定的主体履行了缴费义务才能享受社会保险，而其他社会保障的享受并不需要承担劳动和缴费的义务。

二、社会保险制度的作用

（一）社会保险制度有利于劳动力的再生产和合理配置

劳动力是社会生产的基本要素，现代社会中，疾病、工伤或职业伤害等风险时刻威胁着劳动者的身体健康和劳动力的再生产，进而影响社会生产的顺利进行。社会保险制度解除了劳动者的后顾之忧，有利于提高劳动力素质，促进劳动力的合理流动和合理配置。

（二）社会保险制度是实现社会公平的重要手段

市场经济中，收入分配是以各利益主体为社会提供生产要素的数量和质量为依据。现实生活中人们的劳动能力、财产占有量等方面存在着客观上的差别，加上就业机会的不均、竞争条件不公平等因素的影响，使得市场分配的结果必然会形成贫富差距，如果任其发展，势必造成两极分化，不利于社会经济的稳定发展。社会保险制度具有对国民收入再分配的功能，在一定程度上可以改善社会不公平状况。比如，社会保险制度的筹资就要求高收入者多缴费、低收入者少缴费，而低收入家庭享受社会保险待遇的机会要比高收入家庭更多，从而实现收入的再次分配。

（三）社会保险制度是社会经济稳定发展的调节器

社会稳定是社会经济发展的必要前提条件，完善的社会保险制度犹如一张巨大的安全网，覆盖了全体社会公民基本生活需要的各个方面，尤其是对低收入阶层和一些老弱病残的公民，使其基本生活得到了保障。同时，社会保险制度维护社会公平的作用发挥，可以使社会矛盾得以缓解，使经济在社会稳定的前提下得以发展。

（四）社会保险制度具有促进社会文明进步的作用

社会保险作为一种社会进步的重要标志，在多数国家已成为公民享受的一项基本社会权利。随着经济发展和社会进步，社会公平与社会公正观念被普遍接受，公民的生存权利，社会成员之间的互帮互助已构成现代文明的基本标志。社会保险制度正是维护社会公平的重要手段，全体社会公民通过社会保险制度这一纽带形成了“人人为我，我为人人”的经济上的互助关系。因此，建立完善的社会保险制度可以促进社会文明的进步与发展。

（五）社会保险基金的运用可以促进经济与金融的发展

社会保险的预先收取与保险金的事后支付之间存在着时间差，大量社会保险资金会以准备金的状态积累着，使得社会保险活动具有显著的聚集社会资金的能力。同时，为了保证将来的支付能够顺利实现，增强社会保险基金的保值与增值能力，社会保险基金必须加强运用与投资业务，从而成为金融体系的重要组成部分和经济发展的重要资金来源。比如，将社会保险基金投资到大型的基础设施建设项目，可以实现经济发展和资金增值的双赢效果；将社会保险基金投入到资本市场，可以成为资本市场重要的机构投资者和稳定的力量，促进金融业的发展。

第二节　社会保险财务管理

一、社会保险费征集方式

社会保险必须根据各种风险事故的发生概率，并按照给付标准事先估计的给付支出总额，求出被保险人所负担的一定比率，作为厘定保险费率的标准。而且，与商业保险不同，社会保险费率的计算，除风险因素外，还需要考虑更多的社会经济因素，求得公平合理的费率。社会保险费的征集方式主要有以下几种。

（一）比例保险费制

这种方式是以被保险人的工资收入为准，规定一定的百分率，从而计收保险费。采用比例制，原来社会保险的主要目的，是为了补偿被保险人遭遇风险事故期间所丧失的收入，以维持其最低的生活，因此必须参照其平时赖以为生的收入，一方面作为衡量给付的标准，另一方面又作为保费计算的根据。

以工作为基准的比例保险费制最大的缺陷是社会保险的负担直接与工资相联系，不管是雇主雇员双方负担社会保险费还是其中一方负担社会保险费，社会保险的负担都表现为劳动力成本的增加，其结果会导致资本排挤劳动，从而引起失业增加。

（二）均等保险费制

该方式即不论被保险人或其雇主收入的多少，一律计收同额的保险费。这一制度的优点是计算简便，易于普遍实施；而且采用此种方法征收保险费的国家，在其给付时，一般也采用均等制，具有收支一律平等的意义。但其缺陷是，低收入者与高收入者缴纳相同的保费，在负担能力方面明显不公平。

二、社会保险的财务模式

（一）即收即付制

即收即付制度是指当期所收保险费用于当期的给付，使保险财务收支保持大体平衡的一种财务制度。除养老保险项目外，一般社会保障项目都是采用的这种财务制度。

养老保险采用这一制度有利有弊。即收即付制度最大的优点是费率计算简单，同时因为没有巨额基金，不会有保值增值的压力，不会受到货币贬值的不利影响。但这一制度的缺点也是明显的：必须经常重估财务结构，调整费率，而一般地由于人口结构趋于老化、福利水平的刚性等原因，费率一般是日益提高的；同时，从分配关系看，在退休金保险方面，即收即付制度实质上是代际间的再分配关系，日益上升的费率，会加深代际矛盾，造成政治问题。

（二）完全积累制

这种制度是在对影响费率的相关因素进行长期测算后，确定一个可以保证在相当长的时期内收支平衡的平均费率，并将所收保险费（税）全部形成社会保险基金的一种财务制度。企业年金制度中及社会保险制度框架下的养老保险个人账户计划下较多采用这种财务制度。

这一制度最明显的优点是由于有基金的积累，在人口老龄化的情况下能保持保险费率的相对稳定。但这一优点是以基金收益率高于工资增长率为前提的。这一制度的缺陷也是明显的：一是在制度运行初始就要求较高的费率；二是基金受通货膨胀的压力较大，如果基金运用得当，不但社会保险制度能从中受益，而且整个经济将由于基金的有效配置而受益，反之，如果基金不能保值、增值，这一制度比即收即付制度的成本更高。

（三）部分积累制

这种制度是即收即付制度和完全积累制度的混合物。在初始时，它的费率高于即收即付制度而又低于完全积累制度，在准备金方面，它会多于即收即付制度而低于完全积累制度。

这一制度是要在迎接人口老龄化和初始的高保费制度中寻找一条中间道路。通常的做法是将原来即收即付制度所交保费中的一小部分积累于个人账户制度，或在原来制度之上提高费率，并将增量部分全部积累于个人账户制度。这一制度也同样面临基金的管理和保值增值问题。

中国 1997 年建立了社会养老保险制度就采用了这种混合财务制度，称之社会统筹与个人账户制度相结合的社会养老保险制度。

三、社会保险基金的管理

（一）社会保险基金管理的主体

社会保险基金管理体制往往与一国的社会保险组织机构有关。主要包括社会保险基金公共管理制度和将个人账户制度上的基金交由市场主体管理的做法。

（二）社会保险基金投资运营的原则

1. 安全性原则

安全性是指社会保险资金投资应尽量降低风险，以保证足额收回和取得预期效益，保障受益人的支付需求。安全性原则是一般投资活动应遵循的原则，也是社会保险资金投资的基本原则。

2. 流动性原则

流动性原则是指社会保险资金投资应注重投资的及时回收和融通、变现，以保证支付需要。社会保险基金的支付有一定的规律性，在留足一定时期的支付费用后的保险基金可以用于投资，但投资时必须考虑其变现的灵活性和及时性，以便应付意外的支付。

3. 收益性原则

收益性原则是指社会保险资金应努力实现一定的收益，以实现社会保险资金的保值与增值。通过投资赢利可以缓解通货膨胀产生的对社会保险的支付压力，并在一定程度上减轻国家的财政负担。

（三）社会保险基金的投资方向

社会保险资金的投资方向一般是风险小、见效快、回报率相对高的项目，主要包括银行存款、购买政府债券、投资不动产、直接经营获利等。

1. 银行存款

银行存款是指保险公司将保险资金存入银行以获取利息收入的活动。其特点是安全性高；但收益率低，在通货膨胀率高于银行利率时，保险基金难以保值。

2. 政府债券

政府债券是社会保险资金投资最普遍的一个项目。政府公债有政府的担保，信誉程度高，如果政府予以干预，使公债利率高于同期通货膨胀水平和商业存款利率，可保证投资政府债券的基金获得一定水平的投资收益。

3. 金融资产

金融资产是指银行大额存单、政府担保性债券、公司债券、抵押债券、股票等。一些国家往往会在投资规则和社会保险基金投资金融资产的比例上进行一定的规定与限制，在保证社会保险资金安全性的前提下，允许社会保险资金部分地投资于金融资产，以提高其投资收益。

4. 各类贷款

各类贷款主要包括住房贷款、个人贷款及工商业贷款等。例如一些国家允许社会保险资金向个人提供住房贷款，既可以拓宽社会保险资金的投资渠道，又能促进住房保障目标的实现。

5. 不动产

一些国家允许社会保险资金投资基础设施的建设项目等不动产，但由于基础设施建设项目所需的投资多，建设的周期长，投资的回收期也长，其流动性比较差，因此，绝大多数国家社会保险资金投资于有形资产的份额都比较低。

第三节　我国的社会保险制度

一、养老保险

养老保险又称老年保险，是指国家立法强制征集社会保险费（税），并形成养老基金，当劳动者退休后支付退休金，以保证其基本生活需要的社会保障制度，它是社会保障制度的最重要内容之一。

中国新型社会养老保险制度的建立及改革已经走过了十几年的历程，经过多年的摸索、实践，在资金的管理上逐步形成了“社会统筹与个人账户相结合”的筹资模式，建立了多层次的养老保险体系。但目前我国养老保险也愈来愈面临更严峻的挑战，加速发展的人口老龄化、覆盖面窄、统筹层次低、隐性债务和个人空账等问题，已使现有的养老保险制度力不从心；而农村传统的“家庭养老与土地保障”功能已日趋退化，新型农村养老保险刚刚开始试点，任务艰巨。因此结合我国实际情况，针对我国当前社会养老保险在实践中出现的难点问题进行分析，进而提出相应的改革与完善对策，是目前社会保障中亟待解决的核心问题。

（一）养老保险的发展历程

我国的养老保险以 1951 年 2 月 26 日政务院颁布的《中华人民共和国劳动保险条例》为起点，经历了几十年风风雨雨，其发展可概括为以下四个阶段。

1951～1965 年为养老保险制度的创建阶段。该阶段以政务院（现在的“国务院”）颁布的《中华人民共和国劳动保险条例》为标志，主要工作是着手建立全国统一的养老保险制度，并逐步趋向正规化和制度化。

1966～1976 年是养老保险制度严重破坏阶段。当时中国社会保险事业与全国社会经济文化一样遭受到严重破坏，社会保险基金统筹调剂制度停止，相关负担全部由各企业自理，社会保险变成了企业保险，正常的退休制度中断。

1977～1992 年为养老保险制度恢复和调整阶段。在十年动乱结束后，我国采取渐进的方式对养老保险进行了调整，恢复了正常的退休制度，调整了养老待遇计算办法，部分地区实行了退休费统筹制度。

1993 年到现在是养老保险制度实施创新改革阶段。本阶段主要是创建了适应中国国情、具有中国特色的社会统筹与个人账户相结合的养老保险模式，改变了计算养老金办法，建立了基本养老金增长机制和实施了基本养老金社会化发放，最终基本建成我国多层次养老保险体系。

（二）养老保险的主要内容

1. 企业职工基本养老保险制度的建立

我国的养老保险制度是在中华人民共和国成立后逐步建立和发展起来的，已历经 60 多年。随着社会主义市场经济体制的建立和发展，养老保险制度也正在经历巨大的变革与创新。我国已经开始在国有企业的职工中从其独特的现收现付制转向个人账户为基础的部分基金制。我国的企业职工基本养老保险制度是根据国务院 1997 年颁布的《关于建立统一的企业职工基本养老保险制度的决定》建立起来的。下面的介绍只涉及城镇企业职工的基本养老保险，不涉及机关事业单位的养老保险。

（1）保险覆盖范围。社会养老保险的覆盖范围包括城镇各类所有制企业，即城镇的国有企业、集体企业、私营企业、股份制企业、外商投资企业的职工以及城镇个体工商户的帮工，都必须参加社会养老保险。城镇个体工商户本人、私营企业主、自由职业者也可以参加社会养老保险。

（2）保险费用筹集。社会养老保险费主要由企业和职工个人缴费负担，财政负责弥补社会养老保险计划的赤字。

（3）运行模式。养老保险实行社会统筹与个人账户相结合的运行方式。目前企业缴费不再划入个人账户。个人缴费部分则全部计入个人账户。个人账户的存储额每年参考银行同期存款利率计算利息；这部分存储额只能用于职工养老，不得提前支取。职工调动时，个人账户里的存储额全部随同转移；职工或退休人员死亡，个人账户中的个人缴费部分可以继承。

(4) 养老金待遇。新的养老保险制度实施以后参加工作的职工，如果个人缴费年限满15年，在退休后可按月领取基本养老金。基本养老金由基础养老金和个人账户养老金两部分组成。如果个人缴费年限不满15年，由根据2011年7月1日起实施的《中华人民共和国社会保险法》中的规定：参加基本养老保险的个人，达到法定退休年龄时累计缴费不足15年的，可以缴费至满15年，按月领取基本养老金；也可以转入新型农村社会养老保险或者城镇居民社会养老保险，按照国务院规定享受相应的养老保险待遇。新的养老保险制度实施前已退休的职工，仍按国家原来的规定发放养老金，同时执行养老金的调整办法。而对于在新的养老保险制度实施前参加工作、实施后退休而且个人缴费和视同缴费年限累计满15年的退休人员，则要按照"新老办法平稳衔接、待遇水平基本平衡"的原则。在发放基础养老金和个人账户养老金的同时，还要发放一定的过渡性养老金。

(5) 养老保险基金管理。按照国务院的要求，养老保险的统筹应逐步由县、市级统筹向省级统筹过渡，以便提高统筹的层次，进一步发挥互助互济、风险分担的保险功能，同时这也有利于国家对社会保险的宏观调控。目前做到省级统筹的主要是北京市、上海市、天津市、福建省和陕西省等，但大多数地方在县、市统筹的基础上建立了省级资金调节机制。

在资金管理上，养老保险基金实行收支两条线管理，即养老保险计划的缴费收入要纳入账政专户存储；支出要专款专用，并要经过严格的审批程序。养老保险基金的结余除预留相当于两个月的养老金开支外，基余全部要购买国家债券或存入专户，不能用于其他盈利性投资。

2008年8月，党中央、国务院决定建立"全国社会保障基金"，同时设立"全国社会保障基金理事会"，负责管理运营全国社会保障基金。

全国社会保障基金是中央政府集中的社会保障资金，是国家重要的战略储备，主要用于弥补今后人口老龄化高峰时期的社会保障需要。

根据2001年12月13日分布的《全国社会保障基金投资管理暂行办法》规定，全国社会保障基金的来源包括：中央财政预算拨款、国有股减持划入资金，经国务院批准的以其他方式筹集的资金，投资收益，股权资产。

全国社会保障基金理事会为国务院直属正部级事业单位，是负责管理运营全国社会保障基金的独立法人机构。其主要职责是：管理中央财政拨入的资金、减持国有股所获资金及其他方式筹集的资金。制定全国社会保障基金的投资经营策略并组织实施。选择并委托全国社会保障基金投资管理人、托管人，对全国社会保障基金资产进行投资运作和托管，对投资运作和托管情况进行检查；在规定的范围内对全国社会保障基金资产进行直接投资运作。负责全国社会保障基金的财务管理与会计核算，定期编制财务会计报表，起草财务会计报告。定期向社会公布全国社会保障基金的资产、收益、现金流量等财务情况。根据财政部、劳动和社会保障部共同下达的命令和确定的方式拨出资金。承办国务院交办的其他事项。

2. 企业职工基本养老保险制度的完善与发展

随着人口老龄化、就业方式多样化和城市化的发展，现行企业职工基本养老保险制度显现出一些与社会经济发展不相适应的问题。主要表现在：覆盖范围不够广泛，大量城镇个体工商户和灵活就业人员还没有参保；养老保险个人账户没有做实，未能真正实现部分积累的制度模式，难以应付人口老龄化对基金的需求；养老金计发办法不尽合理，缺乏参保缴费的激励约束机制；基本养老金调整机制还不健全，养老金总体水平还不高；统筹层次比较低，多数地区还没实行省级统筹，基金调节能力比较弱。这些都影响到制度的平衡运行和可持续发展，亟待进一步改革和完善。在充分调查研究和总结过去20年来养老保险经验的基础上，国务院2005年12月发布《关于完善企业职工基本养老保险制度的决定》（以下简称

《决定》)。

《决定》的主要任务有十项：一是继续确保基本养老金按时足额发放，保障离退休人员基本生活，不得发生新的拖欠。二是统一城镇个体工商户和灵活就业人员参保缴费政策，不断扩大养老保险覆盖范围，保障劳动者的合法权益。三是逐步做实个人账户，真正实现由现收现付制向部分积累制的转变。四是改革基本养老金计发办法，建立参保缴费的激励约束机制。五是建立基本养老金正常调整机制，让广大退休人员分享经济社会发展成果。六是积极发展企业年金，建立多层次的养老保障体系。七是加强基本养老保险基金征缴，加大财政投入，完善多渠道筹资机制。同时强化基金监督管理，维护基金的安全和完整。八是提高统筹层次，增强基本养老保险基金的抗风险能力。九是进一步做好退休人员社会化管理服务工作，加快公共老年服务设施和服务网络建设步伐，不断提高退休人员的生活质量。十是加强社会保险经办能力建设，建立高效运转的经办管理服务体系，实现规范化、信息化和专业化管理，确保把社会保险政策落实到实处。

(1) 关于做实养老保险个人账户。目前，有关部门和地区正在紧张地开展工作，制定做实个人账户的方案，进行有关测算。

做实个人账户有着十分重要的意义。一是有利于实现部分积累的制度模式。党的十四届三中全会确定基本养老保险实行社会统筹和个人账户相结合，目标是实现部分积累，也就是说，统筹基金现收现付，用于互助共济，个人账户用于职工个人未来养老。但在实际运行中，由于养老保险没有基金积累，而退休人员越来越多，为了确保养老金当期发放，不得不动用本应留作积累的个人账户基金。要真正实现部分积累的制度模式，就必须做实个人账户。二是有利于应对人口老龄化的挑战。为应付人口老龄化高峰的到来，必须及早进行基金储备，以承接未来支付压力。因此，必须未雨绸缪，做实个人账户，实现养老保险制度的可持续发展。三是有利于促进劳动力流动。参保人员因个人账户没有做实，养老保险关系的转移受到影响，制约了劳动力的正常流动。做实基本养老保险个人账户后，个人账户基金具有可携带性。因此，参保人员工作变动时完全可以带着做实了的账户走，从而有利于参保人员的流动。

(2) 关于改革基本养老金计发办法。为与做实个人账户相衔接，从2006年1月1日起，个人账户的规范统一由本人缴费工资的11%调整为8%，全部由个人缴费形成，单位缴费不再划入个人账户。同时，进一步完善鼓励职工参保缴费的激励约束机制，相应调整基本养老金计发办法。

按照新的基本养老金计发办法，参保人员每多缴1年，养老金中的基础部分增发1个百分点，上不封顶，能够形成“多工作、多缴费、多得养老金”的激励约束机制，而且个人账户养老金的计发考虑了退休人员平均余命的实际情况。

这次计发办法改革，采用“新人新制度，老人老办法、中人逐步过渡”的方式来设计的。

① 关于“新人”。《国务院关于建立统一的企业职工基本养老保险制度的决定》(国发【1997】26号)实施后参加工作的参保人员属于“新人”，缴费年限(含视同缴费年限，下同)累计满15年，退休后将按月发给基本养老金，基本养老金水平与缴费年限的长短，缴费基数的高低、退休时间的早晚直接挂钩。他们的基本养老金由基础养老金和个人账户养老金组成。退休时的基础养老金月标准以当地上年度在岗职工月平均工资和本人指数化月平均缴费工资的平均值为基数，缴费每满1年发给1%。个人账户养老金月标准为个人账户储存额除以计发月数，计发月数根据职工退休时城镇人口平均预期寿命、本人退休年龄、利息等因素确定。

② 关于“中人”。国发【1997】26 号文件实施前参加工作、本决定实施后退休的参保人员属于“中人”。由于他们以前个人账户的积累很少，缴费年限累计满 15 年的，退休后在发给基础养老金和个人账户养老金的基础上，再发给过渡性养老金。鉴于基本养老金计发办法改革的关键是解决好“中人”的过渡问题，为保证改革的顺利推进，国务院《决定》要求各省、自治区、直辖市人民政府按照待遇水平合理衔接、新老政策平稳过渡等原则，在认真测算的基础上，制定具体的过渡办法。在过渡期实行特殊的过渡政策，按照新计发办法，养老金减少的不减发，增加的逐步增加，保证他们的待遇水平能有所提高。

③ 关于“老人”。《决定》实施前已经离退休的参保人员属于“老人”，他们仍然按照国家原来的规定发给基本养老金，同时随基本养老金调整而增加养老保险待遇。

(3) 关于统一城镇个体工商户和灵活就业人员参保缴费政策。《决定》明确要求，城镇个体工商户和灵活就业人员都要参加基本养老保险；缴费基数统一为当地上年度在岗职工平均工资，缴费比例为 20%；城镇个体工商户和灵活就业人员退休后按企业职工基本养老金计发办法计发待遇。

(4) 关于建立基本养老金正常调整机制。退休人员养老保险水平不仅取决于退休时计发的数额，还要随国家基本养老金水平的调整而增加。计发办法只是计算确定了参保人员退休时的养老金待遇水平，而参保人员退休后平均还要生活 25 年以上，需要分享经济社会发展成果。因此，必须建立基本养老金的正常调整机制。《决定》明确规定，根据职工工资和物价变动等情况，国务院适时调整企业退休人员基本养老金水平，调整幅度为省、自治区、直辖市当地企业在岗职工平均工资年增长率的一定比例，各地根据本地实际情况提出具体调整方案。

3. 我国基本养老保险制度的全覆盖

近年来，我国基本养老保险制度建设在企业职工基本养老保险制度的基础上，进一步取得重大进展。

职工基本养老保险制度覆盖的是各类企业、个体工商户和灵活就业人员，以及与用人单位建立劳动关系的农民工，而农村居民和城镇居民并没有覆盖在内。

为解决农村居民养老问题，2009 年，国务院印发了《关于开展新型农村社会养老保险试点的指导意见》(国发【2009】32 号)，农村居民的养老问题有了制度保障，同时在全国开展了新型农村社会养老保险（以下简称新农保）试点，建立的个人缴费、集体补助、政府补贴相结合的新农保制度。截至 2012 年，国家试点和地方自行试点地区有近 2 亿农村居民参保，5000 多万名符合条件的农村老年居民按月领取养老金。

2011 年 6 月，国务院发布了《关于开展城镇居民社会养老保险试点的指导意见》(以下简称《指导意见》)，对城镇居民养老保险的参保范围、资金筹集、待遇水平、领取条件和试点进程等内容提出了指导意见。标志着我国基本养老保险制度将实现对职工和城乡居民的全覆盖。

2010 年，我国出台了第一部《社会保险法》。并于 2011 年 7 月 1 日起施行。它的颁布实施，是我国人力资源社会保障法制建设中的又一个里程碑，对于建立覆盖城乡居民的社会保障体系，更好地维护公民参加社会保险和享受社会保险待遇的合法权益具有十分重要的意义。

《社会保险法》规定，国家建立基本养老保险、基本医疗保险、失业保险、工伤保险和生育保险等社会保险制度，保障公民在年老、疾病、失业、工伤、生育等情况下依法从国家和社会获得物质帮助的权利。其中，基本养老保险包括职工基本养老保险、新型农村社会养老保险和城镇居民社会养老保险。《社会保险法》总结了二十多年来我国养老保险制度改革的经验，对职工基本养老保险制度的覆盖范围、基本模式、资金来源、待遇构成、享受条件和调整机制等做了比较全面的规范，并规定了病残津贴和遗属抚恤制度。根据开展新型农村社会养老保险试点这一重大实践进展，《社会保险法》对新型农村社会养老保险的主要制度做出规范。此外，《社会保险法》还规定国家建立和完善城镇居民社会养老保险制度，同时授权省、自治区、直辖市人民政府根据实际情况，可以将城镇居民社会养老保险和新型农村社会养老保险合并实施，为逐步建立统筹城乡的养老保障体系奠定了法律基础。

（三）我国养老保险制度面临的严峻问题

虽然新的养老保险制度已经过二十年的改革和建设，取得相当成就，但面临中国社会人口日益加剧的老龄化、制度转轨遗留的历史欠账以及中国经济社会发展中的诸多问题，新型的养老保险仍有许多重大的、亟须破解的问题。

1. 养老保险覆盖面仍然狭窄

近年来，我国养老保险实施范围不断扩大，其中，国有企业基本实现全覆盖，城镇集体企业覆盖率为75.39%，但其他经济类型企业仅为17%，还有很多外商投资企业和民营企业未参保。虽然各级政府重点抓“扩覆”工作，但离全覆盖的目标仍有距离。截至2010年底，参加城镇基本养老保险人数为2.57亿人（含农民工参保人员3000多万），参加新型农村养老保险试点农民人数为1.03亿人。这样，参加各种养老保险的总人数为3.6亿人，仅占当年全部20岁以上人口总数的36.7%；也就是说，养老保险全国的覆盖率只有大约30%多。这样的覆盖率显然不能发挥社会保险的保障功能，也不能适合我国经济社会发展的需要。2009年开始试点的新型农村社会养老保险和2011年开展试点城镇居民社会养老保险任务艰巨，特别是如何保量又保质，需要好好实践。比如，由于缴费负担过重，各地已经参保的灵活就业人员退保情况就较为严重。

2. 养老保险基金统筹层次较低

目前，我国养老保险的统筹层次至今依然很低。就全国养老保险制度改革的进展情况看，少数省份实行了省级调剂金制，但调剂的比例和数额极为有限，大部分省、市、县仍实行分级统筹。这样带来诸多问题：养老保险基金抗御风险的能力脆弱，很容易造成养老保险基金的流失；养老保险跨地区关系转续以及领取不便；不利于建立全国统一的社会保险制度。

另外，养老费用畸轻畸重还会加剧区域发展差距。如2010年广东一个省就有3000多亿元的养老保险基金结余，可有的省份却基本没有结余，年年都有缺口，需要中央补贴。一般来说，经济发达省份，财政实力较为雄厚，再加上流动人口多，其养老金就多，因为流动人口不在那里养老，光在那里缴费做贡献了。而人口输出大省就养老金就少了，这些省剩下的不是小孩就是老人，青年人都到外地打工去了，钱都贡献给外省了，但对本省的老人是要支付养老金的，从而造成收入少、支出多。所以养老金数量与人口分布的空间和流动是有关系的，而人口流动又受经济发展水平的影响。

3. 转制造成巨大的隐性债务以及养老保险个人账户“空账”运转问题

为应对人口老龄化高峰，我国政府1997年决定把长期实行的现收现付养老保险制度转变为社会统筹和个人账户相结合的新的养老保险制度，这就出现了养老保险的隐性债务问题。所谓隐性债务，是指在养老金制度从现收现付制向基金积累制或半基金积累制转变过程中，由于已经工作和退休的人员没有过去的积累，而他们又必须按新制度领取养老金，那么他们应得的是实际又没有“积累”的那部分资金。隐性债务包括两部分：一部分是应继续付给新制度实施前已离退休人员的离退休金总额；另一部分是新制度实施前参加工作、实施后退休的人员，在新制度实施前没有积累的养老金总额。这两部分债务的具体规模依赖于退休年龄、缴费率和投资回报率等重要参数。根据中国养老保险隐性债务课题组的推算，隐性债务最小为 1.8 万亿元，最大接近 12 万亿元。我国庞大的隐性债务将是悬在养老保险制度上方的“达摩克利斯之剑”。

中国养老保险实行改革后的新制度，按照制度设计，对已经退休人员发放养老金应该用社会统筹资金。但是，由于现在的退休者没有（或很少有）个人账户的资金，又要按标准发放，社会统筹的资金远远不够支付庞大的退休群体的需要。各省、市、县为了按时足额发放养老金，就挪用了本应是将来才能支付的现在在职职工个人账户的资金（社会统筹和个人账户没有分开管理），从而造成了全国范围内养老基金的有名无实，空账运行。究其根源，空账的出现还是要归因于我国养老保险体制转轨所形成的隐性债务。

公开数据显示，我国养老保险个人账户空账运行规模已超过 1 万多亿元，虽然做实空账工作已经开展几年，但空账规模仍在扩大。从债务关系来说，养老金的空账运转是现在向未来透支，是老一代向年轻一代的透支。长此下去必然蕴涵巨大的资金风险，也会降低改革后新制度的信誉，动摇新制度的根基。

4. 养老保险保值增值效率低下，难以应付过高的通货膨胀率

2010 年底，我国城镇职工基本养老保险个人账户累计记账额将近 2 万亿元，虽然全国养老保险基金累计结余 1.5 万亿元，但是并没有落实到对应的个人账户。一方面现阶段职工个人账户养老保险金被用于支付现期的退休金，账户上几乎没有什么实际资产，大部分是空账；另一方面，现行制度要求养老保险金余额除满足两个月的支付费用外，80%左右要用于购买政府债券或存入银行，由于通货膨胀，导致养老保险金的结余在不断地贬值，这些钱的收益率多年来一直不到 2%，在财政账户里死死放着，这势必加重未来时期养老保险的负担，也会增加国家在养老保险方面的支出负担，应对老龄化的长期资金平衡压力巨大。

二、失业保险

失业保险制度是国家通过立法强制实施，由社会集中建立失业保险基金，对非因本人意愿中断就业失去工资收入的劳动者提供一定时期的物质帮助及再就业服务的一项社会保险制度。它是社会保障体系的重要组成部分，是社会保险的重要项目之一。

（一）失业保险的发展历程

1986 年为了配合国有企业改革，实行劳动合同制，促进劳动力的合理流动，中国国务院出台《国营企业职工待业保险暂行规定》，失业保险制度宣告建立。经过几年的实践，1993 年国务院发布了《国有企业职工待业保险规定》，对原有的暂行规定作了进一步的修改和完善，以期更好地适应市场经济的要求。1999 年 1 月，国务院《失业保险条例》颁布实施，失业保险制度进入一个新的发展阶段。

（二）失业保险制度的内容

1. 失业保险的对象

我国城镇企业、事业单位失业人员都可依照《失业保险条例》享受失业保险待遇。

2. 失业保险基金

（1）构成。我国失业保险基金由下列各项构成：①城镇企业、事业单位职工缴纳的失业保险费；②失业保险基金的利息；③财政补贴；④依法纳入失业保险基金的其他资金。

（2）缴费标准。城镇企业、事业单位按照本单位工资总额的 2%缴纳失业保险费，职工按照本人工资的 1%缴纳失业保险费。城镇企业、事业单位招用的农民合同制工人本人不缴纳失业保险费。单位工资总额是指单位在一定时期内直接支付给本单位全部职工的劳动报酬总额，包括计时工资、计件工资、奖金、津贴和补贴、加班加点工资以及特殊情况下支付的工资。

3. 失业保险待遇给付

失业保险待遇主要包括：失业保险金，领取失业保险金期间的医疗补助金，领取失业保险金期间死亡的失业人员的丧葬补助金及其供养的配偶、直系亲属的抚恤金。另外，失业人员在领取失业保险金期间接受职业培训、职业介绍的，可以给予补贴。失业保险金的标准由省级人民政府按照低于当地最低工资标准、高于城市居民最低生活保障标准的原则确定。医疗补助金的标准由省级人民政府规定。丧葬补助金和抚恤金的标准应参照当地职工的规定办理，一次性发放。失业保险金的领取期限是由失业人员失业前所在单位和本人按照规定累计缴费时间决定的，满 1 年不足 5 年的，最长不超过 12 月；满 5 年不足 10 年的，最长不超过 18 个月；10 年以上的，最长不超过 24 个月。确定累计缴费时间的原则：一是实行个人缴费前，按国家规定计算的工龄视同缴费年限，与《失业保险条例》发布后的缴费年限合并计算；二是失业人员在领取失业保险金期间重新就业后再次失业的，其领取期限可与前次失业尚未领取的期限合并计算，其中如果重新就业不满 1 年再次失业的，可以领取前次失业尚未领取的失业保险金。

（三）我国失业保险制度存在的问题

1. 失业保险覆盖面较窄

我国目前失业保险的实施范围主要限于城镇经济范围内企业、事业单位的失业者，不涉及农村经济领域；在城镇经济范围内，又主要侧重于公有制经济，私营、三资企业还未完全纳入。这种保障现状，使得失业保险的社会性名不符实，实际上成为少数人的保障。当然，失业保险的覆盖范围大小与一个国家或地区的经济发展水平有很大关系，在我国的现实国情下，失业保险也不可能覆盖全部劳动年龄人口，但失业保险的发展严重滞后于城镇就业格局及就业方式的重大变化已是不争的事实。我国现阶段非公有经济已经成为吸纳就业的主渠道；采取非全日制、临时性、阶段性和弹性工作时间等多种灵活形式实现就业，事实上已经成为许多劳动者的选择。如果失业保险的覆盖范围不能跟上就业形势的新变化，就会造成劳动者享受社会福利机会的新的不平等。

2. 失业保险基金统筹层次偏低

按现行制度规定，失业保险基金在直辖市和设区的市实行全市统筹，其他地区的统筹层次由省、自治区人民政府规定。从实施情况来看，我国的统筹层次仅在市县两级，这就极大地限制了失业保险应有的功能和作用的发挥。由于统筹层次较低，基金的整体抗风险能力比较脆弱，基金只能在很小的范围内互济。而且，这种在市、县两级分级统筹管理为主的方式，造成各地在使用和统筹失业保险金上存在较大的差异，使失业保险基金过于分散且各自为政，不利于统一调度和集中管理、使用资金。统筹层次偏低造成的条块分割，使我国失业保险机构与职工培训机构、职工介绍机构各自为政的状态长期存在，很难得到根本的改变，这就极大限制了失业保险反失业功效的充分发挥，使得失业职工不能按照市场需求接受职工培训，不能及时得到用人信息和就业指导咨询，造成失业职工再就业率很低。

3. 失业保险水平的设计不合理

失业保险水平的含义包含两个层面：一是失业保险金的给付额度，即失业者在失业期内所收到的失业保险金的多少；二是失业保险给付期限，即失业者最多可享受多长时间的保险待遇。我国在失业保险水平的设计上不合理，表现在以下两个方面。

（1）失业保险金的领取标准过低。依照我国《失业保险条例》的规定，失业保险金的标准，按照低于当地最低工资标准、高于城市居民最低生活保障标准的水平，由省、自治区、直辖市人民政府确定。目前我国的月平均失业保险金水平为各省、市最低工资的 70%～80%，大致在 150～450 元。如果将失业保险金与国有企业年平均职工工资进行比较，我国的失业保险金只能替代25%左右的工资。而大多数国家失业保险金的替代率为失业前工资的40%～75%。失业保险金的标准过低，不能满足失业人员基本生活的保障，也不足以支付求职成本，不能促进转岗就业，使得失业保险应有的保障功能和反失业功能都没有得到有效发挥。

(2) 失业保险金的给付期限过长。现行制度的具体规定为：失业人员失业前所在单位和本人按照规定累计缴费时间满1年不足5年的，领取失业保险金的期限最长为12个月；累计缴费时间满5年不足10年的，领取失业保险金的期限最长为18个月；累计缴费时间10年以上的，领取失业保险金的期限最长为24个月。重新就业后，再次失业的，缴费时间重新计算。这样的规定，与失业状况较为严重的西方市场经济国家相比，我国的给付期限显得过长了。过长的失业救济期限可能使失业者丧失迅速就业的动机，延长失业者的职业搜寻期限，不利于提高失业保险基金的使用效率。

4. 失业保险基金支出结构不合理

现行制度规定失业保险基金用于下列支出：失业保险金；领取失业保险金期间的医疗补助金；领取失业保险金期间死亡的失业人员的丧葬补助金和其供养的配偶、直系亲属的抚恤金；领取失业保险金期间接受职业培训、职业介绍的补贴，补贴的办法和标准由省、自治区、直辖市人民政府规定。从以上支出的项目中可以反映出，现行失业保险虽然也规定了失业保险待遇中还包括职业培训和职业介绍的费用，但是费用的多少并不明确的，而是“由省、自治区、直辖市人民政府规定”。这一“自行规定”的结果就是从实施《失业保险条例》以来，提供给失业人员基本生活保障金的支付占了绝对的比重。

5. 领取失业保险金资格的审查还不够规范

按国际通例，领取失业保险金的条件是：处在劳动年龄，非自愿性失业，失业前有一定时期的连续工作并缴纳失业保险费，及时申请失业登记的失业者。我国《失业保险条例》也作了类似规定，但还不够具体完善，且缺少相应的审核机构。由于缺乏具体详细的资格审查条例和相应的资格审核机构，导致有些人一边拥有就业收入，一边领取失业保险金。

三、医疗保险

医疗保险制度是指一个国家或地区按照保险原则为解决居民防病治病问题而筹集、分配和使用医疗保险基金的制度。它是居民医疗保健事业的有效筹资机制，是构成社会保险制度的一种比较进步的制度，也是目前世界上应用相当普遍的一种卫生费用管理模式。

(一) 医疗保险的发展历程

我国医疗保障制度自1951年创建以来，逐渐朝制度化、规范化的方向发展，在抵御疾病风险、救助疾病人群、促进经济发展、稳定社会心理等方面发挥了巨大的作用。但在《中华人民共和国社会保险法》颁布之前，尽管各种社会保险制度已实施多年，却没有一部专门的综合性法律对其加以规范。历时18年的艰难立法过程，《中华人民共和国社会保险法》(以下简称《社会保险法》) 终于在2010年10月28日通过，并于2011年7月1日开始正式实施。《社会保险法》明确将基本医疗保险规定为五大社会保险之一；从法律制度上明确了基本医疗保险的性质和地位，统一了全国范围内五大险种的登记、缴费、享受待遇等程序和标准，对基本医疗保险制度乃至整个社会保险制度的发展具有里程碑式的意义。

(二) 医疗保险制度的主要内容

1988年，中国政府开始对机关事业单位的公费医疗制度和国有企业的劳保医疗制度进行改革。1998年，中国政府颁布了《关于建立城镇职工基本医疗保险制度的决定》，开始在全国建立城镇职工基本医疗保险制度。

中国的基本医疗保险制度实行社会统筹与个人账户相结合的模式。基本医疗保险基金原则上实行地市级统筹。基本医疗保险覆盖城镇所有用人单位及其职工；所有企业、国家行政机关、事业单位和其他单位及其职工必须履行缴纳基本医疗保险费的义务。目前，用人单位的缴费比例为工资总额的6%左右，个人缴费比例为本人工资的2%。单位缴纳的基本医疗保险费一部分用于建立统筹基金，一部分划入个人账户；个人缴纳的基本医疗保险费计入个人账户。统筹基金和个人账户分别承担不同的医疗费用支付责任。统筹基金主要用于支付住院和部分慢性病门诊治疗的费用，统筹基金设有起付标准、最高支付限额；个人账户主要用于支付一般门诊费用。

为保障参保职工享有基本的医疗服务并有效控制医疗费用的过快增长，中国政府加强了对医疗服务的管理，编制了基本医疗保险药品目录、诊疗项目和医疗服务设施标准，对提供基本医疗保险服务的医疗机构、药店进行资格认定并允许参保职工进行选择。为配合基本医疗保险制度改革，国家同时推动医疗机构和药品生产流通体制的改革。通过建立医疗机构之间的竞争机制和药品生产流通的市场运行机制，努力实现“用比较低廉的费用提供比较优质的医疗服务”的目标。在基本医疗保险之外，各地还普遍建立了大额医疗费用互助制度，以解决社会统筹基金最高支付限额之上的医疗费用。国家为公务员建立了医疗补助制度。有条件的企业可以为职工建立企业补充医疗保险。国家还将逐步建立社会医疗救助制度，为贫困人口提供基本医疗保障。

中国的基本医疗保险制度改革正稳步推进，基本医疗保险的覆盖范围不断扩大。到2001年底，全国97%的地市启动了基本医疗保险改革，参加基本医疗保险的职工达7629万人。此外，公费医疗和其他形式的医疗保障制度还覆盖了一亿多的城镇人口，中国政府正在将这些人口逐步纳入到基本医疗保险制度中。

（三）我国医疗保险存在的问题

1. 强化了劳动就业的制度壁垒

医疗保险各分制度，体现了该制度下的职业界限和劳动者身份界限，不同职业、不同所有制、不同区域的劳动者享受不同的医疗待遇，在一定程度上扼杀了劳动者对医疗消费需求的固有特性和一般规律。在不同的制度下，将劳动者人为地分为三六九等，实际上是一种职业歧视，这与我们倡导的职业平等是相悖的。同时也赋予了一些职业“天然”的优越感，人的平等往往被职业的不平等所掩盖。尤其是以职务定待遇的做法，忽视了劳动者的现实需要，反映了人的等级差别和尊卑观念，强化了劳动就业的制度壁垒，为劳动者在职业选择上提供了不对称的信息，从而成为统一、开放、竞争、有序的劳动力市场形成的体制性障碍，也不利于农业工业化和农村城镇建设的开展。

2. 使政府与企业或单位的社会管理职能本末倒置

一般来说，凡是市场经济国家，都是社会管理政府主导型国家，这些国家的政府不干预或很少直接管理企业的微观经济活动，政府的一项重要任务就是加强社会事务的管理，特别是通过建立和完善社会保障体系，为经济发展提供良好的社会安全环境。但是，我国医疗保险制度由于资金来源不统一，迫使机关、事业单位以及企业自己办医疗，如××公费医疗门诊部、××企业医院、××学校医院。本该由政府办的事情，不得不由单位办。单位办社会的直接后果是加重了单位负担，这与单位，尤其是企业的目标背道而驰。

3. 医疗保险资源分布不合理，费用负担苦乐不均

医疗保险各分制度板块结构的特点，使政府在分配医疗保险资源上受到很大限制，医疗卫生设施部门间、行业间、城乡间的差别巨大，上海、北京、广州等中心城市集中了全国最优秀的医药人才、最先进的诊疗设备，经济欠发达地区医疗设施远远满足不了需要。机关、事业单位以及企业举办的医疗机构，其医疗卫生资源供过于求，利用率低下，浪费严重。而

农村的医疗卫生资源严重短缺，供不应求，看病难、吃药难的问题非常普遍，农村这种缺医少药的问题，使一些地方的防病、防疫能力不断下降。

4. 医疗费用急剧膨胀，“免费搭车”现象严重

我国城镇职工医疗属直接免费型保障，被保险人只需支付微额挂号费，就可直接进入消费领域，参与医疗保险资源的分配，其消费的数额不受限制，这就容易出现小病大治、无病也治、开大方、开人情方、一人看病全家吃药的现象。医疗消费的无节制，导致少数地方医患相互勾结、道德沦丧的情况。有的人到医院开药，到药店套现。有的处方竟能开出电视机、洗衣机等生活日用品。有的地方在医院旁边总有林林总总的药品收购小店。我国医疗费用急剧膨胀的原因，除由于药品、医疗卫生管理体制不顺而造成的以药补医以及医药生产成本上升和药品销售不规范的因素外，上述人为因素不能不引起我们的思考和警惕。

5. 医疗保险覆盖面不广

党的“十一届三中全会”以来，我国企业所有制结构发生了巨大变化，非公有制经济发展迅速。现行的医疗保险制度不包括非公有制企业职工，使非公有制企业职工缺乏基本的医疗，使这部分职工没有职业安全感，既不利于劳动结构的调整，也不利于非公有制经济的发展。

四、工伤保险

工伤保险，是指劳动者在工作中或在规定的特殊情况下，遭受意外伤害或患职业病导致暂时或永久丧失劳动能力以及死亡时，劳动者或其遗属从国家和社会获得物质帮助的一种社会保险制度。

（一）工伤保险的发展历程

中国在1951年制定的《劳动保险条例》中即规定了工伤保险待遇，对保障企业职工合法权益、安定社会和促进经济发展发挥了积极作用。20世纪80年代中期之后，中国在部分地区开始了工伤保险改革试点。1996年8月，在总结各地试点经验的基础上，劳动和社会保障部发布了《企业职工工伤保险试行办法》，要求我国境内所有的企业和职工都必须参照执行。但由于这只是劳动部门的行政规章，权威性不够，没有引起足够重视。2003年4月，国务院第5次常务会议讨论通过了《工伤保险条例》，并以国务院令第375号发布，自2004年1月1日起施行。《工伤保险条例》从法律上实现了《中华人民共和国劳动法》赋予劳动者的工伤保险待遇权利，增强了工伤保险待遇权的行使与保护机制，为建立和健全比较完善的社会保障法律体系奠定了法律基石。

（二）工伤保险制度的主要内容

1. 参保范围

参保范围：①各类企业；②有雇工的个体工商户；③事业单位、社会和社会团体和民办非企业单位；④国家机关和参照国家公务员制度进行人事管理的事业单位、社会团体。

2. 工伤认定

工伤认定是工伤职工享受待遇的前提。工伤认定工作由劳动保障行政部门负责，包括申请、受理、审核、调查核实、作出认定等程序，并有严格的时限规定。《工伤保险条例》明确了应当认定为工伤的七种情形、视同工伤的三种情形以及不得认定或视同工伤的三种情形，并明确规定工伤认定时限。

(1) 应当认定工伤的七种情形：①工作时间和工作场所内，因工作原因遭受事故伤害的；②工作时间前后在工作场所内，从事与工作有关的预备性或收尾性工作受到事故伤害的；③在工作时间和工作场所内，因履行工作职责受到暴力等意外伤害的；④患职业病的；⑤因工外出期间，由于工作原因受到伤害或发生事故下落不明的；⑥在上下班途中，受到机

动车事故伤害的；⑦法律、行政法规规定应当认定为工伤的其他情形。

（2）视同工伤的三种情形：①在工作时间和工作岗位，突发疾病死亡或在48小时之内经抢救无效死亡的；②在抢险救灾等维护国家利益、公共利益活动中受到伤害的；③职工原在军队服役，因战、因工负伤致残，已取得革命伤残军人证，到用人单位后旧伤复发的。

（3）不得认定或视同为工伤的三种情形：①因犯罪或违反治安管理伤亡的；②醉酒导致伤亡的；③自残或自杀的。

3.工伤保险待遇

工伤保险待遇针对伤残对象的不同，大体分为四类：即工伤医疗康复待遇、辅助器具配置待遇、伤残待遇、死亡待遇。

（1）工伤医疗康复待遇。主要包括三项：一是治疗工伤所需的挂号费、医疗康复费、药费、住院费等费用；二是工伤职工治疗工伤需要住院的，由所在单位按照因公出差伙食补助标准的70%发给住院伙食补助费；三是工伤职工需要停止工作接受治疗的，享受停工留薪待遇。

（2）辅助器具配置待遇。工伤职工因日常生活或就业需要，经劳动能力鉴定委员会确认，可以安装假肢、矫形器、假眼、假牙和配置轮椅等辅助器具，所需费用按照国家规定的标准从工伤保险基金支付。

（3）伤残待遇。伤残待遇按照伤残鉴定等级的不同而有所区别。所有等级均享受从工伤保险基金按伤残等级支付的一次性伤残补助金，不同等级伤残职工还分别享受不同的待遇。

（4）死亡待遇。主要包括三项：一是丧葬补助金；二是供养亲属抚恤金；三是一次性因工死亡补助金。

4.工伤保险费率

按照《工伤保险条例》规定，国家根据不同行业的工伤风险程度确定行业的差别费率，并根据工伤保险费使用、工伤发生率等情况在每个行业内确定若干费率档次。2003年，劳动保障部会同财政部、卫生部、安全监督局共同发布了《关于工伤保险费率问题的通知》，将国民经济行业划分为三类，分别确定不同的费率，平均缴费率原则上控制在职工工资总额的1%左右。一类行业属于风险较小行业，如金融保险、商业、餐饮业、邮电、广播等，基准费率为0.5%左右；二类行业为中等风险行业，如农林水利，一般制造业等，基准费率为1%；三类行业为风险较大行业，如石油开采加工、矿山开采加工等，基准费率为2%左右。

（三）我国工伤保险存在的问题

1.工伤保险制度与事故预防脱节

在工伤保险制度发达的国家，都把工伤补偿和职业康复以及工伤预防紧紧结合在一起。例如，德国工伤保险管理机构就将其主要关注方面和工作重点都放在事故预防上，尽最大努力提供康复帮助，并从工伤保险基金中拨出专款用于职业康复和工伤预防事业。而在我国，现行的《工伤保险条例》虽然确定了“工伤保险要与事故预防和职业病防治相结合”的原则，但没有明确职业康复和工伤预防所需资金的比例，有重工伤认定、待遇支付，轻工伤预防和工伤康复的倾向，从而导致这两项工作的开展缺乏资金的有力保障。

2.工伤保险覆盖面过于狭窄

目前，我国实行的工伤保险制度主要是企业职工工伤保险制度，没有将社会团体、非企业化管理的事业单位列入参保范围；相应被列入参保范围的部分私营、涉外、乡镇企业及雇佣劳动者的个体经营者，也经常以各种理由拒绝为职工缴纳工伤保险，致使工伤保险覆盖面主要集中在国有企业和集体企业，而安全生产相对薄弱的中小型企业，特别是民营企业和危险性较大的行业（如煤矿开采、运输企业、建筑企业等）覆盖率均很低。

3. 获取工伤赔付难度大

职工获取工伤赔付存在难度的原因主要体现在以下几点。首先，由于法律监督及对于追偿权的规定不足，我国正处于全面建设和规范法律框架，创造法制环境时期，自然不可避免地会出现一些法律真空和社会管理薄弱环节，并存在安全生产法制不健全、安全生产标准滞后、执法不严、监督不力等现象。其次，工伤认定调查取证也非常困难，主要是由于部分没有参加工伤保险的企业，往往因为没有与用人单位签订劳动合同或企业以职工违章操作为由，不为工伤职工申报工伤认定，而职工个人在申报工伤时，又提供不出有效证据，就很难获取赔付。

4. 工伤保险运行机制不健全

工伤保险的运行机制不健全主要体现在宣传力度不够、费率机制不合理及基金管理不善。虽然工伤保险已经存续多年，但受工作量较大、人员配备不足等因素的影响，仍无力开展广泛、大型的宣传工作。另外，虽然工伤保险是社会保险的一种，但是受长期传统观念束缚，在部分企业领导的意识中认同养老、失业、医疗保险，而工伤保险被认作“小险种”自然受到忽视。从费率机制上看，我国在工伤保险浮动费率上尚未能建立综合量化指标与费率浮动之间的科学系数关系，同时差别费率制订不够科学，差别费率档次划分较少，没有按事故发生的概率及不同行业的特点确定费率，从而也不能起到经济杠杆的调节作用。工伤基金管理效率低并存在部分流失的主要原因：一是国家没有统一规定工伤保险基金财务管理办法，企业缴纳的工伤保险费，有的计入生产成本，有的计入营业外支出，有的在职工福利费中支出，开支渠道不统一且开支项目混乱；二是有些企业在上缴工伤保险费时少报、瞒报职工人数，少数企业平时不参保，在发生工伤事故后再主动要求参加工伤保险，更甚者部分医院针对工伤职工的治疗大开药方，开假处方，这些都造成了工伤保险基金流失。

五、生育保险

生育保险是国家通过立法规定，在劳动者因生育子女而导致劳动力暂时中断时，由国家和社会及时给予物质帮助的一项社会保险制度。我国生育保险待遇主要包括两项：一是生育津贴；二是生育医疗待遇。其宗旨在于通过向职业妇女提供生育津贴、医疗服务和产假，帮助她们恢复劳动能力，重返工作岗位。

（一）生育保险的发展历程

我国的生育保险制度创建于新中国成立初期，早在1951年颁布、1953年修订的《中华人民共和国劳动保险条例》中，对企业职工的生育保险作出了具体规定。而国家机关、事业单位的生育保险制度则是在1955年遵循国务院颁布的《关于女工作人员生产假期的通知》建立和规范的。企业与国家机关、事业单位的生育保险制度虽然建立时间有先后，但其项目和待遇水平基本是一致的。1988年国务院颁布的《女职工劳动保护规定》，统一了企业和国家机关、事业单位的生育保险。1994年12月劳动部颁发《企业职工生育保险试行办法》，并于1995年1月1日起执行。

（二）生育保险制度的内容

1. 生育保险的缴费

生育保险费由企业按照工资总额的一定比例（不超过1%）向社会保险机构缴纳，职工个人不需缴费。生育保险费实行社会统筹。

2. 生育保险的待遇

当女职工生育时，除按照法律、法规享有产假外，产假期间的生育津贴按照本企业上年度职工月平均工资计发，由生育保险基金支付。女职工生育的检查费、接生费、手术费、住院费和药费等由生育保险基金支付，超出规定的医疗服务费和药费由职工个人负担。

（三）我国生育保险制度存在的问题

(1) 保障覆盖范围较小，参保人数少。《企业职工生育保险试行办法》(1994) 规定：生育保险的对象为城镇企业已婚女职工。不包括乡镇企业的女职工、女性自主创业者、非正规就业的妇女等。而且目前参加生育保险的主要是国有企业，各种非公有制企业、集体企业参加的较少。据 11 个省市总工会对 660 个企业领导的调查表明，有 88%的企业领导因女职工生育费用开支大，生育前后不能保证正常工作，影响企业的经济效益为由，不愿招收女工。这些因素直接造成女大学生就业难，女职工下岗人数增多，下岗周期延长，妇女的就业率下降等不良影响。

(2) 各地生育保险制度发展不平衡，缺乏全国的统一管理。①生育保险制度地区发展不平衡。经济发展较快的东部地区，生育保险社会统筹覆盖面较大、参保人数多，而经济相对落后的西部地区基本上来进行生育保险制度改革。②各地待遇标准、保障程度差异大。在基金征缴、支付水平、享受条件等方面存在很大差异。

(3) 保费费率偏高，支付水平偏低，保险基金结余率过高，企业负担未明显减轻。社保部门担心收不抵支而削减生育保险支付项目，降低支付水平。而企业在缴纳了生育保险费后，还要负担生育女工的相关费用，负担未减轻反而加重。

(4) 基金运行管理方式不尽科学合理，社会化管理体系尚未建立。①现行的由社保经办机构回拨给企业，职工由企业领取的支付方式不尽合理，不利于对职工利益的保护。②全国统一的社会化服务体系尚未建立，生育保险难以续接。③目前生育医疗费用存在着两种支付方式：实报实销方式和一次性定额支付方式，但这两种方式各有弊端，难以对妇女的生育费用提供切实可行的保障。

(5) 缺乏规范的监督管理机制，缺少必要的惩罚措施，生育保险实施阻力大，实施效果差。①生育保险基金管理不科学，不够透明。社保机构在征缴企业保险费之后，一般不向企业通报或向社会公开基金运营情况，企业无法监督基金的使用，造成对社保机构的不信任与抵制心理。②对未执行生育保险的企业无相应的法律规制，使得保险费征缴过程中阻力很大，用人单位参加生育保险不积极，时有拖欠费用现象。近几年，我国参加生育保险的企业和职工数呈逐年下降趋势，非公有制企业参保率低，改制后的企业退保率高，由于缺乏必要的处罚措施，实施效果差，各企业拒绝录用女性、限制女性生育的现象，并未得到有效控制。

(6) 统筹层次低，保障功能差，基金筹集渠道窄，实现社会统筹难。目前实行生育保险社会统筹的地区主要实行县（市）级统筹，由于统筹层次低，造成基金调剂功能差，基金无法在大范围调剂的状况，使生育保险难以起到互助互济、均衡负担的作用。

本章小结

(1) 社会保险是指国家通过立法强制实行的，由劳动者、企业（雇主）或社区以及国家三方共同筹资，建立保险基金，对劳动者因年老、工伤、疾病、生育、残废、失业、死亡等原因丧失劳动能力或暂时失去工作时，给予劳动者本人或供养直系亲属物质帮助的一种社会保障制度。社会保险是处理社会风险的一种手段和机制，它所承保的风险属于基本风险。

(2) 社会保险的主要内容包括养老社会保险、医疗社会保险、失业保险、工伤保险、生育保险等。

(3) 20 世纪 80 年代，我国开始对城镇企业社会保险制度进行改革。目前，已建立起包括统账结合的基本养老保险、基本医疗保险、失业保险、工伤保险和生育保险等内容的制度体系。同时，农村社会保险制度也在完善过程中。

重要概念

社会保险　养老保险　医疗保险　工伤保险　完全积累制

复习思考题

一、单项选择题

1.（　　）是社会保障制度的重要组成部分，是社会保险最重要的险种之一。

A. 失业保险　B. 医疗保险　C. 社会养老保险　D. 人寿保险

2. 养老保险实行社会统筹与（　　）相结合的运行方式。

A. 基础养老金　B. 个人账户养老金　C. 企业账户养老金　D. 财政账户养老金

3. 当期的缴费收入全部用于支付当期的养老金开支，不留或只留很少的储备基金的是（　　）。

A. 强制储蓄养老保险模式　B. 投保资助养老保险模式

C. 现收现付式　D. 基金式

4. 国家统筹式养老保险制度一般都对领取人规定了基本的领取条件，一般是（　　）

A. 必须是政府人员　B. 必须是国企员工

C. 必须达到法定的退休年龄　D. 必须无非法行为

5. 张先生已经工作了 18 年，根据《国务院关于建立统一的企业职工基本养老保险制度的决定》，他应当属于（　　）。

A. 新人　B. 老人　C. 中人　D. 少人

二、简答题

1. 简述社会保险的概念及特点。
2. 社会保险与商业保险的比较。
3. 社会保险的财务模式有几种？
4. 社会保险资金的投资原则及投资方向有哪些？
5. 我国社会保险制度的五大险种的内容是什么？

附　录

《中华人民共和国保险法》

（2009年修订版）

（1995年6月30日第八届全国人民代表大会常务委员会第十四次会议通过　根据2002年10月28日第九届全国人民代表大会常务委员会第三十次会议《关于修改〈中华人民共和国保险法〉的决定》修正　2009年2月28日第十一届全国人民代表大会常务委员会第七次会议修订）

目　录

第一章　总　则

第一条　为了规范保险活动，保护保险活动当事人的合法权益，加强对保险业的监督管理，维护社会经济秩序和社会公共利益，促进保险事业的健康发展，制定本法。

第二条　本法所称保险，是指投保人根据合同约定，向保险人支付保险费，保险人对于合同约定的可能发生的事故因其发生所造成的财产损失承担赔偿保险金责任，或者当被保险人死亡、伤残、疾病或者达到合同约定的年龄、期限等条件时承担给付保险金责任的商业保险行为。

第三条　在中华人民共和国境内从事保险活动，适用本法。

第四条　从事保险活动必须遵守法律、行政法规，尊重社会公德，不得损害社会公共利益。

第五条　保险活动当事人行使权利、履行义务应当遵循诚实信用原则。

第六条　保险业务由依照本法设立的保险公司以及法律、行政法规规定的其他保险组织经营，其他单位和个人不得经营保险业务。

第七条　在中华人民共和国境内的法人和其他组织需要办理境内保险的，应当向中华人民共和国境内的保险公司投保。

第八条　保险业和银行业、证券业、信托业实行分业经营、分业管理，保险公司与银行、证券、信托业务机构分别设立。国家另有规定的除外。

第九条　国务院保险监督管理机构依法对保险业实施监督管理。

国务院保险监督管理机构根据履行职责的需要设立派出机构。派出机构按照国务院保险监督管理机构的授权履行监督管理职责。

第二章　保险合同

第一节　一般规定

第十条　保险合同是投保人与保险人约定保险权利义务关系的协议。

投保人是指与保险人订立保险合同，并按照合同约定负有支付保险费义务的人。

保险人是指与投保人订立保险合同，并按照合同约定承担赔偿或者给付保险金责任的保险公司。

第十一条 订立保险合同，应当协商一致，遵循公平原则确定各方的权利和义务。

除法律、行政法规规定必须保险的外，保险合同自愿订立。

第十二条 人身保险的投保人在保险合同订立时，对被保险人应当具有保险利益。

财产保险的被保险人在保险事故发生时，对保险标的应当具有保险利益。

人身保险是以人的寿命和身体为保险标的的保险。

财产保险是以财产及其有关利益为保险标的的保险。

被保险人是指其财产或者人身受保险合同保障，享有保险金请求权的人。投保人可以为被保险人。

保险利益是指投保人或者被保险人对保险标的具有的法律上承认的利益。

第十三条 投保人提出保险要求，经保险人同意承保，保险合同成立。保险人应当及时向投保人签发保险单或者其他保险凭证。

保险单或者其他保险凭证应当载明当事人双方约定的合同内容。当事人也可以约定采用其他书面形式载明合同内容。

依法成立的保险合同，自成立时生效。投保人和保险人可以对合同的效力约定附条件或者附期限。

第十四条 保险合同成立后，投保人按照约定交付保险费，保险人按照约定的时间开始承担保险责任。

第十五条 除本法另有规定或者保险合同另有约定外，保险合同成立后，投保人可以解除合同，保险人不得解除合同。

第十六条 订立保险合同，保险人就保险标的或者被保险人的有关情况提出询问的，投保人应当如实告知。

投保人故意或者因重大过失未履行前款规定的如实告知义务，足以影响保险人决定是否同意承保或者提高保险费率的，保险人有权解除合同。

前款规定的合同解除权，自保险人知道有解除事由之日起，超过三十日不行使而消灭。自合同成立之日起超过两年的，保险人不得解除合同；发生保险事故的，保险人应当承担赔偿或者给付保险金的责任。

投保人故意不履行如实告知义务的，保险人对于合同解除前发生的保险事故，不承担赔偿或者给付保险金的责任，并不退还保险费。

投保人因重大过失未履行如实告知义务，对保险事故的发生有严重影响的，保险人对于合同解除前发生的保险事故，不承担赔偿或者给付保险金的责任，但应当退还保险费。

保险人在合同订立时已经知道投保人未如实告知的情况的，保险人不得解除合同；发生保险事故的，保险人应当承担赔偿或者给付保险金的责任。保险事故是指保险合同约定的保险责任范围内的事故。

第十七条 订立保险合同，采用保险人提供的格式条款的，保险人向投保人提供的投保单应当附格式条款，保险人应当向投保人说明合同的内容。

对保险合同中免除保险人责任的条款，保险人在订立合同时应当在投保单、保险单或者其他保险凭证上作出足以引起投保人注意的提示，并对该条款的内容以书面或者口头形式向投保人作出明确说明；未作提示或者明确说明的，该条款不产生效力。

第十八条 保险合同应当包括下列事项：

（一）保险人的名称和住所；

（二）投保人、被保险人的姓名或者名称、住所，以及人身保险的受益人的姓名或者名称、住所；

（三）保险标的；

（四）保险责任和责任免除；

（五）保险期间和保险责任开始时间；

（六）保险金额；

（七）保险费以及支付办法；

（八）保险金赔偿或者给付办法；

（九）违约责任和争议处理；

（十）订立合同的年、月、日。

投保人和保险人可以约定与保险有关的其他事项。

受益人是指人身保险合同中由被保险人或者投保人指定的享有保险金请求权的人。投保人、被保险人可以为受益人。

保险金额是指保险人承担赔偿或者给付保险金责任的最高限额。

第十九条 采用保险人提供的格式条款订立的保险合同中的下列条款无效：

（一）免除保险人依法应承担的义务或者加重投保人、被保险人责任的；

（二）排除投保人、被保险人或者受益人依法享有的权利的。

第二十条 投保人和保险人可以协商变更合同内容。

变更保险合同的，应当由保险人在保险单或者其他保险凭证上批注或者附贴批单，或者由投保人和保险人订立变更的书面协议。

第二十一条 投保人、被保险人或者受益人知道保险事故发生后，应当及时通知保险人。故意或者因重大过失未及时通知，致使保险事故的性质、原因、损失程度等难以确定的，保险人对无法确定的部分，不承担赔偿或者给付保险金的责任，但保险人通过其他途径已经及时知道或者应当及时知道保险事故发生的除外。

第二十二条 保险事故发生后，按照保险合同请求保险人赔偿或者给付保险金时，投保人、被保险人或者受益人应当向保险人提供其所能提供的与确认保险事故的性质、原因、损失程度等有关的证明和资料。

保险人按照合同的约定，认为有关的证明和资料不完整的，应当及时一次性通知投保人、被保险人或者受益人补充提供。

第二十三条 保险人收到被保险人或者受益人的赔偿或者给付保险金的请求后，应当及时作出核定；情形复杂的，应当在三十日内作出核定，但合同另有约定的除外。保险人应当将核定结果通知被保险人或者受益人；对属于保险责任的，在与被保险人或者受益人达成赔偿或者给付保险金的协议后十日内，履行赔偿或者给付保险金义务。保险合同对赔偿或者给付保险金的期限有约定的，保险人应当按照约定履行赔偿或者给付保险金义务。

保险人未及时履行前款规定义务的，除支付保险金外，应当赔偿被保险人或者受益人因此受到的损失。

任何单位和个人不得非法干预保险人履行赔偿或者给付保险金的义务，也不得限制被保险人或者受益人取得保险金的权利。

第二十四条 保险人依照本法第二十三条的规定作出核定后，对不属于保险责任的，应当自作出核定之日起三日内向被保险人或者受益人发出拒绝赔偿或者拒绝给付保险金通知书，并说明理由。

第二十五条 保险人自收到赔偿或者给付保险金的请求和有关证明、资料之日起六十日内，对其赔偿或者给付保险金的数额不能确定的，应当根据已有证明和资料可以确定的数额先予支付；保险人最终确定赔偿或者给付保险金的数额后，应当支付相应的差额。

第二十六条 人寿保险以外的其他保险的被保险人或者受益人，向保险人请求赔偿或者给付保险金的诉讼时效期间为二年，自其知道或者应当知道保险事故发生之日起计算。

人寿保险的被保险人或者受益人向保险人请求给付保险金的诉讼时效期间为五年，自其知道或者应当知道保险事故发生之日起计算。

第二十七条 未发生保险事故，被保险人或者受益人谎称发生了保险事故，向保险人提出赔偿或者给付保险金请求的，保险人有权解除合同，并不退还保险费。

投保人、被保险人故意制造保险事故的，保险人有权解除合同，不承担赔偿或者给付保险金的责任；除本法第四十三条规定外，不退还保险费。

保险事故发生后，投保人、被保险人或者受益人以伪造、变造的有关证明、资料或者其他证据，编造虚假的事故原因或者夸大损失程度的，保险人对其虚报的部分不承担赔偿或者给付保险金的责任。

投保人、被保险人或者受益人有前三款规定行为之一，致使保险人支付保险金或者支出费用的，应当退回或者赔偿。

第二十八条 保险人将其承担的保险业务，以分保形式部分转移给其他保险人的，为再保险。

应再保险接受人的要求，再保险分出人应当将其自负责任及原保险的有关情况书面告知再保险接受人。

第二十九条 再保险接受人不得向原保险的投保人要求支付保险费。

原保险的被保险人或者受益人不得向再保险接受人提出赔偿或者给付保险金的请求。

再保险分出人不得以再保险接受人未履行再保险责任为由，拒绝履行或者迟延履行其原保险责任。

第三十条 采用保险人提供的格式条款订立的保险合同，保险人与投保人、被保险人或者受益人对合同条款有争议的，应当按照通常理解予以解释。对合同条款有两种以上解释的，人民法院或者仲裁机构应当作出有利于被保险人和受益人的解释。

第二节 人身保险合同

第三十一条 投保人对下列人员具有保险利益：

（一）本人；

（二）配偶、子女、父母；

（三）前项以外与投保人有抚养、赡养或者扶养关系的家庭其他成员、近亲属；

（四）与投保人有劳动关系的劳动者。

除前款规定外，被保险人同意投保人为其订立合同的，视为投保人对被保险人具有保险利益。

订立合同时，投保人对被保险人不具有保险利益的，合同无效。

第三十二条 投保人申报的被保险人年龄不真实，并且其真实年龄不符合合同约定的年龄限制的，保险人可以解除合同，并按照合同约定退还保险单的现金价值。保险人行使合同解除权，适用本法第十六条第三款、第六款的规定。投保人申报的被保险人年龄不真实，致使投保人支付的保险费少于应付保险费的，保险人有权更正并要求投保人补交保险费，或者在给付保险金时按照实付保险费与应付保险费的比例支付。

投保人申报的被保险人年龄不真实，致使投保人支付的保险费多于应付保险费的，保险人应当将多收的保险费退还投保人。

第三十三条 投保人不得为无民事行为能力人投保以死亡为给付保险金条件的人身保险，保险人也不得承保。

父母为其未成年子女投保的人身保险，不受前款规定限制。但是，因被保险人死亡给付的保险金总和不得超过国务院保险监督管理机构规定的限额。

第三十四条 以死亡为给付保险金条件的合同，未经被保险人同意并认可保险金额的，合同无效。

按照以死亡为给付保险金条件的合同所签发的保险单，未经被保险人书面同意，不得转让或者质押。

父母为其未成年子女投保的人身保险，不受本条第一款规定限制。

第三十五条 投保人可以按照合同约定向保险人一次支付全部保险费或者分期支付保险费。

第三十六条 合同约定分期支付保险费，投保人支付首期保险费后，除合同另有约定外，投保人自保险人催告之日起超过三十日未支付当期保险费，或者超过约定的期限六十日未支付当期保险费的，合同效力中止，或者由保险人按照合同约定的条件减少保险金额。

被保险人在前款规定期限内发生保险事故的，保险人应当按照合同约定给付保险金，但可以扣减欠交的保险费。

第三十七条 合同效力依照本法第三十六条规定中止的，经保险人与投保人协商并达成协议，在投保人补交保险费后，合同效力恢复。但是，自合同效力中止之日起满二年双方未达成协议的，保险人有权解除合同。

保险人依照前款规定解除合同的，应当按照合同约定退还保险单的现金价值。

第三十八条 保险人对人寿保险的保险费，不得用诉讼方式要求投保人支付。

第三十九条 人身保险的受益人由被保险人或者投保人指定。投保人指定受益人时须经被保险人同意。投保人为与其有劳动关系的劳动者投保人身保险，不得指定被保险人及其近亲属以外的人为受益人。

被保险人为无民事行为能力人或者限制民事行为能力人的，可以由其监护人指定受益人。

第四十条 被保险人或者投保人可以指定一人或者数人为受益人。

受益人为数人的，被保险人或者投保人可以确定受益顺序和受益份额；未确定受益份额的，受益人按照相等份额享有受益权。

第四十一条 被保险人或者投保人可以变更受益人并书面通知保险人。保险人收到变更受益人的书面通知后，应当在保险单或者其他保险凭证上批注或者附贴批单。

投保人变更受益人时须经被保险人同意。

第四十二条 被保险人死亡后，有下列情形之一的，保险金作为被保险人的遗产，由保险人依照《中华人民共和国继承法》的规定履行给付保险金的义务：

（一）没有指定受益人，或者受益人指定不明无法确定的；

（二）受益人先于被保险人死亡，没有其他受益人的；

（三）受益人依法丧失受益权或者放弃受益权，没有其他受益人的。

受益人与被保险人在同一事件中死亡，且不能确定死亡先后顺序的，推定受益人死亡在先。

第四十三条 投保人故意造成被保险人死亡、伤残或者疾病的，保险人不承担给付保险金的责任。投保人已交足二年以上保险费的，保险人应当按照合同约定向其他权利人退还保险单的现金价值。

受益人故意造成被保险人死亡、伤残、疾病的，或者故意杀害被保险人未遂的，该受益人丧失受益权。

第四十四条 以被保险人死亡为给付保险金条件的合同，自合同成立或者合同效力恢复之日起二年内，被保险人自杀的，保险人不承担给付保险金的责任，但被保险人自杀时为无民事行为能力人的除外。

保险人依照前款规定不承担给付保险金责任的，应当按照合同约定退还保险单的现金价值。

第四十五条 因被保险人故意犯罪或者抗拒依法采取的刑事强制措施导致其伤残或者死亡的，保险人不承担给付保险金的责任。投保人已交足二年以上保险费的，保险人应当按照合同约定退还保险单的现金价值。

第四十六条 被保险人因第三者的行为而发生死亡、伤残或者疾病等保险事故的，保险人向被保险人或者受益人给付保险金后，不享有向第三者追偿的权利，但被保险人或者受益人仍有权向第三者请求赔偿。

第四十七条 投保人解除合同的，保险人应当自收到解除合同通知之日起三十日内，按照合同约定退还保险单的现金价值。

第三节 财产保险合同

第四十八条 保险事故发生时，被保险人对保险标的不具有保险利益的，不得向保险人请求赔偿保险金。

第四十九条 保险标的转让的，保险标的的受让人承继被保险人的权利和义务。

保险标的转让的，被保险人或者受让人应当及时通知保险人，但货物运输保险合同和另有约定的合同除外。

因保险标的转让导致危险程度显著增加的，保险人自收到前款规定的通知之日起三十日内，可以按照合同约定增加保险费或者解除合同。保险人解除合同的，应当将已收取的保险费，按照合同约定扣除自保险责任开始之日起至合同解除之日止应收的部分后，退还投保人。

被保险人、受让人未履行本条第二款规定的通知义务的，因转让导致保险标的危险程度显著增加而发生的保险事故，保险人不承担赔偿保险金的责任。

第五十条 货物运输保险合同和运输工具航程保险合同，保险责任开始后，合同当事人不得解除合同。

第五十一条 被保险人应当遵守国家有关消防、安全、生产操作、劳动保护等方面的规定，维护保险标的的安全。

保险人可以按照合同约定对保险标的的安全状况进行检查，及时向投保人、被保险人提出消除不安全因素和隐患的书面建议。

投保人、被保险人未按照约定履行其对保险标的的安全应尽责任的，保险人有权要求增加保险费或者解除合同。

保险人为维护保险标的的安全，经被保险人同意，可以采取安全预防措施。

第五十二条 在合同有效期内，保险标的的危险程度显著增加的，被保险人应当按照合同约定及时通知保险人，保险人可以按照合同约定增加保险费或者解除合同。保险人解除合同的，应当将已收取的保险费，按照合同约定扣除自保险责任开始之日起至合同解除之日止应收的部分后，退还投保人。

被保险人未履行前款规定的通知义务的，因保险标的的危险程度显著增加而发生的保险事故，保险人不承担赔偿保险金的责任。

第五十三条 有下列情形之一的，除合同另有约定外，保险人应当降低保险费，并按日计算退还相应的保险费：

（一）据以确定保险费率的有关情况发生变化，保险标的的危险程度明显减少的；

（二）保险标的的保险价值明显减少的。

第五十四条 保险责任开始前，投保人要求解除合同的，应当按照合同约定向保险人支付手续费，保险人应当退还保险费。保险责任开始后，投保人要求解除合同的，保险人应当将已收取的保险费，按照合同约定扣除自保险责任开始之日起至合同解除之日止应收的部分后，退还投保人。

第五十五条 投保人和保险人约定保险标的的保险价值并在合同中载明的，保险标的发生损失时，以约定的保险价值为赔偿计算标准。

投保人和保险人未约定保险标的的保险价值的，保险标的发生损失时，以保险事故发生时保险标的的实际价值为赔偿计算标准。

保险金额不得超过保险价值。超过保险价值的，超过部分无效，保险人应当退还相应的保险费。

保险金额低于保险价值的，除合同另有约定外，保险人按照保险金额与保险价值的比例承担赔偿保险金的责任。

第五十六条 重复保险的投保人应当将重复保险的有关情况通知各保险人。

重复保险的各保险人赔偿保险金的总和不得超过保险价值。除合同另有约定外，各保险人按照其保险金额与保险金额总和的比例承担赔偿保险金的责任。

重复保险的投保人可以就保险金额总和超过保险价值的部分，请求各保险人按比例返还保险费。

重复保险是指投保人对同一保险标的、同一保险利益、同一保险事故分别与两个以上保险人订立保险合同，且保险金额总和超过保险价值的保险。

第五十七条 保险事故发生时，被保险人应当尽力采取必要的措施，防止或者减少损失。

保险事故发生后，被保险人为防止或者减少保险标的的损失所支付的必要的、合理的费用，由保险人承担；保险人所承担的费用数额在保险标的损失赔偿金额以外另行计算，最高不超过保险金额的数额。

第五十八条 保险标的发生部分损失的，自保险人赔偿之日起三十日内，投保人可以解除合同；除合同另有约定外，保险人也可以解除合同，但应当提前十五日通知投保人。

合同解除的，保险人应当将保险标的未受损失部分的保险费，按照合同约定扣除自保险责任开始之日起至合同解除之日止应收的部分后，退还投保人。

第五十九条 保险事故发生后，保险人已支付了全部保险金额，并且保险金额等于保险价值的，受损保险标的的全部权利归于保险人；保险金额低于保险价值的，保险人按照保险金额与保险价值的比例取得受损保险标的的部分权利。

第六十条 因第三者对保险标的的损害而造成保险事故的，保险人自向被保险人赔偿保险金之日起，在赔偿金额范围内代位行使被保险人对第三者请求赔偿的权利。

前款规定的保险事故发生后，被保险人已经从第三者取得损害赔偿的，保险人赔偿保险金时，可以相应扣减被保险人从第三者已取得的赔偿金额。

保险人依照本条第一款规定行使代位请求赔偿的权利，不影响被保险人就未取得赔偿的部分向第三者请求赔偿的权利。

第六十一条 保险事故发生后，保险人未赔偿保险金之前，被保险人放弃对第三者请求赔偿的权利的，保险人不承担赔偿保险金的责任。

保险人向被保险人赔偿保险金后，被保险人未经保险人同意放弃对第三者请求赔偿的权利的，该行为无效。

被保险人故意或者因重大过失致使保险人不能行使代位请求赔偿的权利的，保险人可以扣减或者要求返还相应的保险金。

第六十二条 除被保险人的家庭成员或者其组成人员故意造成本法第六十条第一款规定的保险事故外，保险人不得对被保险人的家庭成员或者其组成人员行使代位请求赔偿的权利。

第六十三条 保险人向第三者行使代位请求赔偿的权利时，被保险人应当向保险人提供必要的文件和所知道的有关情况。

第六十四条 保险人、被保险人为查明和确定保险事故的性质、原因和保险标的的损失程度所支付的必要的、合理的费用，由保险人承担。

第六十五条 保险人对责任保险的被保险人给第三者造成的损害，可以依照法律的规定或者合同的约定，直接向该第三者赔偿保险金。

责任保险的被保险人给第三者造成损害，被保险人对第三者应负的赔偿责任确定的，根据被保险人的请求，保险人应当直接向该第三者赔偿保险金。被保险人怠于请求的，第三者有权就其应获赔偿部分直接向保险人请求赔偿保险金。

责任保险的被保险人给第三者造成损害，被保险人未向该第三者赔偿的，保险人不得向被保险人赔偿保险金。

责任保险是指以被保险人对第三者依法应负的赔偿责任为保险标的的保险。

第六十六条 责任保险的被保险人因给第三者造成损害的保险事故而被提起仲裁或者诉讼的，被保险人支付的仲裁或者诉讼费用以及其他必要的、合理的费用，除合同另有约定外，由保险人承担。

第三章 保险公司

第六十七条 设立保险公司应当经国务院保险监督管理机构批准。

国务院保险监督管理机构审查保险公司的设立申请时，应当考虑保险业的发展和公平竞争的需要。

第六十八条 设立保险公司应当具备下列条件：

（一）主要股东具有持续盈利能力，信誉良好，最近三年内无重大违法违规记录，净资产不低于人民币二亿元；

（二）有符合本法和《中华人民共和国公司法》规定的章程；

（三）有符合本法规定的注册资本；

（四）有具备任职专业知识和业务工作经验的董事、监事和高级管理人员；

（五）有健全的组织机构和管理制度；

（六）有符合要求的营业场所和与经营业务有关的其他设施；

（七）法律、行政法规和国务院保险监督管理机构规定的其他条件。

第六十九条 设立保险公司，其注册资本的最低限额为人民币二亿元。

国务院保险监督管理机构根据保险公司的业务范围、经营规模，可以调整其注册资本的最低限额，但不得低于本条第一款规定的限额。

保险公司的注册资本必须为实缴货币资本。

第七十条 申请设立保险公司，应当向国务院保险监督管理机构提出书面申请，并提交下列材料：

（一）设立申请书，申请书应当载明拟设立的保险公司的名称、注册资本、业务范围等；

（二）可行性研究报告；

（三）筹建方案；

（四）投资人的营业执照或者其他背景资料，经会计师事务所审计的上一年度财务会计报告；

（五）投资人认可的筹备组负责人和拟任董事长、经理名单及本人认可证明；

（六）国务院保险监督管理机构规定的其他材料。

第七十一条 国务院保险监督管理机构应当对设立保险公司的申请进行审查，自受理之日起六个月内作出批准或者不批准筹建的决定，并书面通知申请人。决定不批准的，应当书面说明理由。

第七十二条 申请人应当自收到批准筹建通知之日起一年内完成筹建工作；筹建期间不得从事保险经营活动。

第七十三条 筹建工作完成后，申请人具备本法第六十八条规定的设立条件的，可以向国务院保险监督管理机构提出开业申请。

国务院保险监督管理机构应当自受理开业申请之日起六十日内，作出批准或者不批准开业的决定。决定批准的，颁发经营保险业务许可证；决定不批准的，应当书面通知申请人并说明理由。

第七十四条 保险公司在中华人民共和国境内设立分支机构，应当经保险监督管理机构批准。

保险公司分支机构不具有法人资格，其民事责任由保险公司承担。

第七十五条 保险公司申请设立分支机构，应当向保险监督管理机构提出书面申请，并提交下列材料：

（一）设立申请书；

（二）拟设机构三年业务发展规划和市场分析材料；

（三）拟任高级管理人员的简历及相关证明材料；

（四）国务院保险监督管理机构规定的其他材料。

第七十六条 保险监督管理机构应当对保险公司设立分支机构的申请进行审查，自受理之日起六十日内作出批准或者不批准的决定。决定批准的，颁发分支机构经营保险业务许可证；决定不批准的，应当书面通知申请人并说明理由。

第七十七条 经批准设立的保险公司及其分支机构，凭经营保险业务许可证向工商行政管理机关办理登记，领取营业执照。

第七十八条 保险公司及其分支机构自取得经营保险业务许可证之日起六个月内，无正当理由未向工商行政管理机关办理登记的，其经营保险业务许可证失效。

第七十九条 保险公司在中华人民共和国境外设立子公司、分支机构、代表机构，应当经国务院保险监督管理机构批准。

第八十条 外国保险机构在中华人民共和国境内设立代表机构，应当经国务院保险监督管理机构批准。代表机构不得从事保险经营活动。

第八十一条 保险公司的董事、监事和高级管理人员，应当品行良好，熟悉与保险相关的法律、行政法规，具有履行职责所需的经营管理能力，并在任职前取得保险监督管理机构核准的任职资格。

保险公司高级管理人员的范围由国务院保险监督管理机构规定。

第八十二条 有《中华人民共和国公司法》第一百四十七条规定的情形或者下列情形之一的，不得担任保险公司的董事、监事、高级管理人员：

（一）因违法行为或者违纪行为被金融监督管理机构取消任职资格的金融机构的董事、监事、高级管理人员，自被取消任职资格之日起未逾五年的；

（二）因违法行为或者违纪行为被吊销执业资格的律师、注册会计师或者资产评估机构、验证机构等机构的专业人员，自被吊销执业资格之日起未逾五年的。

第八十三条 保险公司的董事、监事、高级管理人员执行公司职务时违反法律、行政法规或者公司章程的规定，给公司造成损失的，应当承担赔偿责任。

第八十四条 保险公司有下列情形之一的，应当经保险监督管理机构批准：

（一）变更名称；

（二）变更注册资本；

（三）变更公司或者分支机构的营业场所；

（四）撤销分支机构；

（五）公司分立或者合并；

（六）修改公司章程；

（七）变更出资额占有限责任公司资本总额百分之五以上的股东，或者变更持有股份有限公司股份百分之五以上的股东；

（八）国务院保险监督管理机构规定的其他情形。

第八十五条 保险公司应当聘用经国务院保险监督管理机构认可的精算专业人员，建立精算报告制度。

保险公司应当聘用专业人员，建立合规报告制度。

第八十六条 保险公司应当按照保险监督管理机构的规定，报送有关报告、报表、文件和资料。

保险公司的偿付能力报告、财务会计报告、精算报告、合规报告及其他有关报告、报表、文件和资料必须如实记录保险业务事项，不得有虚假记载、误导性陈述和重大遗漏。

第八十七条 保险公司应当按照国务院保险监督管理机构的规定妥善保管业务经营活动的完整账簿、原始凭证和有关资料。

前款规定的账簿、原始凭证和有关资料的保管期限，自保险合同终止之日起计算，保险期间在一年以下的不得少于五年，保险期间超过一年的不得少于十年。

第八十八条 保险公司聘请或者解聘会计师事务所、资产评估机构、资信评级机构等中介服务机构，应当向保险监督管理机构报告；解聘会计师事务所、资产评估机构、资信评级机构等中介服务机构，应当说明理由。

第八十九条 保险公司因分立、合并需要解散，或者股东会、股东大会决议解散，或者公司章程规定的解散事由出现，经国务院保险监督管理机构批准后解散。

经营有人寿保险业务的保险公司，除因分立、合并或者被依法撤销外，不得解散。

保险公司解散，应当依法成立清算组进行清算。

第九十条 保险公司有《中华人民共和国企业破产法》第二条规定情形的，经国务院保险监督管理机构同意，保险公司或者其债权人可以依法向人民法院申请重整、和解或者破产清算；国务院保险监督管理机构也可以依法向人民法院申请对该保险公司进行重整或者破产清算。

第九十一条 破产财产在优先清偿破产费用和共益债务后，按照下列顺序清偿：

（一）所欠职工工资和医疗、伤残补助、抚恤费用，所欠应当划入职工个人账户的基本养老保险、基本医疗保险费用，以及法律、行政法规规定应当支付给职工的补偿金；

（二）赔偿或者给付保险金；

（三）保险公司欠缴的除第（一）项规定以外的社会保险费用和所欠税款；

（四）普通破产债权。

破产财产不足以清偿同一顺序的清偿要求的，按照比例分配。

破产保险公司的董事、监事和高级管理人员的工资，按照该公司职工的平均工资计算。

第九十二条 经营有人寿保险业务的保险公司被依法撤销或者被依法宣告破产的，其持有的人寿保险合同及责任准备金，必须转让给其他经营有人寿保险业务的保险公司；不能同其他保险公司达成转让协议的，由国务院保险监督管理机构指定经营有人寿保险业务的保险公司接受转让。

转让或者由国务院保险监督管理机构指定接受转让前款规定的人寿保险合同及责任准备金的，应当维护被保险人、受益人的合法权益。

第九十三条 保险公司依法终止其业务活动，应当注销其经营保险业务许可证。

第九十四条 保险公司，除本法另有规定外，适用《中华人民共和国公司法》的规定。

第四章 保险经营规则

第九十五条 保险公司的业务范围：

（一）人身保险业务，包括人寿保险、健康保险、意外伤害保险等保险业务；

（二）财产保险业务，包括财产损失保险、责任保险、信用保险、保证保险等保险业务；

（三）国务院保险监督管理机构批准的与保险有关的其他业务。

保险人不得兼营人身保险业务和财产保险业务。但是，经营财产保险业务的保险公司经国务院保险监督管理机构批准，可以经营短期健康保险业务和意外伤害保险业务。

保险公司应当在国务院保险监督管理机构依法批准的业务范围内从事保险经营活动。

第九十六条 经国务院保险监督管理机构批准，保险公司可以经营本法第九十五条规定的保险业务的下列再保险业务：

（一）分出保险；

（二）分入保险。

第九十七条 保险公司应当按照其注册资本总额的百分之二十提取保证金，存入国务院保险监督管理机构指定的银行，除公司清算时用于清偿债务外，不得动用。

第九十八条 保险公司应当根据保障被保险人利益、保证偿付能力的原则，提取各项责任准备金。

保险公司提取和结转责任准备金的具体办法，由国务院保险监督管理机构制定。

第九十九条 保险公司应当依法提取公积金。

第一百条 保险公司应当缴纳保险保障基金。

保险保障基金应当集中管理，并在下列情形下统筹使用：

（一）在保险公司被撤销或者被宣告破产时，向投保人、被保险人或者受益人提供救济；

（二）在保险公司被撤销或者被宣告破产时，向依法接受其人寿保险合同的保险公司提供救济；

（三）国务院规定的其他情形。

保险保障基金筹集、管理和使用的具体办法，由国务院制定。

第一百零一条 保险公司应当具有与其业务规模和风险程度相适应的最低偿付能力。保险公司的认可资产减去认可负债的差额不得低于国务院保险监督管理机构规定的数额；低于规定数额的，应当按照国务院保险监督管理机构的要求采取相应措施达到规定的数额。

第一百零二条 经营财产保险业务的保险公司当年自留保险费，不得超过其实有资本金加公积金总和的四倍。

第一百零三条 保险公司对每一危险单位，即对一次保险事故可能造成的最大损失范围所承担的责任，不得超过其实有资本金加公积金总和的百分之十；超过的部分应当办理再保险。

保险公司对危险单位的划分应当符合国务院保险监督管理机构的规定。

第一百零四条 保险公司对危险单位的划分方法和巨灾风险安排方案，应当报国务院保险监督管理机构备案。

第一百零五条 保险公司应当按照国务院保险监督管理机构的规定办理再保险，并审慎选择再保险接受人。

第一百零六条 保险公司的资金运用必须稳健，遵循安全性原则。

保险公司的资金运用限于下列形式：

（一）银行存款；

（二）买卖债券、股票、证券投资基金份额等有价证券；

（三）投资不动产；

（四）国务院规定的其他资金运用形式。

保险公司资金运用的具体管理办法，由国务院保险监督管理机构依照前两款的规定制定。

第一百零七条 经国务院保险监督管理机构会同国务院证券监督管理机构批准，保险公司可以设立保险资产管理公司。

保险资产管理公司从事证券投资活动，应当遵守《中华人民共和国证券法》等法律、行政法规的规定。

保险资产管理公司的管理办法，由国务院保险监督管理机构会同国务院有关部门制定。

第一百零八条 保险公司应当按照国务院保险监督管理机构的规定，建立对关联交易的管理和信息披露制度。

第一百零九条 保险公司的控股股东、实际控制人、董事、监事、高级管理人员不得利用关联交易损害公司的利益。

第一百一十条 保险公司应当按照国务院保险监督管理机构的规定，真实、准确、完整地披露财务会计报告、风险管理状况、保险产品经营情况等重大事项。

第一百一十一条 保险公司从事保险销售的人员应当符合国务院保险监督管理机构规定的资格条件，取得保险监督管理机构颁发的资格证书。

前款规定的保险销售人员的范围和管理办法，由国务院保险监督管理机构规定。

第一百一十二条 保险公司应当建立保险代理人登记管理制度，加强对保险代理人的培训和管理，不得唆使、诱导保险代理人进行违背诚信义务的活动。

第一百一十三条 保险公司及其分支机构应当依法使用经营保险业务许可证，不得转让、出租、出借经营保险业务许可证。

第一百一十四条 保险公司应当按照国务院保险监督管理机构的规定，公平、合理拟订保险条款和保险费率，不得损害投保人、被保险人和受益人的合法权益。保险公司应当按照合同约定和本法规定，及时履行赔偿或者给付保险金义务。

第一百一十五条 保险公司开展业务，应当遵循公平竞争的原则，不得从事不正当竞争。

第一百一十六条 保险公司及其工作人员在保险业务活动中不得有下列行为：

（一）欺骗投保人、被保险人或者受益人；

（二）对投保人隐瞒与保险合同有关的重要情况；

（三）阻碍投保人履行本法规定的如实告知义务，或者诱导其不履行本法规定的如实告知义务；

（四）给予或者承诺给予投保人、被保险人、受益人保险合同约定以外的保险费回扣或者其他利益；

（五）拒不依法履行保险合同约定的赔偿或者给付保险金义务；

（六）故意编造未曾发生的保险事故、虚构保险合同或者故意夸大已经发生的保险事故的损失程度进行虚假理赔，骗取保险金或者牟取其他不正当利益；

（七）挪用、截留、侵占保险费；

（八）委托未取得合法资格的机构或者个人从事保险销售活动；

（九）利用开展保险业务为其他机构或者个人牟取不正当利益；

（十）利用保险代理人、保险经纪人或者保险评估机构，从事以虚构保险中介业务或者编造退保等方式套取费用等违法活动；

（十一）以捏造、散布虚假事实等方式损害竞争对手的商业信誉，或者以其他不正当竞争行为扰乱保险市场秩序；

（十二）泄露在业务活动中知悉的投保人、被保险人的商业秘密；

（十三）违反法律、行政法规和国务院保险监督管理机构规定的其他行为。

第五章 保险代理人和保险经纪人

第一百一十七条 保险代理人是根据保险人的委托，向保险人收取佣金，并在保险人授权的范围内代为办理保险业务的机构或者个人。

保险代理机构包括专门从事保险代理业务的保险专业代理机构和兼营保险代理业务的保险兼业代理机构。

第一百一十八条 保险经纪人是基于投保人的利益，为投保人与保险人订立保险合同提供中介服务，并依法收取佣金的机构。

第一百一十九条 保险代理机构、保险经纪人应当具备国务院保险监督管理机构规定的条件，取得保险监督管理机构颁发的经营保险代理业务许可证、保险经纪业务许可证。

保险专业代理机构、保险经纪人凭保险监督管理机构颁发的许可证向工商行政管理机关办理登记，领取营业执照。

保险兼业代理机构凭保险监督管理机构颁发的许可证，向工商行政管理机关办理变更登记。

第一百二十条 以公司形式设立保险专业代理机构、保险经纪人，其注册资本最低限额适用《中华人民共和国公司法》的规定。

国务院保险监督管理机构根据保险专业代理机构、保险经纪人的业务范围和经营规模，可以调整其注册资本的最低限额，但不得低于《中华人民共和国公司法》规定的限额。

保险专业代理机构、保险经纪人的注册资本或者出资额必须为实缴货币资本。

第一百二十一条 保险专业代理机构、保险经纪人的高级管理人员，应当品行良好，熟悉保险法律、行政法规，具有履行职责所需的经营管理能力，并在任职前取得保险监督管理机构核准的任职资格。

第一百二十二条 个人保险代理人、保险代理机构的代理从业人员、保险经纪人的经纪从业人员，应当具备国务院保险监督管理机构规定的资格条件，取得保险监督管理机构颁发的资格证书。

第一百二十三条 保险代理机构、保险经纪人应当有自己的经营场所，设立专门账簿记载保险代理业务、经纪业务的收支情况。

第一百二十四条 保险代理机构、保险经纪人应当按照国务院保险监督管理机构的规定缴存保证金或者投保职业责任保险。未经保险监督管理机构批准，保险代理机构、保险经纪人不得动用保证金。

第一百二十五条 个人保险代理人在代为办理人寿保险业务时，不得同时接受两个以上保险人的委托。

第一百二十六条 保险人委托保险代理人代为办理保险业务，应当与保险代理人签订委托代理协议，依法约定双方的权利和义务。

第一百二十七条 保险代理人根据保险人的授权代为办理保险业务的行为，由保险人承担责任。

保险代理人没有代理权、超越代理权或者代理权终止后以保险人名义订立合同，使投保人有理由相信其有代理权的，该代理行为有效。保险人可以依法追究越权的保险代理人的责任。

第一百二十八条 保险经纪人因过错给投保人、被保险人造成损失的，依法承担赔偿责任。

第一百二十九条 保险活动当事人可以委托保险公估机构等依法设立的独立评估机构或者具有相关专业知识的人员，对保险事故进行评估和鉴定。

接受委托对保险事故进行评估和鉴定的机构和人员，应当依法、独立、客观、公正地进行评估和鉴定，任何单位和个人不得干涉。

前款规定的机构和人员，因故意或者过失给保险人或者被保险人造成损失的，依法承担赔偿责任。

第一百三十条 保险佣金只限于向具有合法资格的保险代理人、保险经纪人支付，不得向其他人支付。

第一百三十一条 保险代理人、保险经纪人及其从业人员在办理保险业务活动中不得有下列行为：

（一）欺骗保险人、投保人、被保险人或者受益人；

（二）隐瞒与保险合同有关的重要情况；

（三）阻碍投保人履行本法规定的如实告知义务，或者诱导其不履行本法规定的如实告知义务；

（四）给予或者承诺给予投保人、被保险人或者受益人保险合同约定以外的利益；

（五）利用行政权力、职务或者职业便利以及其他不正当手段强迫、引诱或者限制投保人订立保险合同；

（六）伪造、擅自变更保险合同，或者为保险合同当事人提供虚假证明材料；

（七）挪用、截留、侵占保险费或者保险金；

（八）利用业务便利为其他机构或者个人牟取不正当利益；

（九）串通投保人、被保险人或者受益人，骗取保险金；

（十）泄露在业务活动中知悉的保险人、投保人、被保险人的商业秘密。

第一百三十二条 保险专业代理机构、保险经纪人分立、合并、变更组织形式、设立分支机构或者解散的，应当经保险监督管理机构批准。

第一百三十三条 本法第八十六条第一款、第一百一十三条的规定，适用于保险代理机构和保险经纪人。

第六章 保险业监督管理

第一百三十四条 保险监督管理机构依照本法和国务院规定的职责，遵循依法、公开、公正的原则，对保险业实施监督管理，维护保险市场秩序，保护投保人、被保险人和受益人的合法权益。

第一百三十五条 国务院保险监督管理机构依照法律、行政法规制定并发布有关保险业监督管理的规章。

第一百三十六条 关系社会公众利益的保险险种、依法实行强制保险的险种和新开发的人寿保险险种等的保险条款和保险费率，应当报国务院保险监督管理机构批准。国务院保险监督管理机构审批时，应当遵循保护社会公众利益和防止不正当竞争的原则。其他保险险种的保险条款和保险费率，应当报保险监督管理机构备案。

保险条款和保险费率审批、备案的具体办法，由国务院保险监督管理机构依照前款规定制定。

第一百三十七条 保险公司使用的保险条款和保险费率违反法律、行政法规或者国务院保险监督管理机构的有关规定的，由保险监督管理机构责令停止使用，限期修改；情节严重的，可以在一定期限内禁止申报新的保险条款和保险费率。

第一百三十八条 国务院保险监督管理机构应当建立健全保险公司偿付能力监管体系，对保险公司的偿付能力实施监控。

第一百三十九条 对偿付能力不足的保险公司，国务院保险监督管理机构应当将其列为重点监管对象，并可以根据具体情况采取下列措施：

（一）责令增加资本金、办理再保险；

（二）限制业务范围；

（三）限制向股东分红；

（四）限制固定资产购置或者经营费用规模；

（五）限制资金运用的形式、比例；

（六）限制增设分支机构；

（七）责令拍卖不良资产、转让保险业务；

（八）限制董事、监事、高级管理人员的薪酬水平；

（九）限制商业性广告；

（十）责令停止接受新业务。

第一百四十条 保险公司未依照本法规定提取或者结转各项责任准备金，或者未依照本法规定办理再保险，或者严重违反本法关于资金运用的规定的，由保险监督管理机构责令限期改正，并可以责令调整负责人及有关管理人员。

第一百四十一条 保险监督管理机构依照本法第一百四十条的规定作出限期改正的决定后，保险公司逾期未改正的，国务院保险监督管理机构可以决定选派保险专业人员和指定该保险公司的有关人员组成整顿组，对公司进行整顿。整顿决定应当载明被整顿公司的名称、整顿理由、整顿组成员和整顿期限，并予以公告。

第一百四十二条 整顿组有权监督被整顿保险公司的日常业务。被整顿公司的负责人及有关管理人员应当在整顿组的监督下行使职权。

第一百四十三条 整顿过程中，被整顿保险公司的原有业务继续进行。但是，国务院保险监督管理机构可以责令被整顿公司停止部分原有业务、停止接受新业务，调整资金运用。

第一百四十四条 被整顿保险公司经整顿已纠正其违反本法规定的行为，恢复正常经营状况的，由整顿组提出报告，经国务院保险监督管理机构批准，结束整顿，并由国务院保险监督管理机构予以公告。

第一百四十五条 保险公司有下列情形之一的，国务院保险监督管理机构可以对其实行接管：

（一）公司的偿付能力严重不足的；

（二）违反本法规定，损害社会公共利益，可能严重危及或者已经严重危及公司的偿付能力的。

被接管的保险公司的债权债务关系不因接管而变化。

第一百四十六条 接管组的组成和接管的实施办法，由国务院保险监督管理机构决定，并予以公告。

第一百四十七条 接管期限届满，国务院保险监督管理机构可以决定延长接管期限，但接管期限最长不得超过二年。

第一百四十八条 接管期限届满，被接管的保险公司已恢复正常经营能力的，由国务院保险监督管理机构决定终止接管，并予以公告。

第一百四十九条 被整顿、被接管的保险公司有《中华人民共和国企业破产法》第二条规定情形的，国务院保险监督管理机构可以依法向人民法院申请对该保险公司进行重整或者破产清算。

第一百五十条 保险公司因违法经营被依法吊销经营保险业务许可证的，或者偿付能力低于国务院保险监督管理机构规定标准，不予撤销将严重危害保险市场秩序、损害公共利益的，由国务院保险监督管理机构予以撤销并公告，依法及时组织清算组进行清算。

第一百五十一条 国务院保险监督管理机构有权要求保险公司股东、实际控制人在指定的期限内提供有关信息和资料。

第一百五十二条 保险公司的股东利用关联交易严重损害公司利益，危及公司偿付能力的，由国务院保险监督管理机构责令改正。在按照要求改正前，国务院保险监督管理机构可以限制其股东权利；拒不改正的，可以责令其转让所持的保险公司股权。

第一百五十三条 保险监督管理机构根据履行监督管理职责的需要，可以与保险公司董事、监事和高级管理人员进行监督管理谈话，要求其就公司的业务活动和风险管理的重大事项作出说明。

第一百五十四条 保险公司在整顿、接管、撤销清算期间，或者出现重大风险时，国务院保险监督管理机构可以对该公司直接负责的董事、监事、高级管理人员和其他直接责任人员采取以下措施：

（一）通知出境管理机关依法阻止其出境；

（二）申请司法机关禁止其转移、转让或者以其他方式处分财产，或者在财产上设定其他权利。

第一百五十五条 保险监督管理机构依法履行职责，可以采取下列措施：

（一）对保险公司、保险代理人、保险经纪人、保险资产管理公司、外国保险机构的代表机构进行现场检查；

（二）进入涉嫌违法行为发生场所调查取证；

（三）询问当事人及与被调查事件有关的单位和个人，要求其对与被调查事件有关的事项作出说明；

（四）查阅、复制与被调查事件有关的财产权登记等资料；

（五）查阅、复制保险公司、保险代理人、保险经纪人、保险资产管理公司、外国保险机构的代表机构以及与被调查事件有关的单位和个人的财务会计资料及其他相关文件和资料；对可能被转移、隐匿或者毁损的文件和资料予以封存；

（六）查询涉嫌违法经营的保险公司、保险代理人、保险经纪人、保险资产管理公司、外国保险机构的代表机构以及与涉嫌违法事项有关的单位和个人的银行账户；

（七）对有证据证明已经或者可能转移、隐匿违法资金等涉案财产或者隐匿、伪造、毁损重要证据的，经保险监督管理机构主要负责人批准，申请人民法院予以冻结或者查封。

保险监督管理机构采取前款第（一）项、第（二）项、第（五）项措施的，应当经保险监督管理机构负责人批准；采取第（六）项措施的，应当经国务院保险监督管理机构负责人批准。

保险监督管理机构依法进行监督检查或者调查，其监督检查、调查的人员不得少于二人，并应当出示合法证件和监督检查、调查通知书；监督检查、调查的人员少于二人或者未出示合法证件和监督检查、调查通知书的，被检查、调查的单位和个人有权拒绝。

第一百五十六条 保险监督管理机构依法履行职责，被检查、调查的单位和个人应当配合。

第一百五十七条 保险监督管理机构工作人员应当忠于职守，依法办事，公正廉洁，不得利用职务便利牟取不正当利益，不得泄露所知悉的有关单位和个人的商业秘密。

第一百五十八条 国务院保险监督管理机构应当与中国人民银行、国务院其他金融监督管理机构建立监督管理信息共享机制。

保险监督管理机构依法履行职责，进行监督检查、调查时，有关部门应当予以配合。

第七章 法律责任

第一百五十九条 违反本法规定，擅自设立保险公司、保险资产管理公司或者非法经营商业保险业务的，由保险监督管理机构予以取缔，没收违法所得，并处违法所得一倍以上五倍以下的罚款；没有违法所得或者违法所得不足二十万元的，处二十万元以上一百万元以下的罚款。

第一百六十条 违反本法规定，擅自设立保险专业代理机构、保险经纪人，或者未取得经营保险代理业务许可证、保险经纪业务许可证从事保险代理业务、保险经纪业务的，由保险监督管理机构予以取缔，没收违法所得，并处违法所得一倍以上五倍以下的罚款；没有违法所得或者违法所得不足五万元的，处五万元以上三十万元以下的罚款。

第一百六十一条 保险公司违反本法规定，超出批准的业务范围经营的，由保险监督管理机构责令限期改正，没收违法所得，并处违法所得一倍以上五倍以下的罚款；没有违法所得或者违法所得不足十万元的，处十万元以上五十万元以下的罚款。逾期不改正或者造成严重后果的，责令停业整顿或者吊销业务许可证。

第一百六十二条 保险公司有本法第一百一十六条规定行为之一的，由保险监督管理机构责令改正，处五万元以上三十万元以下的罚款；情节严重的，限制其业务范围、责令停止接受新业务或者吊销业务许可证。

第一百六十三条 保险公司违反本法第八十四条规定的，由保险监督管理机构责令改正，处一万元以上十万元以下的罚款。

第一百六十四条 保险公司违反本法规定，有下列行为之一的，由保险监督管理机构责令改正，处五万元以上三十万元以下的罚款：

（一）超额承保，情节严重的；

（二）为无民事行为能力人承保以死亡为给付保险金条件的保险的。

第一百六十五条 违反本法规定，有下列行为之一的，由保险监督管理机构责令改正，处五万元以上三十万元以下的罚款；情节严重的，可以限制其业务范围、责令停止接受新业务或者吊销业务许可证：

（一）未按照规定提存保证金或者违反规定动用保证金的；

（二）未按照规定提取或者结转各项责任准备金的；

（三）未按照规定缴纳保险保障基金或者提取公积金的；

（四）未按照规定办理再保险的；

（五）未按照规定运用保险公司资金的；

（六）未经批准设立分支机构或者代表机构的；

（七）未按照规定申请批准保险条款、保险费率的。

第一百六十六条 保险代理机构、保险经纪人有本法第一百三十一条规定行为之一的，由保险监督管理机构责令改正，处五万元以上三十万元以下的罚款；情节严重的，吊销业务许可证。

第一百六十七条 保险代理机构、保险经纪人违反本法规定，有下列行为之一的，由保险监督管理机构责令改正，处二万元以上十万元以下的罚款；情节严重的，责令停业整顿或者吊销业务许可证：

（一）未按照规定缴存保证金或者投保职业责任保险的；

（二）未按照规定设立专门账簿记载业务收支情况的。

第一百六十八条 保险专业代理机构、保险经纪人违反本法规定，未经批准设立分支机构或者变更组织形式的，由保险监督管理机构责令改正，处一万元以上五万元以下的罚款。

第一百六十九条 违反本法规定，聘任不具有任职资格、从业资格的人员的，由保险监督管理机构责令改正，处二万元以上十万元以下的罚款。

第一百七十条 违反本法规定，转让、出租、出借业务许可证的，由保险监督管理机构处一万元以上十万元以下的罚款；情节严重的，责令停业整顿或者吊销业务许可证。

第一百七十一条 违反本法规定，有下列行为之一的，由保险监督管理机构责令限期改正；逾期不改正的，处一万元以上十万元以下的罚款：

（一）未按照规定报送或者保管报告、报表、文件、资料的，或者未按照规定提供有关信息、资料的；

（二）未按照规定报送保险条款、保险费率备案的；

（三）未按照规定披露信息的。

第一百七十二条 违反本法规定，有下列行为之一的，由保险监督管理机构责令改正，处十万元以上五十万元以下的罚款；情节严重的，可以限制其业务范围、责令停止接受新业务或者吊销业务许可证：

（一）编制或者提供虚假的报告、报表、文件、资料的；

（二）拒绝或者妨碍依法监督检查的；

（三）未按照规定使用经批准或者备案的保险条款、保险费率的。

第一百七十三条 保险公司、保险资产管理公司、保险专业代理机构、保险经纪人违反本法规定的，保险监督管理机构除分别依照本法第一百六十一条至第一百七十二条的规定对该单位给予处罚外，对其直接负责的主管人员和其他直接责任人员给予警告，并处一万元以上十万元以下的罚款；情节严重的，撤销任职资格或者从业资格。

第一百七十四条 个人保险代理人违反本法规定的，由保险监督管理机构给予警告，可以并处二万元以下的罚款；情节严重的，处二万元以上十万元以下的罚款，并可以吊销其资格证书。

未取得合法资格的人员从事个人保险代理活动的，由保险监督管理机构给予警告，可以并处二万元以下的罚款；情节严重的，处二万元以上十万元以下的罚款。

第一百七十五条 外国保险机构未经国务院保险监督管理机构批准，擅自在中华人民共和国境内设立代表机构的，由国务院保险监督管理机构予以取缔，处五万元以上三十万元以下的罚款。

外国保险机构在中华人民共和国境内设立的代表机构从事保险经营活动的，由保险监督管理机构责令改正，没收违法所得，并处违法所得一倍以上五倍以下的罚款；没有违法所得或者违法所得不足二十万元的，处二十万元以上一百万元以下的罚款；对其首席代表可以责令撤换；情节严重的，撤销其代表机构。

第一百七十六条 投保人、被保险人或者受益人有下列行为之一，进行保险诈骗活动，尚不构成犯罪的，依法给予行政处罚：

（一）投保人故意虚构保险标的，骗取保险金的；

（二）编造未曾发生的保险事故，或者编造虚假的事故原因或者夸大损失程度，骗取保险金的；

（三）故意造成保险事故，骗取保险金的。

保险事故的鉴定人、评估人、证明人故意提供虚假的证明文件，为投保人、被保险人或者受益人进行保险诈骗提供条件的，依照前款规定给予处罚。

第一百七十七条 违反本法规定，给他人造成损害的，依法承担民事责任。

第一百七十八条 拒绝、阻碍保险监督管理机构及其工作人员依法行使监督检查、调查职权，未使用暴力、威胁方法的，依法给予治安管理处罚。

第一百七十九条 违反法律、行政法规的规定，情节严重的，国务院保险监督管理机构可以禁止有关责任人员一定期限直至终身进入保险业。

第一百八十条 保险监督管理机构从事监督管理工作的人员有下列情形之一的，依法给予处分：

（一）违反规定批准机构的设立的；

（二）违反规定进行保险条款、保险费率审批的；

（三）违反规定进行现场检查的；

（四）违反规定查询账户或者冻结资金的；

（五）泄露其知悉的有关单位和个人的商业秘密的；

（六）违反规定实施行政处罚的；

（七）滥用职权、玩忽职守的其他行为。

第一百八十一条 违反本法规定，构成犯罪的，依法追究刑事责任。

第八章 附 则

第一百八十二条 保险公司应当加入保险行业协会。保险代理人、保险经纪人、保险公估机构可以加入保险行业协会。

保险行业协会是保险业的自律性组织，是社会团体法人。

第一百八十三条 保险公司以外的其他依法设立的保险组织经营的商业保险业务，适用本法。

第一百八十四条 海上保险适用《中华人民共和国海商法》的有关规定；《中华人民共和国海商法》未规定的，适用本法的有关规定。

第一百八十五条 中外合资保险公司、外资独资保险公司、外国保险公司分公司适用本法规定；法律、行政法规另有规定的，适用其规定。

第一百八十六条 国家支持发展为农业生产服务的保险事业。农业保险由法律、行政法规另行规定。

强制保险，法律、行政法规另有规定的，适用其规定。

第一百八十七条 本法自 2009 年 10 月 1 日起施行。

参 考 文 献

[1] 吴定富主编. 保险原理与实务. 北京：中国财政经济出版社，2005.

[2] 粟芳，许谨良编著. 保险学. 北京：清华大学出版社，2006.

[3] 宁雪娟. 财产保险. 北京：清华大学出版社，2006.

[4] 孙祁祥. 保险学. 北京：北京大学出版社，2006.

[5] 郝演苏. 保险学教程. 北京：清华大学出版社，2004.

[6] 黄华明. 中外保险案例分析. 北京：对外贸易大学出版社，2004.

[7] 许谨良. 保险学. 上海：上海财经大学出版社，2003.

[8] 许谨良. 财产保险原理和实务. 第 2 版. 上海：上海财经大学出版社，2004.

[9] 刁仁德. 现代金融辞典. 第 2 版. 上海：上海财经大学出版社，1999.

[10] 刘金章. 保险学教程. 北京：中国金融出版社，1997.

[11] 郝演苏. 财产保险. 北京：中国金融出版社，2002.

[12] 许飞琼. 财产保险案例分析. 北京：中国金融出版社，2004.

[13] 郭颂平. 海上保险理论与实务. 北京：中国金融出版社，1998.

[14] 雷荣迪. 国际货物保险. 北京：对外经济贸易大学出版社，1994.

[15] 刘连生. 财产保险. 北京：高等教育出版社，2003.

[16] 魏华林，林宝清主编. 保险学. 北京：高等教育出版社，1999.

[17] 张代军. 保险实务教程. 北京：经济科学出版社，2002.

[18] 杜树楷，周宇梅主编. 人身保险. 北京：高等教育出版社，2003.

[19] 贾林青. 保险法案例分析. 北京：中国人民大学出版社，2007.

[20] 何惠珍. 保险学基础. 北京：中国金融出版社，2006.

[21] 张洪涛，郑功成. 保险学. 北京：中国人民大学出版社，2002.

[22] 马宜斐，段文军. 保险原理与实务. 北京：中国人民大学出版社，2007.

[23] 陈兵. 保险学教程. 上海：立信会计出版社，2002.